杜连莹

跨境贸易海关审价实务系列丛书

GUIDE TO CUSTOMS VALUATION OF RELATED TRANSACTIONS

跨境关联交易与海关审价实务指南

杜连莹◎编著

中国海关出版社有限公司

中国·北京

图书在版编目（CIP）数据

跨境关联交易与海关审价实务指南 / 杜连莹编著 . —北京：中国海关出版社有限公司，2022.9
ISBN 978-7-5175-0597-6

Ⅰ. ①跨…　Ⅱ. ①杜…　Ⅲ. ①国际贸易—海关估值—审价—中国—指南　Ⅳ. ① F752.52-62

中国版本图书馆 CIP 数据核字（2022）第 178189 号

跨境关联交易与海关审价实务指南
KUAJING GUANLIAN JIAOYI YU HAIGUAN SHENJIA SHIWU ZHINAN

作　　者：杜连莹
策　　划：李　多
责任编辑：熊　芬
出版发行：中国海关出版社有限公司
社　　址：北京市朝阳区东四环南路甲 1 号　　　邮政编码：100023
编 辑 部：01065194242-7528（电话）
发 行 部：01065194221/4238/4246/5127（电话）
社办书店：01065195616（电话）
https://weidian.com/?userid=319526934（网址）
印　　刷：北京鑫益晖印刷有限公司　　　经　　销：新华书店
开　　本：889mm × 1194mm　1/16
印　　张：34　　　字　　数：940 千字
版　　次：2022 年 9 月第 1 版
印　　次：2022 年 9 月第 1 次印刷
书　　号：ISBN 978-7-5175-0597-6
定　　价：280 .00 元

参与人员

顾　　问： 高瑞峰　朱　昉　刘　辉

统　　筹： 范一夫　谈文洲

审稿专家： 赵　泉　詹四军　回增杰　王　刚　崔玮华　闫铁恒　邓国风
陈　昊　张兴源

校　　对： 刘　鹏　谢　壮　邓　宏　曲艳涛　曹　锦　郑　超　朱　明
李佳楠　熊祥林　陈熠喆　舒　悦　董向前　谭　泓　闫虹先
宋静云　张　莹　贾军虎　王　峰　赵卫萍　冼妙颜　陆俊颖

序

随着经济全球化的不断发展，关联交易成为跨境贸易的主要形式之一，关联交易衍生的转让定价合规性问题成为海关审价的重点和难点。本书聚焦跨境关联交易，以海关审价视角对集团公司内部转让定价进行全面解读与剖析。

经济合作与发展组织（OECD）制定《跨国企业与税务机关转让定价指南》（以下简称 OECD《转让定价指南》），从直接税的角度为跨国集团转让定价提供方法。这种方法基于独立交易原则（Arm's length principle），作为国际通行标准被税务机关和跨国集团广泛使用。

《关于实施 1994 年关税与贸易总协定第 7 条的协定》（以下简称《WTO 估价协定》）规定了海关审查完税价格的 6 种方法。基于《WTO 估价协定》的原则与方法，海关对关联交易进行审查，以确定进口货物申报价格是否受到特殊关系的影响。

一方面，海关和税务机关转让定价审查有着共同的目标，即确保成交价格在正常商业环境下，按独立交易原则进行定价。

另一方面，关联交易通常从符合 OECD《转让定价指南》的合规角度建立某时期的转让定价方法，却忽视了每单进口商品的独立交易原则。

对于海关与税务机关在关联交易价格审查方面的角度、目标与方法的差异，世界海关组织（WCO）与 OECD 召开多次联合会议，围绕密切联系配合和技术性议题展开广泛讨论。WCO 海关估价技术委员会审议通过“评论 23.1”，明确转让定价文书在个案具体分析的基础上，可以为海关审查关联交易提供有用的信息。

这对跨国公司内部作价机制与海关审价提出更高要求，如何就转让定价审查意见达成更深入的理解与共识，同步满足《WTO 估价协定》与 OECD《转让定价指南》的原则，是海关监管需要思考研究的重要议题。

本书正是对这一重要议题的有益探索与创新研究，填补了海关审价与转让定价实操指引的空白。通过深入浅出地解读关联交易（转让定价）与海关审价体系，从功能风险、价值链、可比性等不同维度对大宗商品、集成电路、医药、汽车等重点行业关联交易情况展开估价分析，并通过 12 个典型案例详细介绍了商品价格构成、行业贸易惯例、关联交易安排、关贸协定遵循和估价技术引用，最终还原商品交易实质，为跨国公司转让定价和海关审价提供有益启迪和指导。

海关总署关税一级专家

海口海关关长

海关总署稽查一级专家

海关总署企业管理和稽查司副司长

天津海关副关长

前　言

随着经济全球化的发展，在跨境贸易中跨国集团内部关联交易呈现普遍化、一体化、专业化的特点，占据了愈发重要的市场地位。对于关联交易，一方面，我们看到它具有提高交易效率、节省交易成本、扩展经营等重要价值；另一方面，关联关系产生的受控交易可能未反映市场力量的作用，关联企业的纳税义务和所在国的税收也可能会被扭曲。跨境关联交易衍生的关联企业与独立企业间的相对竞争优势或劣势，将影响国际贸易和投资的增长。规制不公平的关联交易，是《中华人民共和国公司法》《中华人民共和国会计法》《中华人民共和国企业所得税法》《中华人民共和国证券法》《中华人民共和国海关法》等多部法律法规规章的共同任务。

海关以维护国家进出口税收安全为己任。在进口环节，依据《中华人民共和国进出口关税条例》（以下简称《关税条例》）、《中华人民共和国海关审定进出口货物完税价格办法》（以下简称《审价办法》），尊重关联交易模式，还原贸易实质，关注跨境贸易是否存在因关联关系影响商品成交价格导致进口环节税的少征、漏征，力求实现跨境关联交易课税的公平、公正、统一。

2022 年 5 月

目　录

第一部分

跨境关联交易

第一章

关联交易概论

关联交易整体思维导图

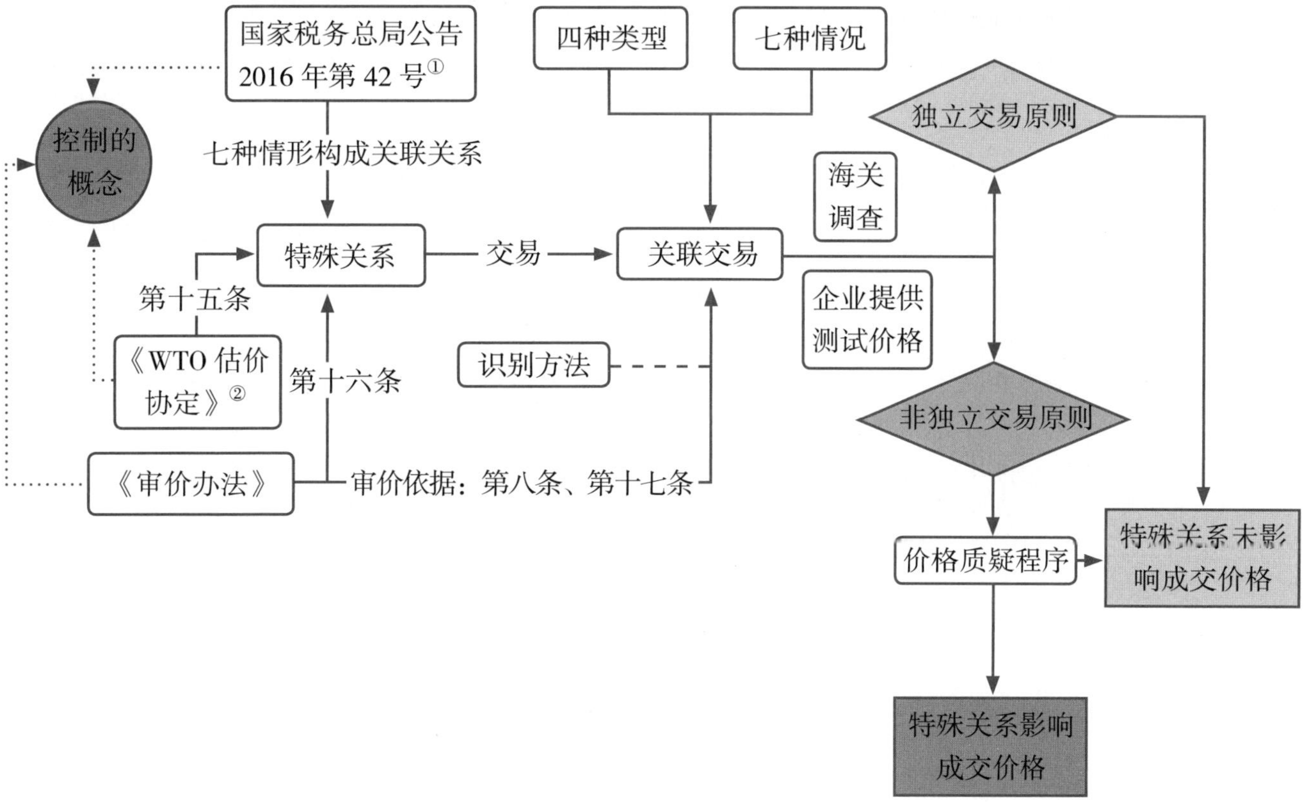

① 《国家税务总局关于完善关联申报和同期资料管理有关事项的公告》，国家税务总局公告 2016 年第 42 号。

② 本书在引用《WTO 估价协定》条款时，条和款的序号采用汉字表述方式，其他下级序号均采用英文原文中的表述方式。

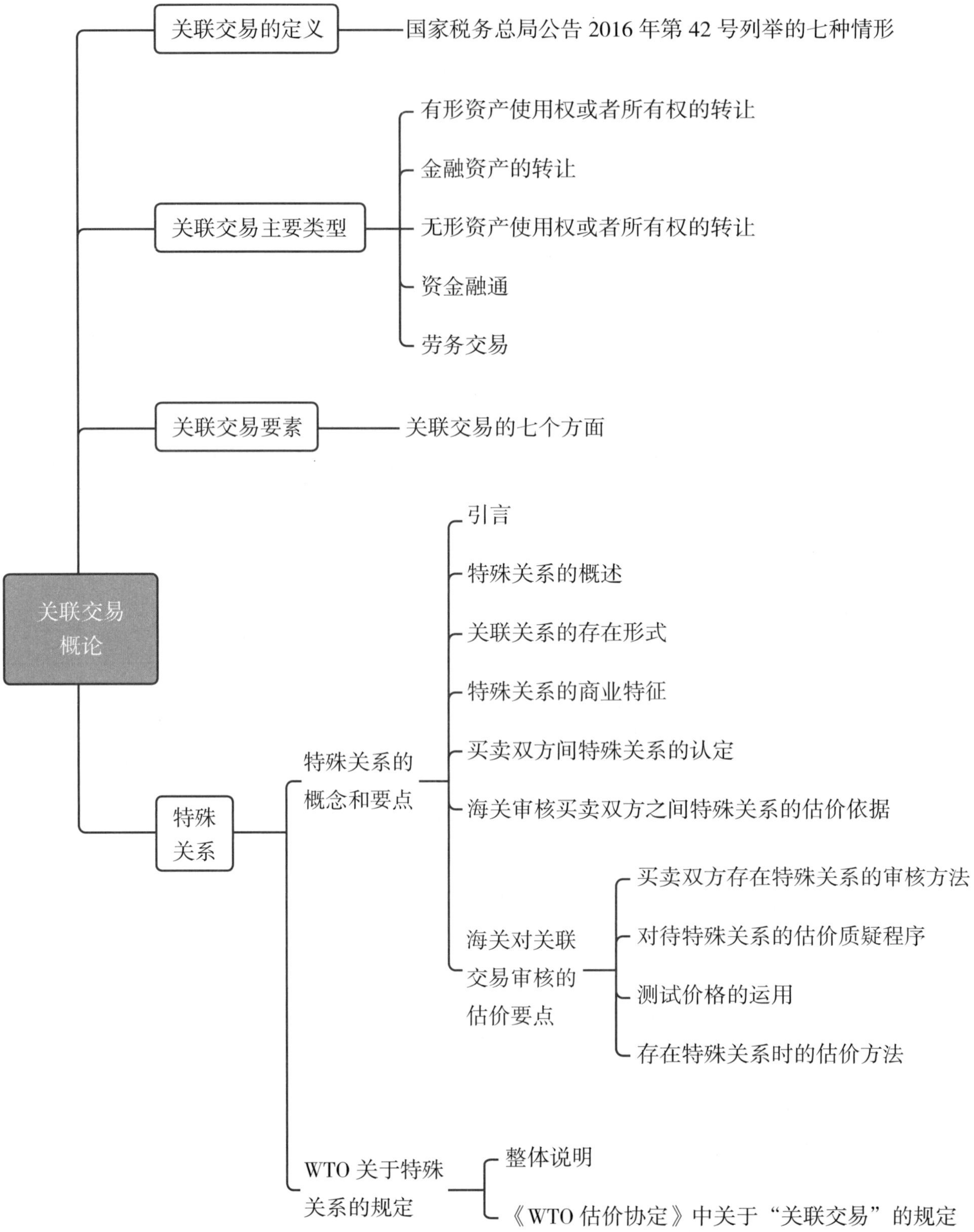
关联交易概论
关联交易的定义
国家税务总局公告2016年第42号列举的七种情形
关联交易主要类型
有形资产使用权或者所有权的转让
金融资产的转让
无形资产使用权或者所有权的转让
资金融通
劳务交易
关联交易要素
关联交易的七个方面
特殊关系
特殊关系的概念和要点
引言
特殊关系的概述
关联关系的存在形式
特殊关系的商业特征
买卖双方间特殊关系的认定
海关审核买卖双方之间特殊关系的估价依据
海关对关联交易审核的估价要点
买卖双方存在特殊关系的审核方法
对待特殊关系的估价质疑程序
测试价格的运用
存在特殊关系时的估价方法
WTO关于特殊关系的规定
整体说明
《WTO估价协定》中关于“关联交易”的规定

第一节 关联交易的定义

国家税务总局公告2016年第42号所称关联关系，主要是指企业与其他企业、组织或个人具有下列关系之一的：

（一）

一方直接或者间接持有另一方的股份总和达到25%以上；双方直接或者间接同为第三方所持有的股份达到25%以上。

如果一方通过中间方对另一方间接持有股份，只要其对中间方持股比例达到25%以上，则其对另一方的持股比例按照中间方对另一方的持股比例计算。

两个以上具有夫妻、直系血亲、兄弟姐妹以及其他抚养、赡养关系的自然人共同持股同一企业，在判定关联关系时持股比例合并计算。

（二）

双方存在持股关系或者同为第三方持股，虽持股比例未达到本条第（一）项规定，但双方之间借贷资金总额占任一方实收资本比例达到50%以上，或者一方全部借贷资金总额的10%以上由另一方担保（与独立金融机构之间的借贷或者担保除外）。

（三）

双方存在持股关系或者同为第三方持股，虽持股比例未达到本条第（一）项规定，但一方的生产经营活动必须由另一方提供专利权、非专利技术、商标权、著作权等特许权才能正常进行。

（四）

双方存在持股关系或者同为第三方持股，虽持股比例未达到本条第（一）项规定，但一方的购买、销售、接受劳务、提供劳务等经营活动由另一方控制。

上述控制是指一方有权决定另一方的财务和经营政策，并能据以从另一方的经营活动中获取利益。

（五）

一方半数以上董事或者半数以上高级管理人员（包括上市公司董事会秘书、经理、副经理、财务负责人和公司章程规定的其他人员）由另一方任命或者委派，或者同时担任另一方的董事或者高级管理人员；或者双方各自半数以上董事或者半数以上高级管理人员同为第三方任命或者委派。

（六）

具有夫妻、直系血亲、兄弟姐妹以及其他抚养、赡养关系的两个自然人分别与双方具有本条第（一）至（五）项关系之一。

（七）

双方在实质上具有其他共同利益。

第二节　关联交易主要类型

有形资产使用权或者所有权的转让。有形资产包括商品、产品、房屋建筑物、交通工具、机器设备、工具器具等。

金融资产的转让。金融资产包括应收账款、应收票据、其他应收款项、股权投资、债权投资和衍生金融工具形成的资产等。

无形资产使用权或者所有权的转让。无形资产包括专利权、非专利技术、商业秘密、商标权、品牌、客户名单、销售渠道、特许经营权、政府许可、著作权等。

资金融通。资金包括各类长短期借贷资金（含集团资金池）、担保费、各类应计息预付款和延期收付款等。

劳务交易。劳务包括市场调查、营销策划、代理、设计、咨询、行政管理、技术服务、合约研发、维修、法律服务、财务管理、审计、招聘、培训、集中采购等。

第三节　关联交易要素

1. 关联交易类型、参与方、时间、金额、结算货币、交易条件等。
2. 关联交易所采用的贸易方式、年度变化情况及其理由。
3. 关联交易的业务流程，包括各个环节的信息流、物流和资金流，与非关联交易业务流程的异同。
4. 关联交易所涉及的无形资产及其对定价的影响。
5. 与关联交易相关的合同或协议副本及其履行情况的说明。
6. 对影响关联交易定价的主要经济和法律因素的分析。
7. 关联交易和非关联交易的收入、成本、费用和利润的划分情况，不能直接划分的，按照合理比例划分，说明确定该划分比例的理由。

第四节 特殊关系

- 特殊关系的概念和要点
  - 引言
    - 举例——某公司进口商品申报价格明显低于相同货物价格。海关遂开展重点审核。经核发现，进口商为出口商的全资子公司，出口商在承担交易中的各类费用、运输的物流成本及货物中转途中发生的风险的同时，以“零销售利润”价格或是低于成本的价格销售货物给进口商，明显有悖于该跨境交易的基本常理。
    - 海关认定——买卖双方之间存在关联关系，双方以“零销售利润”或低于成本的价格交易的事实证明关联关系影响了成交价格。海关不接受进口货物的申报价格，并应进口商提出的申请，以计算价格法确定了进口货物的完税价格。
  - 概述
    - 在中国现行的《审价办法》及相关法律、法规和规章中没有对特殊关系下过专门的定义。因为现实经济生活千变万化、纷繁复杂，不可能用一个定义涵盖所有的特殊关系。
    - 目前各国海关均是采用列举法，即通过举出符合关联关系的各类情况，以判别买卖双方是否存在特殊关系。
    - 中国《审价办法》第十六条规定，有下列情形之一的，应当认定买卖双方有特殊关系：
      - 买卖双方为同一家族成员的；
      - 买卖双方互为商业上的高级职员或者董事的；
      - 一方直接或者间接地受另一方控制的；
      - 买卖双方都直接或者间接地受第三方控制的；
      - 买卖双方共同直接或者间接地控制第三方的；
      - 一方直接或者间接地拥有、控制或者持有对方5%以上（含5%）公开发行的有表决权的股票或者股份的；
      - 一方是另一方的雇员、高级职员或者董事的；
      - 买卖双方是同一合伙的成员的；
      - 买卖双方在经营上相互有联系，一方是另一方的独家代理、独家经销或者独家受让人，如果符合前款的规定，也应当视为存在特殊关系。

- 特殊关系的概念和要点
  - 同一家族成员、高级职员或董事
    - 同一家族成员
      - 法律上 — 《中华人民共和国民法典》和有关法律中，具有法律效力的亲属包括夫妻、父母、子女、兄弟姐妹、祖父母和外祖父母、孙子女和外孙子女、儿媳妇与公婆、女婿与岳父母，以及其他三代以内的旁系血亲。
      - 习惯上
        - 夫、妻
        - 父、母、子、女
        - 兄、弟、姐、妹（包括同父异母或同母异父）
        - 祖父母、孙子女，或外祖父母、外孙子女
        - 伯、叔、姑、侄、侄女，或舅、姨、外甥、外甥女
        - 堂兄弟姐妹，或表兄弟姐妹
        - 公、婆、媳妇，或岳父、岳母、女婿
        - 祖父母、孙媳妇、孙女婿，或外祖父母、外孙媳妇、外孙女婿
        - 姐夫、妹夫，或嫂、弟媳，或大姑、小姑、大伯子、小叔子，或大舅、小舅、大姨、小姨，或连襟、妯娌
    - 高级职员或董事 — 有权负责进行计划、指挥和控制的企业人员。主要指董事、总经理、总会计师、财务总监、主管各项事务的副总经理，以及行使类似职能的人员，但不包括董事会秘书、非执行董事、监事等。

- 特殊关系的概念和要点
  - 商业特征
    - 中国海关估价中控制的概念
      - 概念
        - 根据中国税法可以理解为：有权决定一个企业的财务和经营决策，并能据以从该企业的经营活动中获取利益。
      - 控制形式
        - 通过一方拥有另一方超过半数以上表决权资本。
          - 表决权资本，是指具有投票权的资本。
          - 包括
            - 一方直接拥有另一方过半数以上表决权资本。
              - A 企业拥有 B 企业 51% 表决权资本，表明 A 企业直接控制 B 企业。
            - 一方间接拥有另一方过半数以上表决权资本的控制权。通过子公司而对子公司的子公司拥有其过半数以上表决权资本的控制权。
              - A 公司拥有 B 公司 51% 的表决权资本，B 公司拥有 C 公司 70% 的表决权资本，在这种情况下，A 公司对 C 公司 70% 的表决权资本拥有控制权并控制该公司。
            - 一方直接和间接拥有另一方过半数以上表决权资本的控制权。母公司虽然只拥有其半数以下的表决权资本，但通过与子公司所拥有的表决权资本的合计，达到拥有其过半数以上的表决权资本的控制权。
              - A 公司拥有 C 公司 30% 的表决权资本，拥有 B 公司 70% 的表决权资本；B 公司拥有 C 公司 25% 的表决权资本。A 公司直接拥有 C 公司的 30% 表决权资本加上通过 B 公司间接拥有 C 公司 25% 的表决权资本的控制权，从而控制 C 公司。

- 特殊关系的概念和要点
  - 商业特征
    - 中国海关估价中控制的概念
      - 控制形式
        - 虽然一方拥有另一方表决权资本的比率不超过半数以上，但通过拥有的表决权资本和其他方式达到控制。
          - 通过与其他投资者的协议，拥有另一方半数以上表决权资本的控制权。
            - A公司拥有B公司35%的表决权资本，C公司拥有B公司25%的表决权资本。A公司和C公司达成协议，C公司在B公司的权益由A公司代表。在这种情况下，A公司实际上有了B公司60%表决权资本的控制权，表明A公司实际控制B公司。
          - 根据章程或协议，有权控制另一方的财务和经营政策
            - A公司拥有B公司20%表决权资本，同时，根据协议，A公司负责B公司的经营管理。在这种情况下，A公司虽然仅拥有B公司20%的表决权资本，但由于A公司全面负责B公司的经营管理，能够决定企业的财务和经营政策，则A公司实际上控制B公司。
          - 有权任免董事会等类似机构的多数成员。这种情况是指虽然一方拥有另一方表决权资本的比率不超过半数，但根据章程、协议等能够任免董事会的董事，以达到控制的目的。
          - 在董事会或类似机构会议上有半数以上投票权。这种情况是指虽然一方拥有另一方表决权资本的比率不超过半数，但能够控制另一方董事会等决策机构的会议，从而能够控制其财务和经营政策，使其达到事实上的控制。

- 特殊关系的概念和要点
  - 买卖双方间特殊关系的认定
    - 识别方法
      - 审核进口商或收货人填写的“价格申报单”上的相关内容。
      - 如对“价格申报单”上的内容真实性、准确性有怀疑的，可以调阅企业报送有关政府部门（如税务、工商部门）的文件，如“审计报告”“验资报告”。《企业会计准则》规定，企业需在会计报表附注中按准则要求披露关联关系情况，如企业的经济性质、注册资本及其变化、所持股份或权益及其变化、关联关系的性质等。同样，按《中华人民共和国公司法》等法律规定，企业在申请开业或变更注册资本前必须进行验资，“验资报告”中应载明企业的出资者、出资金额、出资比例等内容。对新成立或新近发生资本变动的公司，海关可通过审阅其“验资报告”了解其关联方的情况；对一般企业，可通过调阅其近三年的“审计报告”，根据会计报表附注和审计报告附注中的相关内容了解关联方及其交易的情况。
      - 询问企业有关责任人，包括企业总经理、董事、财务负责人等。从了解企业的投资、实际经营情况入手，确定买卖双方间是否存在投资与被投资、事实上的控制与被控制等关系。
      - 调阅企业股东大会、董事会会议及其他重要会议记录，了解关联方及其交易的情况。
      - 询问专业的第三方，包括律师、注册会计师等，了解关联方及其交易的情况。

- 特殊关系的概念和要点
  - 海关审核买卖双方之间特殊关系的估价依据
    - 《审价办法》相关规定
      - 第八条 —— 进口货物的成交价格应当符合下列条件：……（四）买卖双方之间没有特殊关系，或者虽然有特殊关系但是按照本办法第十七条、第十八条的规定未对成交价格产生影响。
      - 第十七条 —— 买卖双方之间存在特殊关系，但是纳税义务人能证明其成交价格与同时或者大约同时发生的下列任何一款价格相近的，应当视为特殊关系未对进口货物的成交价格产生影响……
      - 根据上述规定，如果进口货物的买卖双方存在特殊关系，海关需审核双方间的特殊关系对成交价格的影响，以确定是否接受成交价格。
    - 特殊关系对成交价格的影响
      - 在不存在特殊关系的情况下，买卖双方往往会从各自的利益出发，各方一般都不会轻易接受不利于自身的交易条款。由于各方是在自愿、公平、等价、有偿、诚实、信用的原则下进行交易的，这种交易往往被视作“公平交易”，所达成的交易价格是“公允价格”，通常应能反映出货物的市场价格 / 价值。
      - 当存在特殊关系时，买卖双方之间的交易可能不是以公平交易为基础的，双方之间达成的价格可能并不能反映出货物应有的市场价格 / 价值。当双方之间存在特殊关系时，不存在竞争性的、自由市场交易的条件，交易双方的特殊关系常常以一种微妙的方式影响着交易。在某些情况下，甚至会出现存在特殊关系的双方之间通过虚假交易，达到粉饰经营业绩的目的。
      - 正是基于买卖双方有特殊关系与没有特殊关系的交易存在上述区别，海关需对买卖双方之间的特殊关系对成交价格的影响程度进行审核，以确定成交价格是否成立，或是否可以接受成交价格作为确定被估货物完税价格的基础。

- 特殊关系的概念和要点
  - 海关对关联交易审核的估价要点
    - 买卖双方存在特殊关系的审核方法
      - 按《审价办法》第十七条的规定“买卖双方之间存在特殊关系，但是纳税义务人能证明其成交价格与同时或者大约同时发生的下列任何一款价格相近的，应当视为特殊关系未对进口货物的成交价格产生影响……”
      - 买卖双方存在的特殊关系是否影响成交价格可从两方面加以认定：
        - 由海关调查交易的有关情况，确定双方间的关系是否影响成交价格。
        - 由进口商向海关提出“测试价格”，证明被估货物的成交价格是否可以接受。
      - 根据《审价办法》第四十四条“海关对申报价格的真实性、准确性有疑问时，或者认为买卖双方之间的特殊关系影响成交价格时，应当制发《中华人民共和国海关价格质疑通知书》（以下简称《价格质疑通知书》），将质疑的理由书面告知纳税义务人或者其代理人，纳税义务人或者其代理人应当自收到《价格质疑通知书》之日起5个工作日内，以书面形式提供相关资料或者其他证据，证明其申报价格真实、准确或者双方之间的特殊关系未影响成交价格……”，海关将通知进口商提交详细的有关交易情况的资料，并对交易情况开展调查。
      - 按照《WTO估价协定》对第一条第二款的总体说明，对交易情况的调查内容。
        - 买卖双方是如何组织其商业关系的。
        - 买卖双方达成有关价格的方法。
        - 如果调查证明买卖双方虽然存在特殊关系，但是交易符合以下三种情况的：
          - 交易的价格是按照与所处行业正常的定价相一致的方法约定的，或者说按与卖方没有关系的买方交易时采用的价格政策制定的。
          - 成交价格包括全部成本和利润。这里的利润指公司在有代表性的时期（例如年平均为基础）内出售同种或同类货物所应反映的利润。
          - 其他可以证明特殊关系未影响到成交价格的事实，那么可以认定双方如同不存在关系一样进行彼此间的买卖活动，成交价格未受双方关系的影响。

- 特殊关系的概念和要点
  - 海关对关联交易审核的估价要点
    - 估价质疑程序
      - 依据《审价办法》第四十三条就被估货物的销售环境进行调查。
        - 买卖双方之间是如何组织他们之间的商业关系的。
        - 买卖双方之间是如何达成成交价格的。其定价政策是否符合所处行业的定价惯例。
        - 卖方在买卖双方有特殊关系时所采用的定价政策与销售给没有特殊关系方时是否一致。如有差异，是否会对成交价格有影响。
        - 被估货物的成交价格是否已充分反映了有关货物的成本、费用和利润。
          - 如果被估货物由卖方购买并按原样转售给买方，可通过审核卖方采购有关货物的单证（合同、发票等），以验证其申报的成交价格是否已包括了有关货物的采购成本和必要的费用、利润；如果卖方采用全球采购方式购买被估货物的，必要时还应审核卖方与供应商之间交易的单证。
          - 如果被估货物由卖方生产并转售给买方的，通过审核卖方生产有关货物的成本构成，以验证其申报的成交价格已包括了有关货物的成本以及相关时期销售同类或同等货物应有的利润和一般性费用。
        - 被估货物国内转售价格所反映的有关货物的成本、费用和利润的合理性（是否代表了公司在一定时间内出售同级或同类货物所应取得的利润率水平，下同）。
          - 如果被估货物进口后由有特殊关系的买方按原样转售的，可通过审核转售价格的构成，确定其利润率的合理性，同时审核是否存在应按《审价办法》第十一条（四）调整的费用或价值。
          - 如果被估货物进口状态为半成品，进口后由买方继续加工生产的，可通过审核买方的生产成本构成及销售价格，以分析其成本利润率的合理性。

- 特殊关系的概念和要点
  - 海关对关联交易审核的估价要点
    - 估价质疑程序
      - 依据《审价办法》第四十三条就被估货物的销售环境进行调查。
        - 如果被估货物涉及特许权费的，应按《审价办法》第十三条和第十四条的规定进行审核。
        - 如果被估货物的成交价格采用转让定价政策。可比照OECD原则对其进行认定。
          - 对销售进行调查时，了解买卖双方达成有关价格的方法是关键。《企业会计准则》规定在会计报表附注中应当披露关联交易的定价政策和定价方法，海关可审阅企业会计报表中的相关内容来了解买卖双方达成有关价格的方法。如果进口货物的卖方是境外上市公司的，那么审阅其公开的会计报表是一种行之有效的手段。
          - 但值得注意的是，并不是买卖双方存在特殊关系的交易都需进行调查。根据《WTO估价协定》对第一条第二款的总体说明，买卖双方有关系时，需对销售的外部因素进行调查，如这种关系并不影响成交价格，该成交价格应予以接受。但这并不意味着对所有买卖双方存在关系的进口销售都要进行外部因素的调查。只有对成交价格的可接受性有疑问，这样的检查才是需要的。当海关当局对成交价格的可接受性没有疑问，该项成交价格不需再进一步要求进口商提供资料就能接受。例如，海关当局可能先前已对成交双方的关系进行了调查，或掌握了双方之间的关系的详细情况，并且证明双方的关系没有影响成交价格的情形。

- 特殊关系的概念和要点
  - 海关对关联交易审核的估价要点
    - 测试价格的运用
      - 《审价办法》第十七条
        - 测试价格
          - 向境内无特殊关系的买方出售的相同或者类似进口货物的成交价格。
          - 按照本办法第二十三条的规定所确定的相同或者类似进口货物的完税价格。
          - 按照本办法第二十五条的规定所确定的相同或者类似进口货物的完税价格。
          - 纳税义务人能证明其成交价格与同时或者大约同时发生的下列任何一款价格相近的，应当视为特殊关系未对进口货物的成交价格产生影响。
        - 运用
          - 对差异的调整应依据确凿证据进行且应以客观量化的数据为基础。
          - 确定的“测试价格”应与被估货物处于相同或大致相同的商业水平和数量条件下而非类似，否则将无须调整。
          - 商业水平和数量存在差异并不必然导致调整，只有差异引起了被估货物与“测试价格”在价格或费用上有差异才应进行调整。
          - “测试价格”应是实际发生的交易，而不应是可能发生的交易。
          - “测试价格”的调整应尽量与进口商进行必要的磋商。
          - 另根据《WTO估价协定》对第一条第二款的总体说明，如果进口商提交的“测试价格”已证明其成交价格是可以接受的，海关就无须对交易的情况进行调查，同时进口商也没有提供证明交易情况相关资料的举证义务。
          - 海关在使用“测试价格”作比较时，应当考虑商业水平和进口数量的不同，以及第十一条、第十五条所列各项目和交易中买卖双方有无特殊关系造成的费用差异。

- 特殊关系的概念和要点
  - 海关对关联交易审核的估价要点
    - 存在特殊关系时的估价方法
      - 买卖双方有特殊关系而该关系并未对成交价格产生影响的，海关应使用成交价格方法确定被估货物的完税价格。
      - 海关经审核确定买卖双方之间的特殊关系影响成交价格时，应按照《审价办法》第四十四条的规定，书面告知进口货物的收货人，同时按照《审价办法》第四十五条的规定确定被估进口货物的完税价格。
      - 海关经审核确定买卖双方之间的特殊关系影响成交价格时应按《审价办法》第六条依次使用相同货物成交价格方法、类似货物成交价格方法、倒扣价格方法、计算价格方法、合理方法确定被估进口货物的完税价格。

- 特殊关系的概念和要点
  - 海关对关联交易审核的估价要点
    - 存在特殊关系时的估价方法
      - 在实践中，海关往往找不到相同货物、类似货物价格或不能按倒扣价格、计算价格方法确定有关货物的完税价格，而需按合理方法确定完税价格。
      - 在按合理方法确定完税价格时，我们应以销售环境调查结果为基础，按下述方法确定被估货物完税价格：
        - 买卖双方之间的定价政策不符合所处行业正常的定价惯例的，可按符合所处行业正常的定价惯例的方法确定被估货物的完税价格。
        - 卖方在买卖双方有特殊关系时所采用的定价政策与销售给没有特殊关系方时不一致且有关差异对成交价格有影响的，可按卖方销售给没有特殊关系方时的定价政策确定被估货物的完税价格。
        - 被估货物的成交价格没有充分反映有关货物的成本、费用和利润的，可使用能充分反映有关货物的成本、费用和利润的价格确定被估货物的完税价格。
          - 如果被估货物为卖方购买并按原样转售给买方的，可按卖方购买有关货物的采购成本加上必要的费用利润确定被估货物的完税价格。
          - 如果被估货物为卖方生产并转售给买方的，可使用卖方生产有关货物的成本以及相关时期销售同类或同等货物应有的利润和一般性费用确定被估货物的完税价格。
        - 被估货物国内转售价格所反映有关货物的成本、费用和利润不合理的，可使用反映了合理成本、费用和利润的采购价格确定被估货物的完税价格。
          - 如果被估货物进口后由有特殊关系的买方按原样转售的，可通过调整转售价格的构成，使用反映了应有的成本、费用和利润，并包括了《审价办法》第十一条至第十五条调整的费用或价值后的应有的采购价格确定被估货物的完税价格。
          - 如果被估货物进口状态为半成品，进口后由买方继续加工生产的，可使用反映了应有的成本、费用和利润，并包括了《审价办法》第十一条至第十五条调整的费用或价值后的应有的采购价格确定被估货物的完税价格。
        - 海关按合理方法确定被估货物的完税价格时，应以客观量化的数据资料为基础计算确定。

WTO关于特殊关系的规定

《WTO估价协定》中关于“关联交易”的规定

整体说明

由于关联关系是海关估价中的一个重要问题，WTO使用了大量的篇幅对此问题进行说明和解释，WTO估价委员会就“关联关系”使用了列举式和排除式的立法语言进行了定义，并通过咨询意见、评论、案例研究做进一步说明。首先在《WTO估价协定》第一条第二款规定了海关审核特殊关系的方法。随后在第十五条规定了特殊关系的八种情况，再在解释性说明中阐述了海关对于关联交易审核的注意点，以防止出现扩大化估价的倾向，并在案例研究中对此做了进一步解释和说明。

- WTO关于特殊关系的规定
  - 《WTO估价协定》中关于“关联交易”的规定
    - 第一条
      - 进口货物的完税价格应为成交价格，即为该货物出口销售至进口国时依照第八条的规定进行调整后的实付或应付的价格，只要买方和卖方无特殊关系，或在买方和卖方有特殊关系的情况下，根据第二款的规定为完税目的的成交价格是可接受的。
      - 在确定成交价格是否就第一款而言可接受时，买卖双方之间存在属第十五条范围内的特殊关系的事实本身并不得构成将该成交价格视为不能接受的理由。
        - 应审查围绕该项销售的情况，只要此种关系并未影响价格，则应接受该成交价格。如按照进口商或其他方面提供的信息，海关有理由认为此种关系影响价格，则海关应将其理由告知进口商，并给予进口商做出反应的合理机会。如进口商提出请求，则海关应以书面形式将其理由通知进口商。
      - 在有特殊关系的人之间的销售中，只要进口商证明成交价格非常接近于下列同时或大约同时发生的价格之一，则该成交价格应被接受，并依照第一款的规定对该货物进行估价：
        - 供出口至相同进口国的相同或类似货物售予无特殊关系的买方的成交价格。
        - 根据第五条的规定确定的相同或类似货物的完税价格。
        - 根据第六条的规定确定的相同或类似货物的完税价格。
        - 在适用上述测试价格时，应适当考虑在商业水平、数量水平、第八条包含要素以及在买卖双方无特殊关系的销售中卖方承担的费用与在买卖双方有特殊关系的销售中卖方不予承担的费用方面的已证实的差异。
      - 第二款（b）项所列测试价格应在进口商自行提出后使用，且仅用于进行比较的目的。不得根据第二款（b）项的规定确定替代价格。

- WTO关于特殊关系的规定
  - 《WTO估价协定》中关于“关联交易”的规定
    - 第十五条第四款
      - 就本协定而言，只有在下列情况下，方可被视为有特殊关系的人。
        - 他们互为商业上的高级职员或董事。
        - 他们是法律承认的商业上的合伙人。
        - 他们是雇主和雇员。
        - 直接或间接拥有、控制或持有双方5%或5%以上有表决权的公开发行的股票的任何人。
        - 其中一方直接或间接控制另一方。
        - 双方直接或间接被第三方控制。
        - 双方共同直接或间接控制第三方。
        - 双方属同一家族成员。

第二章

关联交易转让定价

关联交易转让定价整体思维导图

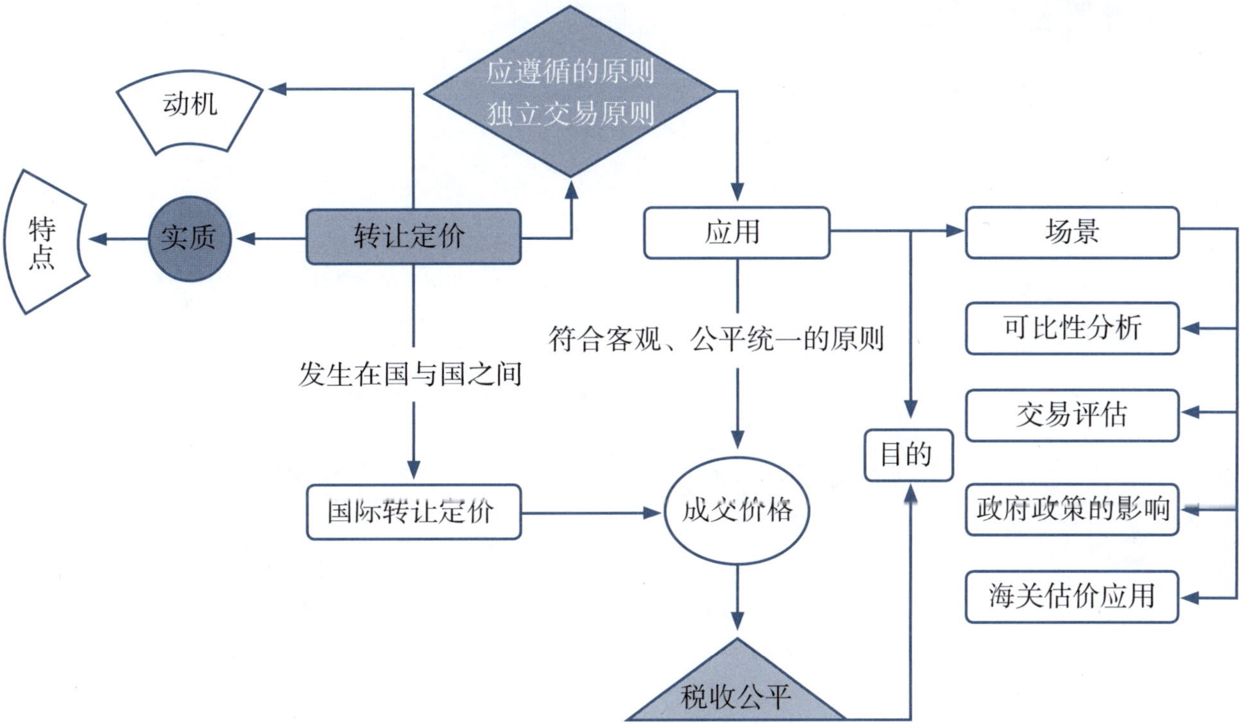

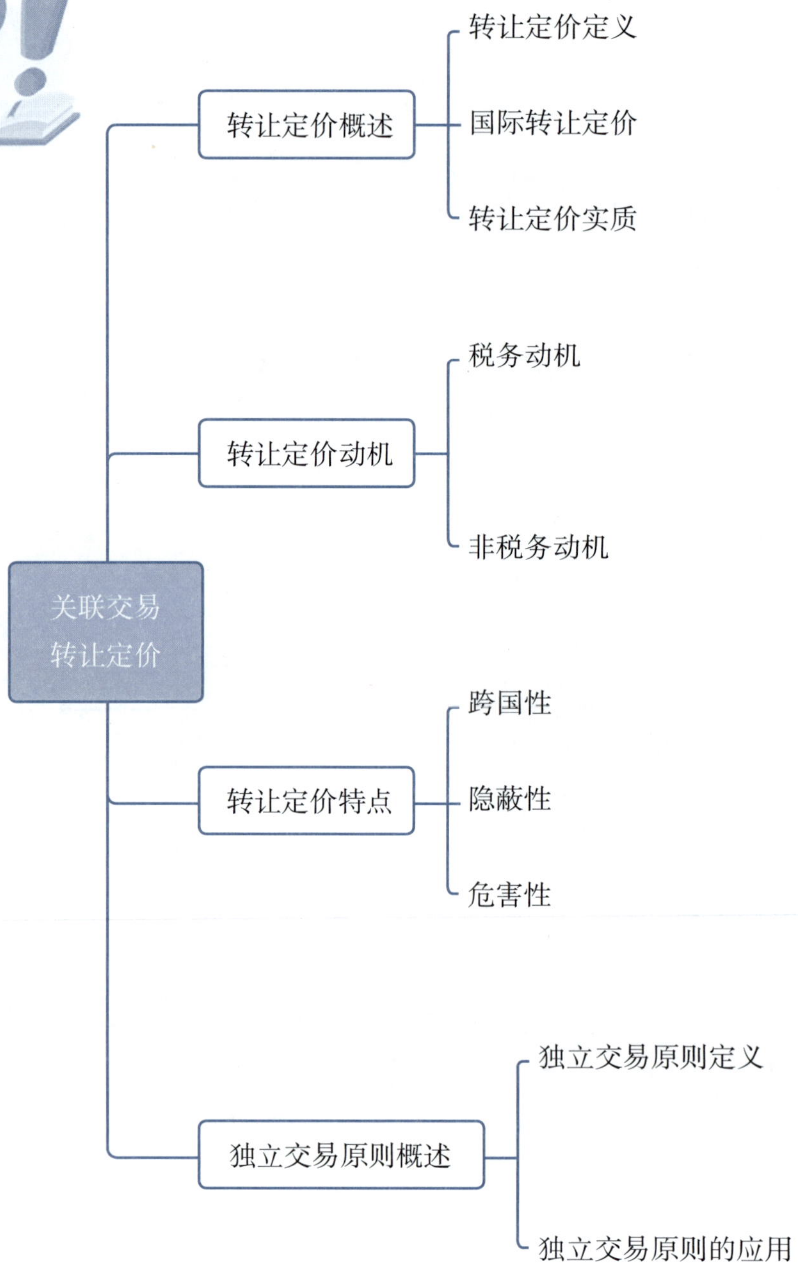
关联交易
转让定价
转让定价概述
转让定价定义
国际转让定价
转让定价实质
转让定价动机
税务动机
非税务动机
转让定价特点
跨国性
隐蔽性
危害性
独立交易原则概述
独立交易原则定义
独立交易原则的应用

第一节　转让定价概述

- 转让定价概述
  - 转让定价定义：根据《OECD 关于对所得和财产避免双重征税的协定范本》中的定义，跨国公司转让定价是指跨国公司内部关联企业间销售货物、转让无形资产、提供服务而进行的内部交易作价。
  - 国际转让定价：转让定价可以发生在同一国家内部，也可以发生在国与国之间。后一种情况是指跨国集团企业内部，分设在两个国家但隶属同一法人企业的两个机构，或同属一个集团的两家关联企业进行交易时的内部作价，这种转让定价被称为国际转让定价。
  - 转让定价实质：转让定价的实质就是国家与跨国公司之间互相妥协的一种产物。一方面，它为跨国公司通过控制内部交易价格调配利润、降低税赋提供了合理理由；另一方面，它针对跨国公司的内部交易定价制定了一套游戏规则，限制了跨国公司滥用转让定价实施避税的行为。

第二节　转让定价动机

- **转让定价动机**
  - 作为一种集团内部资源调配的方式，跨国公司在设计转让定价的过程中，会综合考虑税收、市场竞争力、优势最大化等各种因素，具有特定的动机。
    - 税务动机 —— 税务动机是指降低跨国公司的全球总税赋，体现在海关监管方面是扭曲进出口货物完税价格以规避相关国家关税。
    - 非税务动机 —— 非税务动机主要有控制市场、调拨资金、避免外汇风险、调节利润以改变公司形象、侵占合资企业中一方投资者的权益等。

第三节　转让定价特点

转让定价特点

- **跨国性**：如果关联企业都处于同一国家和地区，外部条件都相同，转让定价就失去了调配利润和调整税赋的作用。只有设立在国与国之间，外部条件差别很大时，跨国公司才能利用这个差别，以高于或低于正常市场的价格来开展交易，实现集团整体利润最大化的目标。
- **隐蔽性**：由于转让定价政策是由少数集团高层根据跨国公司整体利润最大化的原则来确定的，而不是根据成本或市场供求关系来决定，所以最终确定的转让价格具有很强的隐蔽性。同时，转让定价的决策过程也通常不对外公开。
- **危害性**：跨国集团企业根据母公司及各个子公司所在国家具体情况的不同，通过转让定价进行利润再分配。
  - 导致集团内部收入与支出的跨国不正常分配，使得公司账册不再能真实反映企业的经营状况。
  - 导致国家税收权益的转让，损害了一部分东道国的经济利益。

第四节　独立交易原则概述

- 独立交易原则概述
  - 定义
    - 转让定价需遵循独立交易原则，在经济学界也被称为一臂长原则。
    - 它要求关联企业交易时按照独立企业之间的交易原则行事。
    - 独立交易原则是 OECD 成员处理转让定价税收问题的国际性标准。
    - OECD《转让定价指南》也明确对独立交易原则进行了定义：当两家公司在其相互的商业或财务关系上制造或强加上不同于独立企业之间的条件时，其中一方应取得利润，但由于这些特殊的条件而没有取得的利润，应包括在该企业的利润之内并相应地予以征税。
  - 应用
    - 应用目的
      - 通过运用独立交易原则，确保进出口货物申报价格符合客观、公平、统一原则，尽可能还原跨境贸易实质。
      - 独立交易原则是税收公平原则在处理关联交易时的具体体现，为关联企业和独立企业提供同等的税收待遇，尽量避免跨国集团企业利用转让定价达到减少税收负担的目的。
    - 应用场景
      - 独立交易原则的实际应用场景通常包括：可比性分析、交易评估、政府政策的影响、亏损、选址节约和其他本地市场特征、海关估价应用等。

第三章

关联交易功能风险

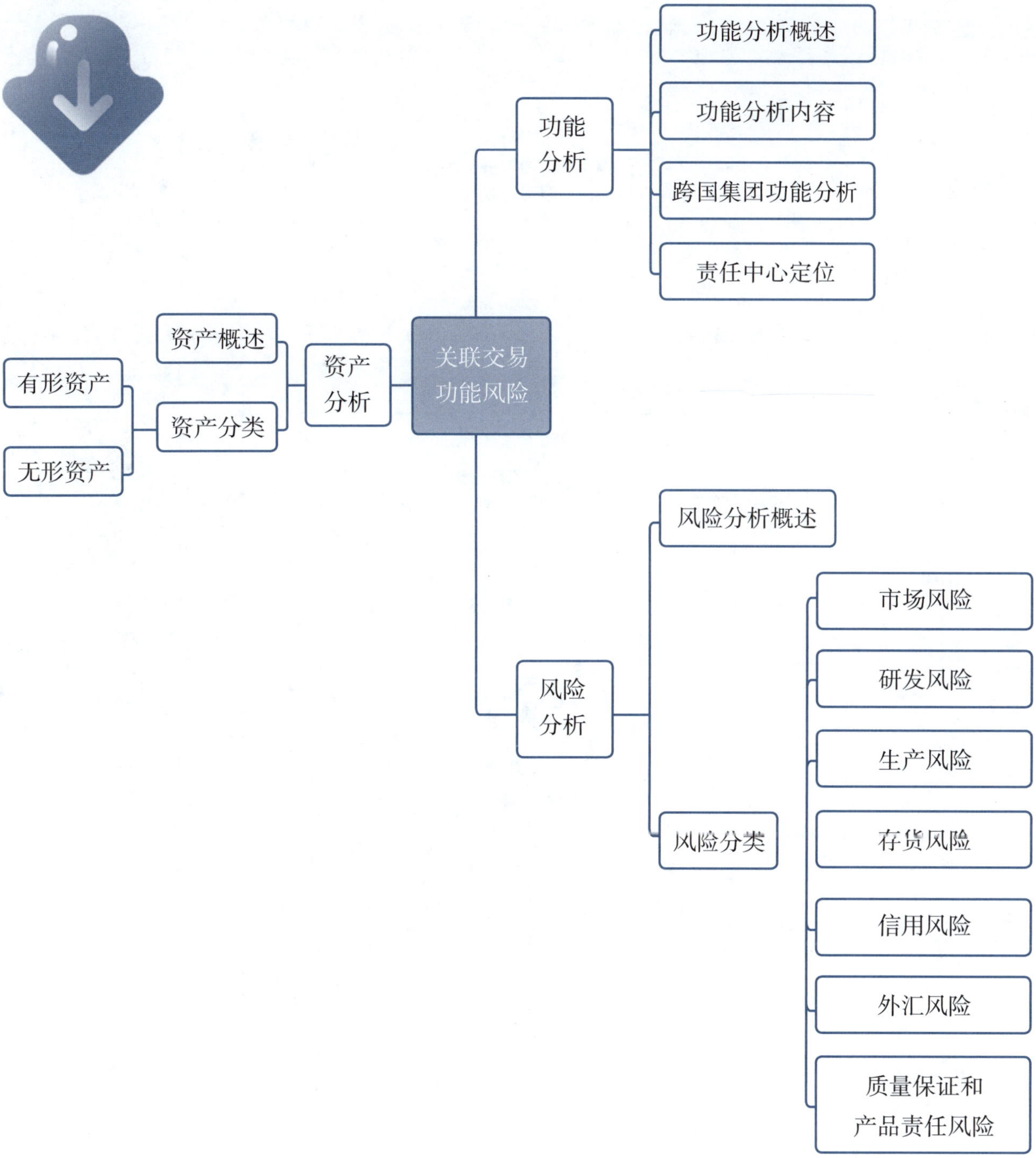
关联交易功能风险
功能分析
功能分析概述
功能分析内容
跨国集团功能分析
责任中心定位
资产分析
资产概述
资产分类
有形资产
无形资产
风险分析
风险分析概述
风险分类
市场风险
研发风险
生产风险
存货风险
信用风险
外汇风险
质量保证和产品责任风险

关联交易功能风险整体思维导图

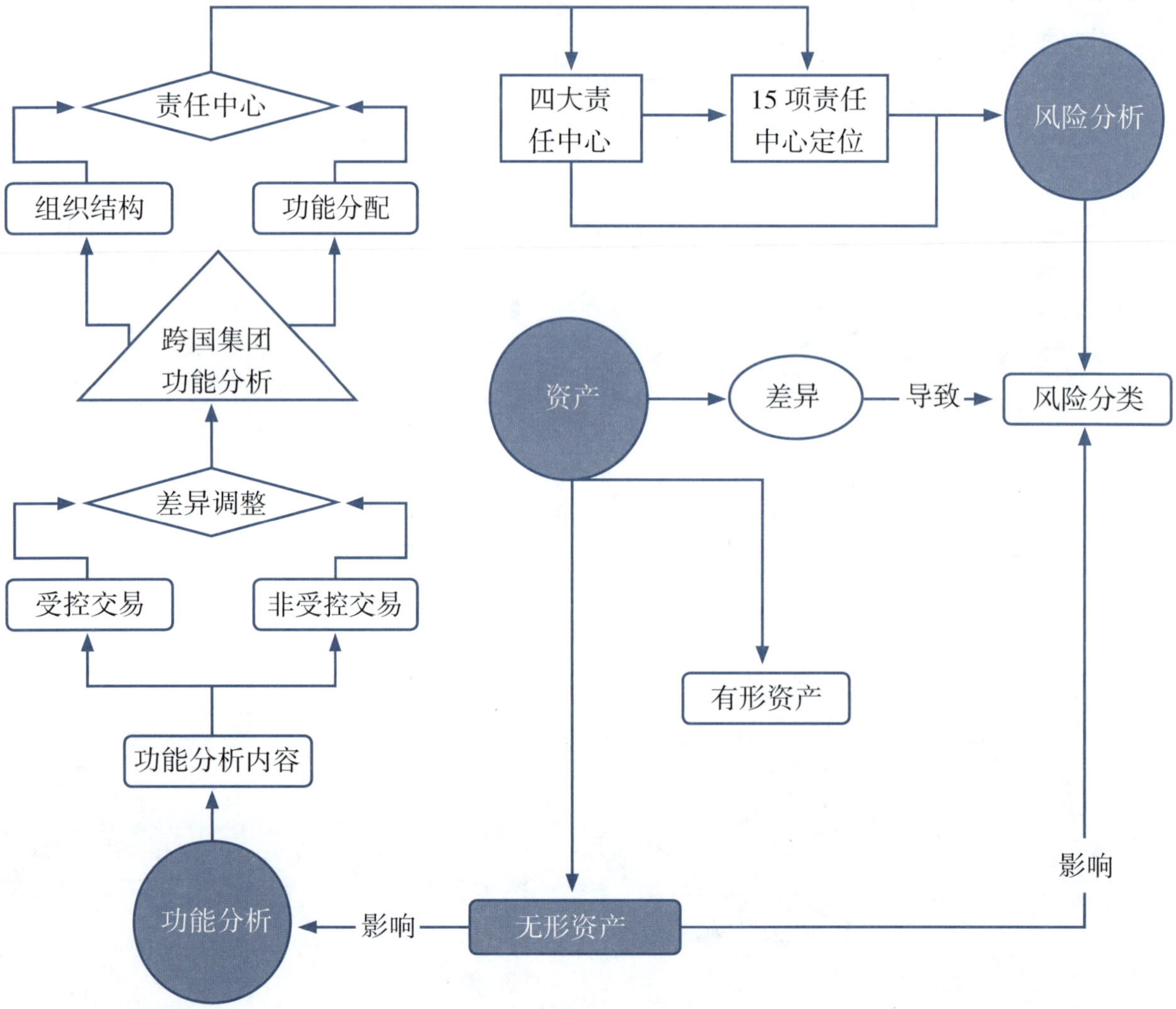

第一节　功能分析

功能分析

- **概述**
  - 功能是指企业在生产或经营的过程中，对于转让定价审查的产品或劳务实施了哪种行为，或运用了哪种资源。
  - 两个独立企业之间的交易价格或盈利情况通常反映了各方所发挥的功能作用。
  - 在界定受控交易、确定受控交易与非受控交易之间是否具有可比性时，需对纳税人在每一项交易中所执行的功能进行比较，即确认和对比纳税人在受控与非受控交易中所承担或将要承担的重要经济活动。
- **内容**
  - 在确定两项交易的可比性时，需要考虑的功能包括：研发、设计、采购、制造、装配、存货管理、营销、销售、售后服务、广告、运输、融资、财务、会计、法律、人力资源管理等。
  - 受控交易与作为参照的非受控交易在功能方面应当具有充分的相似性。如果二者在上述各个功能方面存在差异，该差异应能合理地加以调整，如果差异不能调整，则不构成可比性。

跨国集团功能分析

- **组织结构**
  - 在国际转让定价中，对跨国集团企业开展功能分析需要充分了解集团组织结构、组织结构如何影响集团经营环境、集团作为整体如何创造价值、关联企业执行功能的相关性、关联企业的收入和利润贡献、交易双方在执行功能过程中的权利和义务、交易双方的能力及类似能力是否反映在可比独立交易中。
  - 具体而言，跨国集团转让定价分析通常需要充分掌握集团全球构架、组织结构图、经营计划、董事会纪要、关联交易协议、审计报告、损益表、资产负债表、关联交易情况（类型、合约方、交易金额）、产品市场状况、主要竞争者等相关信息。
- **功能分配**
  - 在跨境贸易实践中，跨国集团企业有时会将高度整合的功能分配给多个关联企业。对于这种情况，开展功能分析时，要着重确定实际经济活动之间的相关性、关联企业在参与商业活动时如何相互协调。关注协调活动是由部分或全部关联企业参与，或是由执行单独协调功能的企业实施，又或者是二者相结合的模式。

- 功能分析
  - 责任中心的定位
    - 集团转让定价系统的设计决定了集团内各个子公司实施活动所能获得的补偿，一旦通过功能分析将参与实体的功能职责确认清楚后，就应当按照其各自的职能属性将这些实体予以归类（如生产、营销、研发等）。
    - 获得每个集团公司的功能职责是决定职能分类活动成败的关键因素。在转让定价系统的设计中，引入了“责任中心”这个概念，目的在于将业务的实际情况以及跨国企业业务经营的方式与向每个集团公司提供补偿的适当方法联系起来。
    - 判断每一种责任中心
      - 责任中心可以用于不同交易的分析。要根据企业经营模式来确立法律现实、会计现实及经济现实之间的一致，并确定各个关键职能部门在公司业务之间是如何划分的。
      - 判断职能部门的具体职责，来定义集团公司里的责任中心。
        - 跨国公司责任中心包括
          - 投资中心：对集团的经营结果、长期策略发展及控制负责，承担集团主要风险，同时，对企业经营的持续性负责。投资中心获得的利润率应该在结构上提供足够的投资收益率或资产回报率，包括集团经营中的剩余利润。
          - 利润中心：对通过增加收入或降低成本而达到的利润最大化负责。利润中心有机会获得额外的利润（所谓的“剩余利润”）。
          - 收入中心：跨国公司内部的销售公司负责销售，其另外一部分职责则与赚取边际毛利有关。其功能职责则同标签中的“收入中心”相符，收入中心的主要目标是在考虑成本限制基础上实现销售量最大化，营业利润率通常为其考核指标。
          - 成本中心：对尽可能高效经营负责，根据预定的质量和交付条件生产预定数量的产品。
            - 需要注意的是，对责任中心的分类是基于潜在的经济现实而做出的，并重点参照该实体所履行的职能、使用的资产及所承担的风险。

- 功能分析
  - 责任中心的定位
    - 采购代理人
      - 采购代理人通常从事采购/供货活动，也可能从事供应商选择和供货业务。对采购代理人来说，供应商关系不一定是很重要的无形资产及盈利的来源。采购代理人通过将最终买家订单交给最合适的供应商、监测供应商生产流程、进行质量检验、确保订单按时足量地完成等一系列活动，可以为最终买家创造可观的价值。采购代理人不拥有货物所有权，无须承担存货方面的责任和风险。采购代理人向委托方收取服务费。
    - 有限风险采购商
      - 有限风险采购商与采购代理人的一个关键区别在于，有限风险采购商对采购货物拥有法律所有权和经济所有权。需要注意的是，在大多数情形下，货物由有限风险采购商购买，则通常其持有时间非常短暂，或者拥有的所有权时间很短，从而使得公司无须承担传统意义上的库存风险。然而，在其他情况下需要维持全部的仓储设施。
      - 如果采购公司对货物拥有所有权（尽管在大多数情形下都是暂时的），则采用根据所采购货物百分比所计算的基于价值的收费应当较为合理（如果没有所有权，则为采购货物时发生的费用支出）。所收取费用的公平交易性质可以采用类似于上述采购代理人的基准测试方法进行确定或检查，尽管一般不会做出相同的或任何的经济调整。
    - 全风险采购商
      - 全风险采购商履行供货职能，也涉及议价、产品设计及库存管理等。全风险采购商需要承担市场风险、库存风险、信用风险及其他风险。全风险采购商开发关于供应商关系及采购流程方面的当地无形资产。
      - 对于拥有所有权的全功能型采购活动而言（通常还涉及价格商议、承担重大的市场风险及潜在的库存风险），也可能采用独立交易毛利润法（经调整的再销售价格法），这样便足以补偿其应获得的公平交易净利润。然而，鉴于该类公司比全风险分销商承担的功能少、风险低，其取得的加成率应当低于全风险分销商取得的加成率。
    - 研发企业
      - 合约研发
        - 境外关联方提供研发资金并承担研发风险；企业虽履行研发服务功能，不承担相应风险；根据关联方之间签署的研发协议，对合约研发方提供的研发服务给予成本基础上的加成。
      - 有限风险研发
        - 公司承担有限研发功能和研发风险，可能拥有部分无形资产经济所有权。
      - 全风险研发
        - 公司承担全部研发功能和研发风险，拥有相应的无形资产经济和法律所有权。

- 功能分析
  - 责任中心的定位
    - 来料加工企业：不拥有原材料所有权，无须承担原材料价格波动造成的风险以及原材料存货风险。相应地，按照功能风险和所取得的利润相匹配的原则，来料加工企业也不会获得因为承担这些风险带来的利润。来料加工企业主要承担与生产相关的功能风险、产品质量风险，不承担由于产品销售市场萎缩或扩张而带来的市场风险，一般属于承担单一功能风险的企业。
    - 进料加工企业：进料加工需要承担原材料的价款及质量风险，占用企业的资金。从利润与功能风险相匹配的角度看，进料加工应该获得比来料加工更多的利润（绝对值），因为来料加工企业计算成本加成率时不包含材料成本，加成率可能高于进料加工企业的成本加成率。
    - 合约制造企业：不拥有与产品有关的专有技术，而是由委托方授权使用该专有技术，并按委托方要求控制产品生产进度和产品质量，承担较小的生产风险；除产品质量风险外，其承担的生产风险主要体现在存货风险。此外，由于合约制造企业可能要投入大量成本购置专门的生产设备，用来制造委托方所需的产品。如果委托方的订单量不足，就会导致合约制造企业产能利用率低而产生闲置成本。而订单数量受委托方的营销能力、市场环境及产品本身的特性等因素的影响，这不是合约制造企业所能控制的。因此，在独立交易中，合约制造企业会希望在合同条款中把产能不饱和的风险转移给委托方。例如，委托方要保证在若干年内按照议定的价格每年达到一定的最低购买量等，从而降低合约制造企业的产能风险。总体上，合约制造企业通常承担常规功能和有限风险，因此只是获取稳定而有限的利润，而不可能获取超额利润。
    - 特许制造企业：不拥有与产品有关的专有技术，而是由许可方授权使用该专有技术，并向许可方支付技术使用费。特许制造企业可以自主安排产品的生产进度，控制产品质量，以及进行市场开拓和营销活动。特许制造企业承担生产风险和市场风险。
    - 全功能风险制造企业：拥有产品的自主知识产权，可以自主安排产品的生产进度，控制产品质量，以及进行市场开拓和营销活动。全功能风险制造企业承担研发风险、生产风险和市场风险。
    - 销售代理商：不拥有销售产品的所有权，只进行买家和卖家之间的联络和沟通，不承担信用风险、存货风险、市场风险和外汇风险。销售代理商向海外的委托公司提供代理销售劳务，对所销售的货物不具有法定所有权，仅就其所提供的销售劳务收取费用，通过销售佣金按独立交易成本加成法对其总成本（不包括所售出货物的成本）加以补偿，或者按产品销售额的一定比例计算收取佣金，因此一般不会出现亏损。由于销售代理商并不拥有其销售的货物，如果其销售活动不构成常设机构，销售地所在国无法就销售利润征税，只能就销售代理商取得的报酬（一般为佣金）征税。

功能分析

责任中心的定位

有限风险型分销商

拥有产品的所有权，负责采购和存货管理，可以以其自身名义采购和出售产品，有一定销售定价权，承担有限的信用风险、存货风险、市场风险和外汇风险。有限风险型分销商在市场营销中所扮演的角色可能仅限于执行跨国企业集团制定的营销战略，所承担的风险较低。有限风险型分销商获得的回报通常通过再销售价格法确定。在经济周期内所能获得的收益预计会低于全风险型分销商，但收益会较为稳定。

佣金型承销商

与有限风险型分销商相似，但佣金型承销商对承销的产品定价权受限，且承担的风险更低。佣金型承销商以自身的名义代表委托人销售产品给客户，因此客户会以为其是从该类承销商处购买产品，但事实上，该类销售行为是承销商根据两公司之间所签署的“转销协议”的条款代表委托公司进行的。该类佣金型承销商所承担的风险较低，原因在于其对销售给客户的商品不拥有法定权利，且根据其同委托公司签署的承销协议中的条款，其所获得的回报多少是有保证的，所获得的销售佣金足以使得其总成本（不包括所售出货物的成本）得到公平交易的加成毛利。这种方法（可从技术方面得到支持）使得佣金型承销商赚取的利润（不以百分比而以绝对值计）明显低于通过交易净利润法或再销售价格法（后者在计算中加进了所售出货物的成本）所计算的有限风险型分销商赚取的利润。因此，佣金型承销商这种模式可能存在过于极端且具有潜在的滥用情形。例如，外国企业通过分销商来销售商品，为了达到销售利润不在分销商销售国纳税的目的，于是放弃分销模式，采用销售代理的方式在另一国销售货物，代理商收取代理费，如果不构成常设机构，在所得来源国是不纳税的。采用佣金型承销商模式，可能会使境外委托公司在承销商的所在国构成常设机构，该常设机构应就其参与的活动获得公平交易回报（除承销的回报外）。这样，通常就会导致在承销商的所在国所认可的（以绝对值计）回报与有限风险型分销商的相似。在跨国公司中引进佣金型承销商的模式具有多种商业方面的原因，譬如精简且更加有效的供应链及会计系统的利益；然而，从转让定价的角度考虑，这种模式也会产生多种问题和争议。

- 功能分析
  - 责任中心的定位
    - 全风险型分销商
      - 拥有产品的所有权，负责采购、存货管理，以及做出有关产品销售、市场营销、销售渠道开拓等企业决策，开发当地营销性无形资产，譬如客户关系、客户名单、当地市场的销售技巧、有效的分销网络以及极为熟练的销售人员。全风险型分销商承担信用风险、存货风险、市场风险和外汇风险。一方面，全风险型分销商在一个经济周期内预计可获得更高的利润水平，从而能够对其所承担的额外风险、拥有的无形资产及履行的额外职能做出补偿。因此，全风险型分销商如果拥有重大价值营销性无形资产，应获得相应的回报。另一方面，在市场不佳的情况下，全风险型分销商也可能发生亏损。
    - 单一功能企业（研发 / 生产 / 分销）
      - 是在中国境内设立的承担单一生产（来料加工或进料加工）、分销或合约研发等有限功能和风险的企业。按照关联方订单从事加工制造，不承担经营决策、产品研发、销售等功能，不应承担由于决策失误、开工不足、产品滞销等原因带来的风险和损失，通常应保持一定的利润水平。对出现亏损的企业，税收征管机关应在经济分析的基础上，选择适当的可比价格或可比企业，确定企业的利润水平。
    - 高新技术企业
      - 可以享受 15% 的企业所得税优惠税率。申请高新技术企业需要符合一系列条件，企业必须通过自主研发或外购等方式，对其主要产品的核心技术拥有自主知识产权。有的高新技术企业承担了研发、制造和国内市场产品营销和销售职能，但仍然只作为契约制造商，在成本基础上被给予较低的回报。税收征管机关在对该企业进行转让定价合规性审查时，就会质疑该企业契约制造商的定位与其高新技术企业的身份不符，认为高新技术企业对其所在集团核心技术研发做出了贡献，其获得的利润率应该比常规企业的利润率要高。
      - 在同期资料和其他证明文档中，补充说明企业对集团核心技术研发的实际贡献。如果企业确实对集团核心技术研发做出了贡献，集团在转让定价政策安排中，应该考虑该企业的这一贡献，并使其获得相应的经济回报。对于高新技术企业向境外关联方支付特许权使用费，应该说明与该特许权使用费对应的母公司的专有技术和企业自身的研发技术有何区别，特别是该企业从母公司许可使用的专有技术中获得了哪些具体利益，该企业从母公司专有技术中获得的利益与支付的特许权使用费是否匹配等。

第二节　风险分析

风险分析

概述

- 企业在生产经营过程中的各项活动所产生的结果具有不确定性，这意味着企业在关联交易中所承担的功能可能会带来相应的风险。离开风险分析，功能分析就不完整。
- 在确定受控与非受控交易之间的可比性时，风险承担会影响关联交易价格和其他交易条件，必须对两项交易中影响价格或利润的主要风险进行比较。
- 在关联交易中，风险比功能和资产更难被识别，确定关联交易中特定风险的承担主体时需要进行细致深入的分析。

- 风险分析
  - 风险分类
    - 市场风险
      - 定义 — 市场风险是指由于市场变化对商业成功因素造成影响的风险。
      - 主要分类 — 市场风险包括科技进步、需求变化、原材料价格波动、市场竞争激烈、产品价格波动、拓展市场或对目标客户定位失败等带来的风险。
    - 研发风险
      - 定义 — 研发风险是指因研发项目失败不能收回研发投资，或不能从研发活动中获得预期的经济利益而带来的风险。
      - 主要分类 — 研发风险包括未能开发出新产品或服务、相关产品或服务未能达到预期市场认可等风险。
    - 生产风险
      - 定义 — 生产风险是指因原材料、设备、技术人员、生产工艺及生产组织等问题导致的生产停滞或者产品质量下降带来的相关风险。
      - 主要分类 — 生产风险包括生产线故障、原材料成本波动、劳动力成本波动、产能利用率低下、技术应用不当、工伤等。
    - 存货风险
      - 定义 — 存货风险指存货过多或过少而造成的损失，以及存货毁损而无法正常使用的风险。
      - 主要分类 — 存货风险包括存货报废、缩水、由于市场低迷造成存货变现价格下降等风险。

- 风险分析
  - 风险分类
    - 信用风险
      - 定义 — 信用风险是指在先交货（或先提供劳务）后付款的情况下，销售方（或劳务提供方）在未来有可能不能如期或全额收到款项的风险。
      - 决定因素 — 信用风险主要取决于两个因素：客户的信用度和应收账款的数额。
    - 外汇风险
      - 定义 — 外汇风险是指在使用非本位币进行国际交易结算时，由于汇率的变化可能遭受损失的风险。
      - 主要分类 — 外汇风险包括会计风险、交易风险和经济风险
        - 会计风险指企业将外币计价的财务报告转换成统一以母国货币表示的合并报表时，由于外币资产与外币负债不相匹配而引起损益变动的风险。
        - 交易风险是指交易确认日和交易结算日之间的汇差造成的外汇风险。
        - 经济风险是指意料之外的汇率变动通过影响企业的生产销售数量、价格、成本，引起企业未来一定期间收益或现金流量减少的潜在风险。
    - 质量保证和产品责任风险
      - 质量保证风险 — 质量保证风险是指由于质量瑕疵，供应商对产品进行维修、更换、退款而承担的风险。
      - 产品责任风险 — 产品责任风险是指由于产品未达到预期标准，供应商承担的赔偿责任或名誉受损的风险。

第三节　资产分析

资产分析 — 概述

资产是指由企业过去的交易或事项形成的、由企业拥有或者控制的、预期会给企业带来经济利益的资源。

在界定受控与非受控交易之间的可比性时，资产方面的差异通常会导致交易价格的差异。因此，需要充分考虑两项交易之间的资产差异。

- 资产分析
  - 分类
    - 有形资产 —— 有形资产指具有实物形态的资产，包括厂房、生产设备、研发设备、办公设备、原材料、成品库存等。
    - 无形资产
      - 定义 —— 无形资产指没有实物形态的非货币性长期资产，包括但不限于商业秘密、专利权、专有技术、客户名单、商标和分销网络等。
      - 无形资产在转让定价分析中的应用
        - 尽管有些无形资产可能不会体现在资产负债表中，但其对于企业成功经营以及保持相对较高的利润率有着至关重要的作用。一般而言，在交易过程中产生的超额利润应分配给拥有并使用主要无形资产的企业。
        - 确定关联交易参与方中谁拥有主要无形资产是转让定价分析的关键，因为这通常会决定哪一方应该作为分析中的被验证主体。在通常情况下，拥有次要无形资产（或不拥有无形资产）的企业会被选为被验证主体，因为功能分析相对简单的企业更容易找到可比的非受控交易。

- 资产分析
  - 分类
    - 无形资产
      - 按照用途分类
        - 技术类无形资产
          - 技术类无形资产包括由企业研发活动或生产工艺改进所产生的专利技术和非专利的技术诀窍。
          - 专利技术是被处于有效期内的专利所保护的技术。根据中国专利法分类，专利技术可以分为发明专利、实用新型专利和外观设计专利。
          - 非专利的技术诀窍是凭借经验或技能产生的，在工业化生产中适用的技术情报、数据或知识，包括产品配方、工艺流程、技术秘诀、设计、图纸（含草图）、试验数据和记录、计算机程序等，而且这些技术信息尚未获得专利等其他知识产权法的保护。
        - 营销类无形资产
          - 营销类无形资产包括商标、分销网络以及向客户提供售前和售后服务的能力。
            - 其中，商标是能将自己的商品或服务与他人的商品和服务区分开的标志（包括文字、图形、字母、数字、声音、三维标志和颜色组合，以及上述要素的组合）。

第四章

关联交易价值链

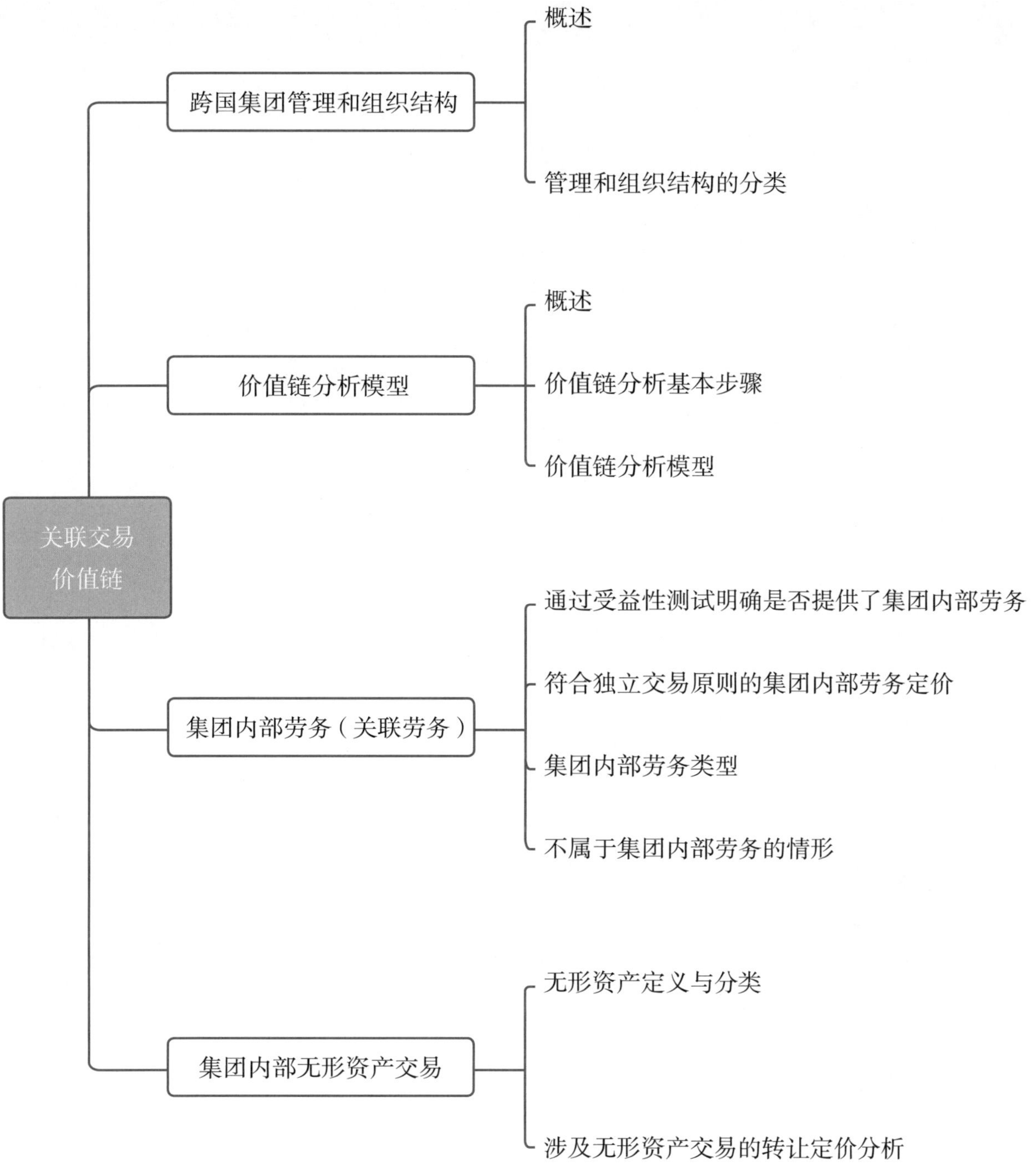
关联交易价值链
跨国集团管理和组织结构
概述
管理和组织结构的分类
价值链分析模型
概述
价值链分析基本步骤
价值链分析模型
集团内部劳务（关联劳务）
通过受益性测试明确是否提供了集团内部劳务
符合独立交易原则的集团内部劳务定价
集团内部劳务类型
不属于集团内部劳务的情形
集团内部无形资产交易
无形资产定义与分类
涉及无形资产交易的转让定价分析

关联交易价值链整体思维导图

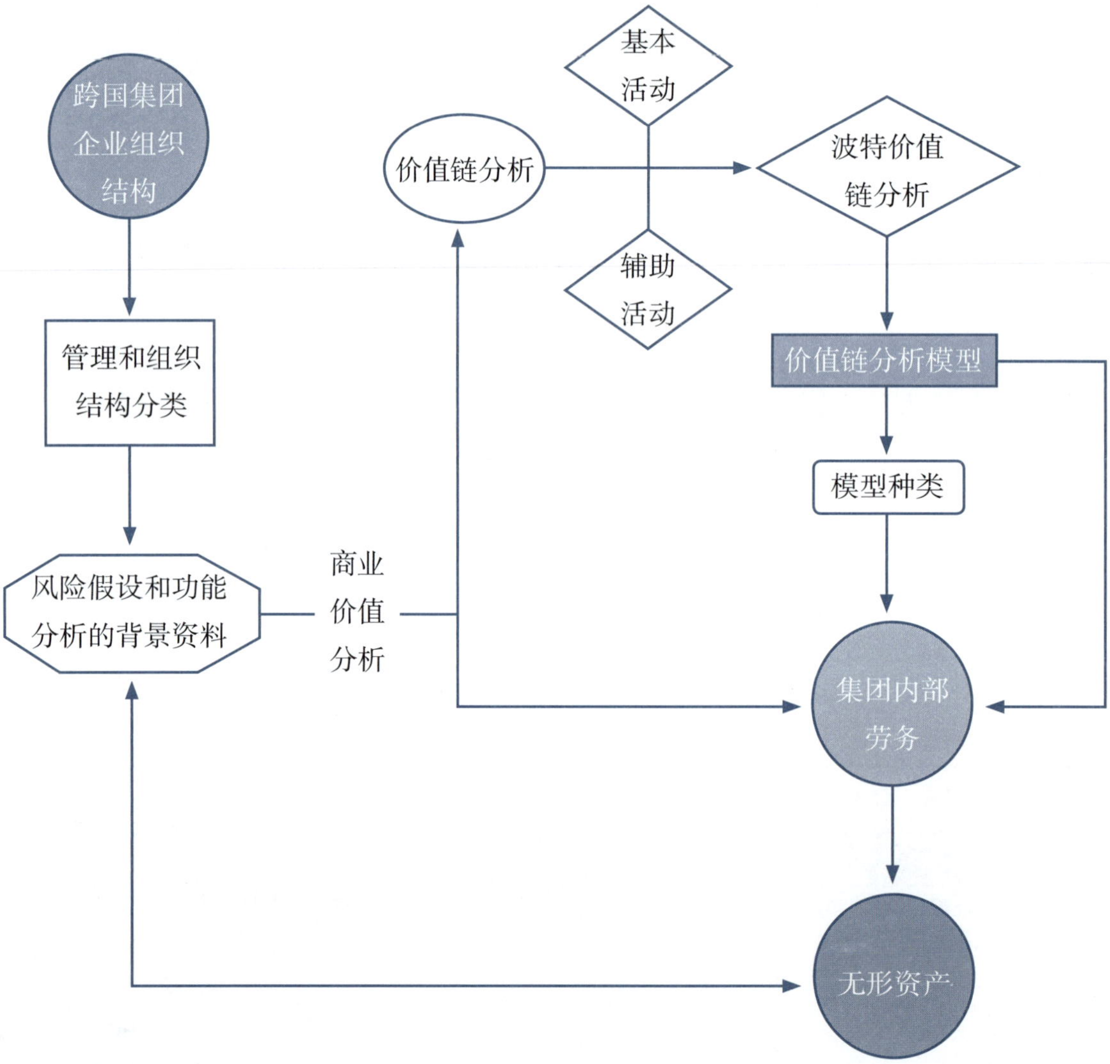

第一节　跨国集团管理和组织结构

- 跨国集团管理和组织结构
  - 概述
    - 进行转让定价分析时，有必要了解跨国企业集团是如何管理和组织的，以及存在什么样的决策框架。
    - 对跨国集团管理和组织结构以及决策制定的分析可以为确定风险假设和重要功能分析提供有用的背景材料。

- 跨国集团管理和组织结构
  - 管理和组织结构的分类
    - 职能型结构
      - 在职能型结构中，跨国集团的职能由职能部门内的员工履行。这些职能通常是特定业务，例如，会计师、主计长和税务顾问都根据他们的专业被划入一个财务职能部门。
      - 一般而言，职能型结构最适合大批量低成本的标准化商品生产和服务提供的规模经济模式。
      - 任务协调和专业化工作集中在一个职能型结构中，以便更高效地决策。
      - 一个职能型结构中的成员具有相同的背景，可以很容易地交流。（见图 4–1）
    - 产品型结构
      - 跨国集团按产品种类或产品设立总部。只要是同一类产品，便都归入有关的产品线总部领导。（见图 4–2）
      - 这种组织形式适合于产品系列复杂、市场分布广泛、技术要求较高的跨国企业。
      - 产品型结构的优点是把国内外的业务活动统一起来，同时使销售和利润的增长与投资的增长更趋于同步。
      - 缺点是产品线总部之间缺乏联系，使产品知识分散化。
    - 地区型结构
      - 跨国公司按地区设立总部，负责协调和支持一个地区所有分支机构的所有活动。
      - 在这种组织形式下，由集团总部及所属职能部门进行全球性经营决策，地区总部只负责该地区的经营责任，控制和协调该地区内的所有职能。（见图 4–3）

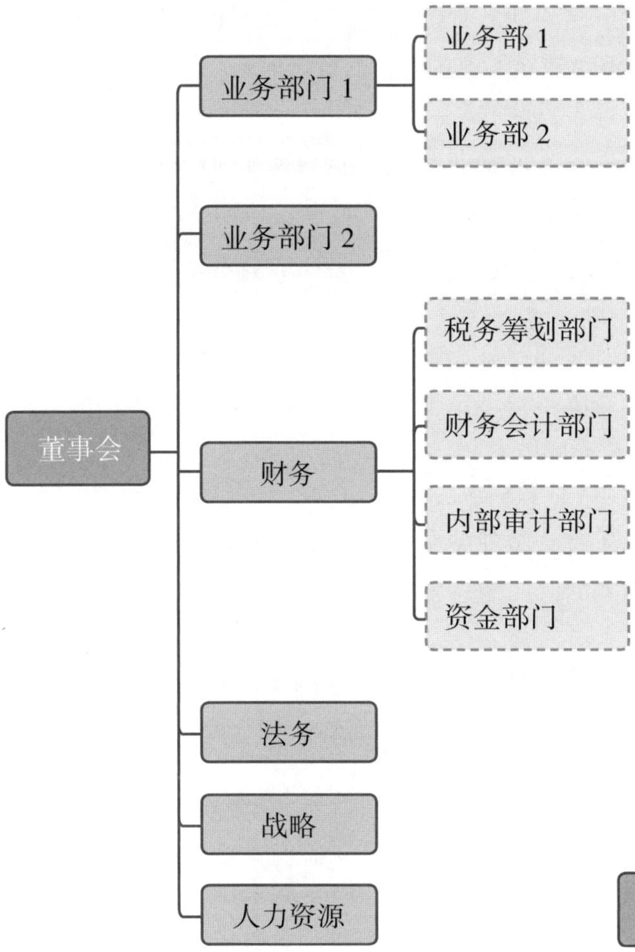

图 4–1　职能型结构

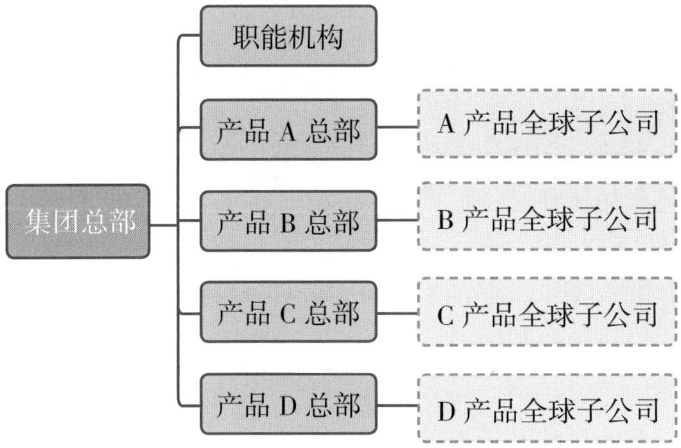

图 4–2　产品型结构

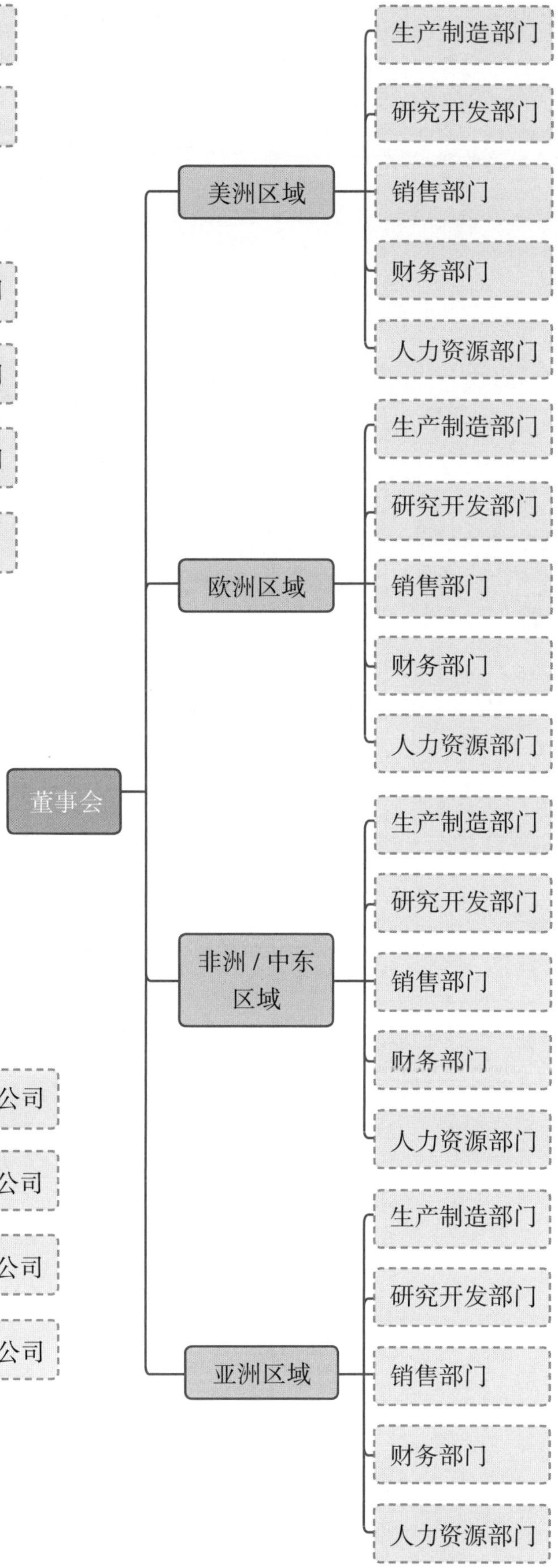

图 4–3　地区型结构

- 跨国集团管理和组织结构
  - 管理和组织结构的分类
    - 矩阵型组织结构
      - 矩阵型组织是按照职能划分的纵向领导系统和按项目（任务或产品）划分的横向领导系统相结合的组织形式。（见图 4–4）
      - 跨国贸易活动中经常面临非定型、非例行性的任务，不是一个部门可以独自完成的。为完成特别任务，就需要建立非常设的专门任务组织。
      - 它们随特定的需要而建立，随特定任务的完成而撤销。其成员由各相关的职能部门根据任务的需要配备，隶属关系仍属于原部门，并于任务完成后返回。
      - 任务组织负责人对特定任务负领导的责任，对整个工作统一协调和指导。相关的部门对特定任务不负直接责任，但有义务予以支持与合作。
      - 矩阵组织结构结合了职能型和部门型模式的要素，在管理和组织结构上更加复杂。
      - 矩阵型组织的优点
        - 把职能分工与组织合作结合起来，从专项任务的全局出发，促进组织职能和专业协作，有利于任务的完成。
        - 把常设机构和非常设机构结合起来，既发挥了职能机构的作用，保持常设机构的稳定性，又使行政组织具有适应性和灵活性，与变化的环境相协调。
        - 在执行专项任务组织中，有助于专业知识与组织职权相结合。
        - 非常设机构在特定任务完成后立即撤销，可避免临时机构长期化。
      - 矩阵型组织的主要缺点
        - 组织结构复杂，各专项任务组织与各职能机构关系多头，协调困难。
        - 专项任务组织负责人的权利与责任不相称，如果缺乏有力的支持与合作，工作难以顺利开展。

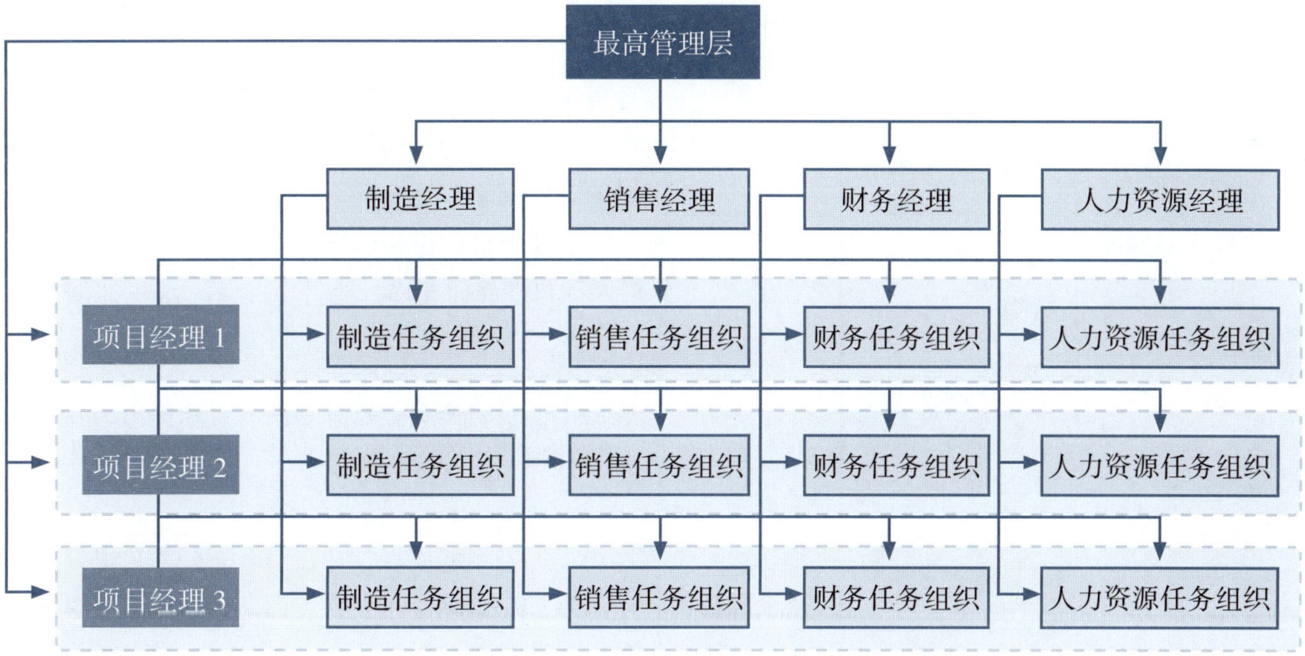
最高管理层
制造经理
销售经理
财务经理
人力资源经理
项目经理 1
项目经理 2
项目经理 3
制造任务组织
销售任务组织
财务任务组织
人力资源任务组织

图 4-4　矩阵型组织结构

- 跨国集团管理和组织结构
  - 管理和组织结构的分类
    - 全球网络组织
      - 现代跨国集团的组织结构，正在逐步转向横向管理体制的网络型结构。网络型结构成为信息时代的代表性组织结构。
      - 网络组织的最大特色是流程短，流程不重合而使信息充分、失真度小。
      - 两个组成部分
        - 一是战略管理、人力资源管理、财务管理与其他功能相分离，从而形成一个由集团总部进行统一管理和控制的核心。
        - 二是根据产品、地区、研究和生产经营业务的管理需要形成组织的立体网络，这一网络具有柔性，即网络中机构的重要性顾及项目性质而变化。
        - 在这种组织结构下，核心控制点的设置主要是为了使管理的网络流程路径变短，使其有适当的集中性。
      - 意味着一个个集团企业正成为小企业的集合
        - 它的中心负责全局战略计划的制订和提出，并将各个部门、子公司联络起来。
        - 网络上的各个联络点，往往具有充分的自由权，可以视如一个个小企业，它们又与其他网络建立某些经营业务上的关系。
        - 从全球范围看，没有公司的“内”“外”之分，只有距离公司战略重心地理上的远近之别而已。
        - 这意味着现代公司的组织结构，正由稳定的金字塔形的组织结构，转向适应性强的网络化组织结构，以顺应全球化和信息化对经营管理的更高要求。

第二节　价值链分析模型

- 价值链分析模型
  - 概述
    - 跨国集团企业的目标是通过生产、销售商品和服务来实现利润的最大化。
    - 理解跨国集团企业如何运作的出发点是进行商业价值链分析。
      - 价值创造是通过一系列活动构成的，这些活动可分为基本活动和辅助活动两类。
        - 基本活动：包括物流、生产作业、市场和销售、服务等。
        - 辅助活动：包括采购、技术开发、人力资源管理和企业基础设施等。
    - 互不相同但又相互关联的生产经营活动，共同创造有助于整体盈利能力的价值，这个创造价值的动态过程，就是价值链。（见图 4–5）

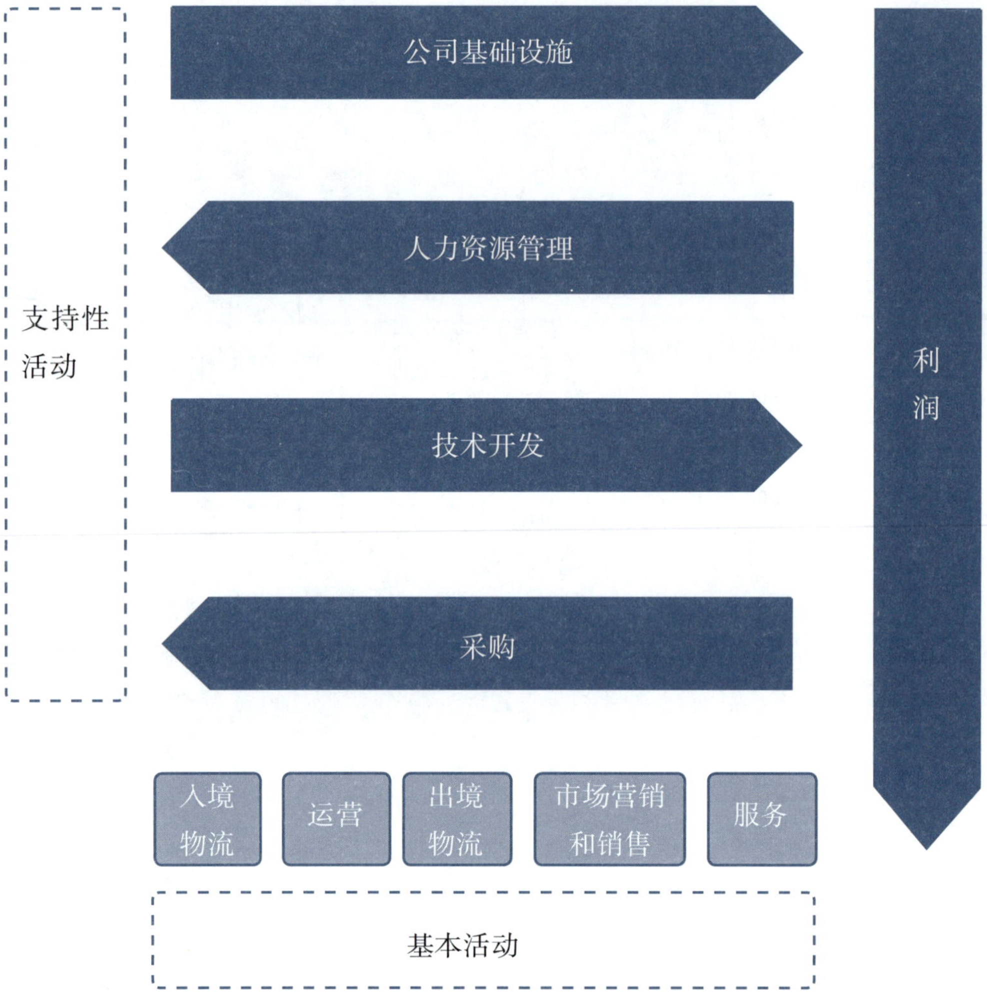

图 4-5　波特价值链图示

- 价值链分析模型
  - 价值链分析基本步骤
    - 跨国公司的价值链主要用于将其价值较低的经济资源转化为价值较高的经济资源。
    - 可能涉及以下步骤
      - 确定行业通用价值链（见图 4–6）。
      - 确定跨国集团企业的特定价值链。
      - 将通用价值链与集团价值链进行比较，并分析其中的差异，这些差异可以成为相对竞争对手的竞争优势。
      - 区分跨国企业的主要职能和辅助职能。
      - 确定并了解跨国企业的哪些主要职能对组织的成功至关重要（即关键成功因素）。
      - 识别和了解跨国集团企业从事的哪些活动为其生产的商品和服务增加了价值（即增值活动），哪些活动使该多国企业有别于其竞争对手。
      - 了解并确认跨国集团企业如何在其各个组成法人实体之间划分价值链中的各种功能。

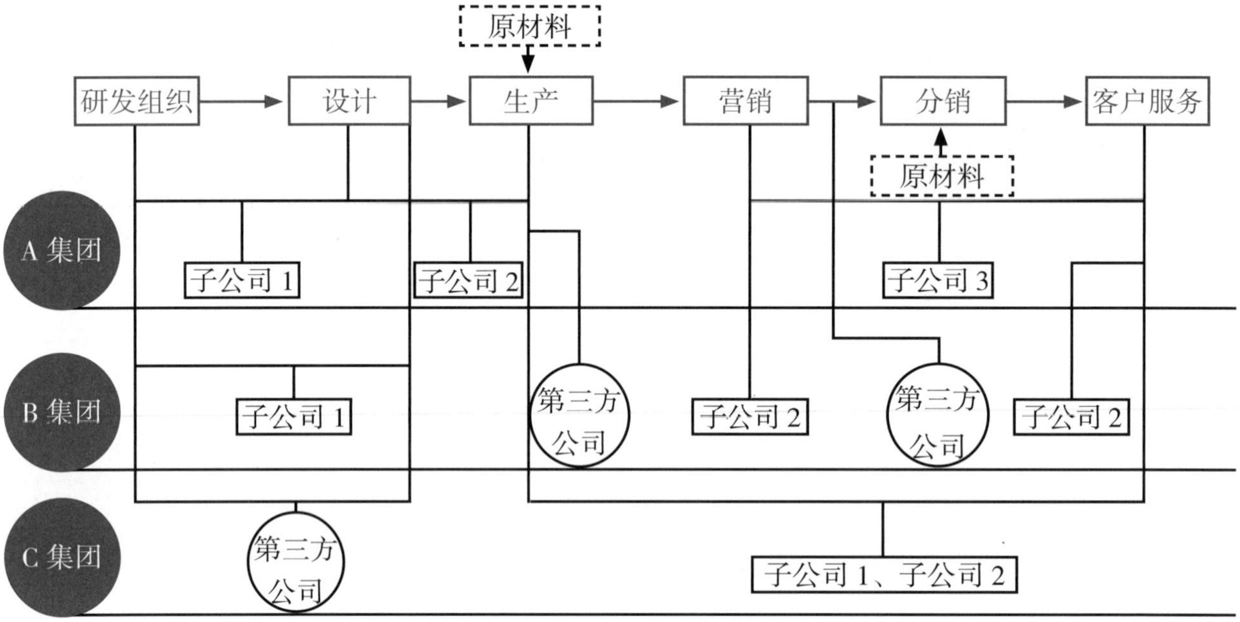
原材料
研发组织
设计
生产
营销
分销
客户服务
原材料
A 集团
子公司 1
子公司 2
子公司 3
B 集团
子公司 1
第三方公司
子公司 2
第三方公司
子公司 2
C 集团
第三方公司
子公司 1、子公司 2

图 4-6　通用价值链图示

价值链分析模型

分散式价值链模型（见图 4-7）

在分散式价值链模型中，集团所有业务单位或法人实体都是相对独立的，通常只依赖集团总部提供的有限服务。总部通常提供高水平的指导或明确战略方向。

在这种模式下，本地销售子公司将负责全方位的销售活动，包括业务规划、市场营销、客户获取、销售和售后服务、仓储和配送。与销售相关的大多数风险，包括市场风险和信用风险，通常由本地销售子公司承担。

同样，本地制造子公司负责选择原材料、库存管理、设施维护和优化、运营工厂，并将制造的产品销售给本地销售子公司。本地制造子公司执行了多种功能，如制造、销售、营销、研发和支持功能。

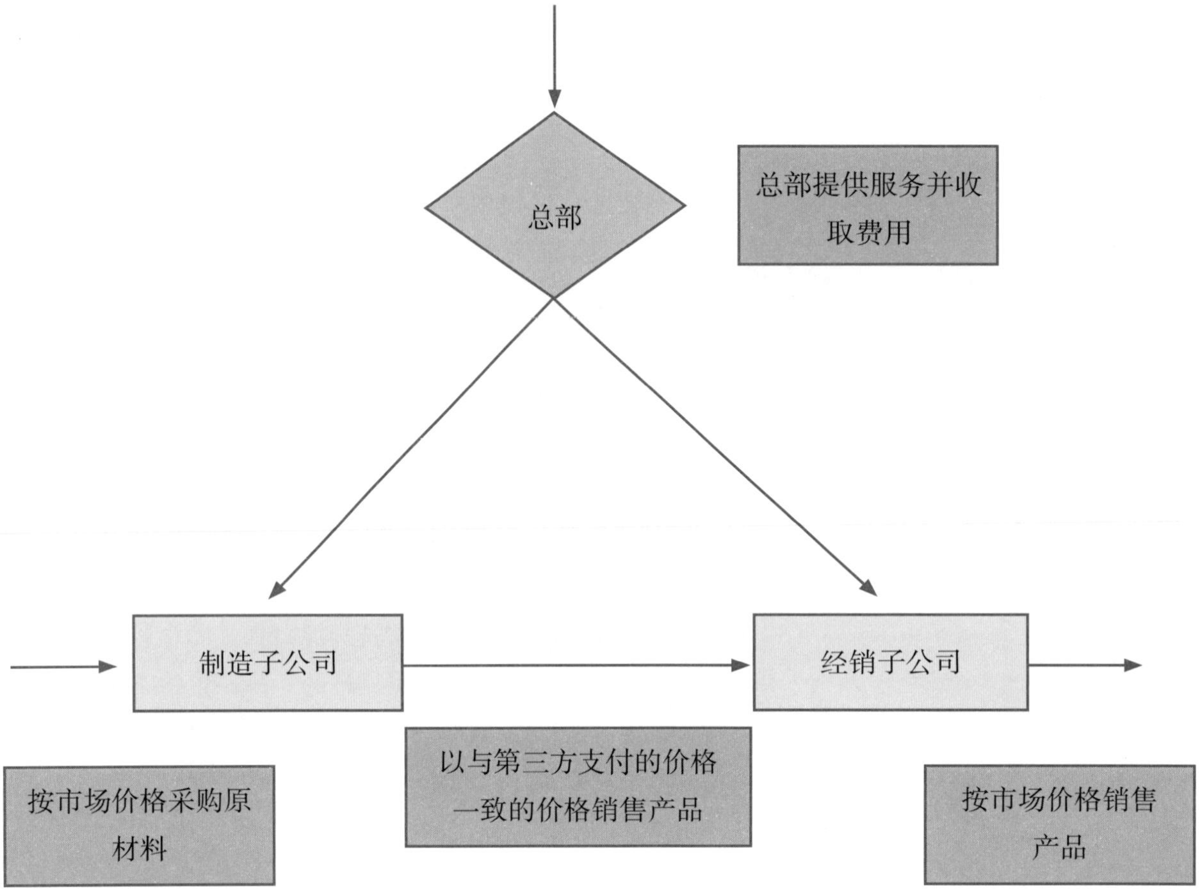

图 4–7　分散式价值链模型图

- 价值链分析模型
  - 集中式价值链模型（见图 4-8）
    - 大多数跨国集团企业都或多或少地实现了一体化，总部负责制定战略，向各部门和子公司提供详细指示，包括研发、营销、集中后台服务和其他领域。
    - 这种集中式价值链模型的优势包括集中分配稀缺资源和资金，并向客户和投资者提供单一的“面孔”。
    - 在这种模式下，本地子公司的自主决策权较少，需要管理的风险也较少。

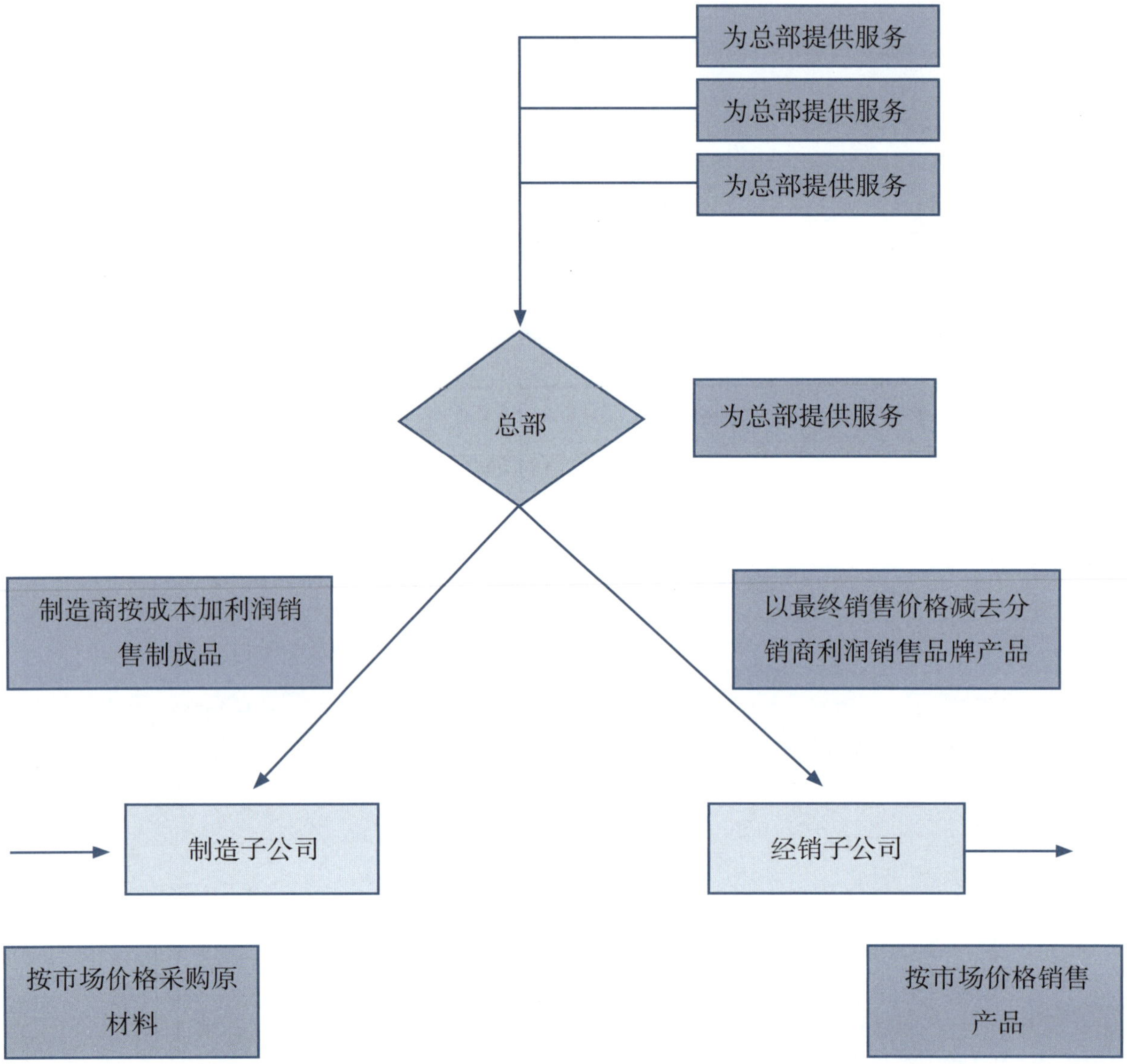

图 4-8　集中式价值链模型图

- 价值链分析模型
  - 功能、资产、风险和潜在利润模型（见图 4–9）
    - 跨国集团企业价值链分析的另一种方法是查看每个实体的功能、资产和风险。
    - 从较简单的法人实体到较复杂的法人实体进行评估。一个复杂的法人实体可能拥有、管理和开发无形资产，并做出关键的战略决策。较简单的实体通常承担风险较低的日常任务，如合同制造或提供支持服务。
    - 在实践中，根据功能的类型和承担的风险水平，单个法人实体的功能范围和由此产生的单个法人实体的潜在利润可能会有所不同。图 4–9 描述了功能、风险、资产和潜在利润之间的关系。
    - 在销售功能中可以识别不同类型的销售业务（见图 4–10）
      - 一端是销售支持服务，另一端是完全风险分销商。可能的模式包括：销售代理 / 代理商、有限风险分销商或特许分销商（沿着价值链从低到高移动）。
      - 完全风险分销商通常承担价格和其他市场风险、库存风险、信用风险，并且还可能开发和许可商标或其他无形资产。
    - 在制造功能中识别不同类型的制造业务，范围从收费制造商到合同制造商、授权制造商和最终的完全风险制造商。（见图 4–11）
      - 风险最低的法人实体是收费制造商，尽管收费制造商与其他类型的制造商一样，可能保留固定资产投资的风险和与制造能力的次优利用相关的风险。
      - 一般而言，企业家在整个制造过程中保留对原材料和货物的所有权，企业家购买原材料并承担库存和销售风险，而收费制造商主要负责制造场地的管理和有效利用。

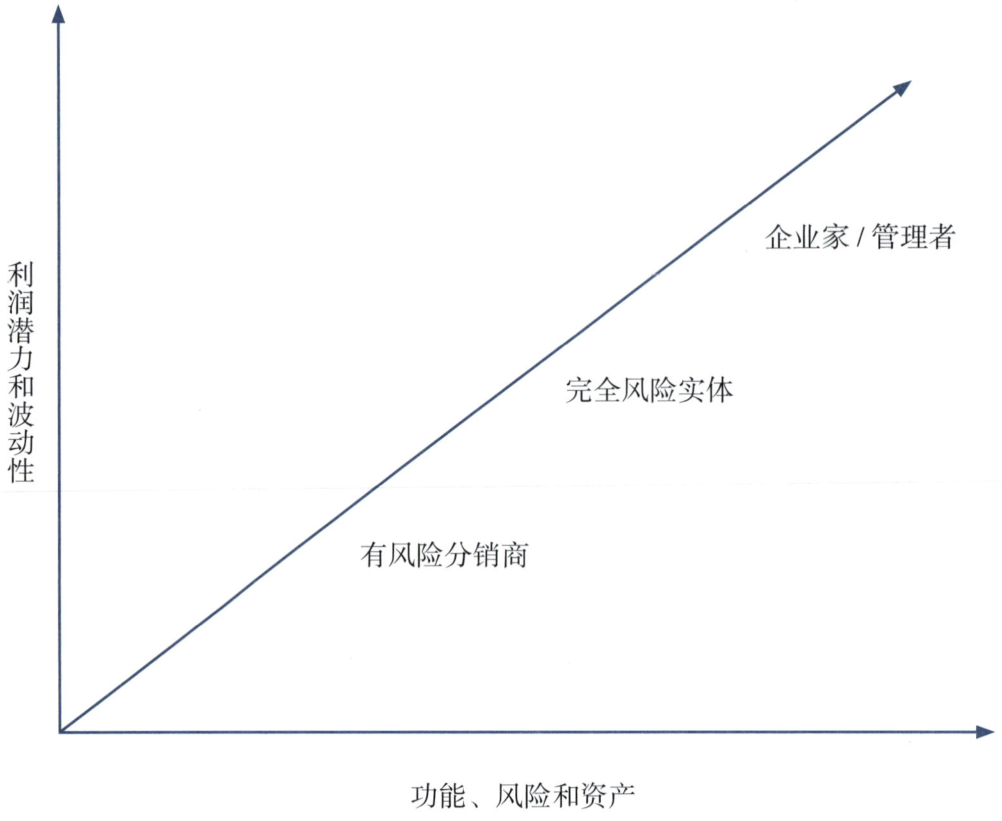

图 4-9 功能、资产、风险和潜在利润模型图

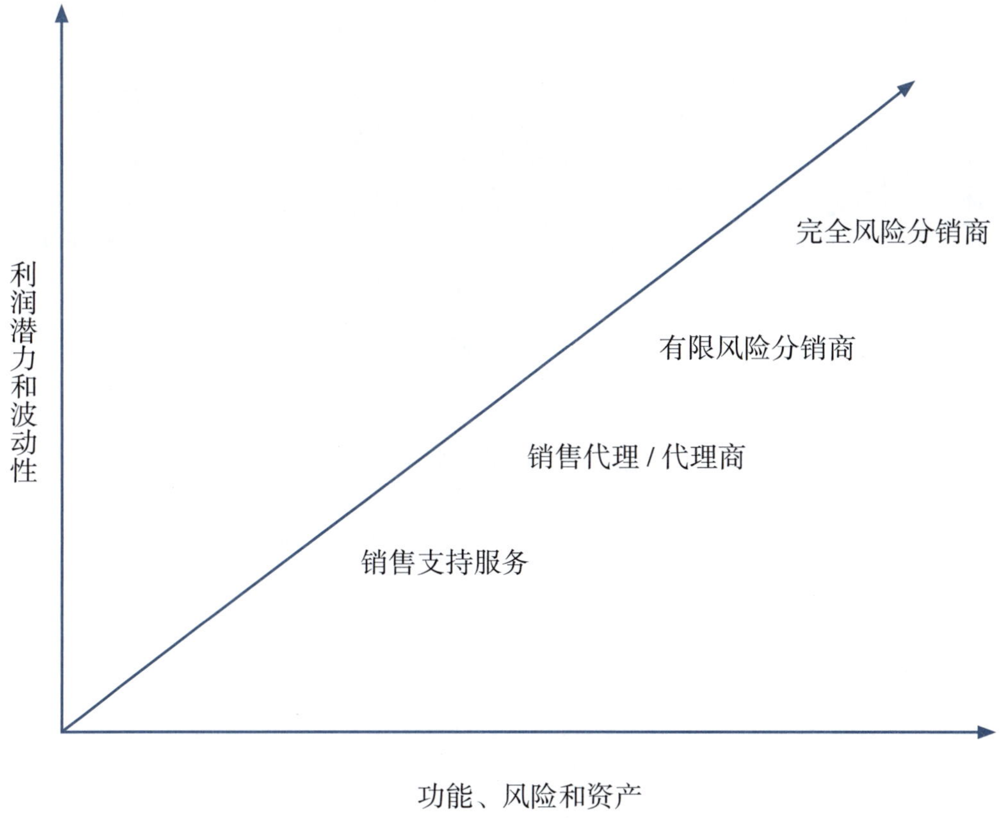

图 4–10　销售业务在销售功能中的应用

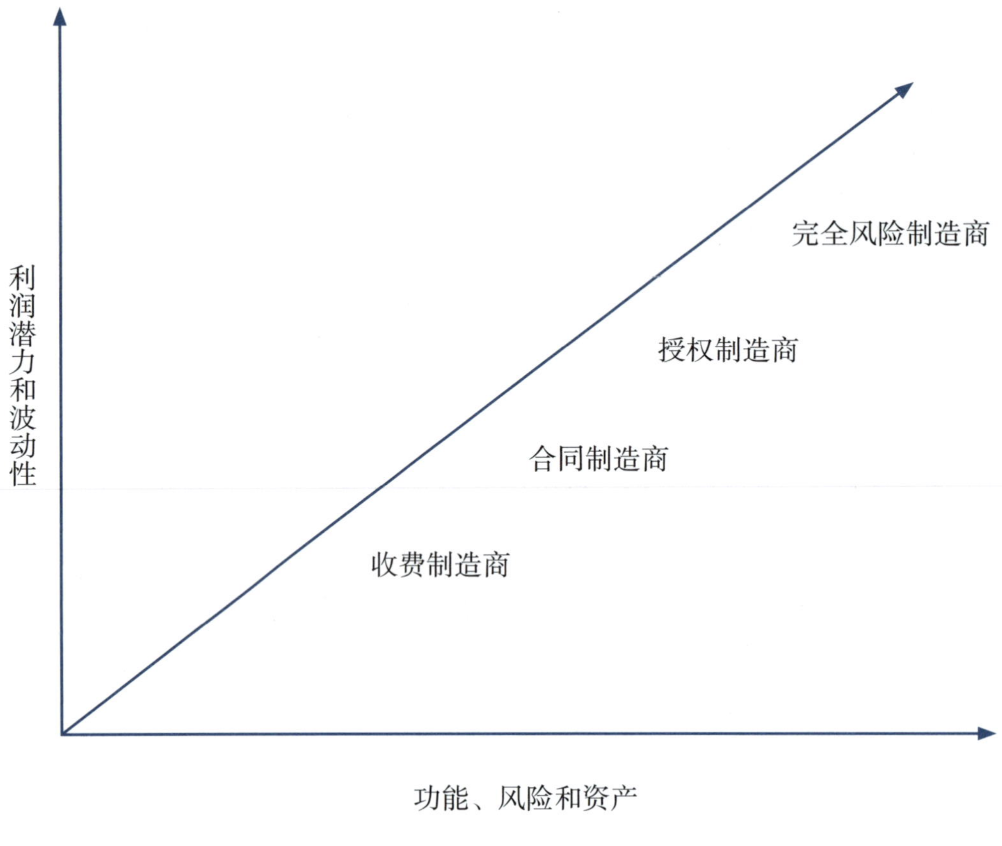

图 4-11　销售业务在制造功能中的应用

第三节　集团内部劳务（关联劳务）

- 集团内部劳务（关联劳务）
  - 对于跨国集团企业内部劳务的转让价格分析主要有两个方面的问题。
    - 一是通过受益性测试，明确关联企业之间是否为转让定价目的真正提供了集团内部劳务。
    - 二是如何从税收角度确定符合独立交易原则的集团内部劳务定价。
  - 通过受益性测试明确是否提供了集团内部劳务
    - 有偿的集团内部劳务的检验标准
    - 受益性测试
  - 符合独立交易原则的集团内部劳务定价
    - 概述
    - 适用于集团内部劳务的转让定价方法
    - 传递成本
  - 集团内部劳务类型
    - 集中劳务
    - 低附加值集团内部劳务
  - 不属于集团内部劳务的情形
    - 股东活动
    - 重复性劳务
    - 附带性收益

对于跨国集团企业内部劳务的转让价格分析主要有两个方面的问题：

一是通过受益性测试，明确关联企业之间是否为转让定价目的真正提供了集团内部劳务；

二是如何从税收角度确定符合独立交易原则的集团内部劳务定价。

通过受益性测试明确是否提供了集团内部劳务

- 确定关联企业之间是否提供了有偿的集团内部劳务的检验标准是：
  - 一个或多个关联企业是否已从该活动中获得或预计将获得经济利益。
  - 一个独立交易主体在相同或类似情况下是否愿意为服务付费或自行开展服务活动。
  - 如果满足上述两个标准，就存在这种经济利益。这一原则被称为“受益性测试”。
- 是否满足受益性测试并不取决于预期经济利益是否会实现的风险水平。某些集团内部劳务，如研究和开发，可能比其他劳务承担更高的风险。如果独立交易主体在相同或类似情况下预期会向另一个独立交易方支付研发服务费用，或其自行从事研发活动，且接受劳务的关联企业预期从研发服务中获得潜在的经济利益，则满足受益性测试标准，关联企业之间提供了有偿的集团内研发服务，即使该研发服务可能并不总是实际产生收益。

- 符合独立交易原则的集团内部劳务定价
  - 概述
    - 如果确认存在集团内部劳务，则需要确定符合独立交易原则的集团内部劳务定价。
      - 要从劳务提供方和劳务接受方两个角度来分别考虑。具体而言，需要考虑的相关因素包括：劳务提供方对劳务接受方的价值、可比的独立交易企业在类似情况下愿意为该劳务支付的费用，以及劳务提供方提供劳务时所发生的费用。
    - 要确定集团内部劳务的独立交易价格，应进行功能分析。
      - 功能分析将考虑劳务提供方履行的功能、使用的资产和承担的风险。
      - 功能分析将提供证据，表明劳务接受方预期从劳务中获得或已获得的经济利益，也有助于确定可比数据的可靠性。
      - 如果劳务活动是为集团利益而从事的单独活动，则对劳务提供方的功能分析可能相对简单。
      - 如果劳务活动与提供专有技术或其他无形资产有关，则功能分析可能更加复杂。

- 符合独立交易原则的集团内部劳务定价
  - 适用于集团内部劳务的转让定价方法
    - 可比非受控价格法
      - 可比非受控价格法要求受控交易和非受控交易之间具有高度可比性。
        - 如果作为劳务提供方的跨国集团成员在可比情况下向独立交易主体提供的劳务与其向关联企业提供的劳务相同，则这些劳务可能符合内部可比条件，适用可比非受控价格法。类似地，如果集团成员从关联企业和独立劳务提供方获得相同或类似的劳务，则可以将这些劳务用作可比非受控价格法的内部可比数据。
        - 如果作为劳务提供方的跨国集团成员仅向关联企业提供集中劳务，则此时可以使用外部可比数据。
          - 如果劳务仅在跨国集团内部提供，并且独立交易主体之间没有可比的非受控交易，则可比非受控价格法不适用。
      - 在进行可比性分析时，应根据可比性因素对受控交易和非受控交易进行比较。
        - 由于可比非受控价格法要求具有高度的可比性，需要了解受控交易与非受控交易的劳务、功能、风险和资产的详细信息。
        - 如果劳务涉及无形资产的使用，可比性可能会受到影响。
        - 其他可比性因素也可能对非受控交易中的劳务定价产生影响，如数量折扣和合同条款（包括规定延长有偿劳务的付款期和相关担保的条款）。
          - 如果受控与非受控劳务交易之间存在重大差异，则需要进行合理准确的可比性调整。如果不能进行调整，可比非受控价格法的可靠性将会降低，此时可比非受控价格法可能不是最合适的方法。
            - 如果不能进行调整，可比非受控价格法的可靠性将会降低，此时可比非受控价格法可能不是最合适的方法。
            - 虽然独立交易企业之间可能发生可比劳务交易，但难以获得这些可比交易的关键信息（如价格、功能、资产和风险等），因为此类不受控交易的信息通常是保密的，不太可能公开。

- 符合独立交易原则的集团内部劳务定价
  - 适用于集团内部劳务的转让定价方法
    - 成本加成法常用于确定集团内劳务的转让价格
      - 成本加成法
        - 在实践中，经常出现可比非受控价格法不适用的情况。在这种情况下，可以考虑使用成本加成法。
        - 与可比非受控价格法相比，该方法较少依赖于受控与非受控劳务交易之间的相似性。
          - 尽管成本加成法较少依赖于受控和非受控劳务之间的相似性，但受控交易和可比非受控交易中的劳务应是相似的。
          - 如果受控交易与可比非受控交易之间有重大差异，则需要进行合理准确的调整。
          - 受控交易与非受控交易的劳务成本基数应具有可比性，成本加成法的应用取决于关联企业与可比企业的成本基数是否相同，因为在成本基数中使用不同的间接费用会产生成本基数间的差异。这种差异可能导致成本加成法不再适用。
        - 成本加成法考虑的财务比率为毛利加成。成本加成法的目的是在成本基数上设定适当的成本加成，以使受控劳务交易中的毛利与功能、风险、资产、市场条件相适应。
        - 成本加成法侧重于作为被测试方的劳务提供方。成本加成法用于根据可比的独立劳务提供方赚取的成本毛利加成确定独立交易劳务费用。

- 符合独立交易原则的集团内部劳务定价
  - 适用于集团内部劳务的转让定价方法
    - 交易净利润法
      - 如果由于无法获得可比劳务提供方的可靠毛利率数据，或者由于受控交易与非受控交易所使用的成本基数不同，导致无法使用成本加成法，则可将交易净利润法应用于确定集团内部劳务的转让价格。
      - 交易净利润法对关联公司受控交易的净利润率进行测试，该方法关注的是净利润率而不是毛利率。可比净利润率可从关联企业从事的非控制交易中获得，或者从独立企业的可比非受控交易中获得。由于该方法基于净利润率水平，对受控劳务提供方和独立劳务提供方之间的成本基数差异引起的会计不一致有更大的容忍度。
      - 对于关联企业提供的集团内部劳务，通常适用的利润水平指标是营业利润与提供劳务的成本基数的比率，称为“总劳务成本回报率”。可以参考从事可比劳务的独立交易企业所获取的总劳务成本回报率，如果能提供可靠的可比数据，则可以应用交易净利润法。

符合独立交易原则的集团内部劳务定价

适用于集团内部劳务的转让定价方法

利润分割法

- 在某些情况下，利润分割法可用于集团内部劳务的转让定价。
- 利润分割法是一种双边分析方法，适用于两个或两个以上从事受控交易的关联企业的利润分析。
- 当受控交易的双方对交易做出独特且有价值的贡献时（如以独特且有价值的无形资产的形式），或者在双方业务高度一体化的情况下，或者当双方共同承担了重大经济风险时，利润分割法可能是最合适的转让定价方法。
- 利润分割法的目的是根据独立交易企业在可比独立交易中使用的基础来分配利润。利润将在合理的基础上进行分割，以反映每个关联企业所履行功能、承担风险和使用资产的相对价值。
- 利润分割法可在区分付出分析法或剩余分析法的基础上进行应用。

- 符合独立交易原则的集团内部劳务定价
  - 传递成本
    - 在某些情况下，跨国集团将部分劳务外包给一家独立劳务提供方，并由一家关联企业作为集团代理人支付劳务费用，然后将该劳务费用分配给其他关联企业。这种成本可称为传递成本。
    - 作为集团代理人，关联企业的唯一作用可能是向独立劳务提供方付款，然后在客观基础上将劳务的总成本分配给集团成员。
      - 在这种情况下，关联企业接受外包劳务成本的加价是不合适的，外包劳务成本可以直接在集团成员之间分配，而无须加价。作为代理人的关联企业的报酬将以代理功能本身的成本为基础确定。

- 集团内部劳务类型
  - 集中劳务
    - 定义 — 集中劳务是指跨国集团通常会将关联企业内的某些业务职能集中起来，由母公司或一个 / 多个集团劳务中心为集团的其他成员或关联企业的子集团（如区域子集团）提供劳务活动。
    - 类型 — 集中劳务活动通常包括：行政管理；财务服务（如现金流和偿付能力管理、增资、贷款合同、利息和汇率风险管理、再融资等）；订单管理；生产现场辅助；采购管理；市场营销和销售；客户服务中心；无形资产研发等。
    - 转让定价分析
      - 对于上述劳务活动，独立交易企业愿意为之支付费用或自我从事上述活动，劳务接受方也从劳务活动中受益，应被认定为存在集团内关联劳务。
      - 对于该关联劳务，每个关联企业应就其获得的劳务支付符合独立交易原则的转让价格，转让价格的计算方式应根据劳务实际情况进行确定。

- 集团内部劳务类型
  - 集中劳务
    - 概述
      - 指同一集团企业内部的采购管理集中化的趋势，即通过对同一类材料进行集中化采购来降低采购成本。
      - 商业目标
        - 可以通过集中采购活动来降低订单处理和应付账款的管理成本。
        - 使购买条件标准化，通过集中采购使所有关联企业能够共享最佳采购条款。
        - 对供应商而言，不再需要与不同的子公司沟通协调，通过减少采购订单数量、实现条款标准化以及协调生产调度和交付，从而有效提高效率。
      - 为实现集团采购业务集中管控的业务需求，集中采购通常包括以下几种典型模式的应用：集中定价、分开采购；集中订货、分开收货付款；集中订货、分开收货、集中付款；集中采购后调拨等运作模式。
      - 采用的模式取决于集团对下属公司的股权控制、税收、物料特性、进出口业绩统计等因素，一个集团内可能同时存在几种集中采购模式。

- 集团内部劳务类型
  - 集中劳务
    - 功能和风险分析
      - 在提供集中采购服务时，关联企业可以向负责集中采购的集团成员（以下简称“集中采购企业”）制发采购需求。该需求包括产品规格、供应商标识、数量、价格、交付计划和其他条款。
      - 有时，集中采购企业仅作为执行角色，仅履行与提出采购订单和管理应付账款有关的功能。
      - 有时，集中采购企业不再局限于执行者的角色，而是履行采购战略决策等功能。
      - 集中采购企业可以与接受集中采购服务的关联企业合作，共同拟定采购战略、产品规格、探讨替代产品和确定潜在供应来源。
      - 集中采购企业可以与供应商合作，了解他们的供应能力和生产预测，提出产品供应时间表，通过使用专有软件和工具来评估供应商，并管理供应调度和库存水平。
      - 集中采购企业可能承担了存货风险（因市场价格变动而造成存货价值缩水的风险，或因库存过多而造成额外费用的风险）。
      - 集中采购企业向关联供应商采购时，可能要求母公司或关联企业提供担保，这可能会引发信用风险。
      - 集中采购企业向收货的关联企业承诺将保证采购价格处于特定范围，此时集中采购企业承担了价格风险。
      - 集中采购企业向收货的关联企业承诺供应特定数量的货物，此时集中采购企业承担了数量风险。
      - 需要关注集中采购企业与供应商协定的合同条款，如果根据合同条款，实际上将价格或数量风险转嫁给了供应商，则集中采购企业承担的价格或数量风险会减少或消除。
      - 集中采购企业在开发和维护专有工具、系统、专有技术和固定资产投资方面可能存在风险。

- 集团内部劳务类型
  - 集中劳务
    - 集中销售或营销
      - 商业目标及执行活动
        - 商业目标涉及：成本节约、协调营销活动以及持续开发和利用营销无形资产、标准化流程、价格和条款、响应可能同样集中其活动的区域或全球客户，以及更有效地管理库存水平和仓储。
        - 执行活动包括：订单招揽、确定营销和销售战略、开发和使用营销无形资产、承担库存和定价风险、为关联企业提供支持。
      - 商业安排与功能区分
        - 应仔细分析负责集中销售或营销的部门或关联企业的功能和风险情况，特别是如果其商业安排在行业中的独立企业之间并不常见，则利润转移的可能性很大。
        - 在分析涉及集中销售或营销的商业安排时
          - 首先要在跨国集团企业的业务背景下，理解这些商业安排以及正在进行交易的性质。
          - 要清晰地区分集中销售功能和集中营销功能。
            - 集中销售功能通常涉及：订单到现金流程（包括发票和付款的集中管理）、将产品交付给客户的物流（包括储存和运输）。
            - 集中营销功能通常涉及：识别市场机会、区分市场中的产品、创建和维护消费者偏好。

- 集团内部劳务类型
  - 集中劳务
    - 集中销售或营销
      - 不同类型企业的营销和销售功能分析
        - 对于部分企业，客户可以找到替代产品而不会受到影响，这些企业可能更加注重营销，将营销功能作为市场差异化因素和业绩贡献因素。全球同类产品可能因不同市场的消费者偏好不同而存在差异，销售渠道也可能因为消费者偏好或市场成熟度而存在差异。
          - 在实践中，本地关联企业作为客户的直接接触方，可以提供本地市场、销售目标、营销活动设计、销售渠道、价格点、库存水平和产品范围等本地信息。
          - 集中的销售功能部门或关联企业则可以通过标准化流程来提供业务支持，并通过集中模式来节省行政成本和财务成本。
            - 上述任何一项或多项功能都可以集中，转让定价分析需要明确相关功能的性质、功能集中的实际程度、风险的识别分配，以及评估该活动对跨国集团企业创造价值的贡献度。
        - 对于部分企业，由于市场上所有产品完全相同或相似，客户可能高度专业化和集中化，签订的合同条款和条件同样具有专业性，产品定价通过集中谈判确定，销售和营销战略、库存水平由集团基于其全球政策来统一制定，与少量客户签订长期业务合同是受到限制的。在这种情况下，储存和交付将是销售功能的一个关键方面（特别是对于需要专门设施或工艺的商品）。
          - 本地关联企业执行的功能可能仅限于发展或管理与少数客户的关系，而销售和营销由执行集中功能的部门或关联企业进行。
          - 根据上述两类不同企业的营销和销售功能分析，可以得出这样的结论：对于集中销售或营销的转让定价分析，需要明确哪一方通过执行相关决策来控制与销售或营销活动相关的重大风险，哪一方实际履行与营销无形资产的开发、利用和保护相关的重要功能。

- 集团内部劳务类型
  - 低附加值集团内部劳务
    - 低附加值集团内部劳务是不属于跨国集团企业获取利润的主要业务活动的劳务。
    - 通常具备以下特征
      - 具有支持性质。
      - 不是跨国企业集团核心业务的一部分（既不会形成营利活动，也不会构成跨国集团企业的重大经济活动）。
      - 不需要使用独特且有价值的无形资产，也不会创造独特且有价值的无形资产。
      - 劳务提供方不承担和控制实质性或重大风险，也不会给劳务提供方带来重大风险。
    - 低附加值集团内部劳务的常见类型
      - 人力资源服务
      - 会计和审计
      - 文书或行政
      - 税务合规管理
      - 数据处理
      - 法律服务
    - 以下劳务通常不属于低附加值集团内部劳务
      - 关联企业低附加值劳务的确定以功能分析为基础。功能分析将提供关联企业主要业务活动及其利润来源的证据。
        - 构成跨国集团企业核心业务的劳务
        - 研发服务
        - 制造和生产
        - 采购生产原材料或其他材料
        - 销售、营销和分销活动
        - 自然资源的开采、勘探或加工服务
        - 金融交易
        - 战略管理服务

- 不属于集团内部劳务的情形
  - 股东活动
    - 是指股东企业（母公司或任何其他集团控股公司）以股东身份为其在一个或多个集团成员企业的所有者权益而独立开展的活动。
    - 股东活动的成本应由股东企业独家承担。关联企业代表其母公司进行的股东活动应按独立交易原则向母公司收取相关费用。
    - 股东活动可能包括以下内容：
      - 编制和提交符合母公司法律结构要求的报告
      - 母公司董事的任命和报酬
      - 母公司董事会会议和股东会议
      - 母公司编制和提交合并财务报告、审计报告和纳税申报表
      - 母公司筹集资金用于收购子公司股本的活动
      - 母公司保护其对子公司的资本投资的活动
    - 如果集团成员开展相关活动并不是因为其在其他集团成员中拥有所有者权益，这些活动就不是股东活动。
      - 需要进一步考虑上述活动是否满足受益性测试，以可比条件下独立企业是否愿意付费或自行开展这项活动来确定。如能满足，应视为该集团成员向母公司或控股公司提供了关联劳务。
    - 举例
      - 以募集资金为例。跨国集团企业的母公司为收购集团新成员而募集资金的成本，无法为被收购实体提供直接利益，不能满足受益性测试要求，所以该成本为与股东活动相关的成本。
      - 如果母公司为区域控股关联企业募集资金，用于收购新公司，则该活动是对区域控股关联企业的有偿金融服务。如果独立的第三方愿意在类似情况下为金融服务支付费用，则可以满足受益性测试，母公司为区域控股关联企业提供了集团内部劳务。

- 不属于集团内部劳务的情形
  - 重复性劳务
    - 定义
      - 重复性劳务是指集团成员向关联企业提供某类劳务时，该关联企业自身已开展或已由独立的第三方为其提供了该类劳务活动，该重复性劳务通常不能构成集团内部劳务。
      - 在某些情况下，如果重复性劳务只是暂时的（如跨国企业集团正在重组以集中其管理功能），或者重复性劳务能使关联企业受益（如降低错误经营决策风险），独立的第三方愿意在类似情况下支付重复劳务费用，则也可能构成集团内部劳务。
    - 对重复性劳务进行评估时，必须确定该劳务的详细性质，了解企业违背高效运营原则发生重复费用的原因。因为，跨国企业可能从事名称相同但实质为不同劳务的活动，或者这些功能在集团、区域或本地等不同层级进行执行，上述情况不涉及重复。
      - 例如，战略营销功能在集团层面执行，是为了集团的整体利益。在本地企业层面，子公司参与当地市场条件的营销分析。此时，上述营销活动是不同类型的劳务，不构成重复。
  - 附带性收益
    - 在某些情况下，集团内一家关联企业可以向另一家关联企业（主要受益人）提供集团内部劳务，该劳务附带地为主要受益人以外的其他关联企业带来收益。
    - 通常，附带性收益不会被认为构成了集团内部劳务，因为独立交易企业通常不会为这些行为所带来的收益支付费用。
    - 举例而言，分析是否需要进行集团重组、收购新成员或终止某个事业部等问题时，这些活动可以构成对特定集团成员（比如正在进行并购或解散某个部门的集团成员）的关联劳务。与此同时，这些活动也可能通过提高效率、规模经济或其他协同效应，为集团内不直接参与决策的其他成员带来经济利益，使其他成员从上述分析中获得与经营运作相关的有用信息。

第四节　集团内部无形资产交易

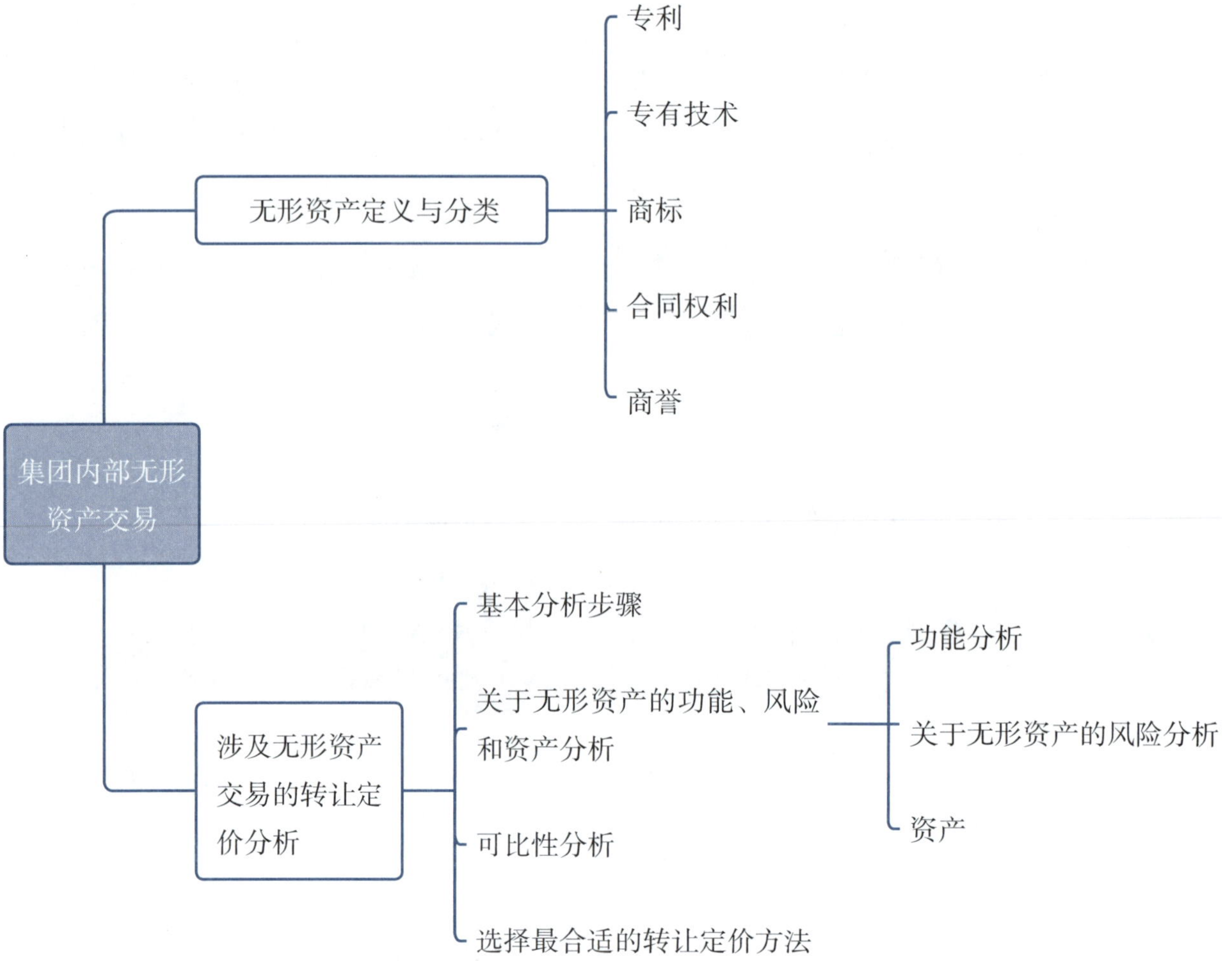

随着技术的发展与进步，无形资产成为越来越重要的利润驱动因素。在进行转让定价分析时，有必要认真考虑无形资产。

- **无形资产定义与分类**
  - **定义**——无形资产是指没有实物形态的可辨认非货币性资产。
  - **在对涉及无形资产交易的转让定价分析中，无形资产的常见分类如下：**
    - **专利**——是受法律规范保护的发明创造，它是指一项发明创造向国家审批机关提出专利申请，经依法审查合格后向专利申请人授予的在规定的时间内对该项发明创造享有的专有权。
    - **专有技术**——是指以图纸、模型、技术资料和规范等形式体现的尚未公开的工艺流程、配方、产品设计、质量控制、检测及营销管理等方面的知识、经验、方法和诀窍等。
    - **商标**——是用以识别和区分商品或者服务来源的标志。任何能够将自然人、法人或者其他组织的商品与他人的商品区别开的标志，包括文字、图形、字母、数字、三维标志、颜色组合和声音等，以及上述要素的组合，均可以作为商标申请注册。
    - **合同权利**——涵盖各种商业关系，包括与供应商和关键客户签订的合同、获得一名或多名雇员服务的合同安排等。
    - **商誉**——是指能在未来期间为企业经营带来超额利润的潜在经济价值，或一家企业预期的获利能力超过可辨认资产正常获利能力（如社会平均投资回报率）的资本化价值。商誉是企业整体价值的组成部分。在企业合并时，它是购买企业投资成本超过被合并企业净资产公允价值的差额。

- 涉及无形资产交易的转让定价分析
  - 《OECD关于对所得和财产避免双重征税的协定范本》第九条
    - 如果两家关联企业之间在使用或转让无形资产时的交易条件不同于独立企业之间的交易条件，并且由于这些交易条件的存在，导致其中一家关联企业没有取得其本应取得的利润，则可以将这部分利润计入该企业的所得，并据以征税。
  - 基本分析步骤
    - 要确定关联企业交易所涉及的具体无形资产。
    - 确定无形资产在跨国集团内部的所有权归属。
    - 确定无形资产价值。
    - 确定与交易有关的合同条款，包括对无形资产的授权、对价、支付条款等。
    - 评估合同条款安排与实际执行情况是否一致，确定各方的交易行为是否与合同中对无形资产相关的重大经济风险的假设相一致，包括他们是否实际控制并具有承担风险的财务能力。
    - 功能分析应当确定跨国企业集团中各个相关成员所执行的功能、使用的资产和承担的风险。
    - 要着重理解跨国企业集团的全球业务，以及无形资产如何为整个集团供应链增加或创造价值，并将其作为功能分析的基础。
    - 在上述基础上，界定关联企业之间涉及无形资产使用或转移的实际交易。
    - 根据交易各方对无形资产经济价值的贡献，确定符合独立交易原则的转让价格。

- 涉及无形资产交易的转让定价分析
  - 关于无形资产的功能、风险和资产分析
    - 功能分析
      - 与无形资产收购有关的关键功能是在市场上选择最合适的无形资产、分析其预期收益、决定通过购买无形资产来承担风险的机会并管理收购的无形资产所必需的功能。
      - 对于自行开发的无形资产，与无形资产开发相关的重要功能是选择最合适的研发项目、分析其预期收益并通过资助开发活动和履行研发功能来决定承担风险所必需的功能。
      - 对于收购的和内部开发的无形资产而言，企业的收益类型将取决于出资实体履行的职能和承担的风险程度。
      - 在某些情况下，获得的无形资产可能需要进一步开发才能充分利用。 在这种情况下，需要将与收购和开发无形资产相关的贡献结合起来考虑。

- 涉及无形资产交易的转让定价分析
  - 关于无形资产的功能、风险和资产分析
    - 风险分析
      - 对无形资产进行风险分析时，需要关注风险控制和缓解以及是否拥有承担风险的财务能力。
      - 与涉及无形资产的交易相关的主要风险包括：
        - 与无形资产开发有关的风险。需评估无形资产是否与商业上可行的产品有关、无形资产开发的预期成本是多少，以及开发失败的可能性。
        - 与技术过时和无形资产损失有关的风险。需对竞争对手推出产品或服务的可能性进行评估，这些产品或服务将严重侵蚀依赖于无形资产的产品市场。
        - 与侵犯无形资产权利有关的风险。需评估第三方可能侵犯正在开发的无形资产权利的可能性，以及第三方可能声称基于无形资产的产品或服务侵犯其无形权利的可能性。
        - 因无形资产的使用可能产生的产品责任相关的风险。
        - 与无形资产的有效利用有关的风险，包括无形资产回报的不确定性。
      - 如果根据合同约定承担风险的关联企业既实际控制风险又拥有承担风险的财务能力，则应尊重合同中的风险分配。
      - 如果根据合同约定承担风险的关联企业并不实际控制风险或不拥有承担风险的财务能力，则应将风险分配给实施控制并拥有财务能力承担风险的集团成员。
      - 如果确定多个关联企业既行使风险控制权又拥有承担风险的财务能力，则应将风险分配给行使最大控制权的关联企业或集团。对于其他行使风险控制权的关联企业，应根据其对创造无形价值的贡献获得收益，这种收益将取决于关联企业之间的商业安排和风险控制活动的重要性。

- 涉及无形资产交易的转让定价分析
  - 关于无形资产的功能、风险和资产分析
    - 资产分析
      - 根据独立交易原则，为无形资产的开发、获取、改良、维护、保护和利用而贡献资产的关联企业应得到适当的回报。此类资产包括研究、开发或营销活动中常使用的无形资产，如专有技术、客户关系、实物资产和资金等。
      - 融资和承担风险是密切相关的，例如，决定为研发提供资金以换取该研发的潜在利益的权利涉及研发不成功和资金损失的风险。此外，提供的资金数额越大，出资方受风险的潜在影响越大。
      - 区分与所提供资金相关的财务风险和与所资助活动相关的运营风险非常重要。
      - 对金融风险的控制要求有能力做出与风险承担相关的决策，其中包括与承担、放弃或拒绝承担风险投资机会有关的决定，以及如何应对与投资机会相关的风险的决定。

- 涉及无形资产交易的转让定价分析
  - 可比性分析
    - 对于涉及无形资产使用或转让的交易的可比性分析，必须考虑到的特征。
      - 无形资产权利的排他性（或非排他性）。
      - 可利用这些权利的地理区域。
      - 法律保护无形资产或无形资产所获权利的范围和期限。
      - 交易时无形资产的发展阶段。
      - （未来）提高无形资产的任何权利。
      - 考虑到预期的未来经济利益，交易各方实际可获得的选择权。
      - 潜在的其他可比性因素，如当地市场特征、地点节约、集合劳动力和跨国集团协同效应。

- 涉及无形资产交易的转让定价分析
  - 选择最合适的转让定价方法
    - 取决于相关交易类型
      - 无形资产销售交易
        - 转让无形资产价值的成本加成法（包括作为成本加成法特定应用的收购价格法）或贴现现金流法通常是最合适的方法。
          - 贴现现金流法就是把企业未来特定期间内的预期现金流量还原为当前现值。由于企业价值的核心是未来盈利的能力，只有当企业具备这种能力，它的价值才会被市场认同，因此通常把现金流量贴现法作为企业价值评估的首选方法。在贴现现金流法中，主要考虑的变量因素为现金流和折现率。
      - 无形资产权利交易
        - 使用无形资产权利价值（如许可价值）的成本加成法通常是最合适的方法。
      - 无形资产开发交易
        - 基于成本的定价方法（无论是成本加成法或基于成本的交易净利润法）通常是最合适的方法。
      - 其他交易模式
        - 如果双边功能分析显示交易一方做出了受控交易中涉及的所有独特且有价值的贡献，交易另一方没有做出任何独特的贡献，则单边转让定价方法（成本加成法、再销售价格法或交易净利润法）通常是最合适的方法。
        - 如果交易各方都做出了独特且有价值的贡献，各方高度一体化或者共同承担重大风险，那么交易利润分割法通常是最合适的方法。

第五章

关联交易价可比性

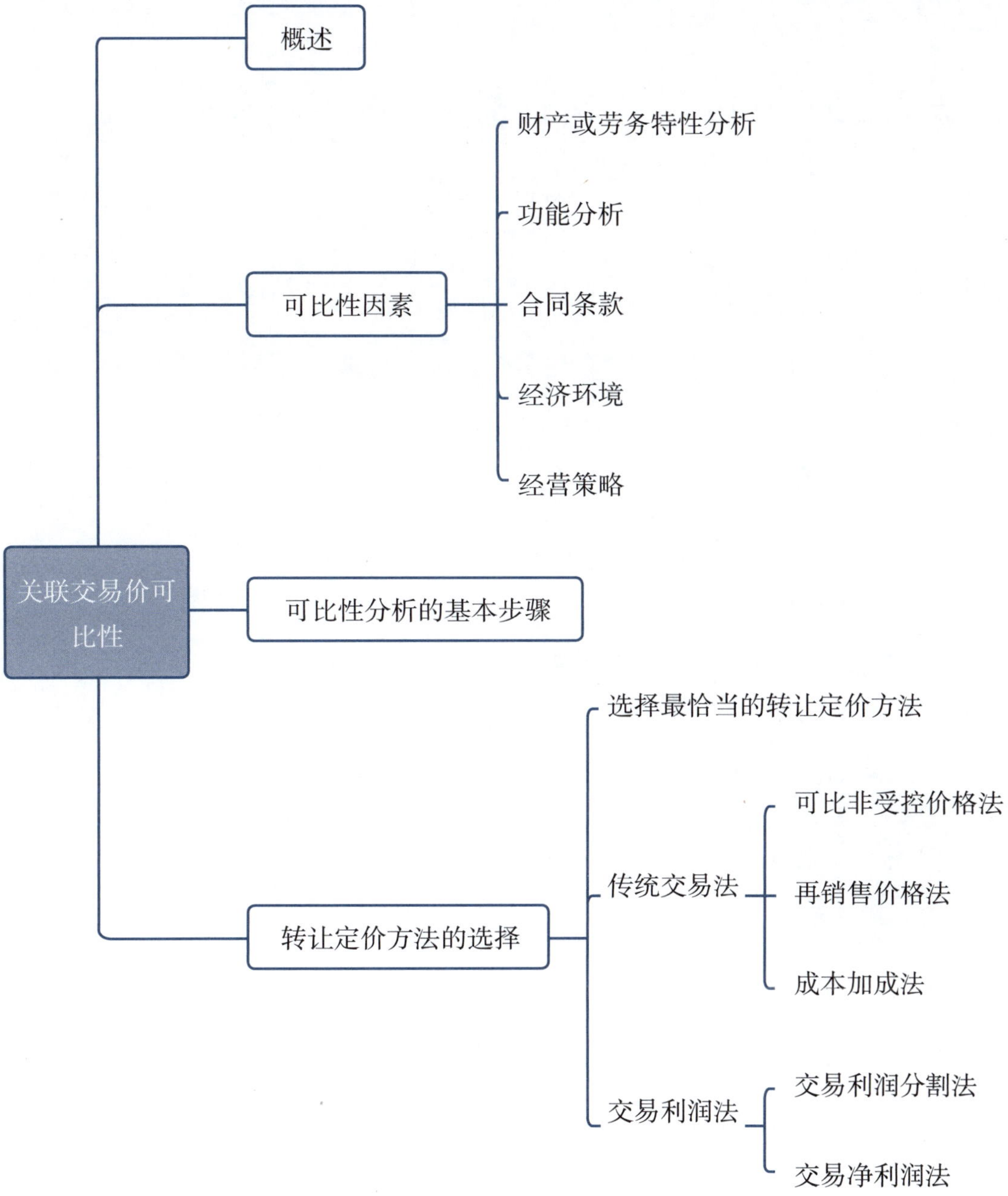
关联交易价可比性
概述
可比性因素
财产或劳务特性分析
功能分析
合同条款
经济环境
经营策略
可比性分析的基本步骤
转让定价方法的选择
选择最恰当的转让定价方法
传统交易法
可比非受控价格法
再销售价格法
成本加成法
交易利润法
交易利润分割法
交易净利润法

关联交易价可比性整体思维导图

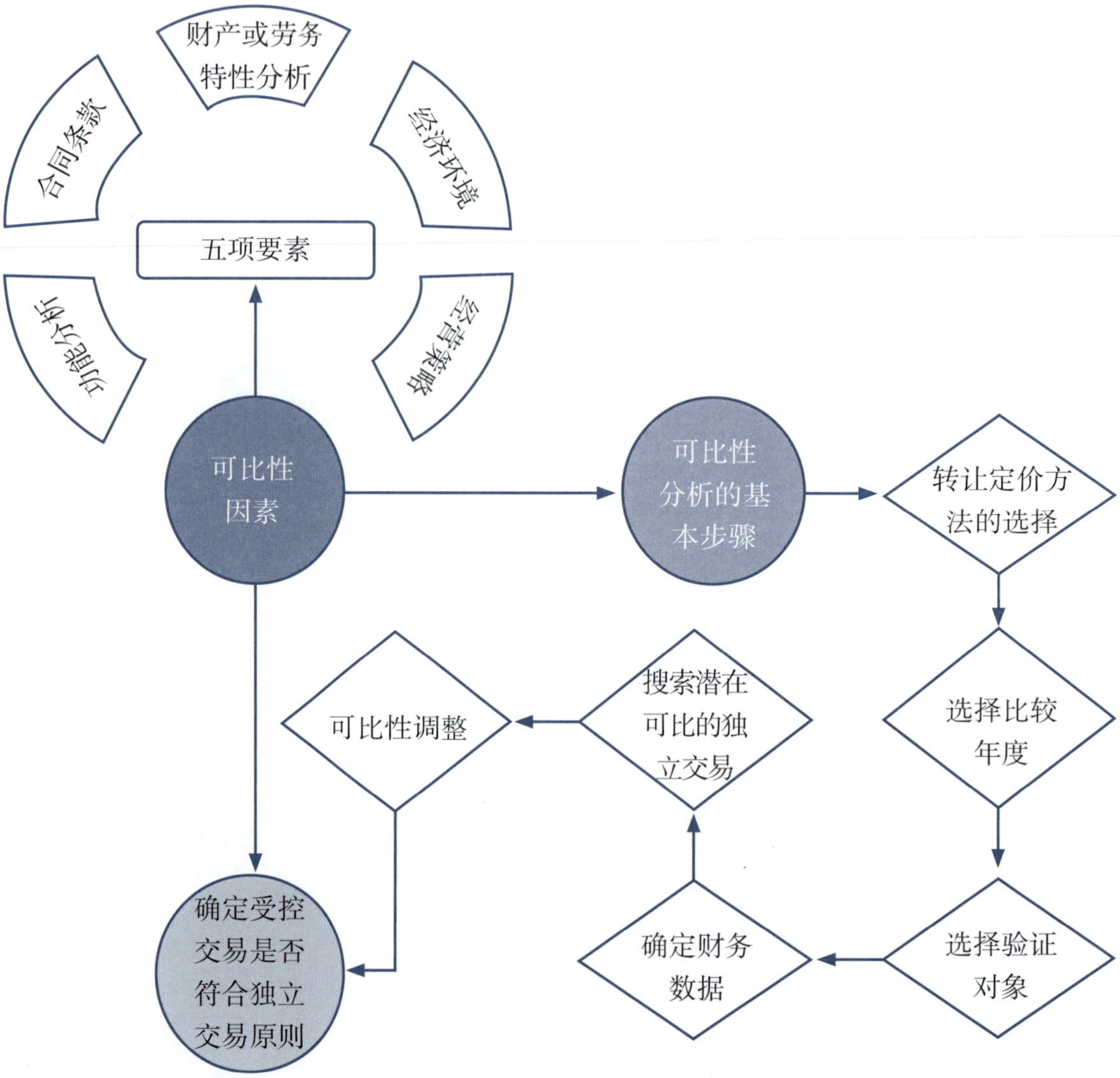

第一节 概述

独立交易原则一般应用于对受控交易与独立交易情况的对比。为了使上述比较发挥作用，受控交易与独立交易的经济特征必须具有可比性。可比，是指受控交易与独立交易之间的差异不会对转让定价方法中所考查的因素（如价格或利润）造成实质性的影响，或者可以进行相对准确的调整来消除这些差异造成的重大影响。

换言之，可比性分析是对受控交易与独立交易的比较，需要分别考察受控交易和潜在可比的独立交易，并找到其中最可靠的可比独立交易。

为了确定可比程度以及需要进行的调整，可比性分析需建立在对受控交易和可比性因素的分析基础之上。

第二节 可比性因素

- 可比性因素①
  - 根据OECD《转让定价指南》，可比性因素主要包括五个方面：
    - 功能和风险 — 详见第三章中功能和风险分析相关内容。
    - 财产或劳务特性分析
      - 特性
        - 在转让有形财产和劳务的情况下，会对价格产生影响的各种内在物理、化学和生物特征，包括功能作用、品质、质量、可靠性、包装、体积重量等指标因素。
        - 在转让无形资产的情况下，会对价格产生影响的各种交易特征，包括交易的方式（例如是授予许可还是销售行为）、资产的类型（是专利、商标、专有技术还是其他无形资产）、无形资产的有效期和保护程度、对该资产使用的预计利润等。
      - 差异调整
        - 财产或劳务具体特性的区别，通常是导致价格出现差异的一个重要因素。
        - 在对受控交易和独立交易进行比较时，要分析上述各种特性的共同点和不同点，对因交易本身存在的不同点而导致的价格差异做出适当调整。
        - 在完成上述差异调整以后，才能基于可比性分析的原则，对关联交易及可比交易开展相关性审查。

① 需要注意的是，关于商业策略的转让定价分析主要是从税务部门的所得税税基角度开展分析。但是在海关估价领域，由于海关转让定价所针对的对象为具体的交易货物，税基的差异导致海关估价不能直接从税务部门所得税转让定价的分析角度进行。

- 可比性因素
  - 根据 OECD《转让定价指南》，可比性因素主要包括五个方面：
    - 财产或劳务特性分析
      - 财务指标
        - 通用类财务指标
          - 偿债能力指标——包括短期偿债能力指标和长期偿债能力指标，短期偿债能力指标有流动比率、速动比率、现金比率、现金流量比率等；长期偿债能力指标有长期资本负债率、产权比率、权益乘数、现金流量债务比、利息保障倍数、现金流量利息保障倍数等。
          - 营运能力指标——如应收账款周转率、存货周转率、流动资产周转率、营运资本周转率、总资本周转率等。
          - 盈利能力指标——如销售净利率、总资产净利率、权益净利率等。
          - 发展能力分析指标——如营业收入增长率、资本保值增值率、总资产增长率等。
        - 转让定价方法专用财务指标
          - 再销售价格法财务指标——如可比非关联交易毛利率指标。可比非关联交易毛利率 = 可比非关联交易毛利 / 可比非关联交易收入净额 × 100%。
          - 成本加成法财务指标——如可比非关联交易成本加成率指标。可比非关联交易成本加成率 = 可比非关联交易毛利 / 可比非关联交易成本 × 100%。
          - 交易净利润法财务指标——包括资产收益率、营业利润率、息税前营业利润率、完全成本加成率、贝里比率等。其中，资产收益率 = 净利润 / 资产总额 × 100%，营业利润率 = 营业利润 / 营业收入 × 100%，息税前营业利润率 = 息税前利润 / 营业收入 × 100%，完全成本加成率 = 息税前利润 / 完全成本 × 100%，贝里比率 = 营业毛利 /（营业费用 + 管理费用）× 100%。

- 可比性因素
  - 根据OECD《转让定价指南》，可比性因素主要包括五个方面：
    - 合同条款
      - 确定受控与独立交易之间可比性程度时，需要对影响两项交易结果的重要合约条款进行比较。
      - 在独立公平的交易中，某一交易的合约条款一般都明确了责任、风险及利润在交易各方之间的分配。
      - 由于合同条款有时会与实际执行过程或最终交易结果存在差异，有些交易甚至未签订正式的书面合同。因此，在进行合同条款的可比性分析时，还必须确认合同条款与实际交易结果是否一致。
      - 如果合同条款与实际交易的经济事项不一致，或者不存在书面合同，则只能以交易各方的实际行为和各自的法律权利作为可比性分析的素材。
    - 经济环境
      - 概述
        - 确定受控与独立交易之间的可比性程度，必须对每一项交易中影响价格或利润的重要经济环境进行比较。
        - 重要经济环境是影响交易价格或利润的外部状况，特别是交易所处的市场情况。
        - 在进行可比性分析时，即使具备了其他比较条件（如功能分析、合同条款等），也还要考虑非关联企业和关联企业进行交易的市场状况是否具有可比性。
      - 因素
        - 确定审查市场状况的可比性时，需要比较的经济环境包括：地理区域、市场规模、整体和区域的供求关系走向、市场竞争程度、市场层级（批发或零售）、市场占有率、消费者购买力、商品或劳务可替代性、生产要素（土地、劳动力、资本）价格、运输成本、交易时期等。
        - 上述各项因素列为可比性分析的重要指标，因为即使所比较的为同一项商品、财产或劳务的交易，公平交易价格也会因市场的不同，或市场层级的不同而产生差异。
        - 由于不同市场的经济情况存在重大差异，最好选择与受控交易方开展经营的同一个地区市场的可比非受控交易作为参照对象。
        - 需要注意的是，不能忽视不同地区市场的发达程度，或同一市场的不同时期所导致的竞争状况差异，而简单地选择任意的非受控价格作为判断受控交易的结果。

- 可比性因素
  - 根据 OECD《转让定价指南》，可比性因素主要包括五个方面：
    - 经营策略
      - 概述
        - 很多情况下，跨国企业应用转让定价更多的是作为实现经营策略的一个手段，而不是简单地为了达到避税的目的。
        - 企业的经营策略涉及企业的方方面面，包括新产品开发、市场拓展、多元化经营策略、风险避免等。
        - 某些情况下，企业的经营策略表现为牺牲眼前利益，但着眼于取得长期的更大利益。由此产生的眼前利益损失，可以视为获取将来利益的转换成本，其目标并不在于当前对于税收的节约效果。因此在税收上，可能会被视为是一种合理的商业安排。
      - 区分因经营策略引起的转让定价与以避税为目的的转让定价
        - 对于这种行为，在进行可比性分析时，就需要区分由于经营策略所引发的转让定价，与以避税为目的的转让定价的区别。
        - 一方面，不能把为了实施经营策略而采取的转让定价的交易结果作为评价或调整受控交易的依据。
        - 另一方面，通过可比性分析，如果能认定受控交易的定价是基于经营策略的安排，则这种转让定价的设定在税务领域就有可能被认为是合理的，而不应再予以调整。
        - OECD《转让定价指南》着眼于从实质上考察经营策略的影响，如果转让定价结果确实是因为实施经营策略引起，从税务角度分析，在评价受控交易时可以被视为是一种合理的安排，这种差异在可比性分析时不能予以忽视。

- 可比性因素
  - 根据 OECD《转让定价指南》，可比性因素主要包括五个方面：
    - 经营策略
      - 判断标准
        - OECD《转让定价指南》要求税务机关首先应对交易各方的行为进行分析判断，以确定是否真的存在纳税人所声称的经营策略。
        - 判断的标准有三个方面：
          - 在关联企业集团内，任何一方降低价格的行为，是否在其他交易方也同样存在类似的降低价格行为，或者能够通过市场营销成本的增加来反映上述经营策略的变化。例如，一个制造商为了增大某一市场的占有份额，采取向其关联的批发商降低价格的办法，如果该批发商同样也降低价格出售给无关联的客户，或者虽然以市场公平交易价格出售，但将制造商降价所得用于市场拓展费用，并反映在企业财务账簿上，那么就说明转让定价与实施经营策略有关，而与税收的节约并无直接关系。
          - 从商业惯例看谁负担了经营策略的成本。一个企业自行开发产品并通过市场营销活动来扩大影响，显然经营策略成本的负担者为本企业，说明经营策略的存在，导致增加成本减少利润，没有税收的流失，其结果在税务部门的角度同样是合理的。但如果一个独立地位的销售代理人对某一产品或劳务展开拓展市场行动，且成本由其负担，则对制造商而言可能不是真实的经营策略，而是通过加大代理商的成本间接地减少税收负担，因为按商业惯例独立地位代理商不会承担本应由开发商承担的产品或服务市场拓展费用。
          - 纳税人是否有足以弥补经营策略成本的未来收益预期。营业活动的成本与利益是对应的，正常的经营不应当出现无缘无故增加成本而不考虑更大利益的获得。为了将来能够通过市场拓展或风险避免等产生更大的利益，在现阶段增大开支，在税务角度也属于正常的营业过程。

第三节　可比性分析的基本步骤

可比性分析的过程通常有以下步骤：转让定价方法的选择，确定最恰当的转让定价方法；选择比较年度；选择验证对象（如需要）；基于转让定价方法确定相关的财务数据；确认重大可比性影响因素；搜索潜在可比的独立交易；进行可比性调整；确定受控交易是否符合独立交易原则。

第四节　转让定价方法的选择

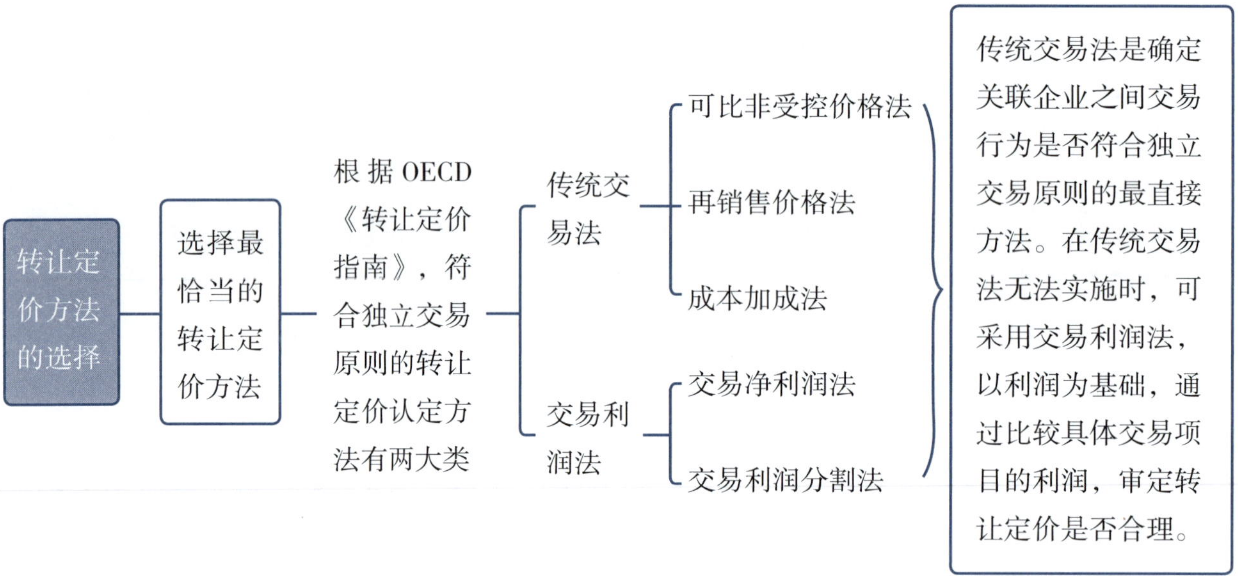

- 转让定价方法的选择
  - 传统交易法
    - 可比非受控价格法
      - 概述
        - 可比非受控价格法比较的是在可比环境下的受控交易中，转让财产或劳务时所制定的价格与可比非受控交易中转让财产或劳务所制定的价格。如果两个价格有所不同，则说明该关联企业的商务和财务关系状况是非公平独立的，需要用非受控交易的价格来替换受控交易价格。换言之，可比非受控价格法就是通过参考独立交易的价格，来评价受控交易中的价格是否是公平交易价格。

- 转让定价方法的选择
  - 传统交易法
    - 可比非受控价格法
      - 应用
        - 应用这一方法的关键是确定受控交易和作为调整参照物的非受控交易的可比性，以及存在差异情况下的可调整性。
        - 采用该方法首先要找出作为参照的非受控交易，并应用前述关于可比性的分析思路开展审查。
        - 所有的比较因素都应当予以考虑，但要特别考虑可比性因素中产品的相似性，因为通常在这种方法下，产品的相似性对可比性具有重大的影响。
        - 要着重比较下列因素：产品的质量、合同条款（例如，所提供产品指标保证的范围和条件、销售或购买的数量、信用条款、运输条款等）、市场级次（例如，批发、零售等）、交易所处的地域性市场、交易的时间、与销售相关的无形资产、汇率风险、买卖双方实际拥有的其他进货和销货的对象。
        - 由于在很多情况下，即使是合同条款和经济环境中的细微差别，也会实质性地影响非受控交易的价格，因此本方法下的可比性，依赖于上述这些因素的高度相似性，或依赖于对相关差异所做的必要调整。
        - 如果某项非受控交易与受控交易之间，不存在会影响价格的差异，或者两者之间只有一些细微的差异，并且这些细微差异对价格的影响是明确的和能够合理确定的，从而可以做出适当的调整，那么可比非受控价格法所得出的结果，通常就是对受控交易的公平交易价格的最直接和最可靠的评价结果。

- 转让定价方法的选择
  - 传统交易法
    - 可比非受控价格法
      - 应用
        - 如果无法进行上述调整，或者受控交易与非受控交易之间的差异已经超过了微小的程度，则一般不建议使用可比非受控价格法。因为在这种情况下，虽然也可以使用可比非受控价格法，但是依据对独立交易价格的衡量标准而言，其结果的可靠性程度会降低。
        - 如果产品之间存在实质性的差异（包括物质上的，或无形资产上的差异），且上述差异无法进行合理的调整，则这一方法通常不能对正常交易价格提供可靠的衡量。
        - 在进行可比性分析时，还要充分考虑所用数据的完整性和准确性，以及为使用这种方法所做的设定前提的可靠性。可比非受控价格数据可以从商品市场获得，也可以从商品的售价上推断而来。OECD《转让定价指南》特别指出，在一个独立企业销售的货物和关联企业间销售的货物相同的情况下，可比非受控价格法是一种特别可靠的方法。
        - 可比非受控价格法与海关相同货物估价方法类似，能够提供大量的数据证明关联交易的准确性。这种方法通常适用于相比较的两个交易所转让的商品是相同的，或是只存在着一些可以被调整的细小差别的情况。由此，可比非受控价格法所得出的结果，是所有转让定价方法中最直接和最可靠的。但是由于此种方法下所有的比较因素都必须予以考虑，对于大多数企业而言难以找到完全类似的比较企业，因此其实际的使用频率相对较低。

- 转让定价方法的选择
  - 传统交易法
    - 再销售价格法
      - 概述
        - 再销售价格法是指从可比的非受控的转售价格中减除合理的毛利水平，以此来衡量受控交易价格是否符合独立交易价格的方法。
        - 通常应用在涉及购买与转售有形资产，且转售者不通过对转售货物开展实质性改变以实现增值，而是在基本保持原状的情况下进行转售。
          - 企业为了转售的目的，对货物进行的包装、再包装、贴标签，或较小的装配等微小的商业活动，都不构成对于该货物的实质性改变。
          - 转售者对转售货物进行实质性改变，如将自己的无形资产附加其上，从而使货物增值。在此情况下，如果无法找到可比的参照交易，则不适用于再销售价格法。

- 转让定价方法的选择
  - 传统交易法
    - 再销售价格法
      - 应用
        - 公平成交价格 = 再销售给非关联方的价格 ×（1– 可比非关联交易毛利率）
        - 涉及两个核心问题
          - 获取合理的转售价格
            - 两种方法
              - 依托于正要进行估价的货物或资产的某一特定部分，或全部货物或资产转售给非受控方的价格。
              - 依托于可比的相同货物或资产在相同时间内，转售给非受控方的价格。
              - 对于在受控交易中购买的货物或资产，在其最终被转售给某一非受控方之前，如果经历了一系列的受控销售，即被转售给一个或多个受控方，则可适用的转售价格是最终转售给非受控方的价格，或相同货物或资产在同一时间进行转售的价格。
          - 获取合理的毛利率水平
            - 合理的毛利率水平，应从受控交易中的转售者所从事的非受控购买与转售行为的毛利率水平中取得，因为与其他转售者相比，同一转售者对货物进行不同的转售时，更容易从中发现相似的特性。如果没有同一转售者的非受控可比价格，则合理的毛利率水平应从其他转售者的可比非受控交易中获得。

转让定价方法的选择 — 传统交易法 — 再销售价格法 — 应用要求

确定可适用的转售价格和毛利率水平的基础性工作，同样是基于可比性分析。与可比非受控价格法相比，再销售价格法对转让货物在物理上的相似性要求较低，但产品（或服务）在物质上的差异对获得可靠的比较结果仍具有重要意义，因此通常应当选择同类产品的经营者作为比较对象。

在寻找可比毛利率时，要关注某些对价格影响较小的因素可能对毛利率水平产生较大的影响。例如成本结构（人力成本和固定成本的比重）、商业经验（如该商业处于起始阶段还是成熟期）、管理效率（如销售是扩张性还是收缩性的）等。

要重视所用数据的完整性和准确性，以及为使用该方法所设定前提的可靠性，因为这些都会影响使用再销售价格法所得结果的可靠性。

要保持会计记录上的一致性。受控交易和非受控可比方在会计处理上的一致性程度，比如，存货及其他成本的会计处理差异会实质性地影响毛利率水平。如果受控交易方和非受控方在财务记录方法上存在差异，必须对上述差异进行可靠调整。此外，要保持受控交易方与非受控可比方之间销货成本与经营费用项目（如折旧、运费、保险费、包装等）的一致性。

OECD《转让定价指南》指出，可比毛利率的选择要考虑时间因素，如果作为参数用于计算独立交易价格的毛利率是在受控交易发生后的一个较短时间内取得的，则该毛利率水平具有较强的可靠性。因为，价格或毛利水平不是固定不变的，而是会随着市场、汇率、成本等变化因素的影响而发生改变。受控交易发生较长时间以后，因交易环境已经发生了变化，非受控交易毛利率与受控交易的可比性就会降低。

- 转让定价方法的选择
  - 传统交易法
    - 成本加成法
      - 概述
        - 成本加成法，是指使用受控交易产品的生产成本，加上合理的毛利，来衡量公平交易价格的方法。
        - 通过参考可比非受控交易中实现的成本利润率，成本加成法对受控交易的价格是否是独立交易价格进行评价。
        - 成本加成法通常运用于关联企业之间销售半成品、关联企业之间签订合作协议或长期购销合同、受控交易为提供服务等情况。

- 转让定价方法的选择
  - 传统交易法
    - 成本加成法
      - 应用
        - 公平成交价格 = 关联交易发生的合理成本 ×（1+ 可比非关联交易成本加成率）
        - 核心问题
          - 确定可比的成本利润率
            - 首先应当以被评估的受控方与非受控方交易的可比成本利润率为准。因为同一个交易主体对其他各个不同主体的交易，相对于其他各个交易主体之间的交易而言，更容易发现相似的特性。如果没有这种可比对象，则合理的成本利润率应从其他交易主体的可比非受控交易中获得。
            - 要遵循可比性分析规则，需关注以下因素的可比性：
              - 制造或装配的复杂性程度
              - 制造生产和工序设计
              - 采购和存货控制活动
              - 销售费用、一般费用和管理费用
              - 外币风险
              - 合同条款
            - 与可比非受控价格法相比，成本加成法对转让货物在物质上的相似性要求较低，但产品（或服务）在物质上的差异对获得可靠的比较结果仍显得十分重要，因此通常应当选择同类产品的经销作为比较对象。
            - 在寻找可比成本利润率时，还要关注某些对价格影响较小的因素可能对成本利润率有较大影响。例如，成本结构、商业经验、管理效率等。
            - 应当基于客观证据，确认上述因素具有的实质性差异并进行调整，使分析结果更具可靠性。

- 转让定价方法的选择
  - 传统交易法
    - 成本加成法
      - 应用
        - 核心问题
          - 确定准确的成本数据
            - 要重视所用数据的完整性和准确性，以及为使用该方法所作设定前提的可靠性。这些都会影响使用成本加成法所得结果的可靠性。
            - 特别要注意会计口径上的一致性。如果在会计上成本和利润的计算口径不一致，那么成本利润率就存在差异。必须对差异进行可靠调整后，所选择的成本利润率才具有可比性，才能应用成本加成法。此外，还要关注成本的计算口径。OECD《转让定价指南》明确了总毛利法和净毛利法的区别，指出成本加成法中的成本不应当包含企业经营费用（一般费用、监督费用、管理费用等）；利润是指企业毛利，即不扣除企业经营费用的利润（扣除企业经营费用的利润被称为净利）。总之，在采用成本加成法时，要特别注意受控交易和作为参照的非受控交易在成本和利润计算口径上的一致，否则需做出合理调整。

- 转让定价方法的选择
  - 交易利润法
    - 交易利润分割法
      - 概述
        - 指先计算关联企业集团一项或几项受控交易的利润总额，然后通过考察每个受控纳税人对这一项或几项受控交易的合并营业利润（或亏损）的贡献值，从而决定每一个受控纳税人可分配到的利润额（或亏损额），并据以判断受控交易是否符合独立交易的价格原则。
          - 贡献值要根据可比的非受控税人在相同情况下对合并利润的贡献大小进行计算。

- 转让定价方法的选择
  - 传统交易法
    - 交易利润分割法
      - 付出分析法
        - 是指使用从事与受控纳税人相似交易的非受控纳税人的利润或损失占综合利润或损失的百分比，来分摊关联企业相关营业活动的综合利润或损失。
        - 首先要进行可比性分析，将受控纳税人之间营业利润的分摊与在相似情况下、相似活动中非受控纳税人之间营业利润的分摊进行比较，所有应比较因素都应考虑。
        - 这种方法基于受控与非受控纳税人的营业利润的比较，因此付出分析法的可比性同样需要依赖于所用的资源和承担的风险因素。
        - 要重视受控和非受控纳税人在合同条款上的相似程度。因为合同条款中对于相关营业活动参与者之间商业关系的规定，是在他们之间分配功能和风险的主要决定因素。
          - 付出分析法所得结果的可靠性，同样会受到使用该方法时所用数据和设定前提的质量的影响。
            - 如果无法找到合适的非受控可比方的综合营业利润数据，或者找到的非受控纳税人的情况与受控纳税人相差过于显著，则不应使用付出分析法。
            - 如果受控与非受控纳税人之间的差异会实质性地影响营业利润的分摊，则应进行调整。

- 转让定价方法的选择
  - 交易利润法
    - 交易利润分割法
      - 剩余分析法
        - 是指对受控交易的综合营业利润或亏损，在各受控纳税人之间进行分摊，首先根据一般性贡献进行分摊。分为两个阶段：
          - 一般性贡献分摊：根据每一个受控纳税人在其参与的受控交易中所发挥的一般性贡献所能得到的回报为基础，将营业利润分配给受控交易的每一方。其中，一般性贡献所能得到的回报，指在相似的营业活动中的非受控纳税人，用归其所有的有形资产、服务和简单可比的无形资产，发挥的相同或相似的贡献所能得到的基本回报水平。在具体计算过程中，可以使用可比的资产利润率、销售利润率等指标对此项进行分摊。
          - 剩余利润的分摊：由于对受控纳税人一般性贡献所做的利润分配，其依据的可比交易属于常规营业活动，一般不考虑复杂无形资产等特殊因素的影响。因此，当涉及复杂无形资产等特殊的受控交易环境时，还必须基于受控纳税人对受控交易所做的无形资产价值贡献（特殊贡献）水平，在受控纳税人之间分配剩余利润。每个受控纳税人对无形资产所做贡献的相对价值，应当依据该无形资产的公平市场价格作为标准进行衡量。
        - 剩余分析法的第一阶段依赖于由市场决定的利润水平，只要可比性强，所做出的分析结果就是相对可靠的。
        - 但是在剩余分析法的第二阶段，由于分摊的依据并不是直接依赖于市场标准，判断过程中带有较多的主观成分，其最终结果的可靠性会衰减。
        - 对此，OECD《转让定价指南》指出，尽管存在上述缺陷，但是由于这一方法不需直接依赖于严格可比的交易，在评价关联企业独有的交易时显得较为灵活和主动，特别对于涉及无形资产的交易环境，是一种有用的转移定价调整办法。

- 转让定价方法的选择
  - 交易利润法
    - 交易净利润法
      - 概述
        - 指采用可比非受控纳税人的营业利润，即净利指标，如成本利润率、销售利润率、资产利润率等，对受控交易的交易价格进行评价和调整。
        - 交易净利润法运作的方式与成本加成法、再销售价格法相同。这里的相同是指：交易净利润法的应用方式必须和再销售价格法或成本加成法的应用方式相一致，尤其是指纳税人在受控交易中取得的净利，应当通过参考同一纳税人在可比非受控交易中所取得的净利来恰当地确定。如果上述运作存在难度，则可以使用独立企业在可比交易中获得的净利作为参考。
        - 在可比性标准方面，交易净利只是要求分析完全净利润率而不是毛利润率或半毛利润率，这是交易净利润法与再销售价格法和成本加成法的区别所在。

- 转让定价方法的选择
  - 交易利润法
    - 交易净利润法
      - OECD《转让定价指南》详细分析了交易净利润法的优缺点
        - 优点
          - 相较于可比非受控价格法，这一方法较少地受到被审交易的类别、性质差异的影响。因为生产经营不同的产品或服务，可能产生相同的净利水平，而生产经营相同的产品或服务也可能产生不同的净利水平。
          - 对比营业费用毛利率等毛利指标，净利指标较少地受到功能差异的影响。功能差异往往反映在营业费用的差异程度上，净利是毛利扣除营业费用后的余额。同样的功能可能产生不同的净利，不同的功能可能导致相同的净利水平。因此这一方法可用于交易对象的性质、功能存在较大特殊性的受控交易结果（例如涉及无形资产的交易等）的评价和调整。
        - 缺点
          - 交易净利润法也存在不足之处。由于营业利润不仅受价格因素的影响，还通常受到经营管理水平、新的竞争对手的威胁、替代产品的威胁、工厂和设备新旧不同而产生的成本结构、自筹资金和贷款比例所反映的资本结构、经营经验等非价格非市场因素的影响。
          - 在上述的各种影响因素中，每一个因素又会受到其他因素的影响，例如竞争对手的威胁程度，可能又是由产品的质量、品种，或者政府的补贴程度等决定的。对这些因素进行差异分析并决定调整的做法通常存在较大的困难。这就使得可比性分析的可靠性降低，从而使应用交易净利润法来评价受控交易是否符合公平交易原则的可靠性降低。

第六章

关联交易会计制度

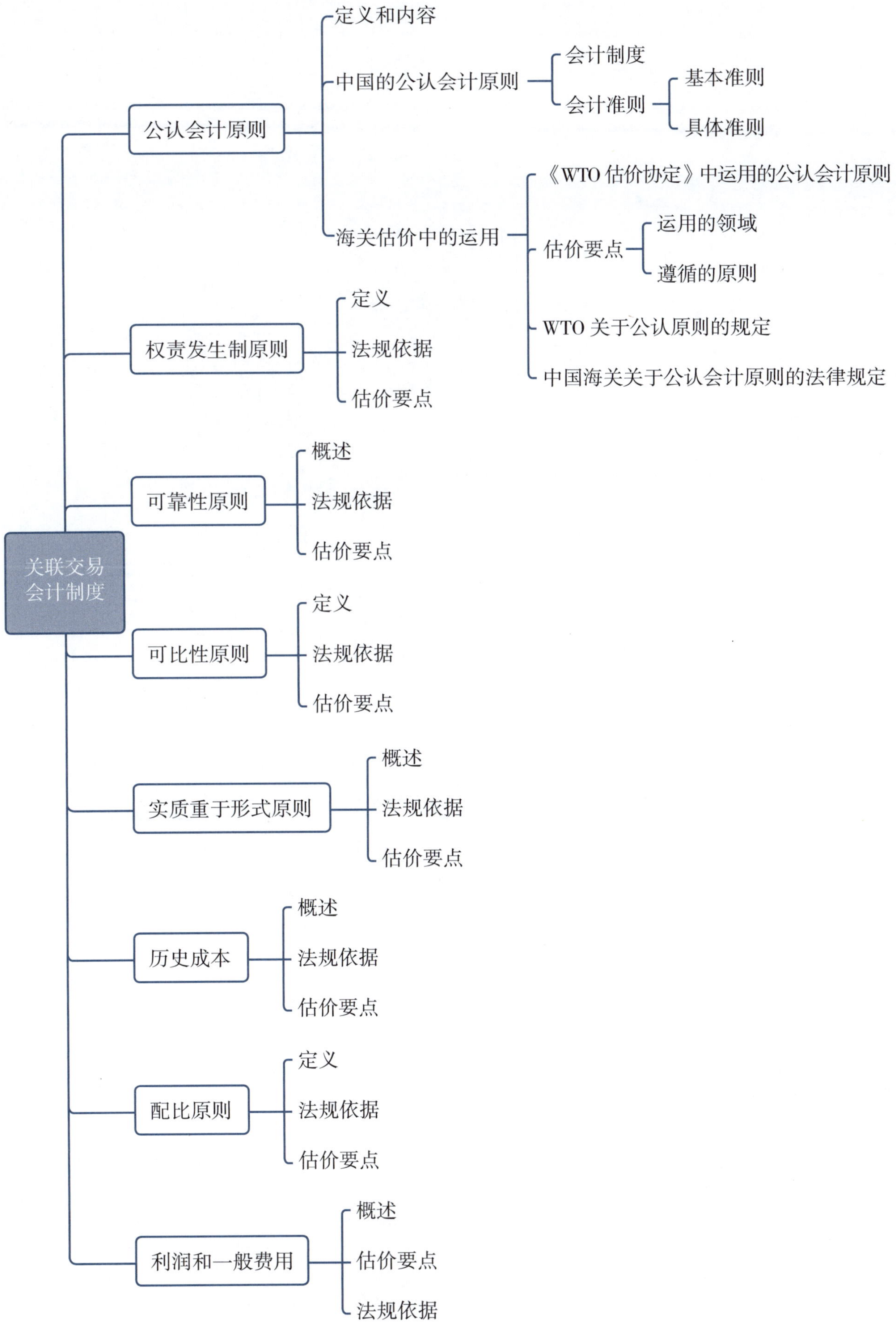

关联交易会计制度
公认会计原则
定义和内容
中国的公认会计原则
会计制度
会计准则
基本准则
具体准则
海关估价中的运用
《WTO 估价协定》中运用的公认会计原则
估价要点
运用的领域
遵循的原则
WTO 关于公认原则的规定
中国海关关于公认会计原则的法律规定
权责发生制原则
定义
法规依据
估价要点
可靠性原则
概述
法规依据
估价要点
可比性原则
定义
法规依据
估价要点
实质重于形式原则
概述
法规依据
估价要点
历史成本
概述
法规依据
估价要点
配比原则
定义
法规依据
估价要点
利润和一般费用
概述
估价要点
法规依据

关联交易会计制度整体思维导图

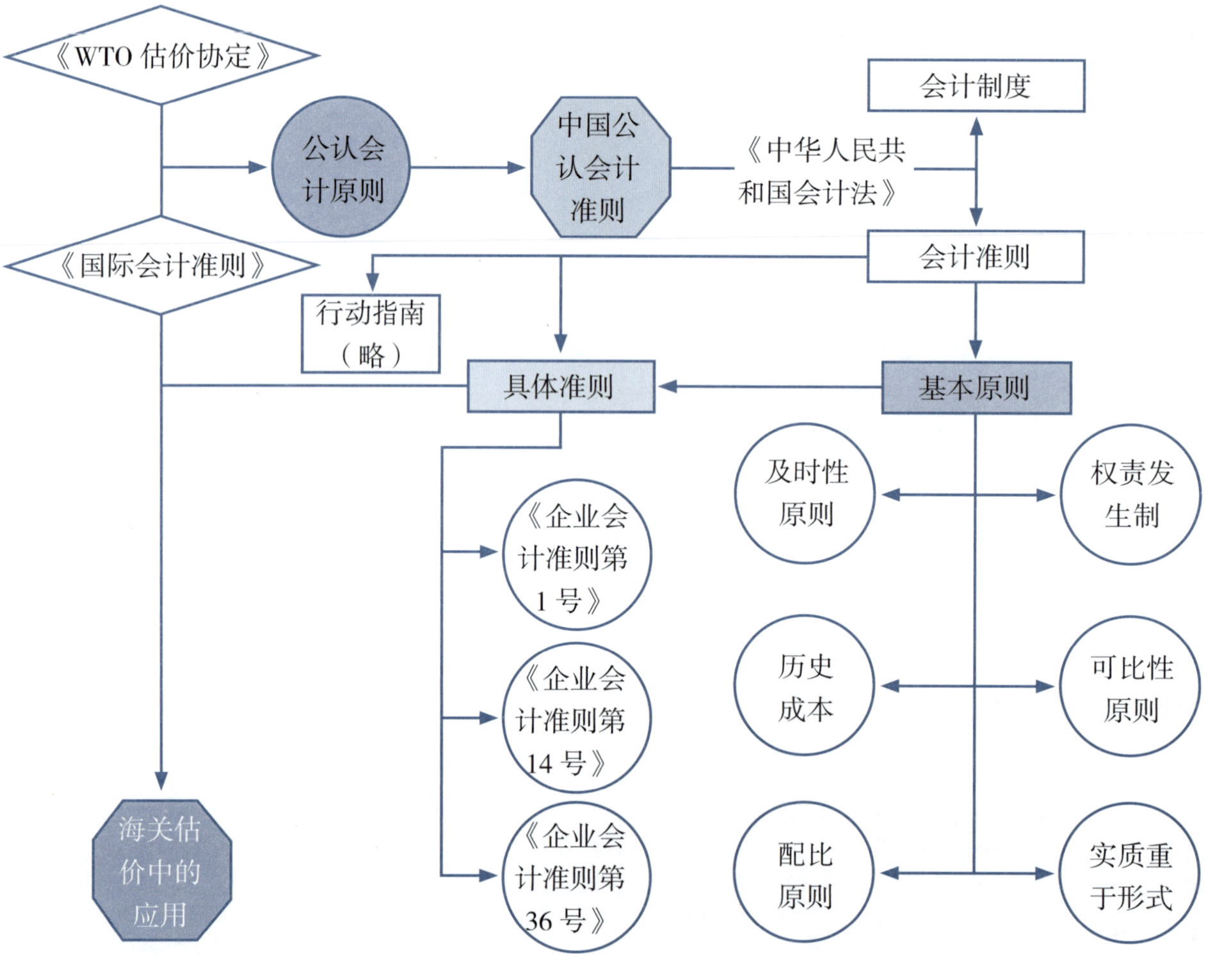

第一节　公认会计原则

- 公认会计原则
  - 定义
    - 按照《国际会计准则》及《WTO 估价协定》附件 1 解释性条款中有关使用公认会计原则的规定，公认会计原则指在一个国家某一特定时期内得到普遍公认或承认的会计原则。
    - 内容
      - 哪些经济资源和负担应记为资产和负债
      - 哪些资产和负债的变动应予以记录
      - 资产和负债及其变动如何计量
      - 应披露哪些信息及如何披露
      - 应编制哪些财务报表

上述会计原则既包括总的运用原则，也包括运用的具体方法和规则。

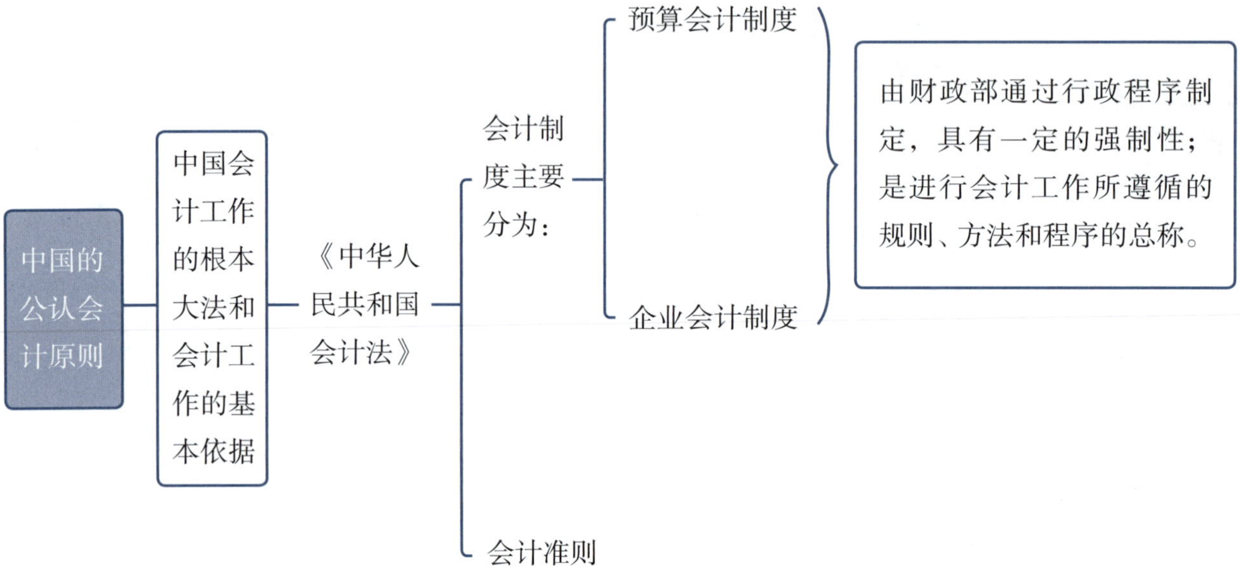
中国的公认会计原则
中国会计工作的根本大法和会计工作的基本依据
《中华人民共和国会计法》
会计制度主要分为：
预算会计制度
企业会计制度
由财政部通过行政程序制定，具有一定的强制性；是进行会计工作所遵循的规则、方法和程序的总称。
会计准则

- 中国的公认会计原则
  - 会计准则
    - 基本原则
      - 定义 — 会计确认、计量和报告的统驭性规范。
      - 总则
        - 权责发生制 — 又称“应计原则”，企业应当以权责发生制为基础进行会计确认、计量和报告。
        - 企业应当按照交易或事项的经济特征确定会计要素
          - 资产、负债、所有者权益 — 反映财务状况的会计要素
          - 收入、费用、利润 — 反映经营成果的会计要素
      - 会计信息质量要求
        - 可比性原则 — 企业提供的会计信息应当具有可比性。
        - 实质重于形式 — 企业应当按照交易或事项的经济实质进行会计确认、计量和报告，不应仅以交易或者事项的法律形式为依据。
        - 及时性 — 企业对于已经发生的交易或者事项，应当及时进行会计确认、计量和报告，不得提前或者延后。
        - 其他要求 — 真实性、可靠性、完整性、相关性、清晰性、重要性、谨慎性。
      - 会计计量属性
        - 历史成本
          - 资产按照购入时支付的现金或者等价物的金额，或者按照购入时付出的对价的公允价值计量。
          - 负债按照因承担现时义务而实际收到的款项或者资产的金额，或者承担现时义务的合同金额，或按照日常活动中为偿还负债预期所需要支付的现金或者等价物的金额计量。
        - 其他计量属性 — 重置成本、可变现净值、现值、公允价值。

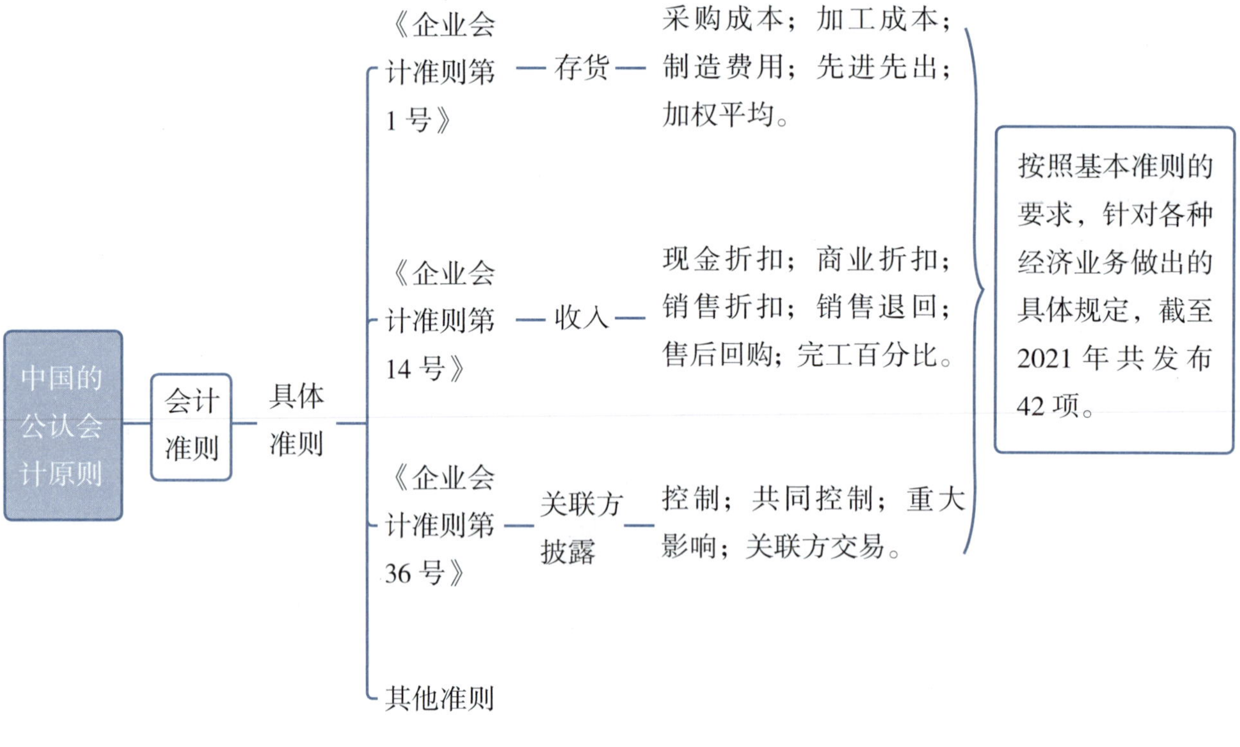
中国的公认会计原则
会计准则
具体准则
《企业会计准则第1号》
存货
采购成本；加工成本；制造费用；先进先出；加权平均。
《企业会计准则第14号》
收入
现金折扣；商业折扣；销售折扣；销售退回；售后回购；完工百分比。
《企业会计准则第36号》
关联方披露
控制；共同控制；重大影响；关联方交易。
其他准则
按照基本准则的要求，针对各种经济业务做出的具体规定，截至2021年共发布42项。

- 《企业会计准则第1号》
  - 存货
    - 定义 — 指企业在日常活动中持有的
      - 以备出售的产成品或商品。
      - 处在生产过程中的在产品。
      - 在生产过程中或提供劳务过程中耗用的材料和物料。
    - 分类 — 按照来源和用途可分为：
      - 原材料 — 企业在生产过程中经过加工改变其形态或性质并构成产品主要实体的各种原材料及主要材料、辅料、修理备件、燃料等。
      - 在产品 — 企业正在制造但未完工的生产物。
      - 半成品 — 经过一定生产过程并已检验合格交付半成品仓库保管，但未完成全部工序的中间产品。
      - 产成品
        - 企业已完成全部工序并验收入库，可以按照合同规定的条件送交订货单位，或者可以作为商品对外销售的产品。
        - 企业接收外来原料加工制造的代制品和为外单位加工代修的代修品，制造和修理完成验收入库后，视同企业的产成品。
      - 商品 — 指商品流通企业的商品，包括外购或委托加工完成验收入库后用于销售的各种商品。
      - 包装物 — 为了包装本企业商品而储备的各类包装容器。
      - 低值易耗品 — 不能作为固定资产的各种用具物品。
      - 委托代销商品 — 企业委托其他单位代销的商品，其所有权在售出前仍然属于委托方，因此属于委托方的存货。
      - 委托加工物资 — 企业委托其他单位进行加工的物资，其所有权仍属于委托企业，因此属于委托方的存货。

- 《企业会计准则第1号》
  - 存货
    - 确认
      - 与该存货有关的经济利益很可能流入企业
      - 该存货的成本能够可靠地计量
      - 两个条件同时满足，会计上才能确认为存货。
    - 不计入存货成本的费用
      - 非正常消耗的直接材料、直接人工和制造费用 —— 应作为当期费用（营业外支出）直接计入当期损益
      - 采购入库后发生的仓储费用 —— 直接计入当期损益
    - 计量方法
      - 先进先出法 —— 以先购进的存货先发出假设为前提，先购入的存货成本在后购入的存货成本之前发出，据此确定发出存货和期末存货成本。
      - 加权平均法 —— 本期全部收入存货的数量加期初余额作为权数，除本期全部收入存货的成本加期初余额成本，计算存货的平均单位成本，从而确定存货的发出和库存成本。
      - 个别计价法 —— 按照各种存货逐一辨别各批发出存货的购进或生产批别，分别按其购入或生产时所确定的单位成本作为计算各批发出存货和期末存货的成本。

- 《企业会计准则第1号》
  - 存货
    - 估价要点
      - 成交价格调整项 — 《审价办法》第十一条第二项 — 以成交价格为基础审查确定进口货物的完税价格时，未包括在该货物实付、应付价格中的下列费用或者价值应当计入完税价格：（二）与进口货物的生产和向中华人民共和国境内销售有关的，由买方以免费或者以低于成本的方式提供，并且可以按适当比例分摊的下列货物或者服务的价值：1. 进口货物包含的材料、部件、零件和类似货物；2. 在生产进口货物过程中使用的工具、模具和类似货物；3. 在生产进口货物过程中消耗的材料；4. 在境外进行的为生产进口货物所需的工程设计、技术研发、工艺及制图等相关服务。
      - 计算价格估价方法 — 《审价办法》第二十五条 — 计算价格估价方法，是指海关以下列各项的总和为基础，审查确定进口货物完税价格的估价方法：（一）生产该货物所使用的料件成本和加工费用；（二）向境内销售同等级或者同种类货物通常的利润和一般费用（包括直接费用和间接费用）；（三）该货物运抵境内输入地点起卸前的运输及相关费用、保险费。按照前款的规定审查确定进口货物的完税价格时，海关在征得境外生产商同意并且提前通知有关国家或者地区政府后，可以在境外核实该企业提供的有关资料。按照本条第一款的规定确定有关价值或者费用时，应当使用与生产国或者地区公认的会计原则相一致的原则和方法。

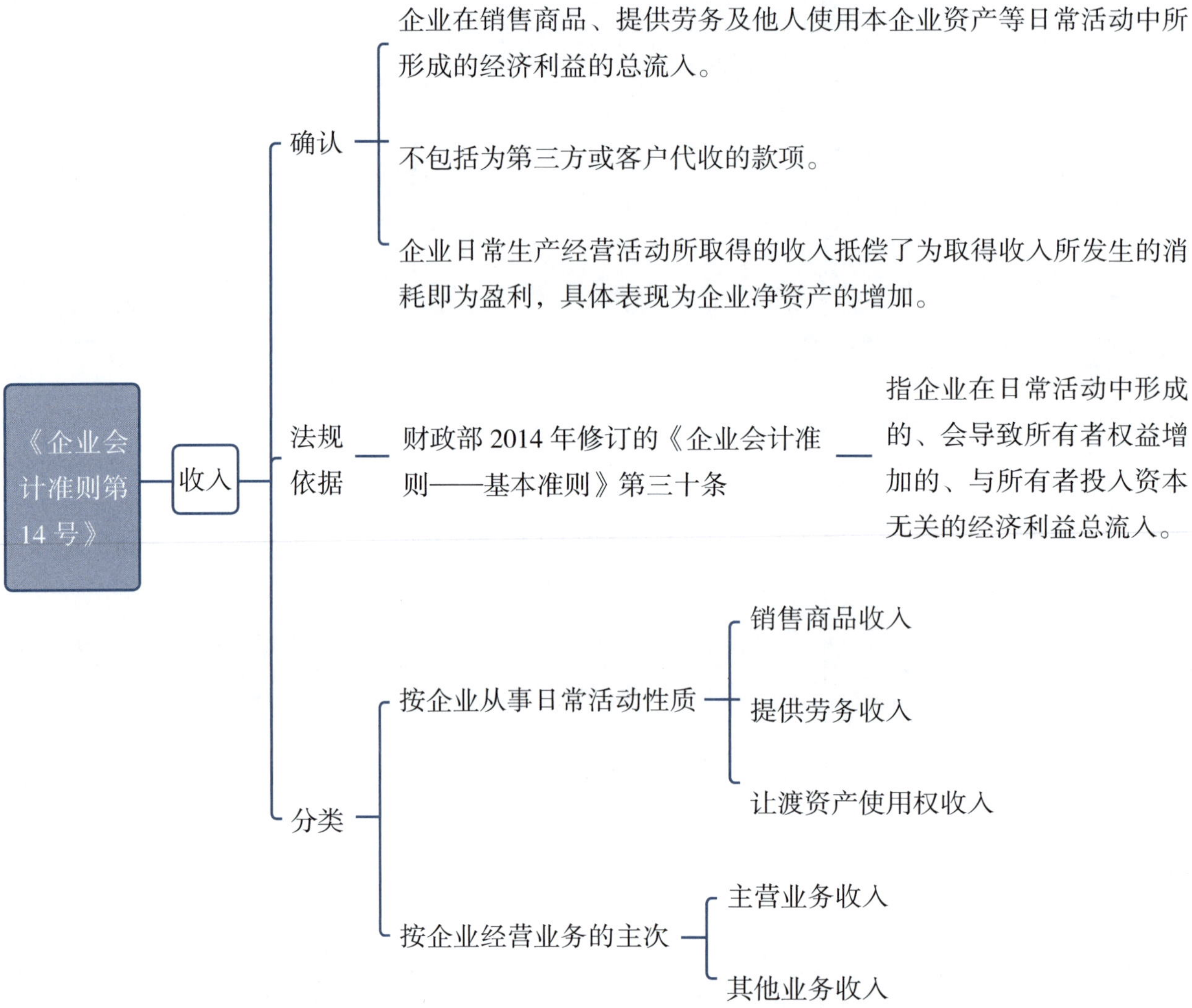
《企业会计准则第14号》
收入
确认
企业在销售商品、提供劳务及他人使用本企业资产等日常活动中所形成的经济利益的总流入。
不包括为第三方或客户代收的款项。
企业日常生产经营活动所取得的收入抵偿了为取得收入所发生的消耗即为盈利，具体表现为企业净资产的增加。
法规依据
财政部2014年修订的《企业会计准则——基本准则》第三十条
指企业在日常活动中形成的、会导致所有者权益增加的、与所有者投入资本无关的经济利益总流入。
分类
按企业从事日常活动性质
销售商品收入
提供劳务收入
让渡资产使用权收入
按企业经营业务的主次
主营业务收入
其他业务收入

- 《企业会计准则第14号》
  - 收入
    - 特点
      - 是从企业日常经营活动中获得的，而出售固定资产、无形资产等活动取得的利益流入，属于营业外收入。
      - 可以表现为企业资产的增加，也可表现为负债的减少，也可增加资产的同时也减少负债。
      - 必然导致所有者权益的增加。
      - 不包括为其他代收的相关款项。
    - 相关概念
      - 现金折扣 — 债权人为鼓励债务人在规定的期限内付款，而向债务人提供的债务扣除。通常发生在以赊销方式销售商品及提供劳务的交易中。
      - 商业折扣 — 企业为促进商品销售而在商品标价上给予的价格扣除。
      - 销售折让 — 企业因售出商品的质量不合格等原因而在售价上给予的价格减让。
      - 完工百分比 — 企业在资产负债表日按照劳务的完成程度确认收入和相关费用的方法。
    - 收益
      - 收入
      - 利得 — 收入以外的其他收益，通常从偶发的经济业务中取得，属于那种不经过经营活动就能取得或不曾期望获得的收益。

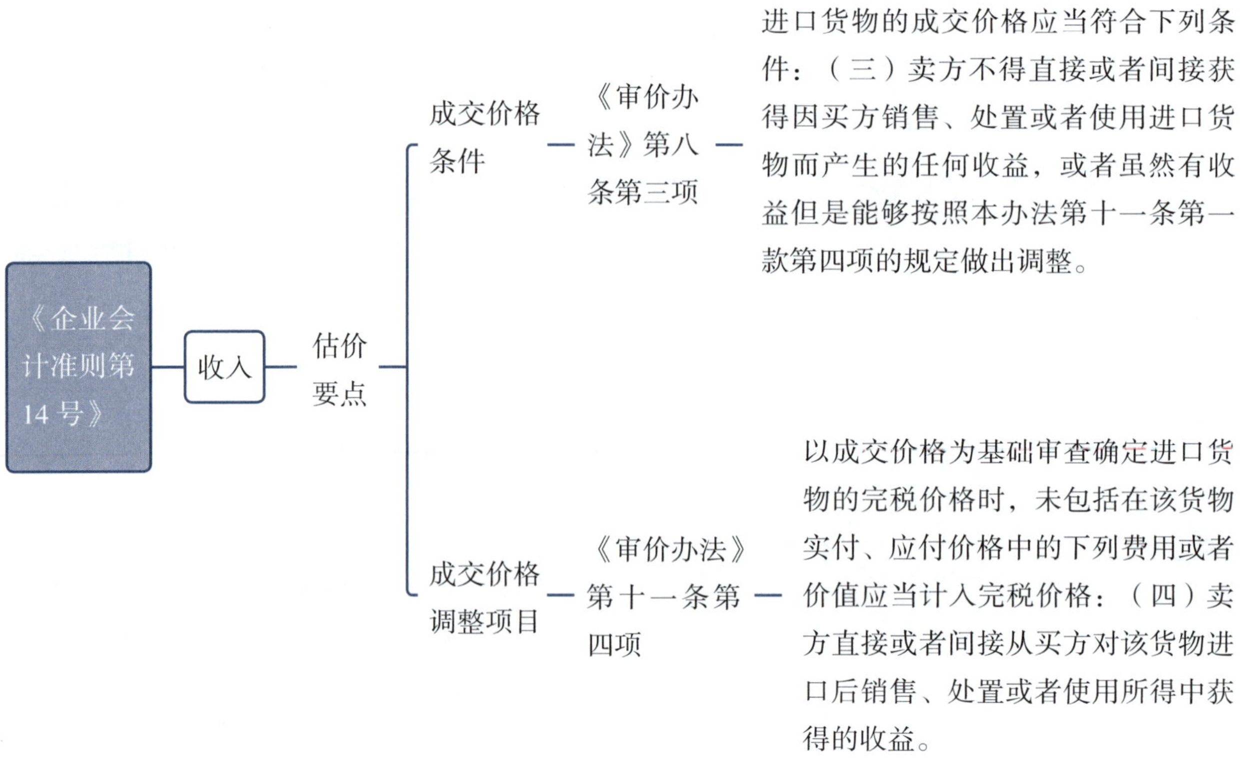
《企业会计准则第14号》
收入
估价要点
成交价格条件
《审价办法》第八条第三项
进口货物的成交价格应当符合下列条件：（三）卖方不得直接或者间接获得因买方销售、处置或者使用进口货物而产生的任何收益，或者虽然有收益但是能够按照本办法第十一条第一款第四项的规定做出调整。
成交价格调整项目
《审价办法》第十一条第四项
以成交价格为基础审查确定进口货物的完税价格时，未包括在该货物实付、应付价格中的下列费用或者价值应当计入完税价格：（四）卖方直接或者间接从买方对该货物进口后销售、处置或者使用所得中获得的收益。

- 《企业会计准则第36号》
  - 关联方披露
    - 概述
      - 无论关联方之间有无交易都应披露企业经济性质、名称、法定代表人、注册地、注册资本及其变化、企业的主营业务、所持股份或权益及其变化。
        - 母公司和子公司的名称
          - 母公司不是该企业最终控制方的，还应披露最终控制方名称。
          - 母公司和最终控制方均不对外提供财务报表的，还应披露母公司之上与其最相近的对外提供财务报表的母公司名称。
        - 母公司和子公司的业务性质、注册地、注册资本及其变化。
        - 母公司所持子公司股份或权益及其变化。
      - 若发生了交易，应披露关联方关系的性质、交易类型及交易要素。
        - 交易的金额。
        - 未结算项目的金额、条款和条件，以及有关提供或取得担保的信息。
        - 未结算应收项目的坏账准备金额。
        - 定价政策。
      - 关联方交易应当分别关联方以及交易类型予以披露。类型相似的关联方交易，在不影响财务报表阅读者正确理解关联方交易对财务报表影响的情况下，可以合并披露。
      - 企业只有在提供确凿证据的情况下，才能披露关联方交易是公平交易。

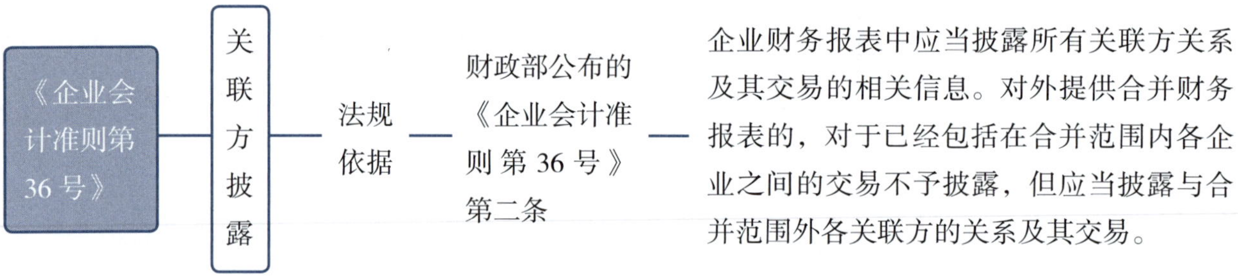
《企业会计准则第36号》
关联方披露
法规依据
财政部公布的《企业会计准则第36号》第二条
企业财务报表中应当披露所有关联方关系及其交易的相关信息。对外提供合并财务报表的，对于已经包括在合并范围内各企业之间的交易不予披露，但应当披露与合并范围外各关联方的关系及其交易。

- 《企业会计准则第36号》
  - 关联方披露
    - 相关概念
      - 控制 — 有权决定一个企业的财务和经营政策，并能据以从该企业的经营活动中获取利益。 — 可通过所有权方式、以所有权和其他方式，以及以法律或协议形式分别达到控制的目的。
      - 共同控制 — 按照合同约定对某项经济活动所共有的控制，仅在与该项经济活动相关的重要财务和经营决策需要分享控制权的投资方一致同意时存在。 — 其特点是两个或两个以上的合营者受同一项合同约定的约束，并且以合同的约定确定共同控制。一般分为三种类型：
        - 共同控制经营
        - 共同控制资产
        - 共同控制实体
      - 重大影响 — 对一个企业的财务和经营政策有参与决策的权利，但并不能够控制或者与其他方一起共同控制这些政策的制定。包括但不限于：
        - 在董事会或类似决策机构中派有代表。
        - 参与政策的制定过程。
        - 互换管理人员。
        - 使对方依附于自己的技术资料。
      - 关联方关系的确认 — 《企业会计准则第36号》并未对关联方做出具体定义，但明确了判断关联方的基本标准。
        - 一方控制、共同控制另一方或对另一方施加重大影响。
        - 两方或两方以上同受一方控制、共同控制或重大影响。
        - （以上两项）准确把握“控制”“共同控制”“重大影响”等关键概念就可以判断是否存在关联方关系。

- 《企业会计准则第36号》
  - 关联方披露
    - 关联方的存在形式
      - 该企业的母公司。
      - 该企业的子公司。
      - 与该企业受同一母公司控制的其他企业。
      - 对该企业实施共同控制的投资方。
      - 对该企业施加重大影响的投资方。
      - 该企业的合营企业。
      - 该企业的联营企业。
      - 该企业的主要投资者个人及与其关系密切的家庭成员。
      - 该企业或其母公司的关键管理人员及与其关系密切的家庭成员。
      - 该企业主要投资个人、关键管理人员或与其关系密切的家庭成员控制、共同控制或施加重大影响的其他企业。
    - 关联方交易的表现形式
      - 购买或销售商品。— 最常见的关联交易形式。
      - 购买或销售商品以外的其他资产。
      - 提供或接受劳务。
      - 担保和抵押。— 借贷和大额的交易合同中，为了保证关联企业债券债务关系的实现而提供担保和抵押。
      - 提供资金。
      - 融资租赁或经营性租赁。
      - 代理。
      - 研究与开发项目的转移。
      - 许可协议。— 关联企业之间通过合同或协议的约定，转授某种授权许可。
      - 代表企业或由企业代表另一方进行债务结算。
      - 关键管理人员薪酬。

- 《企业会计准则第36号》
  - 关联方披露
    - 估价要点
      - 成交价格条件
        - 《审价办法》第八条第四项
          - 进口货物的成交价格应当符合下列条件:（四）买卖双方之间没有特殊关系，或者虽然有特殊关系但是按照本办法第十七条、第十八条的规定未对成交价格产生影响。
      - 成交价格调增项目
        - 《审价办法》第十二条第一项、第二项
          - 在根据本办法第十一条第一款第二项确定应当计入进口货物完税价格的货物价值时，应当按照下列方法计算有关费用：（一）由买方从与其无特殊关系的第三方购买的，应当计入的价值为购入价格；（二）由买方自行生产或者从有特殊关系的第三方获得的，应当计入的价值为生产成本。
      - 特殊关系确认
        - 《审价办法》第十六条
          - 八种列举情形。
          - 买卖双方在经营上相互有联系，一方是另一方的独家代理、独家经销或者独家受让人，如果符合前款的规定，也应当视为存在特殊关系。
      - 特殊关系未影响成交价格
        - 《审价办法》第十七条
          - 买卖双方之间存在特殊关系，但是纳税义务人能证明其成交价格与同时或者大约同时发生的下列任何一款价格相近的，应当视为特殊关系未对进口货物的成交价格产生影响：（一）向境内无特殊关系的买方出售的相同或者类似进口货物的成交价格；（二）按照本办法第二十三条的规定所确定的相同或者类似进口货物的完税价格；（三）按照本办法第二十五条的规定所确定的相同或者类似进口货物的完税价格。海关在使用上述价格进行比较时，应当考虑商业水平和进口数量的不同，以及买卖双方有无特殊关系造成的费用差异。
        - 《审价办法》第十八条
          - 海关经对与货物销售有关的情况进行审查，认为符合一般商业惯例的，可以确定特殊关系未对进口货物的成交价格产生影响。

公认会计原则

海关估价中的运用

- 会计原则并不等同于海关估价所涉及的公认会计原则。
- 《WTO 估价协定》所运用的公认会计原则是指仅与估价认定有关的公认会计原则，包括对于资产、货物采购价格、折旧等方面金额的计提。根据公认会计原则的基本精神，与经济活动有关的，涉及资产、负债、收益等各方面的信息记录都必须遵循公认会计原则的标准。
- 根据《WTO 估价协定》的条款分析，其使用的关于估价领域的很多方法，其实质性内容均来源于公认会计原则的标准，例如实付或应付价格的规定、间接支付的规定、利润和一般费用的计算标准等。在实践中，尤其在适用倒扣价格、计算价格和合理方法，对进口货物开展估价的过程中，应充分依托公认会计原则的标准，以保证海关估价的合理性。

- 公认会计原则
  - 估价要点
    - 运用的领域
      - 《WTO 估价协定》第一条和第八条费用调整项确定进口货物的完税价格。
      - 《WTO 估价协定》第五条倒扣价格法确定进口货物完税价格。
      - 《WTO 估价协定》第六条计算价格法确定进口货物的完税价格。
    - 遵循的原则
      - 尊重贸易惯例。《WTO 估价协定》的注释（一般解释，有关 GAAP[①]的运用）第一款中规定，WTO 成员的海关在协议规定适用 GAAP 时，对符合有关国家一般会计准则准备的资料应予以采纳。因此对于有充分翔实的（可客观量化）资料，又符合 GAAP 要求的，海关应予以接受。特别是涉及一些在估价协定中没有明确界定的技术问题，海关估价应尽可能地参照 GAAP 的原则规定，以更好地体现估价协定的“公平、统一、中性”。
      - 将 GAAP 的具体会计原则与《WTO 估价协定》原则结合运用，并坚持 WTO 估价原则为主，GAAP 原则为辅。对所提供的会计资料，如会计处理时具体运用的会计原则与《WTO 估价协定》的原则有冲突的，应坚持估价协定原则。
      - GAAP 与 GAAS[②]的差别
        - GAAS 是公认审计原则，是对会计资料进行审计时所遵循的原则。
        - 实施估价协定运用 GAAP，主要是对所提供的资料的会计合理性和准确性进行审查。
        - 所提供资料的真实性和可信度则涉及海关稽查工作，需运用 GAAS 进行审计。
        - （以上三项）因为 GAAS 与 GAAP 的运用领域是不同的，所以两者不应混为一谈。

① Generally Accepted Accounting Principle，公认会计原则。

② Generally Accepted Auditing Standards，公认审计准则。

- 公认会计原则
  - WTO关于公认会计原则的规定
    - 公认会计原则的概念
      - 在一特定时间内一国关于下列内容的公认的一致意见或实质性权威支持：
        - 何种经济资源和债务应记为资产和债务。
        - 资产和债务的何种变化应予记录。
        - 如何衡量资产和债务及其变化。
        - 何种信息应予披露及如何披露。
        - 应编制何种财务报表。
      - 就本协定而言，每一成员的海关应使用与适合所涉条款的该国（地区）公认会计原则相一致的方式准备的信息。例如，一方面，根据第五条的规定对通常的利润和一般费用的确定应使用与进口国公认会计原则相一致的方式准备的信息。另一方面，根据第六条的规定对通常的利润和一般费用的确定应使用与生产国公认会计原则相一致的方式准备的信息。在进口国中对第八条第一款（b）项（ii）目所规定的某一要素的确定应使用与该国公认会计原则相一致的方式准备的信息。
    - 《WTO估价协定》关于第六条的说明
      - 第六条第一款（a）项所指的“成本或价值”应依据生产商或代表生产商提供的有关被估价货物生产方面的信息予以确定。应以生产商的商业往来账目为依据，只要此类账目与生产该货物的国家中适用的公认会计原则相一致。
    - 《WTO估价协定》关于第八条的说明：第一款（b）项（ii）目
      - 第八条第一款（b）项（ii）目所列要素分摊到进口货物的问题涉及两个因素，即要素本身的价值和价值分摊到进口货物的方式。这些要素的分摊应以适合有关情况的合理方式并依照公认的会计原则进行。

（以上内容）：中国海关关于公认会计原则的法律规定主要源于WTO关于公认会计原则的规定，WTO海关估价委员会就“公认会计原则”颁布了“解释性说明”（Interpretative Notes），对在公认会计原则的定义及其在海关估价中的适用方法做了进一步阐述。

公认会计原则

- 中国海关关于公认会计原则的法律规范
  - 《审价办法》
    - 第十二条　在根据本办法第十一条第一款第二项确定应当计入进口货物完税价格的货物价值时，应当按照下列方法计算有关费用：……如果货物在被提供给卖方前已经被买方使用过，应当计入的价值为根据国内公认的会计原则对其进行折旧后的价值。
    - 第二十四条　按照倒扣价格估价方法审查确定进口货物完税价格的，下列各项应当扣除：……按照本条的规定确定扣除的项目时，应当使用与国内公认的会计原则相一致的原则和方法。
    - 第二十五条　计算价格估价方法，是指海关以下列各项的总和为基础，审查确定进口货物完税价格的估价方法：……按照本条第一款的规定确定有关价值或者费用时，应当使用与生产国或者地区公认的会计原则相一致的原则和方法。
    - 第五十一条　本办法下列用语的含义：……公认的会计原则，指在有关国家或者地区会计核算工作中普遍遵循的原则性规范和会计核算业务的处理方法。包括对货物价值认定有关的权责发生制原则、配比原则、历史成本原则、划分收益性与资本性支出原则等。

（第十二条、第二十四条、第二十五条）规定了海关在使用倒扣价格、计算价格方法时应当使用与国内公认的会计原则相一致的原则和方法。

第二节　权责发生制原则

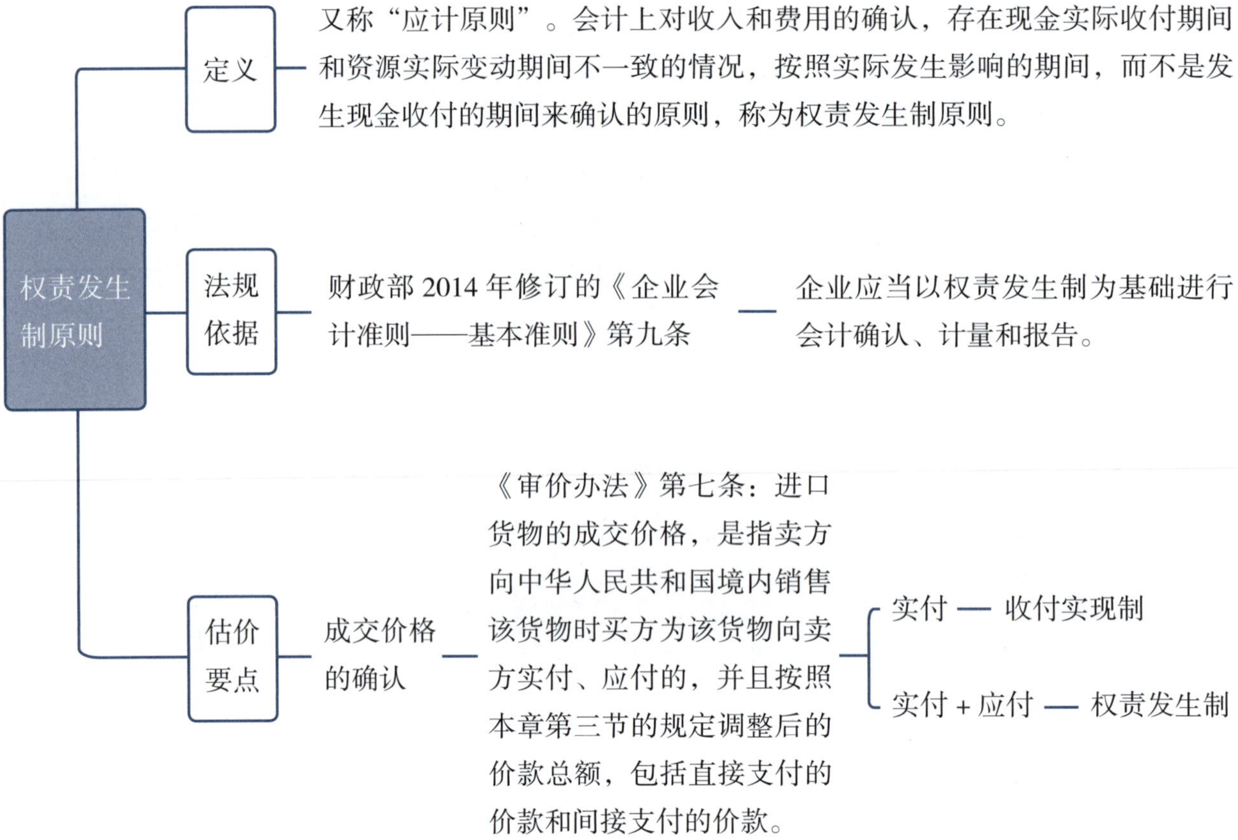
权责发生制原则
定义
又称“应计原则”。会计上对收入和费用的确认，存在现金实际收付期间和资源实际变动期间不一致的情况，按照实际发生影响的期间，而不是发生现金收付的期间来确认的原则，称为权责发生制原则。
法规依据
财政部2014年修订的《企业会计准则——基本准则》第九条
企业应当以权责发生制为基础进行会计确认、计量和报告。
估价要点
成交价格的确认
《审价办法》第七条：进口货物的成交价格，是指卖方向中华人民共和国境内销售该货物时买方为该货物向卖方实付、应付的，并且按照本章第三节的规定调整后的价款总额，包括直接支付的价款和间接支付的价款。
实付 — 收付实现制
实付 + 应付 — 权责发生制

第三节　可靠性原则

- 可靠性原则
  - 概述：是会计信息质量要求的基础。要求会计信息的确认和披露以客观实际为依据，不受其他因素的干扰或影响，能够真实、完整、准确地反映交易和事项的经济实质。
    - 真实——客观地反映会计信息，真实是可靠性的基础。
    - 完整——全面地反映会计信息，完整是可靠性的保障。
    - 准确——无差错地反映会计信息，准确是可靠性的要求。
  - 法规依据：成交价格的确认——财政部 2014 年修订的《企业会计准则——基本准则》第十二条——企业应当以实际发生的交易或者事项为依据进行会计确认、计量和报告，如实反映符合确认和计量要求的各项会计要素及其他相关信息，保证会计信息真实可靠、内容完整

可靠性原则 — 估价要点 — 客观量化

- 《审价办法》第十一条第二款
  - 纳税义务人应当向海关提供本条所述费用或者价值的客观量化数据资料。
- 《审价办法》第二十一条
  - 按照相同或者类似货物成交价格估价方法的规定审查确定进口货物的完税价格时，应当使用与该货物具有相同商业水平且进口数量基本一致的相同或者类似货物的成交价格。使用上述价格时，应当以客观量化的数据资料，对该货物与相同或者类似货物之间由于运输距离和运输方式不同而在成本和其他费用方面产生的差异进行调整。
  - 在没有前款所述的相同或者类似货物的成交价格的情况下，可以使用不同商业水平或者不同进口数量的相同或者类似货物的成交价格。使用上述价格时，应当以客观量化的数据资料，对因商业水平、进口数量、运输距离和运输方式不同而在价格、成本和其他费用方面产生的差异做出调整。
- 《审价办法》第二十四条
  - 前款所述的加工增值额应当依据与加工成本有关的客观量化数据资料、该行业公认的标准、计算方法及其他的行业惯例计算。
- 《审价办法》第二十六条
  - 合理方法，是指当海关不能根据成交价格估价方法、相同货物成交价格估价方法、类似货物成交价格估价方法、倒扣价格估价方法和计算价格估价方法确定完税价格时，海关根据本办法第二条规定的原则，以客观量化的数据资料为基础审查确定进口货物完税价格的估价方法。
- 《审价办法》第四十二条
  - 货物买卖中发生本办法第二章第三节所列的价格调整项目的，或者发生本办法三十五条所列的运输及其相关费用的，纳税义务人应当如实向海关申报。前款规定的价格调整项目或者运输及其相关费用如果需要分摊计算的，纳税义务人应当根据客观量化的标准进行分摊，并且同时向海关提供分摊的依据。

- **可靠性原则**
  - 估价要点
    - 客观原则——海关审查确定进出口货物的完税价格，应当遵循客观、公平、统一的原则。
      - 运用的数据必须来源于进出口贸易活动中存在的真实数据，不能使用武断的、虚构的数据对进出口货物实施估价。
      - 要以进出口商对外实际签订的货物销售合同为基础，如果销售合同是真实的，且符合成交价格定义和条件，海关应以其实际成交价格为基础，而不得采用其他价格实施估价。
      - 当海关运用《审价办法》第七条价格调整项目对进出口货物的成交价格进行调整时，必须以客观量化的费用或价值的数据资料为基础，如果缺乏上述数据时，海关就不能接受其申报价格，而使用其他估价方法实施估价。
      - 当海关使用《审价办法》第二章第五节“除成交价格估价方法以外的其他方法估价”时，同样必须坚持客观的标准，依托客观量化的数据为基础。
      - 在使用合理方法估价时，应立足于对贸易实际的灵活运用，其前提就是要依托客观量化的数据资料。这是合理方法运用的出发点。

第四节　可比性原则

- 可比性原则
  - 定义
    - 企业确认的会计信息应当具有可比性
      - 同一企业不同时期发生的相同或者相似的交易或者事项，应当采用一致的会计政策，不得随意变更（确需变更的，应当附注说明）。
      - 不同企业发生的相同或者相似的交易或者事项，应当采用规定的会计政策，确保会计信息口径一致、相互可比。
  - 法规依据
    - 财政部 2014 年修订的《企业会计准则——基本准则》第十五条
      - 企业提供的会计信息应当具有可比性。
  - 估价要点
    - 可比性原则广泛地应用
      - 海关相同或类似货物成交价格审价工作。
      - 转让定价的可比非受控分析和潜在可比公司的筛选
        - 详见第五章可比性分析的内容。

第五节　实质重于形式原则

- 实质重于形式原则
  - 概述
    - 是从准则层面确保会计信息真实性的核心原则，是在法律形式不能准确反映交易或事项的经济实质时，穿越法律形式，按照交易或者事项的经济实质进行核算。该原则为国际惯例准则，为中国会计准则深化改革和全面与国际准则接轨奠定了思想基础。
  - 法规依据
    - 财政部2014年修订的《企业会计准则——基本准则》第十六条 — 企业应当按照交易或者事项的经济实质进行会计确认、计量和报告，不应仅以交易或事项的法律形式为依据。
  - 估价要点
    - 海关审价体系的全方位运用
      - 成交价格法运用
        - 法律形式
          - 调增项目
          - 调减项目
          - 经济实质
            - 成交价格不可分割的组成部分
            - 成交价格应予剔除的价款
      - 其他五种估价方法的运用
        - 关联交易影响成交价格
          - 法律形式 — 看似公平的交易
          - 经济实质 — 受控非独立性交易
        - 视同销售的情形
          - 法律形式 — 无销售或成交价格
          - 经济实质 — 还原非公平交易价格下的价值

第六节　历史成本

- 历史成本
  - 概述
    - 又称实际成本，反映了取得资产或承担负债时实际支付或收到的现金或等价物的金额。
  - 法规依据
    - 财政部2014年修订的《企业会计准则——基本准则》第四十二条
      - 资产按照购置时支付的现金或者现金等价物的金额，或者按照购置资产时所付出的对价的公允价值计量。
      - 负债按照因承担现时义务而实际收到的款项或者资产的金额，或者承担现时义务的合同金额，或者按照日常活动中为偿还负债预期需要支付的现金或者现金等价物的金额计量。
  - 估价要点
    - 海关审价中价格确认的基础为历史成本。
      - 《审价办法》对成交价格定义：卖方向中华人民共和国境内销售该货物时买方为进口该货物向卖方实付、应付的，并且按照本章第三节的规定调整后的价款总额，包括直接支付的价款和间接支付的价款。
        - 销售时实付、应付的价款总额
        - 包括直接支付和简介支付的价款
          - 完整、准确地反映了实际成本

第七节 配比原则

- 配比原则
  - 定义
    - 指会计期间某个会计对象所取得的收入应与为取得该收入所发生的费用、成本相匹配，以正确计算对应的净损益。
    - 该原则作为“利润表现”会计核算理念下的核算原则
      - 利润表现：要求会计政策制定者在会计制度制定中，首先考虑与某类交易相关的收入和费用的直接确认和计量，“资产负债表”只是为了确认与合理计量收益的跨期分摊配比中介，附属于“利润表”。

配比原则

- 法规依据
  - 《企业会计制度》（财会〔2000〕25 号）第十一条第九项
    - 企业在进行会计核算时，收入与其成本、费用应当相互配比，同一会计期间内的各项收入和与其相关的成本、费用，应当在该会计期间内确认。
  - 财政部 2014 年修订的《企业会计准则——基本准则》无明确的配比原则表述。
    - 《企业会计准则——基本准则》第三十五条
      - 企业为生产产品、提供劳务等发生的可归属于产品成本、劳务成本等的费用，应当在确认产品销售收入、劳务收入等时，将已销售产品、已提供劳务的成本等计入当期损益。
      - 企业发生的支出不产生经济利益的，或者即使能够产生经济利益但不符合或者不再符合资产确认条件的，应当在发生时确认为费用，计入当期损益。
      - 企业发生的交易或者事项导致其承担了一项负债而又不确认为一项资产的，应当在发生时确认为费用，计入当期损益。

可归属对象的成本与其收入应当实行配比原则，对不产生经济利益的资产和不能确认资产的费用支出，不再要求执行配比原则。

- 配比原则作为利润表观会计核算理念下的核算原则不能满足上述变化。如果企业发生生产活动以外的收益时，其利润无法配比核算，从而失去会计信息的可靠性。
- 近年来中国企业已经从单一的生产经营活动方式获取利润发展到通过投资资本、金融工具等方式多元化获取利润，以往的利润表观核算模式已无法满足企业会计信息核算的要求。

新《会计准则》的会计核算理念由利润表观向资产负债表观转变。

- 配比原则
  - 估价要点
    - 成交价格法对应的调增项目
      - 《审价办法》第七条：进口货物的成交价格，是指卖方向中华人民共和国境内销售该货物时买方为该货物向卖方实付、应付的，并且按照本章第三节的规定调整后的价款总额，包括直接支付的价款和间接支付的价款。
        - 实付＋应付
        - 直接支付＋间接支付
          - 直接成本与间接成本均为取得进口货物所有权的配比对价。
    - 《审价办法》第十一条：以成交价格为基础审查确定进口货物的完税价格时，未包括在该货物实付、应付价格中的下列费用或者价值应当计入完税价格：
      - 由买方负担的费用
        - 除购货佣金以外的佣金和经纪费。
        - 与该货物视为一体的容器费用。
        - 包装材料费用和包装劳务费用。
      - 协助
        - 与进口货物的生产和向中华人民共和国境内销售有关的，由买方以免费或者以低于成本的方式提供，并且可以按适当比例分摊的下列货物或者服务的价值。
          - 进口货物包含的材料、部件、零件和类似货物。
          - 在生产进口货物过程中使用的工具、模具和类似货物。
          - 在生产进口货物过程中消耗的材料。
          - 在境外进行的为生产进口货物所需的工程设计、技术研发、工艺及制图等相关服务。
      - 特许权使用费
        - 买方需向卖方或者有关方直接或者间接支付的特许权使用费。
      - 转售收益
        - 卖方直接或者间接从买方对该货物进口后销售、处置或者使用所得中获得的收益。

第八节　利润和一般费用

- 利润和一般费用
  - 概述
    - 利润——指出售商品的收入扣除成本和缴纳税金后的纯收入，通常也称为收益。
    - 一般费用——指与一定期间的销售产品、提供劳务或其他主要业务活动的收入相联系的支出以及耗用的资产，或承担的债务。
    - 毛利——即商品销售活动实现的不含税的收入剔除其不含税成本的差额。此“税”特指国内的增值税，因增值税是价外列支项目。销售毛利率是毛利占销售收入的百分比。基本公式：毛利 = 不含增值税销售收入 - 不含增值税采购价格，毛利率 =（不含增值税销售收入 - 不含增值税采购价格）/ 不含增值税销售价格 ×100%。

利润和一般费用

估价要点

- 商业惯例表明，由于受到行业中各企业自身经营能力、特征、企业文化、管理能力等差异的影响，各企业的个体差异显著。所以，对于任何级别或种类货物的利润及一般费用只能规定一定幅度的百分比。
- 在海关估价中，对于利润和一般费用的认定，应充分考虑到商业的实际情况，应最大限度地将该指标确定在一个合理的范围内。应当考虑三个方面的因素：
  - 应当把利润和一般费用视为一个整体。避免出现货物在销售过程中利润和一般费用比例不均等情况，从而使得相关的扣除更为合理。开展分析时，不能仅仅因企业的利润水平偏低，就推断数据不合理，或者不予采用，而应把利润和费用作为一个整体进行考虑。这也是通常将毛利作为一个替代指标进行考量的原因。
  - 应以有关进口商的利润和一般费用为基准。通常情况下，应首先考量该进口商在运营进口产品中的利润和一般费用水平。因在考虑行业因素时，多数可以采集的数据来源于经营国内产品的企业，但海关估价主要考量的进口产品与国产产品在商业中必然存在一定的差异性，除非进口商自身的商业行为决定无法以其利润和费用数据作为分析。
  - 应当包含与销售有关货物的直接或间接支出。由于企业在实践中经营的产品种类较多，单一经营进口某类产品的情况较少，在此情况下，在考量企业的费用和利润时应注重区分不同产品种类各自的利润和费用。一般情况下，不能使用其他产品的利润和费用来评估被估进口货物的相应数据。

- 利润和一般费用
  - 《WTO估价协定》第五条
    - 第一款
      - （a）如进口货物或相同或类似进口货物在进口国按进口时的状态销售，则根据本条的规定，进口货物的完税价格应依据与被估价货物的进口同时或大约同时售予与销售此类货物无特殊关系买方的最大总量的进口货物或相同或类似进口货物的单位价格确定，但需扣除下列内容：（i）与在进口国销售同级别或同种类货物有关的通常支付或同意支付的佣金，或通常作为利润和一般费用的附加额；（ii）运输和保险的通常费用及在进口国内发生的相关费用；（iii）在适当时，第八条第二款所指的成本和费用；以及（iv）在进口国因进口或销售货物而应付的关税和其他国内税。
      - （b）如进口货物或相同或类似进口货物均未在与被估价货物进口的同时或大约同时销售，则完税价格除需遵守第一款（a）项的规定外，应依据进口货物或相同或类似进口货物在被估价货物进口后的最早日期，但在该项进口起90天期满前，在进口国以进口时的状态销售的单位价格确定。
    - 第二款
      - 如进口货物或相同或类似进口货物均非以进口时的状态在进口国销售，则在进口商请求下，完税价格应依据进口货物经进一步加工后售予与销售此类货物无特殊关系的进口国中买方的最大总量的单位价格确定，同时应考虑加工后的增值部分和第一款（a）项规定的扣除内容。

- 利润和一般费用
  - 利润和费用的法律规定
    - 《关税条例》第二十二条
      - 按照本条例第二十一条第一款第（三）项规定估定完税价格，应当扣除的项目是指：（一）同等级或者同种类货物在中华人民共和国境内第一级销售环节销售时通常的利润和一般费用以及通常支付的佣金；（二）进口货物运抵境内输入地点起卸后的运输及其相关费用、保险费；（三）进口关税及国内税收。
    - 《审价办法》第二十四条
      - 按照倒扣价格估价方法审查确定进口货物完税价格的，下列各项应当扣除：（一）同等级或者同种类货物在境内第一销售环节销售时，通常的利润和一般费用（包括直接费用和间接费用）以及通常支付的佣金；（二）货物运抵境内输入地点起卸后的运输及其相关费用、保险费；（三）进口关税、进口环节海关代征税及其他国内税。
      - 如果该货物、相同或者类似货物没有按照进口时的状态在境内销售，应纳税义务人要求，可以在符合本办法第二十三条规定的其他条件的情形下，使用经进一步加工后的货物的销售价格审查确定完税价格，但是应当同时扣除加工增值额。前款所述的加工增值额应当依据与加工成本有关的客观量化数据资料、该行业公认的标准、计算方法及其他的行业惯例计算。按照本条的规定确定扣除的项目时，应当使用与国内公认的会计原则相一致的原则和方法。

第二部分

海关审价

第七章

关联交易海关审价

- 关联交易海关审价
  - 中国海关审价原则
  - 法律依据
  - 中国海关转让定价审核
    - 明确买卖双方的关系
    - 如存在特殊关系，海关需开展的三项审查
  - 海关估价顺序
    - WTO 关于估价顺序的规定
    - 中国海关估价顺序法律规范
  - 相同或类似货物估价方法
    - 概述
    - 估价要点
    - WTO 关于相同或类似货物成交价格估价方法的规定
    - 中国海关关于相同或类似货物成交价格估价方法的法律规范
  - 倒扣价格估价方法
    - 概述
    - 估价要点
    - 《WTO 估价协定》对该估价方法的规定
    - WCO 海关估价技术委员会解释性说明对该估价方法的规定
    - 《WTO 估价协定》一般介绍性说明对该估价方法的规定
    - WCO 海关估价技术委员会咨询性意见对该估价方法的规定
    - WCO 海关估价技术委员会评论对该估价方法的规定
    - 中国海关关于倒扣价格估价方法的法律规范

- 关联交易海关审价
  - 计算价格估价方法
    - 概述
    - 估价要点
    - 《WTO 估价协定》对该估价方法的规定
    - 《WTO 估价协定》一般介绍性说明对该估价方法的规定
    - WCO 海关估价委员会解释性说明对该估价方法的规定
    - 中国海关关于计算价格估价方法的法律规范
  - 计算价格和倒扣价格的颠倒
    - 概念和要点
    - 《WTO 估价协定》一般介绍性说明对颠倒估价次序的规定
    - WCO 海关估价技术委员会解释性说明对颠倒估价次序的规定
    - 《WTO 估价协定》附件 3 对颠倒估价次序的规定
    - 中国海关关于计算价格和倒扣价格颠倒的法律规范
  - 合理方法
    - 定义
    - 海关估价的限制性条款
    - 禁止使用方法的分析
    - 估价要点
    - 《WTO 估价协定》对该估价方法的规定
    - 《WTO 估价协定》一般介绍性说明对该估价方法的规定
    - WCO 海关估价技术委员会解释性说明对该估价方法的规定
    - WCO 海关估价技术委员会咨询性意见对该估价方法的规定
    - 《WTO 估价协定》对“禁止的估价方法”的规定
    - 中国海关关于合理方法的法律规范

关联交易海关审价整体思维导图

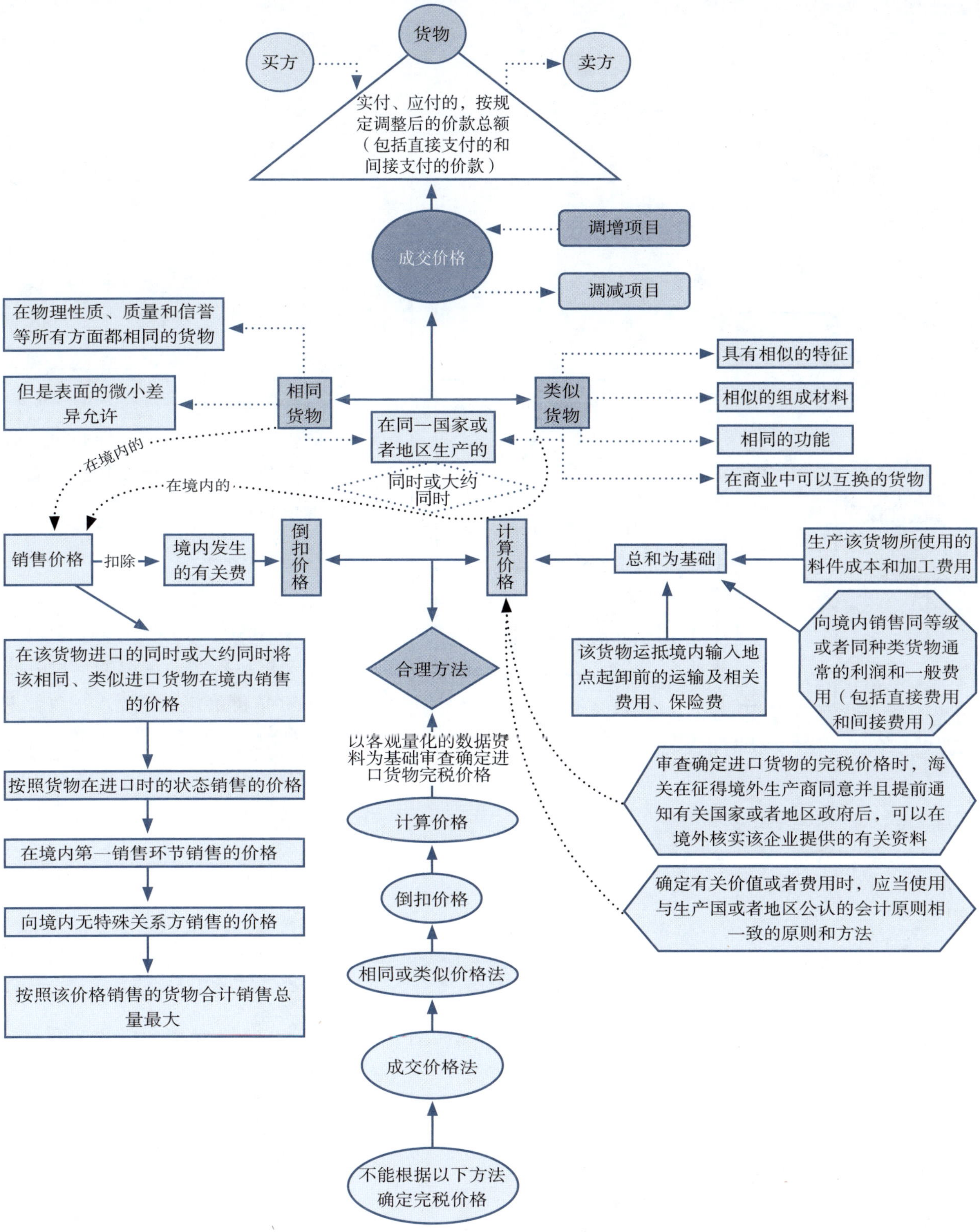

第一节　中国海关审价原则

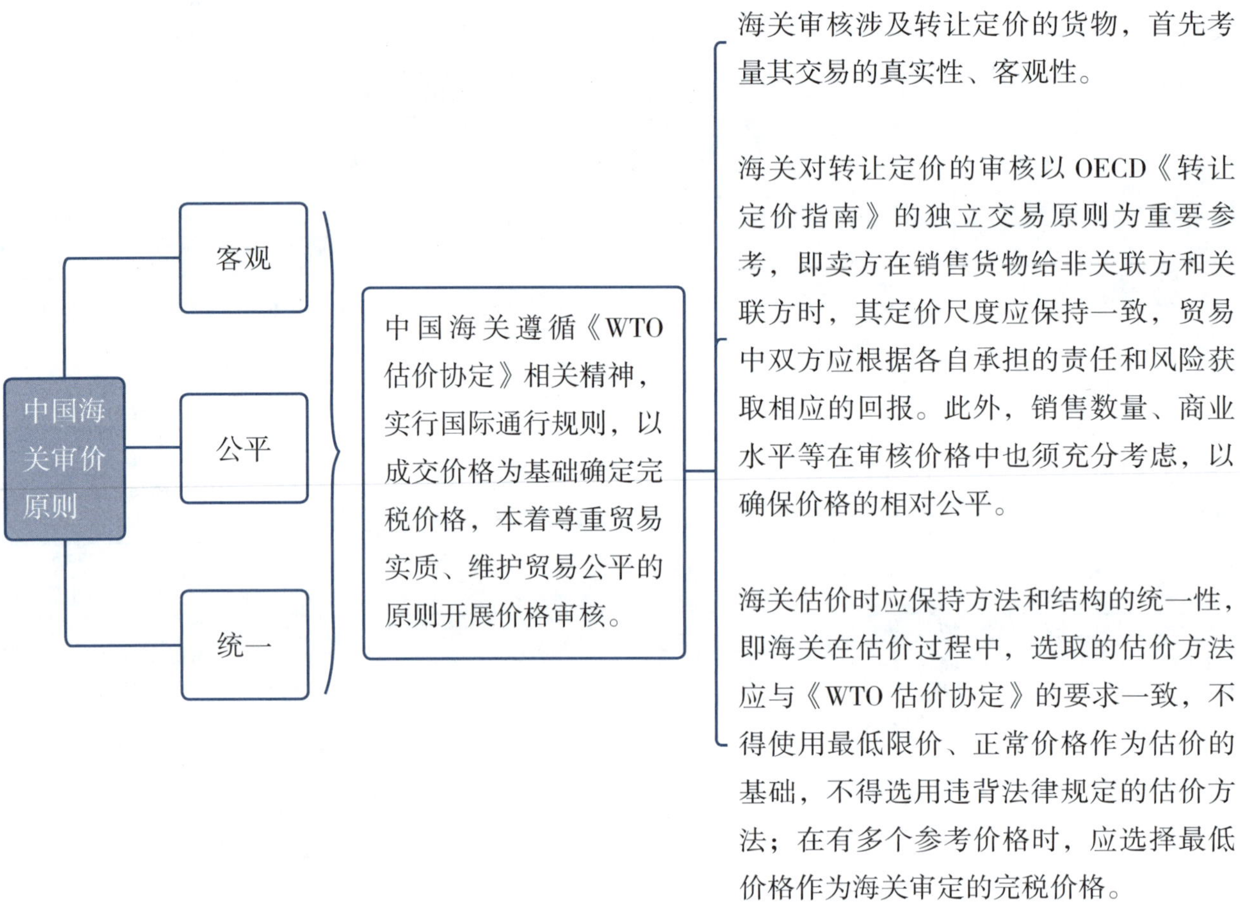

第二节　中国海关审价法律依据

- 法律依据
  - 中国海关审价工作的主要法律依据
    - 《中华人民共和国海关法》
    - 《关税条例》
    - 《审价办法》

第三节　中国海关转让定价审核

- 中国海关转让定价审核[1]
  - 明确买卖双方关系
    - 海关审核转让定价的合理性时，首先应根据《审价办法》第十六条，确认买卖双方是否存在特殊关系。
  - 如买卖双方存在特殊关系，海关需对其交易价格进行三方面的审核
    - 申报价格是否符合
      - 成交价格定义
        - 根据《审价办法》第七条，进口货物的成交价格，是指卖方向中华人民共和国境内销售该货物时买方为进口该货物向卖方实付、应付的，并且按照本章第三节的规定调整后的价款总额，包括直接支付的价款和间接支付的价款。
      - 成交价格条件
        - 根据《审价办法》第八条，进口货物的成交价格应当符合下列条件：（一）对买方处置或者使用进口货物不予限制，但是法律、行政法规规定实施的限制、对货物销售地域的限制和对货物价格无实质性影响的限制除外；（二）进口货物的价格不得受到使该货物成交价格无法确定的条件或者因素的影响；（三）卖方不得直接或者间接获得因买方销售、处置或者使用进口货物而产生的任何收益，或者虽然有收益但是能够按照本办法第十一条第一款第四项的规定做出调整；（四）买卖双方之间没有特殊关系，或者虽然有特殊关系但是按照本办法第十七条、第十八条的规定未对成交价格产生影响。

① 需注意的是，转让定价是从企业整体盈利角度考虑的，确定单票进口货物价格时存在很大的不确定性。因此，海关在审核每票进口货物的价格时，应将转让定价方法作为工具、依据，还原转化每票货物的进口价格，再依法运用相应方法实施估价。

海关审核重点包括

- 货物的使用和处置不受限制，如关联企业在销售货物时规定，货物只能加工后销售给卖方或指定第三方，那么该货物进口价格不能作为成交价格。
- 成交价格不应受到影响，如关联企业在销售货物时要求进口商同时向第三方销售其他货物，则进口价格也不能作为成交价格。
- 进口价格未包含应税费用，如佣金、协助费、特许权使用费、转售收益等，进口商又无法客观量化上述费用，则进口价格不满足成交价格的定义。
- 进口价格满足成交价格的定义，但还存在佣金、协助费、特许权使用费、转售收益等未计入的可客观量化费用，必须将上述费用调整计入完税价格。

中国海关转让定价审核

如买卖双方存在特殊关系，海关需对其交易价格进行三方面的审核。

测试价格审核

海关给予进口商机会证明其申报价格的合理性，主要通过测试价格的方式。

《审价办法》第十七条：买卖双方之间存在特殊关系，但是纳税义务人能证明其成交价格与同时或者大约同时发生的下列任何一款价格相近的，应当视为特殊关系未对进口货物的成交价格产生影响：（一）向境内无特殊关系的买方出售的相同或者类似进口货物的成交价格；（二）按照本办法第二十三条的规定所确定的相同或者类似进口货物的完税价格；（三）按照本办法第二十五条的规定所确定的相同或者类似进口货物的完税价格。海关在使用上述价格进行比较时，应当考虑商业水平和进口数量的不同，以及买卖双方有无特殊关系造成的费用差异。

当进口货物存在相同或类似货物时，测试价格是证明转让定价合理性的有效工具，一旦进口货物被进口商垄断无可比货物，企业就难以证明其价格的合理性。

- 中国海关转让定价审核
  - 如买卖双方存在特殊关系，海关需对其交易价格进行三方面的审核。
    - 销售外部环境审核
      - 如果有证据表明特殊关系双方交易的销售环境区别于行业的普遍做法，或者违反了独立交易原则的，则可以认为特殊关系影响了进口货物的成交价格。
      - 外部环境审核
        - 买卖双方是如何组织他们之间的商业关系的。
        - 买卖双方是如何达成成交价格的，其定价政策是否符合所处行业的定价惯例。
        - 卖方在买卖双方有特殊关系时所采用的定价政策与销售给与其无特殊关系的买方时是否一致，如有差异是否对成交价格有影响。
        - 进口货物的成交价格是否已充分反映了有关货物的成本、费用和利润等。如证明价格足以收回全部成本加利润，该利润代表该公司在一段代表时期内（如按年度计算）销售同级别或同种类货物所实现的总利润，则可表明该价格未受影响。

第四节　海关估价顺序

- 海关估价顺序
  - 《WTO估价协定》关于估价顺序的规定
    - 各成员海关估价时应使用——成交价格方法、相同货物成交价格方法、类似货物成交价格方法、倒扣价格方法、计算价格方法、合理方法。
    - 应依次使用上述六种估价方法，只有在上位估价方法不能使用时，海关才能选择下位估价方法对进口货物实施估价。
    - 只有在进口货物没有成交价格时，海关才能使用相同货物成交价格方法进行估价。
    - 在应用相同货物成交价格方法、类似货物成交价格方法、倒扣价格方法或计算价格方法估定进口货物完税价格时，应当依次使用，不得随意颠倒。
    - 进口商可以选择倒扣价格法和计算价格方法的运用顺序，但必须书面提出要求。

- 海关估价顺序
  - 《WTO估价协定》关于估价顺序的规定
    - 成本加成法
      - 《WTO估价协定》一般介绍性说明对于估价顺序的规定
        - 本协定项下完税价格的首要依据是第一条所定义的“成交价格”。第一条应与第八条一起理解，第八条特别规定，如被视为构成完税价格组成部分的某些特定要素由买方负担，但未包括在进口货物的实付或应付价格中，则应对实付或应付价格做出调整。第八条还规定，在成交价格中应包括以特定货物或服务的形式而非以货币的形式由买方转给卖方的某些因素。第二条至第七条规定了在根据第一条的规定不能确定完税价格时，确定完税价格的方法。
        - 如根据第一条的规定不能确定完税价格，则在海关和进口商之间通常应进行磋商，以期根据第二条或第三条的规定得到确定价格的依据。例如，可能发生的情况是，一方面，进口商可能掌握关于相同或类似进口货物完税价格的信息，而进口港的海关却不能立即获得此类信息。另一方面，海关可能掌握相同或类似进口货物完税价格的信息，而进口商却不能轻易获得此类信息。双方之间的磋商过程在遵守商业机密的要求前提下，可使信息得到交流，以期确定海关估价的适当依据。
        - 第五条和第六条规定了在不能依据进口货物、相同或类似进口货物的成交价格确定完税价格时用以确定完税价格的两个依据。根据第五条第一款的规定，完税价格根据货物以进口时的状态向进口国中无特殊关系的买方销售的价格确定。如进口商提出请求，进口商还有权要求对进口后经进一步加工的货物根据第五条的规定进行估价。根据第六条的规定，完税价格根据计算价格确定。这两种方法都会带来某些困难，因此，应根据第四条的规定给予进口商选择这两种方法适用顺序的权利。
        - 第七条列出了在不能根据前述各条的规定确定完税价格时，如何确定完税价格的方法。

- 海关估价顺序
  - 《WTO估价协定》关于估价顺序的规定
    - 成本加成法
      - 《WTO估价协定》解释性说明对估价顺序的规定
        - 第一条至第七条规定了如何根据本协定的规定确定进口货物的完税价格。估价方法按适用的顺序列出。第一条规定了海关估价的首要方法，只要满足该条规定的条件，即依照该条的规定对进口货物进行估价。
        - 如不能根据第一条的规定确定完税价格，则应按顺序使用随后各条中最先能够确定完税价格的条款确定完税价格。除第四条规定外，只有在完税价格无法根据某一条款确定时，方可按顺序使用下一条款的规定。
        - 如进口商未请求颠倒第五条和第六条的顺序，则应遵循正常顺序。如进口商虽提出此种请求，但随后证明不能根据第六条的规定确定完税价格，而根据第五条能够确定完税价格，则应根据该条的规定予以确定。
        - 如完税价格无法根据第一条至第六条的规定确定，则应根据第七条的规定确定。
      - 《WTO估价协定》附件3对估价顺序的规定
        - 认为本协定第四条关于应进口商请求颠倒顺序的规定可能带来真正困难的发展中国家，可能希望按下列条件对第四条提出保留：“……政府保留做出如下规定的权利：只有在海关同意关于颠倒第五条和第六条顺序的请求时，本协定第四条的有关规定方可适用。”如发展中国家提出此种保留，各成员应根据本协定第二十一条的规定予以同意。

- 海关估价顺序
  - 中国海关估价顺序法律规范
    - 《关税条例》第二十一条
      - 进口货物的成交价格不符合本条例第十八条第三款规定条件的，或者成交价格不能确定的，海关经了解有关情况，并与纳税义务人进行价格磋商后，依次以下列价格估定该货物的完税价格：（一）与该货物同时或者大约同时向中华人民共和国境内销售的相同货物的成交价格；（二）与该货物同时或者大约同时向中华人民共和国境内销售的类似货物的成交价格；（三）与该货物进口的同时或者大约同时，将该进口货物、相同或者类似进口货物在第一级销售环节售给无特殊关系买方最大销售总量的单位价格，但应当扣除本条例第二十二条规定的项目；（四）按照下列各项总和计算的价格：生产该货物所使用的料件成本和加工费用，向中华人民共和国境内销售同等级或者同种类货物通常的利润和一般费用，该货物运抵境内输入地点起卸前的运输及其相关费用、保险费；（五）以合理方法估定的价格。纳税义务人向海关提供有关资料后，可以提出申请，颠倒前款第（三）项和第（四）项的适用次序。
    - 《审价办法》第六条
      - 进口货物的成交价格不符合本章第二节规定的，或者成交价格不能确定的，海关经了解有关情况，并与纳税义务人进行价格磋商后，依次以下列方法审查确定该货物的完税价格：（一）相同货物成交价格估价方法；（二）类似货物成交价格估价方法；（三）倒扣价格估价方法；（四）计算价格估价方法；（五）合理方法。纳税义务人向海关提供有关资料后，可以提出申请，颠倒前款第（三）项和第（四）项的适用次序。

第五节 相同或类似货物估价方法

- 相同或类似货物估价方法
  - 概述
    - 当成交价格方法不成立时，海关将使用相同或类似货物成交价格方法估价
      - 相同货物，是指在所有方面都相同的货物，包括物理特性、质量和信誉。表面上的微小差别并不影响在其他方面符合定义的货物被视为相同货物。
      - 类似货物，指虽然不是在所有方面都相同，但具有类似特性和类似组成材料，从而能够起到同样效用而且在商业上可以互换的货物，在确定货物是否类似时，考虑的因素应包含该货物的品质、信誉和现有的商标。

相同或类似货物估价方法

- **估价要点**
  - **海关估价的次序**
    - 进口货物的成交价格不符合成交价格条件的，或者成交价格不能确定的，海关经了解有关情况，并与纳税义务人进行价格磋商后，依次以下列五种价格估定该货物的完税价格：与该货物同时或者大约同时向中华人民共和国境内销售的相同货物的成交价格、与该货物同时或者大约同时向中华人民共和国境内销售的类似货物的成交价格、倒扣价格、计算价格、以合理方法估定的价格。因此，相同或类似货物的估价方法，是海关不接受进口商的报价后首先应采用的两种估价方法。
  - **相同或类似货物估价方法的要求**
    - 当海关使用相同或类似货物成交价格方法估价时，应当使用与该货物相同商业水平且进口数量基本一致的相同或类似货物的成交价格，并且应当以客观量化的数据资料对该货物与相同或类似货物之间由于运输距离和运输方式不同而在成本和其他费用方面产生的差异进行调整。因此，海关估价使用的相同或类似货物应是相同商业水平和大致相同的数量，如果没有相同商业水平和大致相同的数量，可以采用以不同商业水平和不同数量销售的相同或类似的进口货物，但需根据客观量化的数据资料对因商业水平、数量、运输距离和方式等因素的不同所产生的价格差异进行调整。
    - 商业水平是指买卖双方在销售环节中所处的位置。从商品最初生产到最终消费之间存在如下环节：生产商、批发商、零售商、消费者，商品向下一环节移动时，其交易价格通常包括上一环节收取的对应利润，因此通常情况下消费者的购买价格应是最高的。如果出口商在销售时并不考虑商业水平，即不区分购买者的级别，则商业水平不应成为影响价格的因素。
    - 在贸易实践中，当购买方一次性或累计购买的数量较大时，往往可从卖方得到一定的折扣。因此，在使用相同或类似货物估价方法时应考虑数量水平的影响。但是，数量水平的影响应基于客观事实。例如卖方提供的销售价格表列明了购买数量与折扣的对应关系。如果卖方根据其销售价格表的承诺进行销售，而买方也享受到了对应的折扣，海关则应将上述折扣政策作为数量水平对相同或类似货物价格产生影响的直接证据，并在使用相同或类似货物估价方法时对此做出相应的调整。如果海关未能掌握关于数量水平的相关情况，而进口商也不能提供出直接证据，那么单纯的数量差异不应视为数量水平对相同或类似货物价格产生影响。

- 相同或类似货物估价方法
  - 估价要点
    - 价格调整项目与相同或类似货物估价方法的关系
      - 根据《WTO估价协定》，第一条成交价格方法与第八条价格调整项目属于合并使用的关系，即只有当海关使用成交价格方法时才能使用第八条价格调整项目。当海关不接受进口商的成交价格，使用相同或类似货物估价方法估价时，选取的相同或类似货物价格是海关曾接受过的价格，其中已经涵盖了海关根据第八条价格调整项目对过去的申报做出的调整。因此，海关在使用相同或类似货物估价方法时无须再考虑被估货物的价格调整项目。
      - 在海关使用相同或类似货物估价方法时，如果同时存在两个或更多的价格（已被海关审核接受的成交价格）时，海关应选择最低的价格作为相同或类似货物成交价格方法估价的基础，以最大限度地保护纳税义务人的利益。
    - 价格磋商的目的与作用
      - 根据《WTO估价协定》第二条和第三条，当海关在使用相同或类似货物价格方法估价时，如果有一个以上的成交价格，则应使用最低的成交价格确定进口货物的完税价格。同时根据《WTO估价协定》一般介绍性说明第二款，“海关和进口商之间通常应进行磋商，以期根据第二条或第三条的规定得到确定价格的依据”。因此，“双方之间的磋商过程在遵守商业机密的要求前提下，可使信息得到交流，以期确定海关估价的适当依据”。综上所述，价格磋商的目标不是达成一个海关与进口商都可接受的价格，而是交换彼此掌握的价格信息，以根据海关曾经接受过的最低的相同或类似货物价格，确定被估货物的完税价格。
      - 根据《WTO估价协定》一般介绍性说明第二款，“海关和进口商之间通常应进行磋商，以期根据第二条或第三条的规定得到确定价格的依据”。因此，当海关准备采用相同货物或类似货物成交价格方法进行估价时，为了获得适用的相同货物的成交价格或类似货物的成交价格，应与进口商进行磋商。开展价格磋商的作用是因为进口商可能了解有关相同或类似进口货物完税价格的资料，而进口地海关可能没有及时获得有关资料；相反，海关可能了解掌握该种资料，而进口商可能没有掌握该种资料。在无损商业秘密的条件下，双方的磋商将有助于彼此信息的交流，避免海关武断估价，更加有利于保护进口商的合法权益。

- WTO/WCO 关于相同或类似货物估价方法的规定
  - 《WTO 估价协定》
    - 第二条
      - 第一款，（a）如进口货物的完税价格不能根据第一条的规定确定，则完税价格应为与被估价货物同时或大约同时出口销售至相同进口国的相同货物的成交价格；（b）在适用本条时，应使用以与被估价货物相同的商业水平销售的、数量实质上相同的相同货物的成交价格确定完税价格。如不能认定此种销售，则应使用以不同商业水平销售的和 / 或数量不同的相同货物的成交价格，并应对可归因于不同商业水平和 / 或不同数量的差异做出调整，只要此类调整能够依据清楚地确定调整的合理性和准确性的明确证据做出，而无论调整是否导致价格的提高或降低。
      - 第二款，如成交价格包括第八条第二款所指的成本和费用，则应做出调整，以考虑进口货物与所涉相同货物之间由于距离和运输方式的不同而在此类成本和费用方面产生的巨大差异。
      - 第三款，在适用本条时，如可认定相同货物具有一个以上的成交价格，则应使用最低的成交价格确定进口货物的完税价格。
    - 第十五条
      - 第二款，在本协定中：（a）“相同货物”指在所有方面都相同的货物，包括物理特性、质量和声誉。外观上的微小差别不妨碍在其他方面符合定义的货物被视为相同货物；（b）“类似货物”指虽然不是在所有方面都相同，但具有相似的特性、相似的组成材料，从而使其具有相同功能，在商业上可以互换的货物。在确定货物是否类似时，待考虑的因素包括货物的质量、声誉和商标的存在等；（c）“相同货物”和“类似货物”两词不包括（视情况而定）包含或反映工程、开发、工艺、设计工作以及计划和规划、且未根据第八条第一款（b）项（ⅳ）目进行调整的货物，因为此类因素均在进口国中进行；（d）除非货物与被估价货物在相同国家生产，否则不应视其为“相同货物”或“类似货物”；（e）只有生产被估价货物的人不生产相同货物或类似货物（视情况而定）时，方可考虑由不同的人生产的货物。

WTO/WCO 关于相同或类似货物估价方法的规定

WCO 海关估价技术委员会解释性说明

根据《WTO 估价协定》一般介绍性说明，“如根据第一条的规定不能确定完税价格，则在海关和进口商之间通常应进行磋商，以期根据第二条或第三条的规定得到确定价格的依据。例如，可能发生的情况是，一方面，进口商可能掌握关于相同或类似进口货物完税价格的信息，而进口港的海关却不能立即获得此类信息。另一方面，海关可能掌握相同或类似进口货物完税价格的信息，而进口商却不能获得此类信息。双方之间的磋商过程在遵守商业机密的要求前提下，可使信息得到交流，以期确定海关估价的适当依据。”

根据《WTO 估价协定》关于第二条的注释，“1. 在适用第二条时，海关只要可能即应使用与被估价货物相同的商业水平销售的、数量实质相同的相同货物的销售。如不能认定此种销售，则可使用在下列三条件中任何一条件下发生的相同货物的销售：（a）相同商业水平但数量不同的销售；（b）不同商业水平但数量实质上相同的销售；或（c）不同商业水平和数量不同的销售。2. 在认定根据三条件中任何一条件下的销售后，应视情况对下列因素做出调整：（a）仅对数量因素；（b）仅对商业水平因素；或（c）商业水平和数量因素。3.‘和 / 或’的措辞允许在上述三条件中任何一条件下在使用销售和做出必要调整方面可以有灵活性。4. 就第二条而言，相同进口货物的成交价格指按第一款（b）项和第二款的规定做出调整的、已根据第一条接受的完税价格。5. 由于不同商业水平或不同数量而做出调整的一个条件是：无论此种调整导致价格提高还是降低，只能依据能清楚地确定调整的合理性和准确性的明确证据做出，例如包含涉及不同商业水平或不同数量价格的有效价格清单。”

WTO/WCO关于相同或类似货物估价方法的规定

WCO海关估价技术委员会解释性说明

根据《WTO估价协定》关于第三条的注释，“1. 在适用第三条时，海关只要可能即应使用与被估价货物相同的商业水平销售的、数量实质相同的类似货物的销售。如不能认定此种销售，则可使用下列三条件中任何一条件下发生的类似货物的销售：（a）相同商业水平但数量不同的销售；（b）不同商业水平但数量实质相同的销售；或（c）不同商业水平和数量不同的销售。2. 在认定三条件中任何一条件下的销售后，应视情况对下列因素做出调整：（a）仅对数量因素；（b）仅对商业水平因素；或（c）商业水平和数量因素。3.‘和 / 或’的措辞允许在上述三条件中任何一条件下使用销售和做出必要调整方面可以有灵活性。4. 就第三条而言，类似进口货物的成交价格指按第一款（b）项和第二款的规定做出调整的、已根据第一条接受的完税价格。5. 由于不同商业水平或不同数量而做出调整的一个条件是：无论此种调整导致价格提高还是降低，只能依据清楚地确定调整的合理性和准确性的明确证据做出调整，例如包含涉及不同商业水平或不同数量价格的有效价格清单。”

WTO/WCO关于相同或类似货物估价方法的规定 — WCO海关估价技术委员会评论

根据《WTO 估价协定》评论 1.1“本协定中的相同或类似货物”：“1. 本评论审议了应用第二条和第三条中有关相同货物和类似货物的背景问题。2. 第十五条确定了有关原则，规定了‘相同货物’是在各方面都相同的货物，包括：（a）物理特征；（b）质量；和（c）信誉。外观上的微小差别不妨碍在其他方面符合定义的货物被视为相同货物。3. ‘类似货物’虽为不在所有方面都相同的货物，但具有（a）类似特征；和（b）类似组成材料；从而能够（c）具有相同功能；和（d）在商业上互换。在确定货物是否类似时，待考虑的因素包括货物的质量、声誉和商标的存在等。4. 第十五条还规定，只有与被估货物在同一国家生产的货物才能被考虑与被估货物相同或类似。所以该条款规定，只有生产被估价货物的人不生产相同货物或类似货物时，方可考虑由不同的人生产的货物。该条款进一步规定，‘相同货物’或‘类似货物’不包括那种合并了或反映了在进口国所从事的工程、开发工艺、设计、规划和图表等项目的货物。5. 在考虑运用上述原则之前，对相同货物和类似货物的确定在应用第二条和第三条中的有关背景问题进行审议是有益的。相对于第一条适用于绝大部分进口货物，第二条、第三条则运用较少。当运用第二条或第三条时，可能需要在海关和进口商之间进行磋商，以便按其中一条规定取得某一价格。这些磋商连同从其他方面获取的资料应能使海关确定什么样的货物可以考虑作为本协定所指的相同货物或类似货物。显而易见，在很多情况下答案是不言自明的，不需要进行市场调查或与进口商进行磋商。6. 第十五条中的原则必须以有关市场上被比较货物的具体事实为基础加以运用。在确定过程中，可能出现的问题将因被比较货物的性质以及不同的市场条件而各异。需要根据第十五条规定的原则，对每种情况中的事实进行仔细的分析，才能做出适当的决定。”

WTO/WCO关于相同或类似货物估价方法的规定

WCO海关估价技术委员会评论

根据《WTO估价协定》评论10.1“本协定第一条第二款（b）项、第二条和第三条中因商业水平和数量水平的差异的调整”：“1. 在适用本协定时，第一条第二款（b）项（测试价格）、第二条第一款（b）项（相同货物）和第三条第一款（b）项（类似货物）中如证明商业水平和数量上存在差异时，就须进行相应调整。尽管第一条第二款（b）项与第二条第一款（b）项和第三条第一款（b）项在文字表述上有所不同，但很明显其所包含的原则是一致的：必须考虑因商业水平不同及数量的多少导致的差别，而且应以能清楚地证明其合理性和正确性的证据为基础对差异进行必要的调整。2. 当海关知道一项交易有可能作为第一条第二款（b）项的‘测试价格’或依第二条和第三条的相同或相似货物的成交价格时，海关必须确定交易是否与在被估货物相同的商业水平且大致相同数量的条件下达成的。如商业水平和数量与该项交易的条件相近，则无须对这些因素做调整。3. 然而，如果商业水平与数量上存在差异，则有必要确定价格与价值是否受到这些差异的影响。记住这一点非常重要，即仅仅是商业水平或数量上存在差异本身并不需要进行调整。只有当价格或价值的差异由商业水平或数量上的差异引起时，才需以能清楚地证明其合理性和正确性的证据为基础进行调整。如果不符合这一条件的，则不能进行调整。4. 以下范例说明仅涉及因为不同水平与数量需进行调整的情形，不包括因其他诸如运输距离与运输方式的差别需调整的情形。为第二条和第三条所举的范例，假定进口货物的完税价格不能依第一条确定，而是以先前被接受的相同或类似货物的成交价格为基础确定。5. 以下处理相同货物的范例同样适用类似货物。……16. 在买卖双方有关系的交易中，第一条第二款（b）项规定给予进口商机会证明其价格非常接近该条款的下属条款列出的测试价格中的一个。而且，应对该测试价格在商业水平和数量等方面的适当性进行证明。第一条第二款（b）项中对有关因素进行调整的原则与第二条和第三条中的相应原则是一致的，但是，在第二条和第三条中对相同或类似货物成交价格的调整是为了确定完税价格，而按第一条第二款（b）项对测试价格进行调整，目的是进行比较。……19. 当存在特殊关系问题时，按第一条对货物进行估价，或者依第二条、第三条进行估价，进口商与海关之间，应当进行磋商。经磋商及来自其他渠道的信息必须使海关能够确定是否需进行调整，以及该调整是否能以清楚地证明其合理性和正确性的证据为基础。”

中国海关关于相同或类似货物成交价格的法律规范

- 《关税条例》
  - 根据《关税条例》第二十一条，“进口货物的成交价格不符合本条例第十八条第三款规定条件的，或者成交价格不能确定的，海关经了解有关情况，并与纳税义务人进行价格磋商后，依次以下列价格估定该货物的完税价格：（一）与该货物同时或者大约同时向中华人民共和国境内销售的相同货物的成交价格；（二）与该货物同时或者大约同时向中华人民共和国境内销售的类似货物的成交价格；（三）与该货物进口的同时或者大约同时，将该进口货物、相同或者类似进口货物在第一级销售环节销售给无特殊关系买方最大销售总量的单位价格，但应当扣除本条例第二十二条规定的项目；（四）按照下列各项总和计算的价格：生产该货物所使用的料件成本和加工费用，向中华人民共和国境内销售同等级或者同种类货物通常的利润和一般费用，该货物运抵境内输入地点起卸前的运输及其相关费用、保险费；（五）以合理方法估定的价格。纳税义务人向海关提供有关资料后，可以提出申请，颠倒前款第（三）项和第（四）项的适用次序。”

中国海关关于相同或类似货物成交价格的法律规范

《审价办法》

根据《审价办法》第六条，“进口货物的成交价格不符合本章第二节规定的，或者成交价格不能确定的，海关经了解有关情况，并与纳税义务人进行价格磋商后，依次以下列方法审查确定该货物的完税价格：（一）相同货物成交价格估价方法；（二）类似货物成交价格估价方法；（三）倒扣价格估价方法；（四）计算价格估价方法；（五）合理方法。纳税义务人向海关提供有关资料后，可以提出申请，颠倒前款第三项和第四项的适用次序。”

根据《审价办法》第十九条，“相同货物成交价格估价方法，是指海关以与进口货物同时或者大约同时向中华人民共和国境内销售的相同货物的成交价格为基础，审查确定进口货物的完税价格的估价方法。”

根据《审价办法》第二十条，“类似货物成交价格估价方法，是指海关以与进口货物同时或者大约同时向中华人民共和国境内销售的类似货物的成交价格为基础，审查确定进口货物的完税价格的估价方法。”

根据《审价办法》第二十一条，“按照相同或者类似货物成交价格估价方法的规定审查确定进口货物的完税价格时，应当使用该货物具有相同商业水平且进口数量基本一致的相同或者类似货物的成交价格。使用上述价格时，应当以客观量化的数据资料，对该货物与相同或者类似货物之间由于运输距离和运输方式不同而在成本和其他费用方面产生的差异进行调整。在没有前款所述的相同或者类似货物的成交价格的情况下，可以使用不同商业水平或者不同进口数量的相同或者类似货物的成交价格。使用上述价格时，应当以客观量化的数据资料，对因商业水平、进口数量、运输距离和运输方式不同而在价格、成本和其他费用方面产生的差异做出调整。”

中国海关关于相同或类似货物成交价格的法律规范

- 《审价办法》
  - 根据《审价办法》第二十二条，“按照相同或者类似货物成交价格估价方法审查确定进口货物的完税价格时，应当首先使用同一生产商生产的相同或者类似货物的成交价格。没有同一生产商生产的相同或者类似货物的成交价格的，可以使用同一生产国或者地区其他生产商生产的相同或者类似货物的成交价格。如果有多个相同或者类似货物的成交价格，应当以最低的成交价格为基础审查确定进口货物的完税价格。”
  - 根据《审价办法》第五十一条，“本办法中下列用语的含义：……相同货物，是指与进口货物在同一国家或者地区生产的，在物理性质、质量和信誉等所有方面都相同的货物，但是表面的微小差异允许存在。类似货物，是指与进口货物在同一国家或者地区生产的，虽然不是在所有方面都相同，但是却具有相似的特征，相似的组成材料，相同的功能，并且在商业中可以互换的货物。大约同时，是指海关接受货物申报之日的大约同时，最长不应当超过前后 45 日。……”

第六节　倒扣价格估价方法

倒扣价格估价方法 — 概述

海关估价采用的倒扣价格方法是《WTO 估价协定》规定海关在确定进口货物完税价格时可以依次使用的第四种估价方法。如果成交价格方法和相同或类似货物成交价格估价方法均不能使用，海关将使用倒扣价格方法。海关在使用倒扣价格方法时，应当以被估的进口货物、相同或类似进口货物在境内销售的价格为基础估定完税价格，并扣除在国内发生的相关费用。

倒扣价格估价方法 — 估价要点 — 总体说明

成交价格方法是海关估价最基本的方法，也是最普遍的方法。但在贸易实践中，仍存在大量无法使用成交价格方法进行估价的情况，例如，货物的所有权未发生转让、交易受到限制、存在特殊关系影响成交价格等。此时，海关将使用其他方法进行估价。

倒扣价格估价方法的实质是以境内再销售价格为基础，扣除境内发生的各项税费及利润，并以此为基础进行估价。倒扣价格方法是海关不接受进口商申报的发票价格而采用的一种估价方法。

倒扣价格方法是实践中使用频率较高的估价方法，因为：一是资料的获取难度较低。倒扣价格估价方法是按照进口以后再销售的价格为基础，扣除境内发生的相关费用以后确定完税价格，境内再售价格可以通过进口商的销售发票予以确定，相关费用也可以通过审查该公司的财务记录进行获取；二是价格资料接受审查的难度较低。在其他估价方法下，部分关键资料需要境外卖方公司提供。在实践中，各国海关基本上难以去境外核实资料的真实性和准确性，对于卖方通过进口商转交资料的有效性很难进行审查，这给各国海关估价工作都带来了较大的难度。但在倒扣价格估价方法下，这一问题得到了很好的解决。

海关以符合倒扣条件的货物在境内第一销售环节的销售价格为基础，扣除其中所包含的利润和一般费用。同时，海关与进口商就利润和一般费用的数据开展磋商。进口商委托境内咨询公司就其经营产品的行情进行调查，并获取该行业的平均毛利水平。海关与进口商就该数据的调查方法和公信力进行审查以后，确定该数据的获取方法及样本采集符合公平、公正原则，最终以该数据作为估价的依据。

- 倒扣价格估价方法
  - 估价要点
    - 适用顺序
      - 《WTO 估价协定》规定的估价方法应依次适用，倒扣价格估价方法是第四种方法，必须在前三种方法不适用时，才能使用倒扣价格估价方法。但是关于倒扣价格（第四种估价方法）和计算价格（第五种估价方法）的使用次序存在特殊情况，即当进口人提出申请时，应颠倒使用倒扣价格（第四种估价方法）和计算价格（第五种估价方法）的次序。
      - 根据《WTO 估价协定》关于发展中国家的特殊条款，某些发展中国家认为如果根据进口商的要求颠倒倒扣价格（第四种估价方法）和计算价格（第五种估价方法）的使用次序，可能会给这些发展中国家实施《WTO 估价协定》造成困难。因此，部分发展中国家可以保留暂时不实行《WTO 估价协定》第四条关于应进口商请求颠倒顺序的规定，即在这些国家，进口商没有选择倒扣价格（第四种估价方法）和计算价格（第五种估价方法）使用次序的权利。
      - 中国政府在《中华人民共和国加入世界贸易组织议定书》中，对于上述内容承诺将无保留地全面实施。根据《关税条例》第二十一条的规定“纳税义务人向海关提供有关资料后，可以提出申请，颠倒前款第（三）项和第（四）项的适用次序。”在中国，当进口人提出申请时，海关应颠倒使用倒扣价格（第四种估价方法）和计算价格（第五种估价方法）的次序。
    - 适用条件
      - 海关在使用倒扣价格方法估价时，被选择的销售价格应当同时符合五项条件：（一）是在该货物进口的同时或大约同时，将该货物、相同或类似进口货物在境内销售的价格；（二）是按照货物进口时的状态销售的价格；（三）是在境内第一销售环节销售的价格；（四）是向境内无特殊关系方销售的价格；（五）按照该价格销售的货物合计销售总量最大。

- 倒扣价格估价方法
  - 估价要点
    - 估价时的扣除项目
      - 海关在使用倒扣价格方法估价时，应在境内销售价格的基础上扣除以下三项费用：
        - 同等级或者同种类货物在境内第一销售环节销售时，通常的利润和一般费用（包括直接费用和间接费用）以及通常支付的加额佣金。
        - 货物运抵境内输入地点起卸后的运输及其相关费用、保险费。
        - 进口关税、进口环节海关间运输和代征税及其他国内税。上述三项费用均属于进口后发生的费用，不构成进口货物完税价格的组成部分，因此，应从进口货物的完税价格中予以扣除。

- 倒扣价格估价方法
  - 估价要点
    - 估价时的货物状态
      - 海关在使用倒扣价格方法时，并不要求倒扣的基础必须为进口货物。根据《审价办法》第二十三条，“倒扣价格估价方法是指海关以进口货物、相同或者类似进口货物在境内的销售价格为基础，扣除境内发生的有关费用后，审查确定进口货物完税价格的估价方法。”因此，无论是被估的进口货物、相同或类似进口货物，只要其以原样在国内转售，都可以作为倒扣价格方法的基础。
      - 如果被估的进口货物、相同或类似进口货物没有按照进口时的状态在境内销售，应进口货物收货人的要求，海关可以在符合倒扣价格方法规定的其他条件下，使用经进一步加工后的货物的销售价格估定完税价格。但应扣除加工增值额。
      - 由于使用经进一步加工后的货物的销售价格来估定完税价格的难度较大。因此，海关只有在应进口商要求的情况下，才会使用该方法估价。其中，对于“经进一步加工”没有特别的规定，只要加工增值额或加工成本费可以客观量化，且“经进一步加工”后，该加工后的商品仍独立销售，海关就可以使用倒扣价格方法进行估价。
    - 销售交易选择
      - 根据《审价办法》第二十三条，“销售价格是在境内第一销售环节销售的价格”，使用倒扣价格方法被估货物进口后，由进口商的第一次销售就属于境内第一环节销售。如：货物进口后，进口商将货物销售给批发商，批发商将货物销售给零售商，零售商再将货物销售给最终用户。则“境内第一环节销售”就是指进口商将被估货物销售给批发商的环节。
      - “销售价格是向境内无特殊关系方销售的价格”，此特殊关系不同于审价办法》第十六条所说的特殊关系，即进口商与出口商存在关联关系。倒扣估价方法中的特殊关系是指进口商与境内第一环节的关系，当进口商在国内销售被估货物时，被估货物的购买方不得与进口商存在关联关系。如果被估货物的购买方与进口商存在关联关系，在使用倒扣价格方法时，此次销售的价格就不应予以考虑。如果所有的被估货物都销售给进口商的关联方，且未发现可以使用的相同或类似货物销售价格，海关就不能使用倒扣价格方法，而应使用其他方法进行估价。

WTO/WCO关于倒扣价格估价方法的规定

《WTO估价协定》对倒扣估价方法的规定

第五条

第一款，（a）如进口货物或相同或类似进口货物在进口国按进口时的状态销售，则根据本条的规定，进口货物的完税价格应依据与被估价货物的进口同时或大约同时售予与销售此类货物无特殊关系买方的最大总量的进口货物或相同或类似进口货物的单位价格确定，但需扣除下列内容：（i）与在进口国销售同级别或同种类货物有关的通常支付或同意支付的佣金，或通常作为利润和一般费用的附加额；（ii）运输和保险的通常费用及在进口国内发生的相关费用；（iii）在适当时，第八条第二款所指的成本和费用；以及（iv）在进口国因进口或销售货物而应付的关税和其他国内税。（b）如进口货物或相同或类似进口货物均未在与被估价货物进口的同时或大约同时销售，则完税价格除需遵守第一款（a）项的规定外，应依据进口货物或相同或类似进口货物在被估价货物进口后的最早日期，但在进口起90天期满前，在进口国以进口时的状态销售的单位价格确定。

第二款，如进口货物或相同或类似进口货物均非以进口时的状态在进口国销售，则在进口商请求下，完税价格应依据进口货物经进一步加工后售予与销售此类货物无特殊关系的进口国中买方的最大总量的单位价格确定，同时应考虑加工后的增值部分和第一款（a）项规定的扣除内容。

WTO/WCO关于倒扣价格估价方法的规定 — WCO海关估价技术委员会解释性说明对该估价方法的规定 — 关于第五条的注释

第一款，“售予……最大总量货物的单位价格”的措辞指在发生此类销售的进口后的第一级商业水平，售予与销售此类货物无特殊关系的人的最大总量单位的价格。

第五款，按以上第一款所述，对于在进口国中直接或间接免费或以降低使用成本供应用于进口货物的生产和销售供出口的、第八条第一款（b）项所列任何要素的人的销售，在确定就第五条而言的单位价格时不应予以考虑。

第六款，应注意的是，第五条第一款中所指的“利润和一般费用”应作为一个整体对待。用于此种扣除的数字应依据进口商或代表进口商提供的信息确定，除非进口商提供的数字与在进口国销售同级别或同种类进口货物所获得的数字不一致。如进口商的数字与此类数字不一致，则利润和一般费用的金额可依据除进口商或代表进口商提供的有关信息以外的有关信息确定。

第七款，“一般费用”包括销售所涉货物的直接或间接费用。

第八款，因销售货物而应付的地方税，如未根据第五条第一款（a）项（iv）目的规定予以扣除，则应根据第五条第一款（a）项（i）目的规定予以扣除。

第九款，在根据第五条第一款的规定确定佣金或通常的利润和一般费用时，某些货物是否与其他货物属“同级别或同种类”的问题必须参考所涉及的情况逐案予以确定。应审查包括被估价货物的、能够提供必要信息的进口国中范围最窄的一组或一系列同级别或同种类进口货物的销售情况。就第五条而言，“同级别或同种类货物”既包括自与被估货物相同国家进口的货物也包括自其他国家进口的货物。

WT0/WCO关于倒扣价格估价方法的规定

WCO海关估价技术委员会解释性说明对该估价方法的规定

关于第五条的注释

第十款，就第五条第一款（b）项而言，“最早日期”应为进口货物或相同或类似进口货物的销售数量达到足以确定单位价格的水平的日期。

第十一款，如使用第五条第二款规定的方法，则对进一步加工增值所作的扣除应根据与此项工作费用有关的客观和可量化的数据。公认的行业准则、制法、施工方法及其他行业惯例可构成计算的依据。

第十二款，各方理解，如作为进一步加工的结果，进口货物失去其特性，则第五条第二款中规定的估价方法通常不再适用。但是，一方面，可能出现的情况是，虽然进口货物失去特性，但是通过加工而增加的价格可以在没有不合理困难的情况下准确确定。另一方面，还有可能出现的情况是，虽然进口货物在加工后保持其特性，但在进口国所销售的货物中构成很小的要素，而使这种估价方法的运用不合理。鉴于以上情况，此类情况中的每一种均应逐案考虑。

WTO/WCO关于倒扣价格估价方法的规定

《WTO估价协定》一般介绍性说明对于倒扣价格的规定

一般性介绍说明：第五条和第六条规定了在不能依据进口货物或相同或类似进口货物的成交价格确定完税价格时用以确定完税价格的两个依据。根据第五条第一款，完税价格根据货物以进口时的状态向进口国中无特殊关系的买方销售的价格确定。如进口商提出请求，进口商还有权要求对进口后经进一步加工的货物根据第五条的规定进行估价。根据第六条，完税价格根据计算价格确定。这两种方法都会带来某些困难，因此，应根据第四条的规定给予进口商选择这两种方法适用顺序的权利。

附件3：发展中国家可能希望按下列条件对本协定第五条第二款提出保留："政府做出如下规定的权利：即无论进口商是否提出请求，本协定第五条第二款的规定应依照该款有关注释的规定适用。"如发展中国家提出此种保留，各成员应根据本协定第二十一条的规定予以同意。

WTO/WCO关于倒扣价格估价方法的规定

WCO海关估价技术委员会评论对该估价方法的规定

此评论研究的是在执行第五条第一款时可能遇到的一般性问题。在此方面，对该条款的解释性说明（Interpretative Notes）已给予了一些指导性意见。

一般来讲，按照《WTO估价协定》第五条应用倒扣价格方法时，所遇到的情况可能会各有不同。因此，应用第五条时应针对每一具体案例的情况，采取灵活的处理方法。

在确定销售的最大总量时，首先就会遇到的问题是第五条第一款的应用是否仅局限于进口货物的进口商的进口货物、相同或类似货物的销售，或者该条还允许考虑其他进口商进口的相同或类似货物的销售。

尽管第五条第一款（a）项及其解释性说明并未禁止考虑其他进口商进口的相同或类似货物的销售，但作为一项实际的标准，如果同一进口商销售进口货物、相同或类似货物，就没必要寻找其他进口商的相同或类似货物的销售了。

海关必须决定，按照每一案件中的具体情况，当存在被估进口货物的进口商销售进口的进口货物、或相同或类似货物时，是否还有必要考虑其他进口商的进口相同或类似货物的销售。

另一个问题与第一个问题密切联系，即是否在应用第五条第一款确定货物单价时，在采用进口货物相同或类似货物的销售上有先后的顺序之分。

在实际应用第五条第一款（a）项时，在确定最大总量所对应的单价时，如果已获得进口货物的销售，就没必要再考虑相同或类似货物的销售。当没有进口货物的销售，就要按顺序采用相同或类似货物的销售。

在按照第五条第一款确定单价时，有必要扣除该条款中列明的各个扣减项目。

在运用该条规定时，一些因素有必要进行考虑。其中一个就是确定佣金、利润或一般性费用的金额作为“通常支付或同意支付”。

WTO/WCO关于倒扣价格估价方法的规定

WCO海关估价技术委员会评论对该估价方法的规定

第五条及其解释性说明已经清楚地表明扣减的佣金、利润或一般性费用的金额是在进口国家或地区销售与进口货物同级别或同种类货物时应该获得的。进行此类扣减应依据进口商或代表进口商提供的信息确定，除非这些数字与常规不符。

佣金、利润或一般性费用的金额可能会由于被估货物的商品等级或种类不同而在一个数量范围内变化。这个范围不应过宽或过窄，以便具有可接受性。另外，鉴于这个数量范围内是一个“通常情况下”的数量，因此其应是明显且易于区分的。其他方法也是可能的，比如，采用一个多数的金额（如果存在这个值的话）或者是采用一个简单或加权平均的金额。

另外一个问题就是第五条只规定了扣减佣金、扣减利润或一般性费用，但始终没有明确扣减的标准。处理这一问题，在《WTO 估价协定》的一般介绍性说明中曾指出海关估价应根据商业惯例的简单和公正的标准来确定，扣减佣金正常情况下发生在被估货物进口国的销售中已经或正在依靠代理、委托关系。而利润及一般性费用的扣减正常情况会发生在不含佣金的交易中。

另一个问题是，必须收集和维护即时的数据以反映佣金、利润和一般性费用的金额。

在实际操作中，对不断获取和维护的通常情况下的佣金、利润和一般性费用的金额进行确认似乎并无必要。只要有需求，满足要求的数据便会找到。在许多情况下，实际的应用要求海关考虑各种不同情况，包括生产多种产品的公司、有限数量进口商的小型企业以及存在大量关联关系交易的大型企业等，应依据每一案件的具体情况而定。在这种情况下，海关可能会参考自己的数据记录，这些数据来自贸易组织中的其他进口商、会计公司、政府中主管贸易和财政事务的机构，以及其他可靠的来源。

获取数据的方法可能会由于各国考虑不同而有所差别，但大体可包括调查一些进口过相同等级或同种类货物的进口商。这些进口商可能根据要求提供一些可靠的数据和估价复核的资料。考虑到公司可能不会提供反映某些具体产品的利润和一般性费用的资料，海关可能不得不通过检查能获取充足资料的某一类或某一小范围内的货物的利润或一般性费用的方法来解决。

- WTO/WCO关于倒扣价格估价方法的规定
  - WCO海关估价技术委员会咨询性意见对该估价方法的规定
    - 咨询意见9.1适用倒扣方法时对反倾销关税和抵销关税的处理
      - 对应缴纳反倾销关税或抵销关税的进口货物如需按《WTO估价协定》第五条倒扣方法进行估价时，这些关税是否应从在进口国的销售价格中予以扣除。
      - WCO海关估价技术委员会提出下述意见，在根据倒扣方法确定完税价格时，按第五条第一款（a）项（i）目规定，反倾销关税和抵销关税应作为海关关税和其他国内税予以扣除。

- 中国海关关于倒扣价格估价方法的法律规范
  - 《关税条例》
    - 第二十一条 —— 进口货物的成交价格不符合本条例第十八条第三款规定条件的，或者成交价格不能确定的，海关经了解有关情况，并与纳税义务人进行价格磋商后，依次以下列价格估定该货物的完税价格：（一）与该货物同时或者大约同时向中华人民共和国境内销售的相同货物的成交价格；（二）与该货物同时或者大约同时向中华人民共和国境内销售的类似货物的成交价格；（三）与该货物进口的同时或者大约同时，将该进口货物、相同或者类似进口货物在第一级销售环节销售给无特殊关系买方最大销售总量的单位价格，但应当扣除本条例第二十二条规定的项目；（四）按照下列各项总和计算的价格：生产该货物所使用的料件成本和加工费用，向中华人民共和国境内销售同等级或者同种类货物通常的利润和一般费用，该货物运抵境内输入地点起卸前的运输及其相关费用、保险费；（五）以合理方法估定的价格。纳税义务人向海关提供有关资料后，可以提出申请，颠倒前款第（三）项和第（四）项的适用次序。
    - 第二十二条 —— 按照本条例第二十一条第一款第（三）项规定估定完税价格，应当扣除的项目是指：（一）同等级或者同种类货物在中华人民共和国境内第一级销售环节销售时通常的利润和一般费用以及通常支付的佣金；（二）进口货物运抵境内输入地点起卸后的运输及其相关费用、保险费；（三）进口关税及国内税收。

中国海关关于倒扣价格估价方法的法律规范

- 《审价办法》
  - 第六条 —— 进口货物的成交价格不符合本章第二节规定的，或者成交价格不能确定的，海关经了解有关情况，并与纳税义务人进行价格磋商后，依次以下列方法审查确定该货物的完税价格：（一）相同货物成交价格估价方法；（二）类似货物成交价格估价方法；（三）倒扣价格估价方法；（四）计算价格估价方法；（五）合理方法。纳税义务人向海关提供有关资料后，可以提出申请，颠倒前款第三项和第四项的适用次序。
  - 第二十三条 —— 倒扣价格估价方法，是指海关以进口货物、相同或者类似进口货物在境内的销售价格为基础，扣除境内发生的有关费用后，审查确定进口货物完税价格的估价方法。该销售价格应当同时符合下列条件：（一）是在该货物进口的同时或者大约同时，将该货物、相同或者类似进口货物在境内销售的价格；（二）是按照货物进口时的状态销售的价格；（三）是在境内第一销售环节销售的价格；（四）是向境内无特殊关系方销售的价格；（五）按照该价格销售的货物合计销售总量最大。
  - 第二十四条 —— 按照倒扣价格估价方法审查确定进口货物完税价格的，下列各项应当扣除：（一）同等级或者同种类货物在境内第一销售环节销售时，通常的利润和一般费用（包括直接费用和间接费用）以及通常支付的佣金；（二）货物运抵境内输入地点起卸后的运输及其相关费用、保险费；（三）进口关税、进口环节海关代征税及其他国内税。如果该货物、相同或者类似货物没有按照进口时的状态在境内销售，应纳税义务人要求，可以在符合本办法第二十三条规定的其他条件的情形下，使用经进一步加工后的货物的销售价格审查确定完税价格，但是应当同时扣除加工增值额。前款所述的加工增值额应当依据与加工成本有关的客观量化数据资料、该行业公认的标准、计算方法及其他的行业惯例计算。按照本条的规定确定扣除的项目时，应当使用与国内公认的会计原则相一致的原则和方法。

第七节　计算价格估价方法

- 计算价格估价方法
  - 概念和要点
    - 引言

      某进口商从其境外母公司进口一批货物，海关经过审核，认定其申报的价格受到了母子公司关联关系的影响，而决定不接受其成交价格，采用其他方法进行估价。由于海关与进口商均未找到相同或类似货物的进口记录，且该货物将由进口商自行使用，不再另行出售，海关无法使用相同、类似和倒扣价格方法进行估价。此时，进口商提出，其可要求卖方提供生产该批货物的成本、费用等记录。为此，海关决定使用计算价格方法对其进行估价。通过审核进口商从出口商处获得的有关生产该批货物发生的各项成本、费用和行业通常的利润后，海关确定了其完税价格。上述根据成本、费用和行业通常的利润确定完税价格的方法，就是海关估价中的计算价格方法。以下将从其定义、内容、运用原则、适用范围、中国估价法律法规、WCO文献及 WTO 成员相关规定等方面做一详尽的介绍。

    - 计算价格估价方法的概述

      计算价格估价方法是《WTO 估价协定》规定海关在确定进口货物完税价格时可以依次使用的第五种估价方法。如果成交价格方法、相同 / 类似货物估价方法和倒扣价格方法均不能使用，海关将使用计算价格方法。海关在使用计算价格方法时，以下列三项总和估定进口货物的完税价格：（一）生产该货物所使用的原材料价值和进行装配或其他加工的费用；（二）与向境内出口销售同等级或同种类货物的利润和一般费用相符的利润和一般费用；（三）货物运抵境内输入地点起卸前的运输及相关费用、保险费。

计算价格估价方法 — 概念和要点 — 估价要点

适用顺序

协定规定的估价方法应依次适用。计算价格是第五种方法，必须在前四种方法不适用时，才能使用计算价格。但是关于倒扣价格（第四种估价方法）和计算价格（第五种估价方法）的使用次序存在一个特殊情况，当进口人提出申请时，应颠倒使用倒扣价格（第四种估价方法）和计算价格（第五种估价方法）的次序。根据《WTO 估价协定》关于发展中国家的特殊条款，某些发展中国家认为如果根据进口商的要求颠倒倒扣价格（第四种估价方法）和计算价格（第五种估价方法）的使用次序，可能会给这些发展中国家实施《WTO 估价协定》造成困难。因此，部分发展中国家可以保留暂时不实行《WTO 估价协定》第四条关于应进口商请求颠倒顺序的规定，即在这些国家，进口商没有选择倒扣价格（第四种估价方法）和计算价格（第五种估价方法）使用次序的权利。中国政府在《中华人民共和国加入世界贸易组织议定书》中，对于上述内容承诺将无保留的全面实施，根据《关税条例》的规定“纳税义务人向海关提供有关资料后，可以提出申请，颠倒前款第（三）项和第（四）项的适用次序。”在中国，当进口人提出申请时，海关应颠倒使用倒扣价格（第四种估价方法）和计算价格（第五种估价方法）的次序。

适用条件

根据《WTO 估价协定》关于对计算价格方法的解释性说明，海关在使用计算价格方法时，可以需要审查被估货物的生产成本和需要自进口国外获得其他信息。由于被估货物的生产商不属进口国主管机关管辖，因此《WTO 估价协定》建议，“计算价格方法的使用一般限于买卖双方存在特殊关系，且生产商准备向进口国的主管机关提供必要的成本核算，以及为日后的核查提供条件”。（协定解释性说明，关于第六条的注释第 1 段）如果被估货物的买卖双方仅为普通的贸易关系，在通常情况下，卖方不会同意提供其生产货物的详细成本及利润清单。因此，如果卖方不同意，海关不应强求使用计算价格方法，而应采取其他方法进行估价。

- 计算价格估价方法
  - 概念和要点
    - 估价要点
      - 计算价格与公认会计原则：确定《WTO 估价协定》第六条第一款（a）项和（b）项规定的在生产国发生的成本或价值、费用和利润应使用与生产国 GAAP 相一致的原则和方法。对《WTO 估价协定》第六条第一款（a）项和（b）项在生产国发生的成本或价值、费用和利润的理解应从生产国 GAAP 的角度（特别是成本会计角度）出发。如，第六条第一款（a）项“生产进口货物所使用的原料和制作或其他加工的成本或价值”应指生产进口货物的料、工、费。第六条第一款（b）项“利润额和一般费用，等于通常反映在由出口国生产者制造供向进口国出口的、与被估价货物同级别或同种类的货物的销售中的利润额和一般费用”应指可以分摊到进口货物的期间费用，包括销售费用、财务费用和管理费用。同时，“利润额和一般费用”应符合以下两个条件，（i）向境内出口销售，（ii）同等级或同种类货物。（i）向境内出口销售，是指该“利润额和一般费用”的计算不能根据出口商向本国或其他国家销售的利润和一般费用。由于国际贸易的发展及对全球市场的进一步细分，企业在制定定价策略时会根据不同的国家确定对应的利润和一般费用。因此，使用计算价格时，必须使用出口商向中国境内出口销售的利润和一般费用。（ii）同等级或同种类货物，根据《WTO 估价协定》关于对计算价格方法的解释性说明、同等级或同种类货物必须来自与被估货物相同的生产国家。同时，同等级或同种类货物应与被估货物在商业上可替换，属于完全竞争产品，对消费者的选择、购买没有实质性差异。
      - 计算价格的客观量化要求：使用计算价格时，对《WTO 估价协定》第六条第一款各项目应依据生产商或代表生产商提供的有关被估价货物生产方面的信息予以确定。其中对第六条第一款（a）项所指的“成本或价值”的数据应以生产商的商业往来账目为依据，只要此类账目与生产该货物的国家中适用的公认会计原则相一致。对第六条第一款（b）项所指的“利润和一般费用的金额”应依据生产商或代表生产商提供的信息确定，除非生产商的数字与出口国中生产商制造供向进口国出口的、与被估价货物同级别或同种类的货物中通常反映的数字不一致。（协定解释性说明，关于第六条的注释）。

计算价格估价方法 — 概念和要点 — 估价要点 — 直接加工成本 —

海关估价使用的直接加工成本，是指“生产该货物所使用的原材料价值和进行装配或其他加工的费用”，一般指培养、生产、制造或组装相关货物直接发生的或可以合理分摊的成本，主要包括：（i）培养、生产、制造或组装相关货物的实际劳动力成本，包括：边际收益、在职培训以及工程、监理、质量控制类似人员成本；（ii）可以分摊到特定货物的冲模、模子、工具、机器和设备折旧成本；（iii）可以分摊到特定货物的工程设计、技术研发、工艺及制图等成本；（iv）对特定货物检查、测试成本。而利润和一般性经营费用（如管理人员工资、意外事故和责任保险、广告、销售人员工资、佣金或销售费用）是与培养、生产、制造或组装相关货物不直接相关或不能合理分摊的成本，不属于“直接加工成本”。“直接加工成本”的概念一般在海关使用计算价格方法估定进口货物完税价格时出现，根据《关税条例》第二十一条第一款第四项的相关规定，“按照下列各项总和计算的价格：生产该物所使用的料件成本和加工费用，向中华人民共和国境内销售同等级或者同种类货物通常的利润和一般费用，该物运抵境内输入地点起卸前的运输及其相关费用、保险费。”其中“生产该物所使用的料件成本和加工费用”就是“直接加工成本”，上述费用应当根据境外生产商提供的有关生产进口货物的账册为基础确定，海关在征得境外生产商同意并提前通知有关国家或地区政府后，可以在境外核实该企业提供的有关资料。必须注意的是，在确定有关价值或费用时，应当使用与生产国公认的会计原则相一致的原则和方法。

- 计算价格估价方法
  - 概念和要点
    - 估价要点
      - 举证责任：在使用计算价格方法时，完税价格根据《WTO 估价协定》的规定并依据在进口国中可容易获得的信息予以确定。进口国无权要求进口货物的生产商提供使用计算价格方法所需的资料和证明资料来源的财务会计记录。但是，为确定计算价格，可能需要审查被估价货物的生产成本和需要自进口国外获得的其他信息。如果“经生产者同意，并在充分提前通知所涉国家政府且后者不反对调查的条件下，货物的生产者为根据本条的规定确定完税价格的目的所提供的信息可由进口国主管机关在另一国进行核实”。此外，在大多数情况下，货物的生产商不属进口国主管机关的管辖范围。计算价格方法的使用一般限于买卖双方有特殊关系，且生产商准备向进口国的主管机关提供必要的概算以及为随后可能需要进行的核实创造条件。《WTO 估价协定》第六条第一款（b）项所指的“利润和一般费用的金额”应依据生产商或代表生产商提供的信息确定，除非生产商的数字与出口国中生产商制造供向进口国出口的、与被估价货物同级别或同种类的货物中通常反映的数字不一致。（注意：“利润和一般费用的金额”必须作为一个整体对待，即生产商的利润数字和一般费用数字应加在一起与同级别或同种类货物销售中通常反映的数字相比。）
      - 海关的告知义务：在使用除生产商或代表生产商提供的信息以外的信息确定计算价格的情况下，如进口商提出请求，则海关在遵守有关保密的规定的前提下，应将该信息的来源、使用的数据以及依据该数据所进行的计算通知进口商。
      - 涉及“协助”的处理：《WTO 估价协定》第六条第一款（a）项所指的“生产进口货物所使用的原料和制作或其他加工的成本或价值”如含有由买方减价或免费提供的“协助”，则应按实际用于生产被估货物数量依实、分摊计入。但对第八条第一款（b）项（iv）目所列要素的价值“生产进口货物所必需的、在进口国以外的其他地方所从事的工程、开发、工艺、设计工作以及计划和规划”则以生产商入账价值计入。（协定解释性说明，关于第六条的注释）

- WTO/WCO关于计算价格估价方法的规定
  - 《WTO估价协定》对该估价方法的规定
    - 一般介绍性说明3 — 第五条和第六条规定了在不能依据进口货物或相同或类似进口货物的成交价格确定完税价格时用以确定完税价格的两个依据。根据第五条第一款，完税价格根据货物以进口时的状态向进口国中无特殊关系的买方销售的价格确定。如进口提出请求，进口商还有权要求对进口后经进一步加工的货物根据第五条的规定进行估价。根据第六条，完税价格根据计算价格确定。这两种方法都会带来某些困难。因此，应根据第四条的规定给予进口商选择这两种方法适用顺序的权利。
    - 第四条 — 如进口货物的完税价格不能根据第一条、第二条和第三条的规定确定，则完税价格应根据第五条的规定确定，或如果完税价格不能根据该条的规定确定，则应根据第六条的规定确定，除非在进口商请求下，应将第五条和第六条适用顺序进行颠倒。
    - 第六条
      - 根据本条的规定，进口货物的完税价格应依据计算价格确定。计算价格应由下列金额组成：
        - 生产进口货物所使用的原料和制作或其他加工的成本或价值。
        - 利润额和一般费用，等于通常反映在由出口国生产者制造供向进口国出口的、与被估价货物同级别或同种类的货物的销售中的利润额和一般费用。
        - 反映该成员根据第八条第二款所作估价选择所必需的所有其他费用的成本或价值。
      - 就确定计算价格而言，任何成员不得要求或强迫不居住在其领土内的任何人呈验或允许其查阅任何账目或其他记录。但是，经生产者同意，并在充分提前通知所涉国家政府且后者不反对调查的条件下，货物的生产者为根据本条的规定确定完税价格的目的所提供的信息可由进口国主管机关在另一国进行核实。

WTO/WCO关于计算价格估价方法的规定

WCO海关估价委员会解释性说明对该估价方法的规定

关于第六条的说明

完税价格根据本协定的规定并依据在进口国中可容易获得的信息予以确定。但是，为确定计算价格，可能需要审查被估价货物的生产成本和需要自进口国外获得的其他信息。此外，在大多数情况下，货物的生产商不属进口国主管机关的管辖范围。计算价格方法的使用一般限于买卖双方有特殊关系，且生产商准备向进口国的主管机关提供必要的概算以及为随后可能需要进行的核实创造条件。

第六条第一款（a）项所指的“成本或价值”应依据生产商或代表生产商提供的有关被估价货物生产方面的信息予以确定。应以生产商的商业往来账目为依据，只要此类账目与生产该货物的国家中适用的公认会计原则相一致。

“成本或价值”应包括第八条第一款（a）项（i）目和（iii）目中所列要素的费用。还应包括根据第八条有关注释的规定酌情按比例分摊的、由买方直接或间接供应用于生产进口货物的、第八条第一款（b）项所列任何要素。在进口国中进行的第八条第一款（b）项（v）目所列要素的价值，只有在记入生产商账目时方可包括在内。各方需理解，本款中所指要素的费用或价值在确定计算价格时不得重复计算。

第六条第一款（b）项所指的“利润和一般费用的金额”应依据生产商或代表生产商提供的信息确定，除非生产商的数字与出口国中生产商制造供向进口国出口的、与被估价货物同级别或同种类的货物中通常反映的数字不一致。

WTO/WCO关于计算价格估价方法的规定

WCO海关估价委员会解释性说明对该估价方法的规定

关于第六条的说明

在这方面应当注意的是，“利润和一般费用的金额”必须作为一个整体对待。因此，在任何特定情况下，虽然生产商的利润数字低而生产商的一般费用高，但是生产商的利润和一般费用加在一起仍然与同级别或同种类货物销售中通常反映的数字相一致。例如，一产品在进口国中投放市场、生产商接受零利润或低利润，以抵消与投放市场有关的高额一般费用，则可能发生此种情况。如生产商能够证明由于特殊商业情况而使销售进口货物利润低，则应考虑生产商的实际利润数字，只要生产商有可证明低利润是合理的正当商业理由，且生产商的定价政策可反映有关产业部门通常的定价政策。例如，由于不可预见的需求减少而使生产商被迫临时降低价格，或他们销售货物是为补充在进口国生产的一系列货物，接受低利润以保持竞争力，则可能发生此种情况。如生产商自己的利润和一般费用的数字与出口国中生产商制造供向进口国出口的与被估价货物同级别或同种类货物的销售中通常反映的数字不一致，则利润和一般费用金额可依据除生产商或代表生产商提供的信息以外的有关信息。

在使用除生产商或代表生产商提供的信息以外的信息确定计算价格的情况下，如进口商提出请求，则进口国主管机关应在遵守第一条规定的前提下，将该信息的来源、使用的数据以及依据该数据所进行的计算通知进口商。

第六条第一款（b）项所指的“一般费用”涵盖根据第六条第一款（a）项所未包括的生产和销售供出口货物的直接或间接费用。

某些货物是否与其他货物属“同级别或同种类”必须参考所涉及的情况逐案予以确定。在确定第六条规定的通常利润和一般费用时，应审查包括被估价货物的、能够提供必要信息的进口国中范围最窄的一组或一系列同级或同类进口货物的销售情况。就第六条而言，“同级别或同种类货物”必须来自与被估价货物相同的国家。

- 中国海关关于计算价格估价方法的法律规范
  - 《关税条例》
    - 第二十一条 — 进口货物的成交价格不符合本条例第十八条第三款规定条件的，或者成交价格不能确定的，海关经了解有关情况，并与纳税义务人进行价格磋商后，依次以下列价格估定该货物的完税价格：（一）与该货物同时或者大约同时向中华人民共和国境内销售的相同货物的成交价格；（二）与该货物同时或者大约同时向中华人民共和国境内销售的类似货物的成交价格；（三）与该货物进口的同时或者大约同时，将该进口货物、相同或者类似进口货物在第一级销售环节销售给无特殊关系买方最大销售总量的单位价格，但应当扣除本条例第二十二条规定的项目；（四）按照下列各项总和计算的价格：生产该货物所使用的料件成本和加工费用，向中华人民共和国境内销售同等级或者同种类货物通常的利润和一般费用，该货物运抵境内输入地点起卸前的运输及其相关费用、保险费；（五）以合理方法估定的价格。纳税义务人向海关提供有关资料后，可以提出申请，颠倒前款第（三）项和第（四）项的适用次序。
    - 第二十八条 — 按照本条例规定计入或者不计入完税价格的成本、费用、税收，应当以客观、可量化的数据为依据。
  - 《审价办法》
    - 第六条 — 进口货物的成交价格不符合本章第二节规定的，或者成交价格不能确定的，海关经了解有关情况，并与纳税义务人进行价格磋商后，依次以下列方法审查确定该货物的完税价格：（一）相同货物成交价格估价方法；（二）类似货物成交价格估价方法；（三）倒扣价格估价方法；（四）计算价格估价方法；（五）合理方法。纳税义务人向海关提供有关资料后，可以提出申请，颠倒前款第（三）项和第（四）项的适用次序。
    - 第二十五条 — 计算价格估价方法，是指海关以下列各项的总和为基础，审查确定进口货物完税价格的估价方法：（一）生产该货物所使用的料件成本和加工费用；（二）向境内销售同等级或者同种类货物通常的利润和一般费用（包括直接费用和间接费用）；（三）该货物运抵境内输入地点起卸前的运输及相关费用、保险费。按照前款的规定审查确定进口货物的完税价格时，海关在征得境外生产商同意并提前通知有关国家或者地区政府后，可以在境外核实该企业提供的有关资料。按照本条第一款的规定确定有关价值或者费用时，应当使用与生产国或者地区公认的会计原则相一致的原则和方法。

第八节 计算价格和倒扣价格的颠倒

- 计算价格和倒扣价格的颠倒
  - 概念
    - 在应用相同货物价格法、类似货物价格法、倒扣价格法和计算价格法估定进口货物完税价格时，应当依次使用、不得随意颠倒。
    - 首先必采用相同物价格法估价，只有在不能采用相同物价格法时，才能考虑采用类似货物价格法，依此类推。
    - 进口商可以选择倒扣价格法和计算价格法的使用顺序，但必须提出书面申请。
  - 要点
    - 估价方法应依次使用，计算价格是第五种方法，必须在前四种方法不适用时，才能使用计算价格。但是关于倒扣价格（第四种估价方法）和计算价格（第五种估价方法）的使用次序存在一个特殊情况，当进口人提出申请时，应颠倒使用倒扣价格（第四种估价方法）和计算价格（第五种估价方法）的次序。
    - 根据《WTO估价协定》关于发展中国家的特殊条款，某些发展中国家认为如果根据进口商的要求颠倒倒扣价格（第四种估价方法）和计算价格（第五种估价方法）的使用次序，可能会给这些发展中国家实施《WTO估价协定》造成困难。因此，部分发展中国家可以保留暂时不实行《WTO估价协定》第四条关于应进口商请求颠倒顺序的规定，即在这些国家，进口商没有选择倒扣价格（第四种估价方法）和计算价格（第五种估价方法）使用次序的权利。
    - 中国政府在《中华人民共和国加入世界贸易组织议定书》中，对于上述内容承诺将无保留的全面实施，根据《关税条例》的规定“纳税义务人向海关提供有关资料后，可以提出申请，颠倒前款第（三）项和第（四）项的适用次序。”在中国，当进口人提出申请时，海关应颠倒使用倒扣价格（第四种估价方法）和计算价格（第五种估价方法）的次序。

WTO/WCO关于计算价格和倒扣价格的颠倒的规定

《WTO估价协定》一般介绍性说明对颠倒估价次序的规定

本协定项下完税价格的首要依据是第一条所定义的“成交价格”。第一条应与第八条一起理解，第八条特别规定，如被视为构成完税价格组成部分的某些特定要素由买方负担，但未包括在进口货物的实付或应付价格中，则应对实付或应付价格做出调整。第八条还规定，在成交价格中应包括以特定货物或服务的形式而非以货币的形式由买方转给卖方的某些因素。第二条至第七条规定了在根据第一条的规定不能确定完税价格时确定完税价格的方法。

如根据第一条的规定不能确定完税价格，则在海关和进口商之间通常应进行磋商，以期根据第二条或第三条的规定得到确定价格的依据。例如，可能发生的情况是，进口商可能掌握关于相同或类似进口货物完税价格的信息，而进口港的海关却不能立即获得此类信息。另一方面，海关可能掌握相同或类似进口货物完税价格的信息，而进口商却不能轻易获得此类信息。双方之间的磋商过程在遵守商业机密的要求前提下，可使信息得到交流，以期确定海关估价的适当依据。

第五条和第六条规定了在不能依据进口货物或相同或类似进口货物的成交价格确定完税价格时用以确定完税价格的两个依据。根据第五条第一款，完税价格根据货物以进口时的状态向进口国中无特殊关系的买方销售的价格确定。如进口商提出请求，进口商还有权要求对进口后经进一步加工的货物根据第五条的规定进行估价。根据第六条，完税价格根据计算价格确定。这两种方法都会带来某些困难，因此，应根据第四条的规定给予进口商选择这两种方法适用顺序的权利。

第七条列出了在不能根据前述各条的规定确定完税价格时，如何确定完税价格的方法。

- WTO/WCO关于计算价格和倒扣价格的颠倒的规定
  - WCO海关估价技术委员会解释性说明对颠倒估价次序的规定
    - 第一条至第七条规定了如何根据本协定的规定确定进口货物的完税价格。估价方法按适用的顺序列出。第一条规定了海关估价的首要方法，只要满足该条规定的条件，进口货物即依照该条的规定进行估价。
    - 如不能根据第一条的规定确定完税价格，则应按顺序使用随后各条中最先能够确定完税价格的条款确定完税价格。除第四条规定外，只有在完税价格无法根据某一条款确定时，方可按顺序使用下一条款的规定。
    - 如进口商未请求颠倒第五条和第六条的顺序，则应遵循正常顺序。如进口商虽提出此种请求，但随后证明不能根据第六条的规定确定完税价格，而根据第五条能够确定完税价格，则应根据该条的规定予以确定。
    - 如完税价格无法根据第一条至第六条的规定确定，则应根据第七条的规定确定。
  - 《WTO估价协定》附件3对颠倒估价次序的规定
    - 认为本协定第四条关于应进口商请求颠倒顺序的规定可能带来真正困难的发展中国家，可能希望按下列条件对第四条提出保留：“……政府保留做出如下规定的权利：即只有在海关同意关于颠倒第五条和第六条顺序的请求时，本协定第四条的有关规定方可适用。”如发展中国家提出此种保留，各成员应根据本协定第二十一条的规定予以同意。

中国关于计算价格和倒扣价格的颠倒的法律规范

《关税条例》第二十一条

进口货物的成交价格不符合本条例第十八条第三款规定条件的，或者成交价格不能确定的，海关经了解有关情况，并与纳税义务人进行价格磋商后，依次以下列价格估定该货物的完税价格：（一）与该货物同时或者大约同时向中华人民共和国境内销售的相同货物的成交价格；（二）与该货物同时或者大约同时向中华人民共和国境内销售的类似货物的成交价格；（三）与该货物进口的同时或者大约同时，将该进口货物、相同或者类似进口货物在第一级销售环节销售给无特殊关系买方最大销售总量的单位价格，但应当扣除本条例第二十二条规定的项目；（四）按照下列各项总和计算的价格：生产该货物所使用的料件成本和加工费用，向中华人民共和国境内销售同等级或者同种类货物通常的利润和一般费用，该货物运抵境内输入地点起卸前的运输及其相关费用、保险费；（五）以合理方法估定的价格。纳税义务人向海关提供有关资料后，可以提出申请，颠倒前款第（三）项和第（四）项的适用次序。

《审价办法》第六条

进口货物的成交价格不符合本章第二节规定的，或者成交价格不能确定的，海关经了解有关情况，并与纳税义务人进行价格磋商后，依次以下列方法审查确定该货物的完税价格：（一）相同货物成交价格估价方法；（二）类似货物成交价格估价方法；（三）倒扣价格估价方法；（四）计算价格估价方法；（五）合理方法。纳税义务人向海关提供有关资料后，可以提出申请，颠倒前款第三项和第四项的适用次序。

第九节 合理方法

- 合理方法
  - 定义
    - 合理方法是指当海关估价的前五种方法，即成交价格方法、相同或类似货物价格法、倒扣价格法、计算价格法均不能使用时，海关使用的估价方法。
    - 合理方法不是指海关可以采用任何方法对进口货物估价，使用合理方法的前提是前述的估价方法都不能使用。
    - 使用合理方法的原则是符合《WTO 估价协定》的原则和一般规定，即符合贸易惯例和公认会计原则。
    - 使用合理方法的步骤是
      - 重新使用前五种估价方法，同时允许有合理的灵活性。
      - 按《关税与贸易总协定》第七条原则和“公平、统一、中性”原则确定进口货物的完税价格。
      - 不能使用《WTO 估价协定》列明禁止的七种方法，而中国《审价办法》为六种，其中第六种和第七种进行了合并。
  - 海关估价的限制性条款
    - 中国加入世界贸易组织以前，中国海关在对进口货物估价时可以使用“海关限价”，即可以根据海关掌握的价格直接估定进口货物的完税价格。
    - 中国加入世界贸易组织以后，中国海关在估价领域全面实施《WTO 估价协议》，上述估价方法已被取消，因为这是在 WTO 框架下“禁止的估价方法”之一——最低限价。
    - 根据《中国加入世界贸易组织工作组报告书》海关估价部分，中国承诺自加入世界贸易组织之日起，将全面实施《WTO 估价协定》，并承诺停止使用并将不再使用最低限价或参考价格作为估价手段。
    - 在海关估价实践中，不仅应该了解和掌握正确的估价方法，更要知道哪些估价方法是法律法规明文规定不能使用的，这对海关人员正确行使估价职能具有十分重要的意义。

- 合理方法
  - 禁止使用方法的分析
    - 《审价办法》中规定的海关在使用合理方法对进口货物估定完税价格时，禁止使用的价格
      - 境内生产的货物在境内的售价格。
      - 可供选的价格中较高的价格。
      - 货物在出口地市场的销售价格。
      - 以本办法第二十四条规定之外的价值或者费用计算的相同或者类似货物的价格。
      - 出口到第三国或者地区的货物的销售价格。
      - 最低限价或者武断、虚构的价格。
    - 合理方法实际上不是一个具体估价方法，而是规定了使用方法的范围和原则，也就是说运用合理方法，必须符合客观、公平、统一的估价原则，必须以境内可以获得的数据资料为基础。
      - 合理方法包括但不限于按顺序合理、灵活运用《审价办法》第六条第（一）项至第（四）项中规定的各种估价方法。
      - 不得使用禁止的估价方法。
        - 例如，在使用倒扣价格法时，时间要素规定为必须是在与被估价货物进口时或大约同时转售给国内无特殊关系方的价格，如果找不到同时或大约同时的价格，可以采用被估价货物进口后90天内的价格作为倒扣价格的基础。那么按照合理方法，被估价货物进口后90天内的限制就可以突破。

合理方法 — 估价要点

- 立法本意

由于国际贸易发展的形式日新月异，必然会出现不能根据成交价格方法、相同或类似货物价格方法、倒扣价格方法和计算价格方法等方法估价的情况。因此，WTO 并不想无限地列明各种估价方法，但同时也坚决防止 WTO 各成员利用估价规则作为非关税壁垒。为此，针对合理方法，WTO 提出了两点原则，（一）合理估价方法是对前五种估价方法的循环使用，同时对限制条件允许有合理的放宽，且估价应符合《WTO 估价协定》的原则和宗旨。（二）明确列明禁止使用的七种估价方法，防止各成员利用武断的或虚构的估价方法。

- 应用界限

合理方法并不意味着海关可以使用任意的方法进行估价。海关首先应尽可能地使用前五种估价方法，当前五种估价方法都不能使用时，海关才可以使用合理方法。使用合理方法时，（一）要列明无法使用上位估价方法的理由。（二）不能使用《审价办法》严禁使用的六种估价方法。（三）应循环使用前五种估价方法。（四）估价必须依据海关在境内掌握的资料。海关在使用合理方法时必须符合上述四点，防止使用武断的或虚构的价格估价。

- 具体运用

合理方法是指按照海关估价的原则，并根据境内现有的数据资料，合理确定进口货物完税价格的估价方法。合理方法包括但不限于按顺序合理、灵活运用前五种估价方法，同时不得使用禁止的估价方法。例如，在使用倒扣价格法时，时间要素规定为必须是在与被估货物进口时或大约同时转售给国内无特殊关系方的价格，如果找不到同时或大约同时的价格，可以采用被估价货物进口后 90 天内的价格作为倒扣价格的基础。那么按照合理方法，被估价货物进口后 90 天内的限制就可以突破。如果灵活运用相同或类似货物价格法、倒扣价格法、计算价格法仍不能确定完税价格，则可使用上述估价方法以外的其他合理的估价方法，只要不违背客观、公平、统一的海关估价原则。

- 合理方法
  - 估价要点
    - 数据来源——根据《WTO 估价协定》第七条，在使用合理方法估价时，海关应依据在进口国国内获得的资料。因此，在通常情况下，当海关使用合理方法估价时，应使用在中国获得的数据进行估价。但是其中一个例外情况是，当进口商提供了由其本人从国外方面获取的数据，由于该数据是进口商在国内向海关提供的，因此，只要海关能够认可资料的真实性和准确性，就可以运用该数据作为海关估价的依据。数据的来源并不影响海关对该数据的使用。
    - 禁止使用的估价方法的类型——如果灵活运用相同或类似货物价格法，倒扣价格法、计算价格法仍不能确定完税价格，则可使用上述估价方法以外的其他合理的估价方法，只要不违背客观、公平、统一的海关估价原则。但必须注意的是，在运用合理方法估价时，禁止使用以下六种价格：第一种是境内生产的货物在境内的销售价格，即中国国内生产的商品在国内的市场价格。第二种是在可供选择的价格中较高的价格，也就是从高估价的方法。第三种是依据货物在出口地市场的销售价格，即出口国国内的市场价格，因为出口商有权根据不同的市场进行不同的定价；即使进口货物对中国存在倾销行为，亦不能用该国国内的市场价格来确定进口货物的完税价格，因《WTO 估价协定》已明确估价手段不能用于反倾销。第四种是以《审价办法》第二十五条规定之外的价值或者费用计算的相同或者类似货物的价格，即在使用计算价格法估价时，只能按列明的三个项目的总和来计算，而不能按照其他的费用或成本来计算。第五种是依据出口到第三国或地区货物的销售价格，即向第三国销售的价格，因为出口商有权根据不同的市场进行不同的定价。第六种是依据最低限价或武断、虚构的价格，最低限价是指一国海关在对进口货物估价征税过程中规定的最低完税价格。

- WTO/WCO关于合理方法的规定
  - 《WTO估价协定》对该估价方法的规定
    - 第七条
      - 如进口货物的完税价格不能根据第一条至第六条的规定确定，则应使用与第七条相一致的原则和总则的合理方法，并依据在进口国中的现有数据确定完税价格。
      - 完税价格不得根据本条的规定以下列内容为依据确定：
        - 进口国中生产的货物在该国的销售价格。
        - 规定为估价目的而采用两种备选价格中的较高价格的制度。
        - 出口国国内市场上的货物价格。
        - 依照第六条的规定为相同或类似货物确定的计算价格以外的生产成本。
        - 出口至进口国以外国家的货物的价格。
        - 海关最低限价。
        - 武断或虚构的价格。
      - 如进口商提出请求，应将根据本条规定确定的完税价格和确定该价格所使用的方法以书面形式通知进口商。
  - 《WTO估价协定》一般介绍性说明对该估价方法的规定
    - 第七条列出了在不能根据前述各条的规定确定完税价格时，如何确定完税价格。

- WTO/WCO关于合理方法的规定
  - WCO海关估价技术委员会解释性说明对该估价方法的规定
    - 关于第七条的注释
      - 根据第七条的规定确定的完税价格应在最大限度内依据以往确定的完税价格。
      - 根据第七条使用的估价方法应为第一条至第六条规定的方法，但是在适用此类方法时采取合理的灵活性符合第七条的目的和规定。
      - 合理灵活性的部分例子
        - 相同货物
          - 关于相同货物应与被估价货物同时或大致同时出口的要求可以灵活解释。
          - 在与被估价货物出口国以外的国家生产的相同进口货物可以作为海关估价的依据。
          - 可以使用已根据第五条和第六条的规定确定的相同进口货物的完税价格。
        - 类似货物
          - 关于类似货物应与被估价货物同时或大致同时出口的要求可以灵活解释。
          - 在与被估价货物出口国以外的国家生产的类似进口货物可以作为海关估价的依据。
          - 可以使用已根据第五条和第六条的规定确定的类似进口货物的完税价格。
        - 倒扣法
          - 第五条第一款（a）项中关于货物应按“进口时的状态”销售的要求可以灵活解释。
          - “90天”的要求可以灵活管理。

- WTO/WCO关于合理方法的规定
  - WCO海关估价技术委员会咨询性意见对该估价方法的规定
    - 咨询意见12.1 对《WTO估价协定》第七条的灵活应用
      - 在应用第七条时，第一条至第六条规定以外的方法，如果不是第七条第二款(a)至(f)项所禁止的，且与本协定和《WTO估价协定》第七条的原则和总则相一致，这样的方法是否可以使用？
      - 海关估价技术委员会提出下述意见：对第七条解释性说明的第2段规定，根据第七条使用的方法应该是第一条至第六条规定的方法，但运用时应具有合理的灵活性。然而，如果即使上述方法采用灵活的方式仍不能确定完税价格的，作为最后手段，可以使用其他合理方法确定完税价格，但其他合理方法不应是被第七条第二款排除的。在按第七条确定完税价格时，所用的方法必须与本协定和《WTO估价协定》第七条的原则和总则相一致。
    - 咨询意见12.2 适用第七条时的先后顺序
      - 当适用第七条时，是否需要遵循第一条至第六条估价方法的先后顺序？
      - 海关估价技术委员会提出下述意见：本协定没有条款具体规定，当适用第七条时应遵循第一条至第六条的先后顺序。但是，第七条要求使用与本协定的原则和总则相一致的合理方法。这表明如有合理的可能性，应该遵循先后顺序。因此，如果按第七条可以使用几种可以接受的方法来确定完税价格，应该遵循其先后顺序。
    - 咨询意见12.3 适用第七条时来源于国外的资料的使用
      - 当适用第七条时，海关是否能使用由进口商提供的且是其本人获得的，但源自国外的资料？
      - 海关估价技术委员会提出下述意见：在处理源自进口国国外的交易时，可能资料的某一数据来自国外方面。但是，第七条没有提及在适用本条时所使用的信息的来源，仅要求这类资料在进口国是可以得到的，所以信息的来源本身并不妨碍其被运用于第七条，只要该信息在进口国是可以得到的，而且海关能够认可其真实性和准确性。

WTO/WCO关于合理方法的规定

WTO海关估价委员会决定对禁止的估价方法的规定

决定7.1最低限价和独家代理人、独家经销人和独家受让人的进口

当一个发展中国家在附件3的第2段的条款范围内，对其官方制定的最低限价提出保留，并说明了充分的理由时，委员会对此保留的请求应予以有同情心的考虑，参照附件3的第2段所列的条款和条件，许可一项保留时应从对有关的发展中国家的发展、财政和贸易的需要出发全面考虑。许多发展中国家担心独家代理人、独家经销人和独家受让人的进口可能存在的估价问题。根据第二条第一款，发展中国家在采用协定之前，有一个最长不超过五年的延缓期。这一规定的背景是，受益于这一条款的发展中国家，可利用该延缓期进行相应的研究及采取必要的措施以正确应用协定。考虑到这一点，委员会建议由海关合作理事会按照附件2的规定，协助发展中国家成员对其关心的有关领域明确定义，并进行研究，包括与独家代理人、独家经销人和独家受让人有关的领域。

- 中国海关关于合理方法的法律规范
  - 《关税条例》第二十一条
    - 进口货物的成交价格不符合本条例第十八条第三款规定条件的，或者成交价格不能确定的，海关经了解有关情况，并与纳税义务人进行价格磋商后，依次以下列价格估定该货物的完税价格：……（五）以合理方法估定的价格。……
  - 《审价办法》
    - 第六条
      - 进口货物的成交价格不符合本章第二节规定的，或者成交价格不能确定的，海关经了解有关情况，并与纳税义务人进行价格磋商后，依次以下列方法审查确定该货物的完税价格：（一）相同货物成交价格估价方法；（二）类似货物成交价格估价方法；（三）倒扣价格估价方法；（四）计算价格估价方法；（五）合理方法。纳税义务人向海关提供有关资料后，可以提出申请，颠倒前款第（三）项和第（四）项的适用次序。
    - 第二十六条
      - 合理方法，是指当海关不能根据成交价格估价方法、相同货物成交价格估价方法、类似货物成交价格估价方法、倒扣价格估价方法和计算价格估价方法确定完税价格时，海关根据本办法第二条规定的原则，以客观量化的数据资料为基础审查确定进口货物完税价格的估价方法。
    - 第二十七条
      - 海关在采用合理方法确定进口货物的完税价格时，不得使用以下价格：（一）境内生产的货物在境内的销售价格；（二）可供选择的价格中较高的价格；（三）货物在出口地市场的销售价格；（四）以本办法第二十五条规定之外的价值或者费用计算的相同或者类似货物的价格；（五）出口到第三国或者地区的货物的销售价格；（六）最低限价或者武断、虚构的价格。

第八章

转让定价与海关审价关系

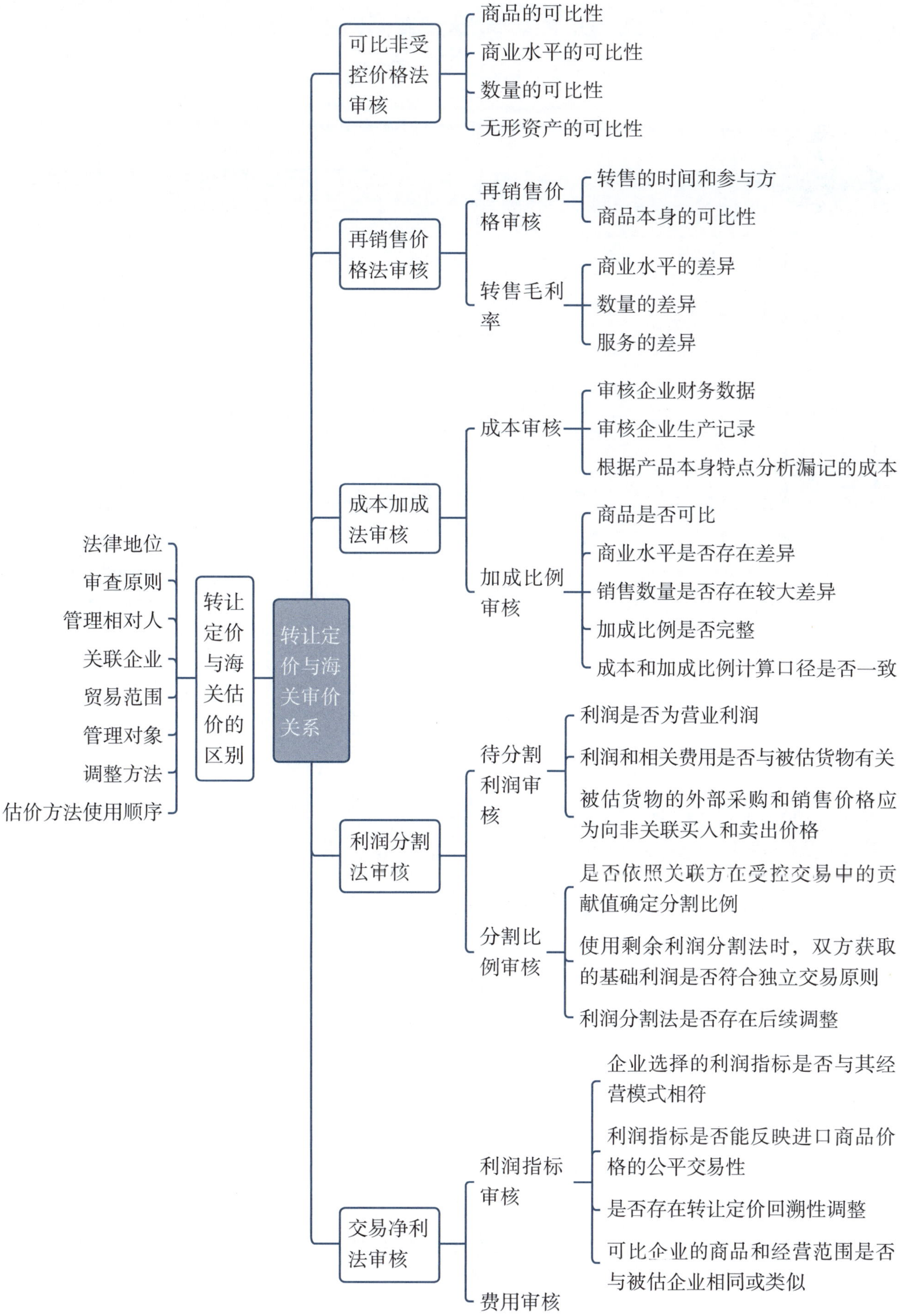
转让定价与海关审价关系
转让定价与海关估价的区别
法律地位
审查原则
管理相对人
关联企业
贸易范围
管理对象
调整方法
估价方法使用顺序
可比非受控价格法审核
商品的可比性
商业水平的可比性
数量的可比性
无形资产的可比性
再销售价格法审核
再销售价格审核
转售的时间和参与方
商品本身的可比性
转售毛利率
商业水平的差异
数量的差异
服务的差异
成本加成法审核
成本审核
审核企业财务数据
审核企业生产记录
根据产品本身特点分析漏记的成本
加成比例审核
商品是否可比
商业水平是否存在差异
销售数量是否存在较大差异
加成比例是否完整
成本和加成比例计算口径是否一致
利润分割法审核
待分割利润审核
利润是否为营业利润
利润和相关费用是否与被估货物有关
被估货物的外部采购和销售价格应为向非关联买入和卖出价格
分割比例审核
是否依照关联方在受控交易中的贡献值确定分割比例
使用剩余利润分割法时，双方获取的基础利润是否符合独立交易原则
利润分割法是否存在后续调整
交易净利法审核
利润指标审核
企业选择的利润指标是否与其经营模式相符
利润指标是否能反映进口商品价格的公平交易性
是否存在转让定价回溯性调整
可比企业的商品和经营范围是否与被估企业相同或类似
费用审核

转让定价与海关估价方法关系

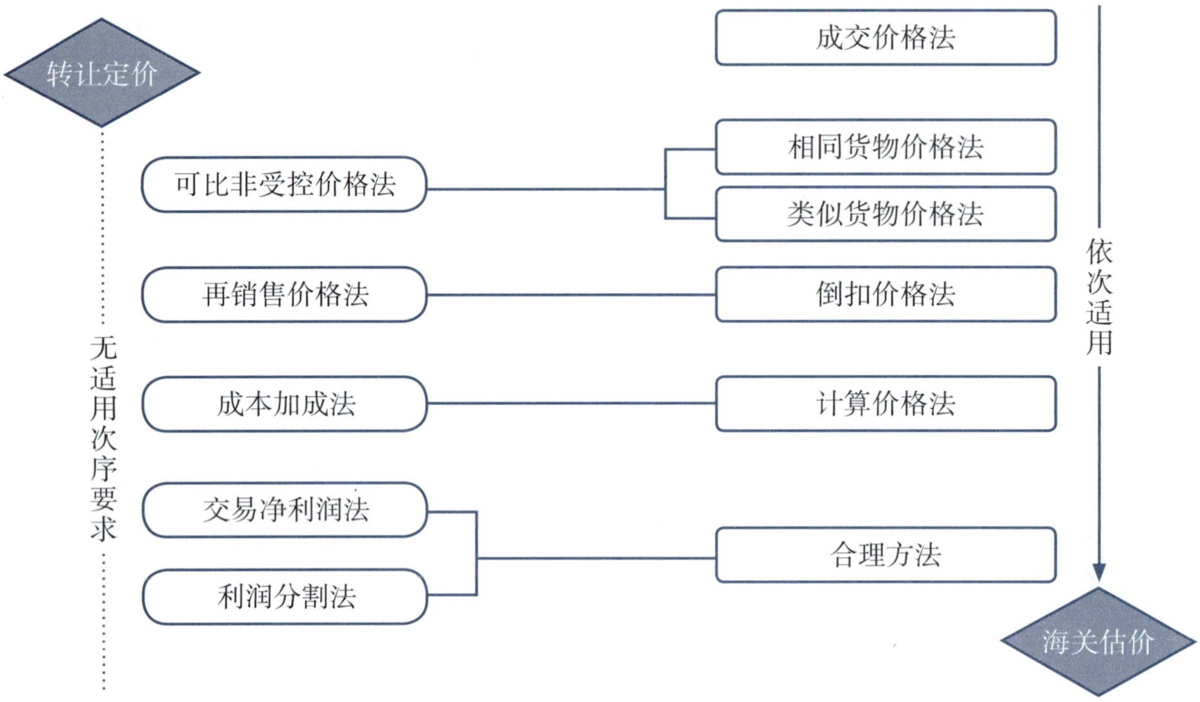

海关审价与转让定价

比较要素	海关审价	转让定价
管理对象	有形货物进出口的单个企业	关联交易，包括有形货物和服务贸易
审查依据	《审价办法》《关税条例》	OECD《转让定价指南》
审查重点	每票进出口货物的成交价格	企业在关联交易中整体利润水平和分配问题
方法适用顺序	有严格的适用顺序	没有适用顺序的要求
审查原则	客观、公平、统一的原则	独立交易原则

第一节　可比非受控价格法审核

- 可比非受控价格法审核
  - 概述
    - 可比非受控价格法比较的是在可比环境下的受控交易中，转让财产或劳务时所制定的价格与可比非受控交易中转让财产或劳务所制定的价格之间的差异。
      - 如果两个价格有所不同，则说明该关联企业的商务和财务关系状况是非公平独立的，需要用非受控交易的价格来替换受控交易价格。
      - 可比非受控价格法就是通过参考受控交易的价格，来评价受控交易中的价格是否是公平交易价格。
    - 可比性是可比非受控价格法审核的关键，重点审核
      - 商品的可比性
      - 商业水平的可比性
      - 数量的可比性
      - 无形资产的可比性

- 可比非受控价格法审核
  - 商品的可比性
    - 着重审核企业选择可比商品与其进口商品是否在外观、性能、用途、成分、工艺等各种角度上均保持一致。
      - 如企业采用的是内部可比商品，只需审核商品的物理性质、化学性质和用途等是否一致即可。
      - 如企业采用的是外部可比商品，则要对可比商品与其进口商品的差异进行逐一分析，评估这些差异是否对价格造成了影响。
    - 可比商品还应满足《审价办法》中“相同”和“类似货物”的定义。
      - 如果商品的差异对价格造成了影响，海关可要求企业提供客观量化的数据，调整价格以消除上述差异。
      - 若企业不能提供客观量化数据，海关将不接受其定价政策，认定关联关系影响成交价格。随后，海关应采用成交价格以外的方法实施估价。
  - 商业水平的可比性
    - 商业水平的可比性审核主要通过风险和职能的分析实现。
      - 企业自审
        - 应分析其自身在整个商品贸易中承担的风险和履行的职能，特别是与商品进口和销售有关的职能，对此应予以详细说明。
        - 还应向海关提供其选择的可比企业的风险和职能说明，并与自身的风险和职能进行比较。
      - 海关审查
        - 根据企业提交的说明，判断进口企业和可比企业在商品贸易中位于哪个层级，一般分为：生产商、批发商、零售商和消费者。要注意的是，上述分类并不是根据企业主营业务判断的，而是根据企业在该商品进口时实际扮演的角色来确定。
        - 如某企业主要从事化工品生产，同时也从国外关联公司进口其他化工品在国内销售，那么该企业在进口化工品的贸易中属于批发商这一层级。
    - 如果可比企业与进口企业的商业水平不属于同一层级，必须量化商业水平不同对价格造成的差异。
      - 该步骤可由企业完成，也可由海关完成，前提是必须以客观量化的数据为基础确定。
      - 若不能量化商业水平不同对价格造成的差异，海关将不接受其定价政策，认定关联关系影响成交价格，随后采用成交价格以外的其他方法实施估价。

- 可比非受控价格法审核
  - 数量的可比性
    - 比较可比商品在关联交易和可比交易中的销售数量，判断两者是否属于同一数量级，销售数量的差异是否对价格造成影响。值得注意的是，这里的销售数量是指可比商品单个的销售数量，而不是企业间所有商品的销售总量。
      - 审核将内部可比商品价格作为参考价格的转让定价政策时，应要求企业尽可能提供相关的销售数据。如某一时间段内，向关联企业和非关联企业销售同种商品的数量，企业可提供合同、发票，也可由财务部门出具销售记录等作为证明。
      - 审核将外部可比商品价格作为参考价格的转让定价政策时，一般难以获取可比企业的销售数据。如可比商品也为进口商品，海关可从报关单数据中统计出某一时间段内可比商品的销售数量。
        - 如被比较商品的销售数量和可比商品的销售数量接近或在同一个数量级时，海关可认定在数量上两者可比。在这里同一数量级是指企业在某个数量范围内销售同种商品的价格不变，该范围内的销售数量可当作同一数量级。
  - 无形资产的可比性
    - 无形资产的可比性审核难度较高
      - 一般情况下，都认定被比较商品和可比商品在销售时不存在与商品相关的无形资产转移。
      - 如有明确证据证明，可比企业在销售可比商品时还向卖方收取了商标费、专利费等无形资产费用，则必须将上述无形资产的价值计入可比商品的价格中。
      - 如上述无形资产的价值因缺乏客观量化数据无法分摊计入可比商品价格，则认定被比较商品和可比商品的无形资产不存在可比性，海关可否定该可比非受控价格法，随后选择使用其他方法进行估价。

第二节　再销售价格法审核

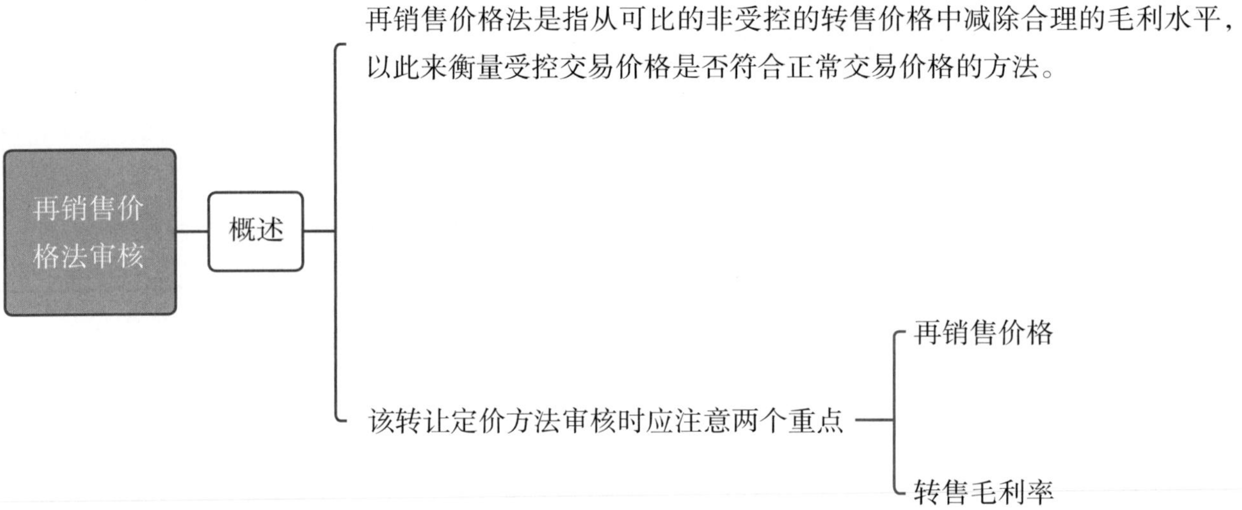

- 再销售价格法审核
  - 再销售价格
    - 转售的时间和参与方
      - 转售时间是决定商品转售价格的潜在重要因素
        - 对于那些受市场因素影响的商品，销售价格可能因转售时间的不同存在很大差异。
        - 审核以其他企业销售价格作为再销售价格的定价政策时，应注意企业在实际使用该转让定价方法过程中，选择可比商品的转售时间是否和其自身商品的转售时间一致或接近，如两者的转售时间不接近，且时间上的差异对转售价格会造成很大影响，则不能将企业选择的可比商品转售价格作为再销售价格。
      - 还应对参与商品再销售的交易方进行审核，主要包含交易方是否存在特殊关系或其他贸易安排等方面。只有再销售行为涉及的交易方不存在特殊关系或其他贸易安排，才能接受该再销售价格。
    - 商品本身的可比性
      - 着重审核企业选择可比商品与其进口商品是否在外观、性能、用途、成分、工艺等各种角度上均保持一致，还要考虑企业进口后是否对商品实施了加工或可能改变其价值的行为。如发生了上述行为，应通过可量化数据予以调整，否则就不能使用再销售价格法确定其进口价格。
      - 可比商品还应满足《审价办法》中“相同”和“类似货物”的定义。
      - 商品包含的无形资产也应引起足够重视，尤其是商标和专利技术。一旦被审核企业的进口商品或是可比商品存在上述特许权，就必须对这些商标和专利技术等进行分析，只有这些特许权不对商品价值造成影响，再销售价格法才能适用。
        - 也有例外情况，被估商品和可比商品都拥有不同的商标或技术，但这两个商品在商业上可以互换，被审核和可比企业也无须支付特许权费，那么这类可比商品也是可以接受的。

- 再销售价格法审核
  - 转售毛利率
    - 商业水平差异 — 商业水平的审核只能通过风险和职能分析实现
      - 海关审价必须对被估企业以及该企业选择的可比企业进行商业水平分析，比较两企业在整个贸易流通环节中承担的风险和职能，判断两者是否存在实质性差异。这里的实质性差异是指明显的商业水平差异，如被估企业为批发商而可比企业为零售商，两者的利润率因其承担的风险和职能不同会有很大差异。
      - 在分析和判断商业水平差异时，企业的财务数据和审计报告将提供很多重要信息。尤其是通过审查企业的销售和管理费用，可以初步判断企业的商业水平。
      - 以零售商和批发商为例，零售商通过高毛利率弥补其各类费用的支出，主要包括与销售相关的店铺租金、商场返点、销售人员工资、市场推广费用等，此类费用占其总支出比重较大，部分行业可能达到50%以上；批发商在盈利模式上与零售商不同，一般都是通过薄利多销的方式，其管理和营业费用占其总支出比重较低，毛利率也较低。
    - 数量差异 — 数量对价格的影响是客观存在的，应把进口和销售数量也作为审核再销售价格法的要素
      - 必须审核两个环节的商品数量，分别是进口环节和销售环节。重点审核进口环节与销售环节数量的一致性，以及企业选择的可比企业和可比商品的转售数量是否与其本身的转售数量一致。
      - 这里的“一致”并不要求完全相同，区分两者之间是否一致的主要标准是两个数量是否在一个数量级。 — 同一数量级是指企业在某个数量范围内采购或销售同种商品的价格不变。
      - 由于再销售行为发生在进口之后，不属于海关管辖范畴，海关无法直接掌握相关信息。企业应提供足够的销售数据和资料，来印证其销售数量的真实性，企业也应尽力配合海关提供可比企业销售同种产品的数据。

- 再销售价格法审核
  - 转售毛利率
    - 服务差异
      - 高科技产品的销售通常会伴随大量的售后服务，如保修、软硬件升级等，此类服务势必导致产品售价上涨，企业毛利率明显高于不提供服务的企业。
      - 当被估价商品需要投入大量售后服务或转售毛利率偏高时，应对该类商品转售时包含的服务进行审核。无论企业选择自身其他商品的转售毛利率，还是其他企业的转售毛利率，应要求企业提供该笔转售合同、协议等完整贸易单证，重点审核合同或协议中对售后服务的规定和相关费用的支付方式，确定毛利率是否受到售后服务的影响。
      - 如发现转售过程中的确存在售后服务，必须将此类服务从产品售价中扣除后再计算利润率。服务价值不能确定的，海关将不接受该笔销售得出的转售毛利率。

第三节　成本加成法审核

- 成本加成法审核
  - 概述
    - 成本加成法是使用受控交易产品的生产成本，加上合理的毛利，来衡量公平交易价格的方法。
    - 通过参考可比非受控交易中实现的成本利润率，成本加成法对受控交易的价格是否是公平交易价格进行评价。
    - 成本加成法通常用于关联企业间销售半成品、关联企业间达成共同设施（机构）协议或制定长期供求安排、受控交易是提供劳务等情况。
    - 该转让定价方法审核时应注意两个重点
      - 成本
      - 加成比例

- 成本加成法审核
  - 成本
    - 审核企业财务数据
      - 在企业财务数据中，可以找到产品成本各组成部分的实际价值，通过核对料件的入账价格确定企业定价过程中成本的准确性。此外，通过企业财务数据还可以找出各生产料件是否从关联企业处采购及以什么价格购得，一旦发现被审企业存在从关联企业购得原料的情况，应分析此类原料价格是否受关联关系影响，并将受关联关系影响的原料价格调整至正常价格后，以正常价格重新计算成本。
    - 审核企业生产记录
      - 生产记录反映了企业生产过程中使用了哪些料件，包括可以发现那些企业在生产中实际用到的，但未计入财务成本账的材料，例如生产理财产品时，产品预装了为买方免费提供的软件，但这些软件并未计入企业的财务成本账。如果企业在生产过程中使用了买方或第三方免费提供的料件或耗材，应在确定上述物品的价值后将其计入货物的总成本。
    - 根据产品本身特点分析漏记的成本
      - 产品在生产过程中除了账面上反映的料件价值外，还可能包含一些隐性费用，主要涉及商标、设计、专利或专有技术等无形资产，和买方免费提供的机器、模具等设备。应从产品本身的特点入手，判断是否存在漏记成本的可能，例如设计和品牌价值、专利产品的专利或专有技术等，如果无证据显示上述无形资产价值已通过某种方式进行了弥补，那么就可能存在应计未计的情况。
    - （以上三项）→ 关注成本是否完整

- 成本加成法审核
  - 加成比例
    - 商品是否可比
      - 如企业选择可比企业的加成比例作为其成本加成法的加成比例，应对该可比企业的产品与被估企业的产品进行可比性分析。
        - 无论是物理性质和化学性质，还是产品的生产工艺和技术，两家企业的商品都应是相同或类似的，同时还需考虑上述商品是否包含了品牌价值，或存在商标或技术费用的额外支付。
        - 如果商品在物理、化学性质或生产工艺上存在的差异会对其价值造成实质影响，那么这两种商品就不属于可比商品。
        - 对于被估企业或可比企业中的任何一方存在对外支付商标或技术费用的情况，应首先尝试将上述费用分摊后计入商品生产成本或加成比例中，如这些费用不能被客观量化，海关将不接受企业选择的加成比例。
    - 商业水平是否存在差异
      - 成本加成法中商业水平的差异主要体现在货物的买方所处的商业位置，因为大多数情况下，企业选择的可比方都是与其商业水平相同的生产型企业，加成比例存在差异的原因主要是产品买方的商业水平差异。
      - 分析成本加成法的审价要点时，需要明确对不同买方商业水平的审核，必须要通过对相关企业的风险和职能开展分析的基础上才能实现。
        - 应将对商业水平的审核重点放在被估企业和其可比企业的买方上，对两家企业对应的买方进行商业水平分析，比较它们在整个贸易流通环节中承担的风险和职能，判断两者是否存在实质性差异。
        - 此实质性差异是指明显的商业水平差异，如被估企业的买方为批发商而可比企业的买方为最终用户，在此情况下即使销售的商品完全可比，直接生产成本也完全相同，企业在向不同商业水平的买方销售货物时，其加成比例仍然会存在明显差异。

- 成本加成法审核
  - 加成比例
    - 销售数量是否存在较大差异
      - 销售数量将直接影响企业前期投入费用的分摊。销售数量越大，分摊至每个产品的费用也就越少，其成本加成的比例也相应降低。因此，应把企业的销售数量也作为成本加成法的一个审核要素。
        - 此销售数量是指被估产品总的销售数量，不能将其他产品的销售数量也一并计入。
        - 同样，被估企业在选择可比商品时，可比商品的销售数量也仅限于该商品。
      - 重点审核被估企业和可比企业之间商品销售数量的差异，判断标准为两者的销售数量是否处于同一个数量级。
        - 同一数量级，是指企业在某个数量范围内采购或销售同种商品的价格不变。
    - 加成比例是否完整
      - 企业在使用成本加成法时出现最多的问题就是加成比例的完整性。
        - 出于对关联企业的优惠或其他原因，被估企业在使用成本加成法确定商品转让价格时，只计入生产成本及必要的管理费用和人工费用，而忽略了前期投入的费用和品牌、商标价值，导致关联企业间销售同类商品的价格明显低于卖给非关联方的价格。
        - 应从商品特点及企业定位入手，根据企业提供的成本加成法说明和具体商品定价实例，分析其中可能漏记的部分价值，主要包括产品的研发和设计费、商标和品牌价值、企业应获取的净利等。
        - 如企业提供的成本加成法说明中未对加成比例进行细化分类，应要求企业对加成比例进一步分析，说明加成部分是否包含该产品生产过程中发生的所有费用、产品含有的无形资产及企业应获得利润。
    - 成本和加成比例计算口径是否一致
      - 考虑到各国使用的会计准则不同以及企业实际操作的差异，应审核被估企业和可比企业在成本和加成比例计算口径上是否保持一致。例如，被估企业将产品的前期研发费用记入成本科目，而可比企业则将前期研发费用记入了费用科目，那么在参考使用可比企业的加成比例时，应把研发费用调整至成本科目，重新计算出加成比例后，才能将其作为可比的加成比例。

第四节　利润分割法审核

- 利润分割法审核
  - 概述
    - 利润分割法是先计算关联企业集团一项或几项受控交易的利润总额，然后通过考察每个受控纳税人对这一项或几项受控交易的合并营业利润（或亏损）的贡献值，从而决定每一个受控纳税人可分配到的利润额（或亏损额），并据以判断受控交易是否符合公平交易的价格原则。
    - 该转让定价方法审核时应注意两个重点
      - 待分割利润
      - 分割比例

- 利润分割法审核
  - 待分割利润（重点关注利润的完整性和准确性）
    - 利润是否为营业利润
      - 利润分割法所涉及的利润应是营业利润，即将出售货物所得收入减去货物的成本和相关营业费用，不应扣除企业的管理费用和财务费用。
      - 如企业在确定待分割利润时，将其发生的财务费用和管理费用也从收入中扣除，则该利润就不符合 OECD《转让定价指南》的相关规定，应将上述扣减的费用还原，保证待分割利润为销售被估货物的营业利润。
    - 利润和相关费用是否与被估货物有关
      - 在确定待分割利润时，应确定该营业利润以及在计算营业利润时扣减的相关费用是企业从事关联交易时采购和出售被估货物获得和发生的。
      - 如果企业将从事其他货物的采购和出售所获取的收入和产生的费用计入待分割利润中，则该待分割利润无法反映企业在从事被估货物采购和销售获利的实际情况，应要求企业将上述不相关的费用和收入扣除。
    - 被估货物的外部采购和销售价格应为向非关联方买入和卖出价格
      - 在利润分割法下，待分割利润为关联企业集团一项或几项受控交易的利润总额，该利润总额是通过关联企业集团从外部非关联方处采购货物，再通过关联集团内部转手后，销售给另一个外部非关联方来实现的。因此，确定待分割利润的决定性因素除了关联集团内部在从事该项交易过程中产生的费用外，外部的采购价格和销售价格也是十分重要的。关联企业在使用利润分割法时，应使用与非关联方之间的采购和销售价格。
      - 如货物是从关联方处购买或是向关联方销售，则计算得出的营业利润将不符合 OECD《转让定价指南》中有关利润分割法的定义，应将上述关联采购方或销售方统一并入整个关联集团，重新确定外部非关联方的采购或销售价格，并在分割利润时也将上述关联方考虑在内。

- 利润分割法审核
  - 分割比例
    - 是否依照关联方在受控交易中的贡献值确定分割比例
      - 根据OECD《转让定价指南》的相关规定，利润分割比例应按照关联方在受控交易中投入的资产和承担的风险来确定，即根据关联方对整个交易的贡献值来划分各关联方的利益。在确定分割比例时，应仔细分析各关联方在交易中所做的贡献和所承担的风险，并以此判断分割比例是否合理。
      - 若关联方在确定分割比例时，忽略了某方做出的贡献，如两方中一方拥有商品的商标或商品的生产专利，另一方负责销售，分割利润时拥有商标或专利的一方仅获得10%的利润，另一方获得了90%的利润，那么此种分割比例明显忽视了商标和专利对整个交易的贡献。对此，应在充分考虑商标或专利贡献度的前提下，依照公平交易的原则对利润进行重新分割。
    - 使用剩余利润分割法时，双方获取的基础利润是否符合独立交易原则
      - 在利润分割法下，一般都根据关联方的贡献值来确定利润分配比例，无须使用非关联企业的可比数据。唯一需要使用非关联企业可比数据是剩余利润分割法的第一步，即确定关联交易各参与方的常规利润。根据OECD《转让定价指南》的规定，常规利润是指排除特殊贡献的影响，关联方在从事相同或类似交易时能够获取的利润。确定常规利润通常使用的方法是参考内部可比数据或外部可比数据，就是以企业自身财务数据或可比企业的盈利数据来确定。
        - 例如，A公司是集团公司的生产基地，也是集团公司品牌的拥有者。A公司除了生产集团自有品牌产品外，还为其他品牌代工。如该集团公司内部采用剩余利润分割法作为转让定价方法，在确定A公司的常规利润时，应忽略其拥有的集团品牌，以A公司为其他品牌代工时的利润率计算其常规利润。如A公司不为其他品牌代工，则可使用其他类似工厂的利润率来确定A公司的常规利润。
      - 在审核过程中，应注意审核关联方之间的常规利润是否符合独立交易原则和海关的估价规定，如发现常规利润明显高于或低于其他企业从事相同或类似交易时可获取的利润，应及时进行说明或调整。

- 利润分割法审核
  - 分割比例
    - 利润分割法是否存在后续调整
      - 由于利润分割法自身的特点，利润分割比例通常都是暂定的，企业根据上年情况和经营现状估算出利润分割比例，并确定商品的内部转让价格。
        - 一旦关联企业在该年度调整其经营策略，加大或减少相关费用投入，势必会影响其对关联交易的贡献度。
        - 如该年内被估商品的产销价格出现大幅波动，也会导致利润分割法得出的暂定转让价格不满足利润分割法的规定和独立交易原则。
          - 在这两种情况下，企业会在年底根据重新确定的分割比例和价格对该年转让定价实施后续调整。
            - 如存在此类情况，应关注其转让定价调整的合理性，如符合独立交易原则和海关估价法规，可按照企业调整的情况对其该年的商品进口价格进行统一调整。

第五节　交易净利法审核

- 交易净利法审核
  - 概述
    - 交易净利法，是采用可比非受控纳税人的营业利润，即净利指标，如成本利润率、销售利润率、资产利润率等，对受控交易的价格进行评价和调整。
    - 该转让定价方法审核的重点
      - 利润指标
      - 费用

- 交易净利法审核
  - 利润指标
    - 企业选择的利润指标是否与其经营模式相符
      - 交易净利法包括多种利润指标，不同的利润指标针对不同的企业类型。在审核交易净利润率法时，应关注企业选择的利润指标是否符合其经营模式，如企业属于劳动密集型生产企业，那么应选择完全成本加成率作为利润指标。
      - 实践中可能会出现企业采用不适合其经营模式的利润指标来证明其转让定价政策符合独立交易原则的情况，最典型的是以生产为主的企业使用贝里比率证明其转让定价的合理性，此时即使利润指标在独立交易区间，海关也不能够接受企业的转让定价政策。
      - 对于利润指标选择不合理的企业，应重新挑选利润指标，并用新指标来判断转让定价是否符合独立交易原则。如重新选择的利润指标表明企业转让定价违背独立交易原则，应根据利润指标偏离正常水平的原因，判断是否应对企业进口商品的价格实施后续调整。
    - 利润指标是否能反映进口商品价格的公平交易性
      - 利润指标是根据企业一段时间内（通常是一个财务年度）的财务数据计算得出的，反映的是该段时间内企业转让定价的合理性。但就某批进口货物而言，利润指标无法直接证明进口货物价格符合独立交易原则，因为利润指标的合理性可能是成本偏低和费用过高共同作用的结果，也可能是一种商品进口价格偏低和另一种商品进口价格偏高共同作用的结果。
      - 对此，可通过分析某批进口货物的成本、收入和费用，测算出该批货物企业实际盈利情况，并与企业制定的利润指标相比较，以此判断商品进口价格的合理性。如通过测算发现，进口商品的盈利水平高于企业目标，应在审核费用合理性后，对进口商品的价格实施调整。

（以上内容：重点审核利润指标的适用性和准确性）

- 交易净利法审核
  - 利润指标（重点审核利润指标的适用性和准确性）
    - 是否存在转让定价回溯性调整
      - 在交易净利法中，利润指标是确定企业内部转让定价的主要依据。集团内部商品的转让价格都是以该利润指标为目标确定的。
      - 通常情况下，企业在年初会根据分析和测算，决定利润指标和目标利润，再以此确定全年商品的转让价格。然而，企业运营存在一定的变数，外部经济形势的走势会直接影响企业的经营情况，导致实际年度盈利情况与年初确定的目标存在一定的差异。
      - 一般情况下，调整净利润最直接的方法就是调整货物的成本，即从关联企业采购的价格，企业也倾向于通过此种方法使利润率达到目标值。
      - 在估价实践中，应关注使用交易净利法的企业是否存在该类型的进口价格回溯调整，并按照实际发生情况对企业实施估价补税。
    - 可比企业的商品和经营范围是否与被估企业相同或类似
      - 在交易净利法下，被估企业在使用可比企业验证其利润指标合理性时，一般会选择与其功能类似、行业接近的企业作为候选可比企业，随后再使用四方位法计算出公平交易区间。宽松的可比要求直接导致了商品的差异。
      - 在估价实践中，应尽可能选择与其经营范围和产品类似的企业作为可比企业。

- 交易净利法审核
  - 费用
    - 费用的合理性
      - 指该费用为企业日常经营所必须发生的或企业自主发生的费用，不是母公司或关联企业强制要求支付或发生的费用，同时上述费用应与实际情况相一致。
        - 分析费用发生的原因，从费用金额较大的科目入手，看相关费用是否为企业正常经营必须发生的，例如厂房租金、员工工资等均属于企业正常经营必须发生的费用。
        - 判断费用是否为强制要求支付或发生的，通过调阅企业与关联企业或其他公司签订的协议，看其中是否存在要求企业支付的款项。
        - 核对费用发生情况，看与费用相关的商业活动是否如实发生，例如总部向进口企业收取了专利费，但并未向进口企业提供任何形式的专利和专有技术。
    - 费用的应税性
      - 指企业的相关费用是否与进口货物相关，是否符合海关估价法律中的应税条件，是否应计入进口货物的完税价格。
        - 在估价实践中，企业的应税费用主要出现在特许权使用费、转售收益、协助及卖方指定支付的费用等方面。
        - 在审核应税费用时，应严格遵循《审价办法》的相关规定，只有满足应税条件的才能计征。如发现企业对外支付特许权使用费，应审核特许权是否与货物相关、特许权使用费的支付是否构成货物进口的必要条件，只有满足上述两个条件才能将该进口货物的特许权使用费计入完税价格。

对于不合理的费用，应要求企业将费用调整至正常水平后重新计算利润指标，再与可比企业的数据进行比较，重新确定其转让定价是否符合独立交易原则。对于应税的费用，只有在企业转让定价符合独立交易原则时，才可将上述费用计入完税价格。如果企业本身的转让定价政策不符合独立交易原则或海关审价规定，即使发现企业支付应税费用，也不能将其计入完税价格，应使用除成交价格以外的方法确定企业进口货物的完税价格。

第六节　转让定价与海关估价的区别

转让定价与海关估价的区别

- **法律地位**
  - 转让定价主要依据 OECD《转让定价指南》和由此设定的框架来确定企业行为和行政机关税收征管。这一套框架体系类似通行准则或行业规范，基于自愿遵守的前提，没有强制约束力。
  - 海关估价是以《WTO 估价协定》和各国制定的本国法律法规为依据，在全球范围存在公约性、强制性，是 WTO 法律体系中规范各成员估价工作的国际公约。各成员必须照《WTO 估价协定》的具体条款，制定相应的本国法律法规。
- **审查原则**
  - 当转让定价无法反映市场和独立交易原则时，关联企业的税赋和所在国的税收可能已经被影响。对此，我们需要调整关联企业间的利润，来确保满足 OECD《转让定价指南》独立交易原则。
  - 《WTO 估价协定》规定海关接受关联企业间进出口商品的成交价格，应当与非关联企业间的价格相同，或者是与非关联企业间交易的定价原则相符。
  - 总的来说，无论是 OECD《转让定价指南》，还是《WTO 估价协定》，都将公平标准作为处理关联方交易所必须遵循的原则。在衡量跨国公司定价是不是合理时，都将非关联方间的交易定价作为参考，管理的根本目的上存在一致性。
- **管理相对人**
  - 转让定价审查机关不只是针对从事有形货物交易的进出口企业，还对从事对外服务贸易的企业进行转让定价审核，这通常要涉及跨国集团下多个公司或者是整个集团。
  - 海关估价主要对从事有形货物进出口的企业进行价格管理，针对的主要是单个进出口企业。
- **关联企业**
  - OECD 对关联企业的定义标准相对严格，尤其是对股权控制的要求，大多数国家的行政机关认定标准一般都要达到 23% 及以上。同时，各国行政机关在认定关联关系时，普遍采用实质重于形式原则，而不只是依据法律形式，这种做法的主动性较高。
  - 《WTO 估价协定》中对股权控制只要求直接或间接拥有、控制或持有双方 5% 或 5% 以上有表决权的发行在外的股票，符合这个条件就构成了海关估价意义上的关联关系。
  - 但在海关转让定价领域，因为受《WTO 估价协定》约束，关联关系判断标准受到严格限制，不能随意扩大认定范围和标准。

转让定价与海关估价的区别

贸易范围

转让定价不仅针对跨国公司间的有形资产转让，还包括了无形资产和服务贸易。转让定价政策制定过程中，有形资产、无形资产和服务都是必须考虑的因素。所以说，转让定价审查中涉及的贸易范围更为广泛，包含一个公司运营时涉及的所有贸易种类和形式。

海关作为进出境货物的监管机构，主要对进出关境的有形货物实施监管，海关估价也主要针对有形货物。与进口有形货物相关，符合应税条件的无形货物，如特许权使用费、转售收益、协助费等，也属于海关估价的范畴。从转让定价的角度来看，海关监管范围是与有形货物相关的关联交易。

管理对象

转让定价的管理对象是对一个公司在一个时期内的净利润实施调整。OECD推行转让定价制度的根本目的是为了调和跨国公司和各国税务机构之间的矛盾，重点集中在跨国公司间的利润分配。通过转让定价规范，将各关联公司间的净利润调整到合适的比例，从而确保各国利益和集团企业的盈利达到一个相对的平衡状态。

海关估价对象是每票进出关境的有形货物。在实施估价管理过程中，无论海关采取何种估价方法，估价决定最终指向的仍是单票货物，通常不会对企业的其他进口货物产生影响。在个案审查过程中，如果企业的交易方式相同、交易对象相同、交易货物相同，而且估价认定的依据也具有同样的推导性，那么就可以将估价方法运用在企业随后或之前的进口货物上。这种情况，只是将估价结论进行了延续适用，估价管理仍然是针对单票货物的。

转让定价与海关估价的区别

调整方法

当前中国行政机关实施转让定价调整时，大多采用利润法作为可行的调整方法。

而海关关注的重点是具体的单票进口货物。可比非受控价格法、再销售价格法和成本加成法都是以确定商品价格为根本目的，而利润法是以确定企业利润为目的，与商品之间的联系不是非常紧密。这就造成海关估价难以接受按企业全年利润指标作为衡量商品价格合理性的定价策略，这也是利润法难以得到海关估价部门接受的主要原因。

估价方法使用顺序

转让定价对方法的选择顺序并没有强制要求。OECD《转让定价指南》认为“传统交易法是最直接证明关联公司间商业和金融关系是否符合独立交易原则的方法。因此，传统交易法优于其他转让定价方法。”但因为传统交易法对可比性要求较高，在实际操作中使用难度较大。所以跨国公司在选择转让定价方法时，一般都倾向于使用更简单、更容易找到可比性的方法，如交易净利润率法，来说明其转让定价政策的合理性。

海关估价方法的选择必须按照规定顺序，从成交价格法、相同或类似货物估价法、倒扣价格估价法、计算价格估价法到合理方法，每一种估价方法都是在前一种方法不适用的前提下才能使用。除倒扣价格法和计算价格法可根据进口商要求互换使用顺序外，其他估价方法都不能随意选择使用。

第三部分

行业审价案例

第九章

主要行业业态

主要行业业态[①]

- 大宗商品行业
  - 行业概况
    - 大豆行业概述
    - 原油行业概述
    - 铁矿石行业概述
  - 经营策略
    - 交易流程
    - 定价政策
  - 功能风险分析
    - 采购、定价、存货管理、物流管理、营销与销售、账款回收
    - 风险分析
  - 公式定价
    - 公式定价概述
    - 估价要点
    - 海关公告
- 集成电路行业
  - 行业概况
    - 集成电路产销概况
    - 集成电路产业链
    - 集成电路行业主要特点
  - 经营策略
    - 集成电路产业国家政策
    - 集成电路行业的运作模式
    - 集成电路企业组织结构
  - 功能风险和资产
    - 研发、采购、销售与分销
    - 风险分析
    - 集成电路行业涉及的资产
- 医药行业
  - 行业概况
    - 医药行业市场概况
    - 医药行业产业链
    - 医药行业主要特点
  - 经营策略
    - 中国现行医药政策
    - 中国基本药物分类目录
    - 医药企业组织结构
  - 功能风险和资产
    - 采购、库存管理和物流、销售和市场推广、付款请求和回收
    - 风险分析
    - 医药行业涉及的资产
- 汽车行业
  - 行业概况
    - 汽车行业产销概况
    - 汽车行业产业链
    - 汽车行业主要特点
  - 经营策略
    - 项目管理
    - 组织结构
  - 功能风险和资产
    - 研发、采购、销售与分销
    - 风险分析
    - 汽车行业涉及的资产

① 本书涉及的数据，除特殊说明外，均不包含港澳台地区相关数据。

主要行业动态整体思维导图

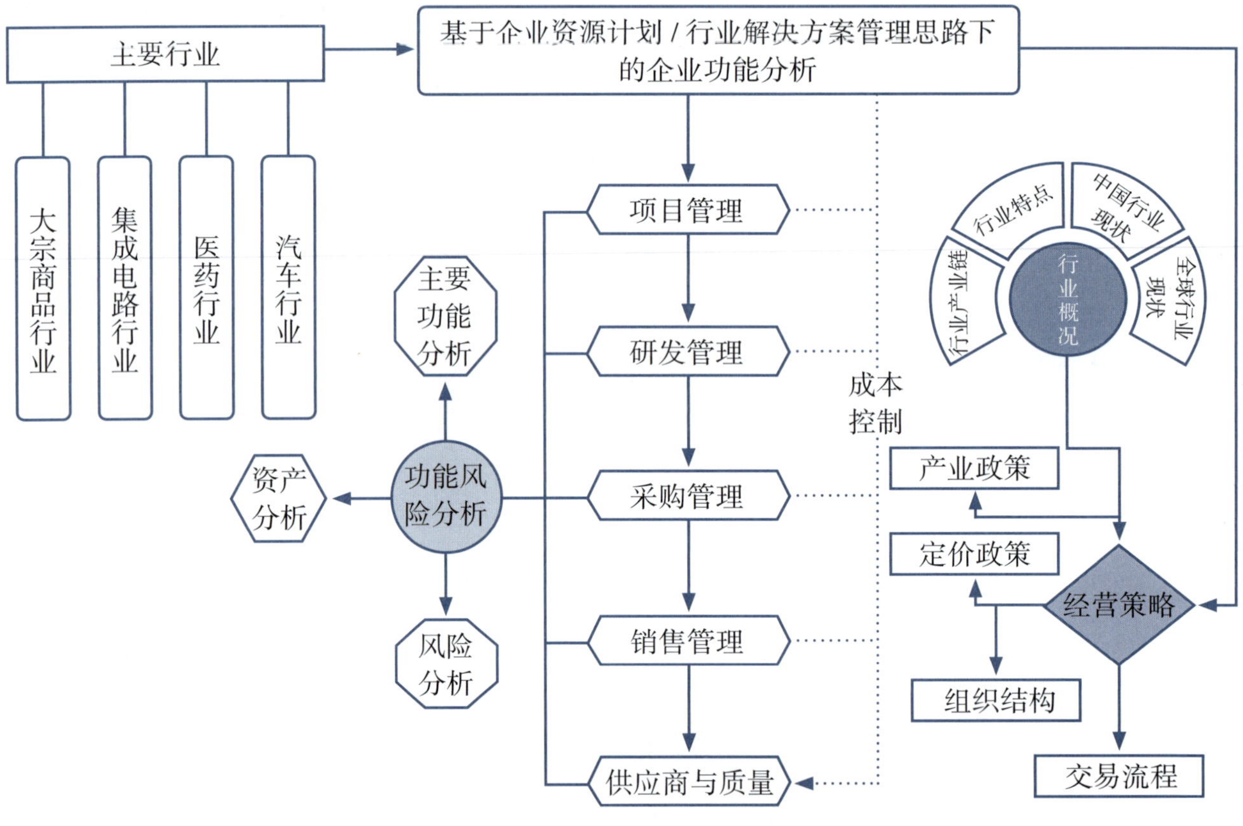

第一节 大宗商品行业业态

大宗商品行业业态

行业概况

- 大豆行业概述
- 原油行业概述
- 铁矿石行业概述

经营策略

- 交易流程
- 定价政策

功能风险分析

- 采购、定价、存货管理、物流管理、营销与销售、账款回收
- 风险分析

公式定价

- 公式定价概述
- 估价要点
- 海关公告

（一）大宗商品行业概况

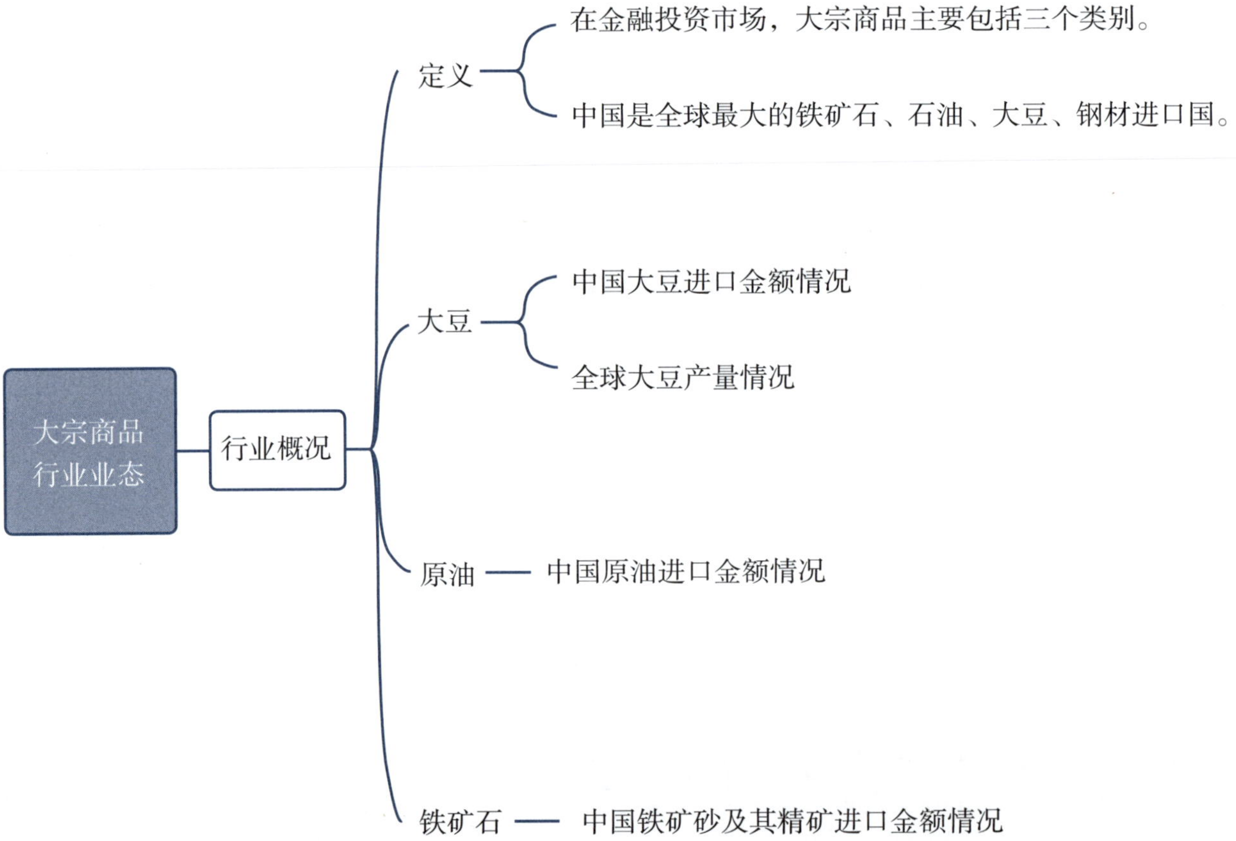
大宗商品
行业业态
行业概况
定义
在金融投资市场，大宗商品主要包括三个类别。
中国是全球最大的铁矿石、石油、大豆、钢材进口国。
大豆
中国大豆进口金额情况
全球大豆产量情况
原油
中国原油进口金额情况
铁矿石
中国铁矿砂及其精矿进口金额情况

- **大宗商品行业业态**
  - **行业概况**
    - **定义**
      - 大宗商品是指可进入流通领域，但非零售环节，具有商品属性并用于工农业生产与消费使用的大批量买卖的物质商品。
        - 在金融投资市场，大宗商品指同质化、可交易、被广泛作为工业基础原材料的商品，如原油、有色金属、钢铁、农产品、铁矿石、煤炭等。主要包括三个类别：
          - 能源商品
          - 基础原材料
          - 农副产品
        - 目前，中国是全球最大的大宗商品贸易国，同时也是全球最大的铁矿石、石油、大豆、钢材进口国。
          - 2021 年，中国大豆、铁矿石、石油对外依存度分别为 83.7%、82.3%、73.5%。
      - 鉴于此，转让定价分析重点围绕大豆、原油和铁矿石三类主要进口大宗商品开展。
    - **大豆**
      - 2021 年 12 月，中国大豆进口金额 53.44 亿美元。2021 年 1—12 月中国大豆进口金额情况如图 9–1 所示。
        - 2017 年至 2021 年，中国大豆进口金额呈起伏波动状态。2021 年大豆进口金额达 535.25 亿美元，较 2020 年增长 139.75 亿美元。（见图 9–2）
      - 全球大豆主产国有巴西、美国、阿根廷、中国、印度、巴拉圭等。2020 年，全球大豆生产国中巴西产量最高，占全球总产量的比率为 36.6%；产量排第二的是美国，大豆产量占比为 31.2%；产量排第三的是阿根廷，产量占比为 13.7%；中国大豆产量占比为 5.4%。（见图 9–3）

- 大宗商品行业业态
  - 行业概况
    - 原油
      - 2021年12月，中国原油进口金额271.11亿美元，同比增长111.13%（见图9-4）。2021年，中国原油进口金额累计达2585.23亿美元，同比增长44.87%。
      - 2020年，中国原油进口金额为1784.53亿美元，较2019年减少639.32亿美元。
      - 2017年至2021年中国原油进口金额总体情况如图9-5所示。
    - 铁矿石
      - 2020年，中国铁矿砂及其精矿进口金额达1237.32亿美元，较2019年增长224.01亿美元。2021年，铁矿砂及其精矿进口金额快速增长，达1822.94亿美元，较2020年增长585.62亿美元。2017年至2021年中国铁矿砂及其精矿进口金额情况如图9-6所示。

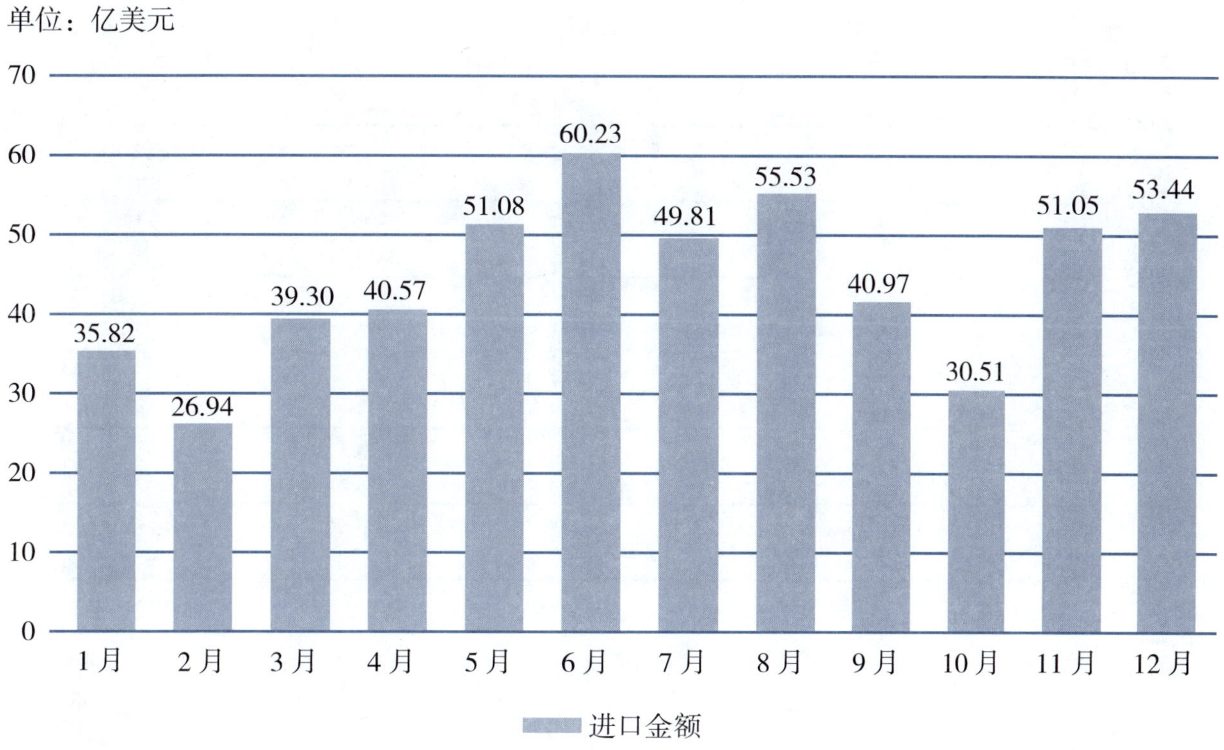

数据来源：海关总署，由编者整理。

图 9–1　2021 年 1—12 月中国大豆进口金额情况

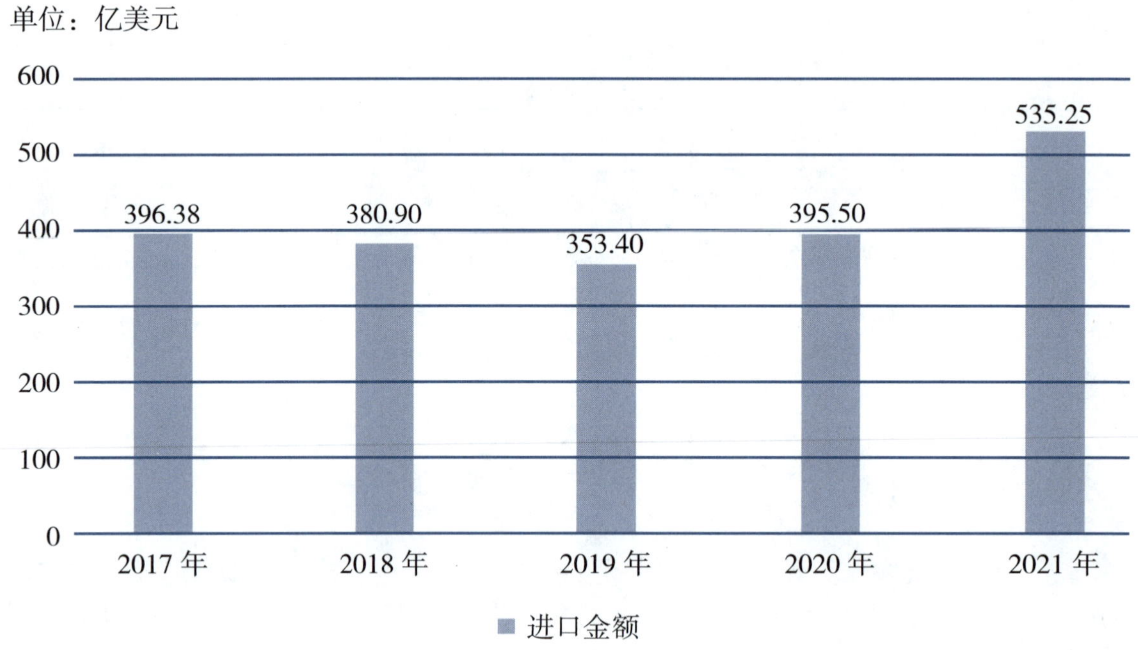

数据来源：海关总署，由编者整理。

图 9-2　2017 年至 2021 年中国大豆进口金额变化情况

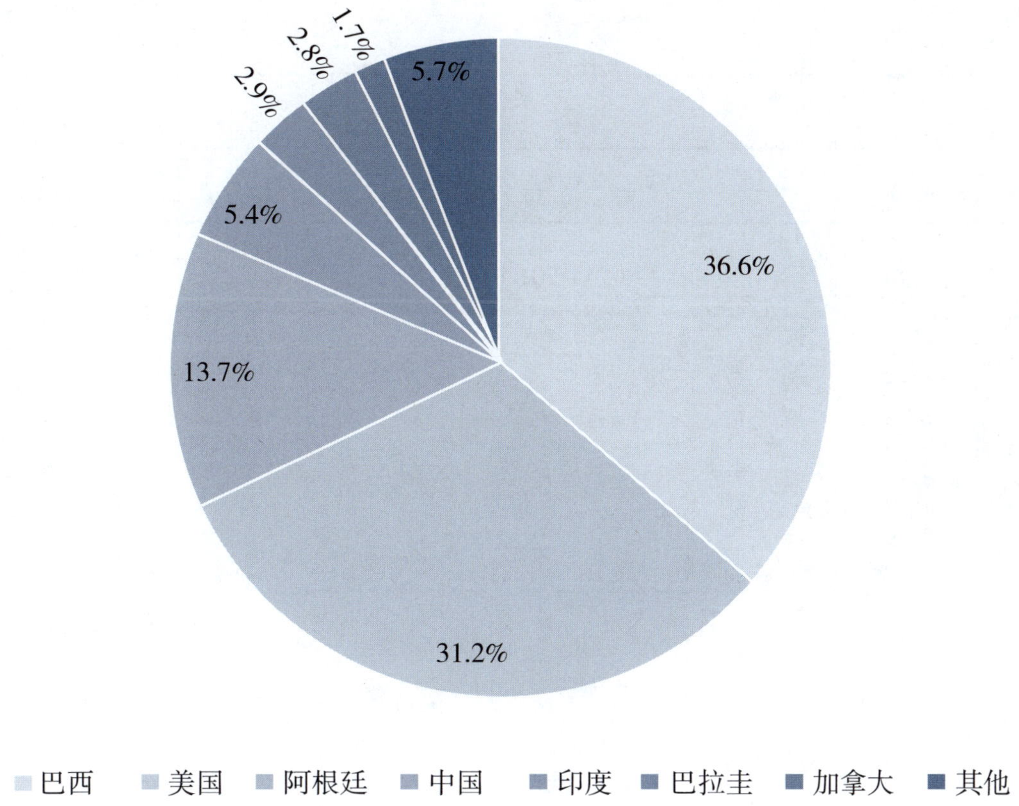

数据来源：由中商产业研究院整理，详见 https://www.askci.com/news/chanye/20220113/1357471721258.shtml。

图 9-3 2020 年全球大豆产量区域占比结构图

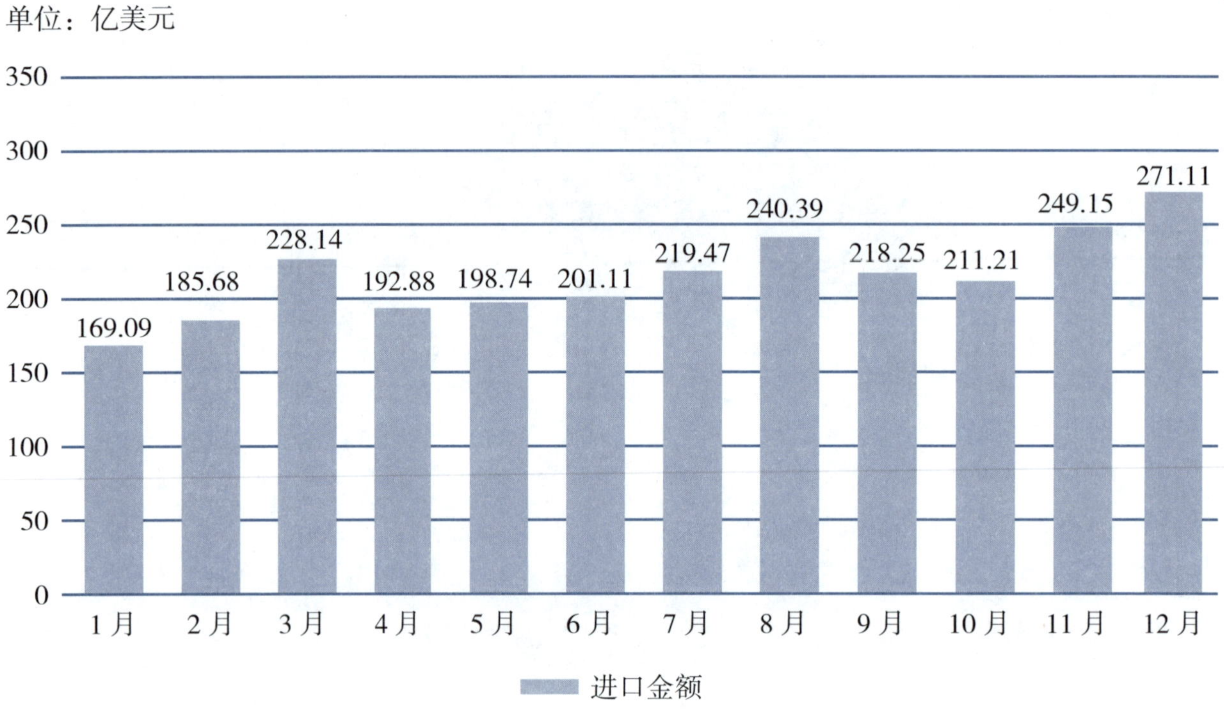

数据来源：海关总署，由编者整理。

图 9-4　2021 年 1—12 月中国原油进口金额情况

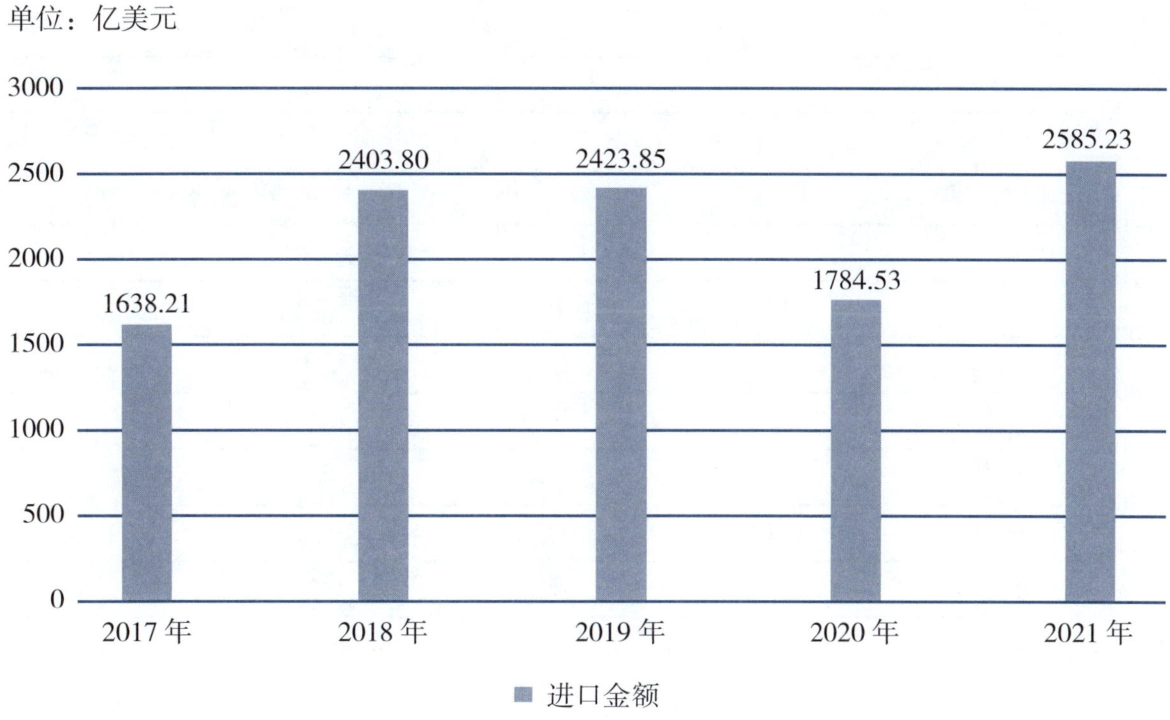

数据来源：海关总署，由编者整理。

图 9-5　2017 年至 2021 年中国原油进口金额总体情况

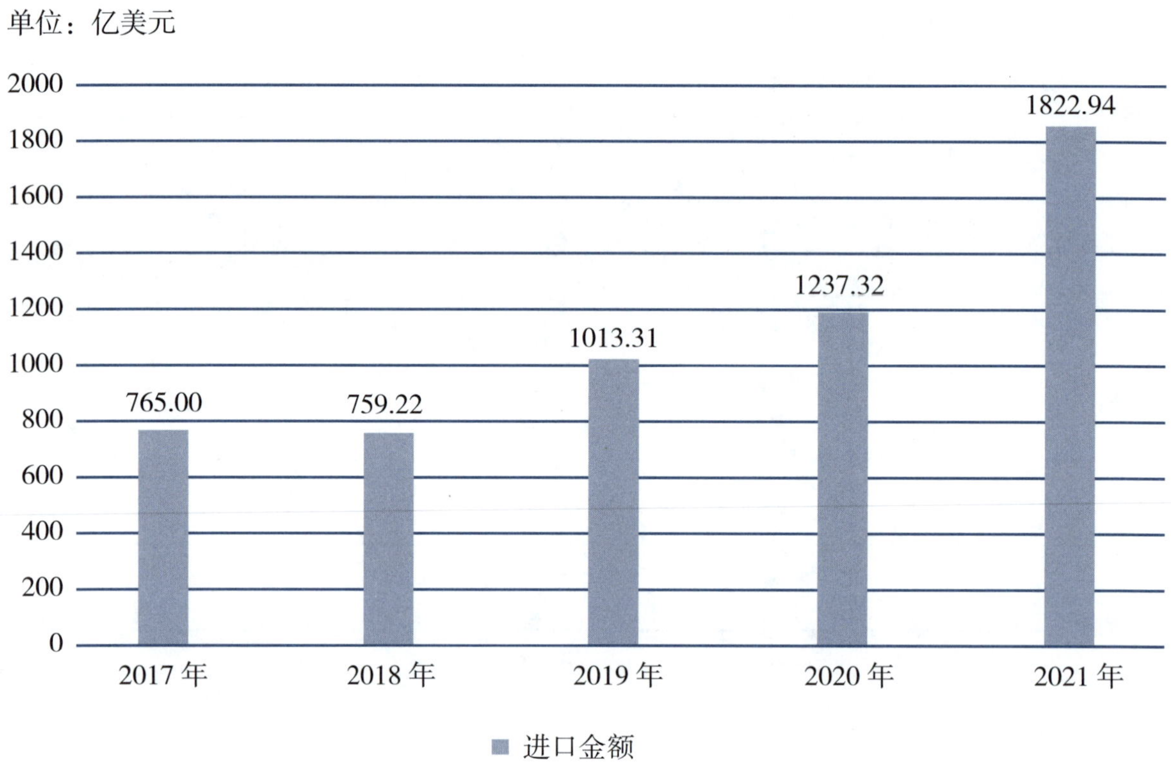

数据来源：海关总署，由编者整理。

图 9–6　2017 年至 2021 年中国铁矿砂及其精矿进口金额情况

（二）经营策略

- 大宗商品行业业态
  - 经营策略
    - 交易流程
      - 大豆交易
        - 以芝加哥商品交易所（Chicago Board of Trade，简称 CBOT）为基础的升贴水方式：离岸价（Free on Board，简称 FOB）及到岸价（Cost and Freight，简称 CNF）升贴水 + 期货价格。
        - 贸易商的操作模式及升贴水的产生
        - 大豆现货采购流程
      - 原油交易
        - 原油交易的步骤
        - 影响原油交易的因素
      - 铁矿石交易
        - 国际上，铁矿石交易与大豆类似，目前国内铁矿石交易主要采用基差定价模式。
        - 铁矿石进口业务重要操作阶段

- 大宗商品行业业态
  - 经营策略
    - 定价政策
      - 大豆定价政策
        - 期货转单
        - 期货点价
        - 进口成本计算
        - 压榨利润
        - 最终成本
      - 原油定价政策
        - 随着石油输出国组织（Organization of the Petroleum Exporting Countries，简称 OPEC）定价模式的瓦解，全球的原油贸易开始采用基于各种基准价格进行升贴水调整的公式计价法的定价方式。
        - 原油贸易根据原油采购期限的不同，可以分为长约合同定价模式和现货市场定价模式。
        - 基准价
        - 升贴水
      - 铁矿石定价政策
        - 目前，铁矿石指数定价方式成为市场普遍接受的基准。国际主流指数定价来源包括：
          - 普氏能源资讯的普氏指数（Platts Iron Ore Index）
          - 环球钢讯的 TSI 指数（The Steel Index）
          - 英国金属导报的 MBIO 指数（MB Iron Ore Index）
        - 混合指数

中国实行“走出去”发展战略，大宗商品行业把握“一带一路”建设机遇，按照“两个市场、两种资源”的要求，相关国内企业积极开拓发展海外市场，通过境外设立关联企业、参股或低成本并购海外企业、加紧布局海外销售网络、参与境外资源勘探与开发、加强国际科研与合作、开展境外基础设施投资和建设、设立境外投资专项基金等多种方式，实现集团“走出去”战略。

此外，跨国集团在中国境内设立关联企业，从事集团指定的特定业务，如大宗商品的进出口、生产加工、销售等活动。

对于上述两种情形，如果大宗商品跨境贸易发生在有特殊关系的交易实体之间，集团转让定价安排对进口大宗商品价格容易造成影响。

因此，在开展大宗商品估价时，转让定价是需要重点关注的问题。开展转让定价分析要基于对大宗商品交易流程和定价政策的全面了解。

- 大宗商品行业业态
  - 经营策略
    - 交易流程
      - 大豆交易
        - 国际上，大豆交易主要表现为现货贸易。自 2000 年以来，大豆现货贸易由美国公司推动，改一口价（flat price）方式为以 CBOT 为基础的升贴水方式：FOB 及 CNF 升贴水 + 期货价格。
          - FOB：是国际贸易中常用的贸易术语之一。按离岸价进行的交易，买方负责派船接运货物，卖方应在合同规定的装运港和规定的期限内将货物装上买方指定的船只，并及时通知买方。货物在装船时越过船舷，风险即由卖方转移至买方。
          - CNF：到岸价交易方式。卖方租船，在合同规定的装运港和规定的期限内将货物装上船只，并及时通知买方。船运费由卖方支付。但是，货物在装船时越过船舷，风险即由卖方转移至买方。
          - 升贴水
            - 也称为期现基差（Basis of Premium）。所谓“期现基差”，指的是某一特定地点的现货价格与当时同种商品临近交割的期货合约价格间的差额。
            - 公式：升贴水（期现基差）＝现货价格—期货价格
        - 贸易商的操作模式及升贴水的产生
          - 贸易商向农场主收购大豆，同时在期货市场卖出相应期货合约进行保值。该过程完成后贸易商手中持有大豆现货多头和相应期货空头。
          - 贸易商计算自己的成本和利润，确定向中国油厂的升贴水报价，并和中国油厂签订出口合同。
          - 中国油厂接受升贴水报价，并在一定的期限内购买相应数量的期货（点价）。
          - 中国油厂将期货多单转单给贸易商，贸易商借以平掉手中的期货空头，贸易商将相应数量的大豆现货转移给买方。该过程完成后贸易商手中的大豆现货多头和期货空头同时平仓了结。

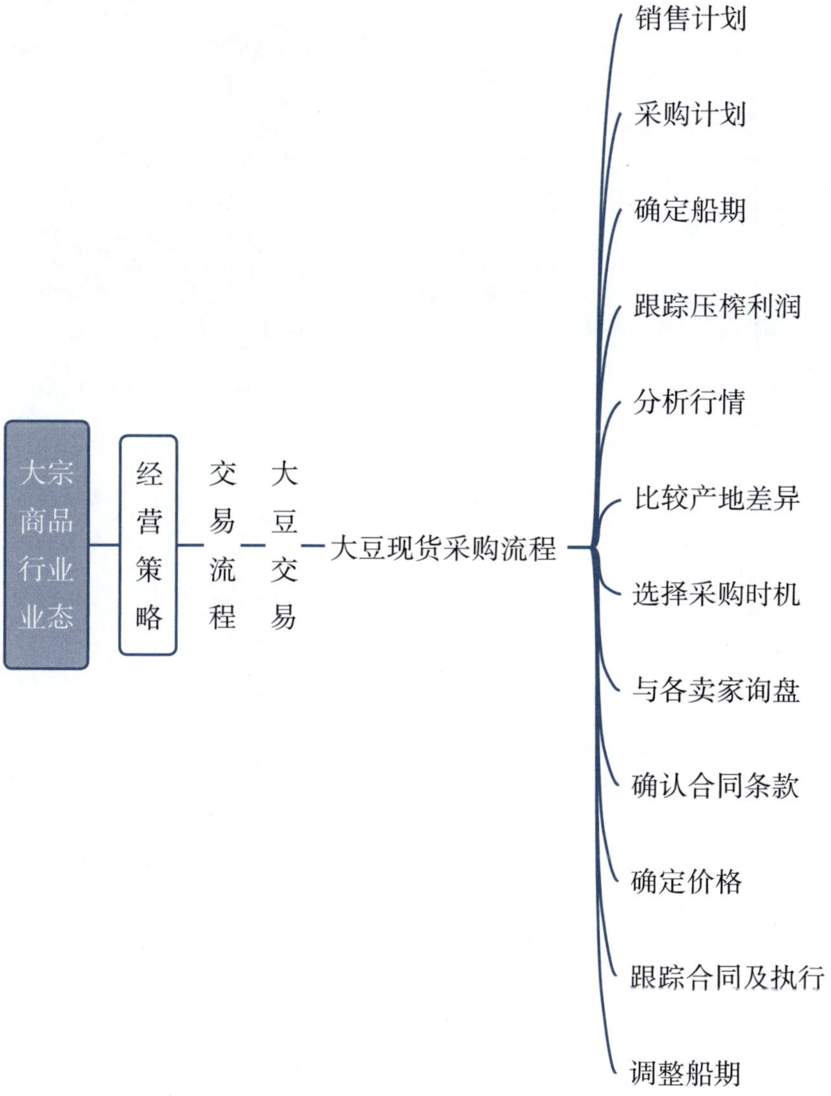
大宗商品行业业态
经营策略
交易流程
大豆交易
大豆现货采购流程
销售计划
采购计划
确定船期
跟踪压榨利润
分析行情
比较产地差异
选择采购时机
与各卖家询盘
确认合同条款
确定价格
跟踪合同及执行
调整船期

- 大宗商品行业业态
  - 经营策略
    - 交易流程
      - 原油交易
        - 原油交易的步骤
          - 出价或还价
          - 合同确认
          - 付款
            - 卖方保障：无担保信贷、承兑信用证（不可撤销或备用）、母公司担保、预付款 / 履约保证金。
            - 买方保障：所有权票据、联署的无提单付款保证书。
          - 其他条款与条件 — 条款定义、衡量单位、报船程序、装船与停泊条件、不可抗力、争端程序、例外与例外条款、转让、放弃要求、使用法律等。
        - 影响原油交易的因素
          - 数量
          - 质量
          - 交货期
          - 交货方式
          - 价格
          - 付款
          - 其他
      - 铁矿石交易 — 国际上，铁矿石交易与大豆类似，目前国内铁矿石贸易主要采用基差定价模式。 — 基差定价模式是指在现货贸易中采用“期货 + 基差”的模式对现货进行定价，买卖双方签订购销合同时，暂不确定固定价格，而是按指定交易所的期货价格锁定基差，由买方在装运前选择某一时点的期货价格作为最终交易价格。

- 大宗商品行业业态
  - 经营策略
    - 交易流程
      - 铁矿石交易
        - 铁矿石进口业务重要操作阶段：
          - 报盘洽谈
            - 报盘洽谈的标准要素有：货物名称、出产矿山；货物规格、数量；货物价格、奖罚标准；装港、装期、卸率及滞速费率；其他特殊要求（如有），例如无承兑手续费由谁承担；报盘效期。
          - 合同签约
            - 根据租船方的不同，进口合同可分为成本加运费（Cost and Freight, 简称 CFR）/ 成本加保险费加运费（Cost Insurance and Freight, 简称 CIF）合同和 FOB 合同。
            - 合同的组成要点包括：合同号及签订日期；合同双方名称及联系信息；货物描述：品名、产地、装港、卸港、装期、数量、货品规格；价格及奖罚；议付条款、首款和尾款所需单据；装卸港品质差异解决方式；运输及卸港 / 装港条款；保险条款；不可抗力条款；风险与所有权转移；货物损失赔偿条款；仲裁及法律条款；其他条款；双方授权人签字及签章。

- 大宗商品行业业态
  - 经营策略
    - 交易流程
      - 铁矿石交易
        - 铁矿石进口业务重要操作阶段：
          - 租船保险
            - CFR/CIF 合同项下，供应商在签订合同后将租用的船只信息报给买方，买方根据所报的船只信息，判断船只是否符合国内卸港要求。如符合，将接受供应商所报船只；如不符合，可提出合理原因，要求供应商换船，直到买方接受船只为止。
            - FOB 合同项下，由买方租船，将具体装期、货量、装卸港条件等要求报给船运公司后，由船运公司对该航程报价和报出船只。买方将船运公司所报船只发给供货方，须经装港港务局确认合格，方可被接受。同时买方与船运公司议价，确定租船价格。
              - 注意事项：合同履行过程中，租船和登记报船信息这一环节，CFR/CIF 和 FOB 合同有着很大区别：CFR/CIF 合同是由发货人（供应商）租船，而 FOB 合同是由收货人（买方）租船。

- 大宗商品行业业态
  - 经营策略
    - 交易流程
      - 铁矿石交易
        - 铁矿石进口业务重要操作阶段：
          - 租船保险
            - 办理保险分为预保和实保两个步骤。
              - 预保是在船只靠上装港泊位之前投保，以规避潜在风险。无论是FOB合同（由买方租船），还是CFR合同(由供应商租船)，均由买方办理保险，而CIF合同由供应商办理保险。预保险是以合同数量和合同金额为依据的。
              - 实保是指在船只装货完毕后，根据实际提单数量和实际发票金额将预保转成实保。
          - 开立信用证
            - 买方在开立信用证时，除货物规格、价格、付款比例、交货期限等主要条款外，还应对货物掉品、船期延误、装港单据出现重大缺陷等可能触发拒收货物的情况进行规定。
            - 在信用证开立后，供应商在信用证项下提交装港单据和卸港单据。装港单据包括首款发票、提单、质量证、重量证、原产地证；卸港单据包括尾款发票和CIQ（China Entry-Exit Inspection and quarantine，中国出入境检验检疫）报告。

- 大宗商品行业业态
  - 经营策略
    - 定价政策
      - 大豆定价政策
        - 期货转单
          - 期货转单的目的是买卖双方确定最终付款价格。期货转单（Exchange of Futures for Physicals, 简称 EFP）要素包括合约、数量、时间和价格。其中，合约、数量和时间一般根据现货采购合同条款中相应的规定，价格则取决于期货转单当天的行情波动。
        - 期货点价
          - 期货点价的目的是确定一单货物的最终成本。
          - 点价要素包括合约、数量、时间和价格。
          - 转单后期货头寸留下净空单；根据行情判断低点买入相同合约相同数量多单，以对冲 EFP 后空单，完成点价；期货点价和期货转单的合约，数量一一对应；价格和时间选择上完全取决于对行情方向的判断。
        - 进口成本计算
          - 离岸价格（FOB） 美元/吨 =［期货价格（CBOT） 美分/蒲式耳 + 升贴水 美分/蒲式耳］× 美分/蒲式耳到美元/吨的折算率
          - 到岸价格（CNF） 美元/吨 = 岸价格（FOB） 美元/吨 + 海运费 美元/吨（保险费另算）
          - 大船舱底完税价 人民币元/吨 = 到岸价格（CIF） 美元/吨 ×（1+ 增值税率）×（1+ 关税率）× 美元兑人民币汇率 =（CNF 价 + 保险费 美元/吨）×（1+ 增值税率）×（1+ 关税率）× 美元兑人民币汇率
        - 压榨利润
          - 压榨利润 = 产品产出 − 进口大豆成本 − 压榨费用 = 豆油价格 × 出油率 + 豆粕价格 × 出粕率 − 进口大豆成本 − 加工费
            - 进口大豆成本 = 进口大豆大船舱底完税价 + 港杂费 + 短倒费
        - 最终成本
          - 按照标准 EFP 业务流程的计算方法
            - 最终成本 = EFP 成本 + 升贴水 + 点价后的期货账户亏损 = EFP 成本 + 升贴水 − 点价后的期货账户盈利 =EFP 成本 + 升贴水 +（点价价格 − EFP 价格）
          - 简单直接的计算方法
            - 最终成本 = 点价价格 + 升贴水价格

- 大宗商品行业业态
  - 经营策略
    - 定价政策
      - 原油定价政策
        - 随着 OPEC 定价模式的瓦解，全球的原油贸易开始采用基于各种基准价格进行升贴水调整的公式计价法的定价方式。
        - 原油贸易根据原油采购期限的不同，可以分为长约合同定价模式和现货市场定价模式。
          - 长约合同采用公式计价法，其选取某一基准价格加上升贴水的方式来定价，具体的公式是：原油结算价格 = 基准价格 ± 升贴水。此外，也有部分国家公布的是利用公式计算得到的回溯性绝对价格。
          - 现货市场定价方面，多采用某一时间段的基准价格的均价来进行结算。

- 大宗商品行业业态
  - 经营策略
    - 定价政策
      - 原油定价政策
        - 基准价
          - 对于基准价格，目前全球各地区选择的原油基准价格有所不同，大多数地区选取原油期货作为基准价格，但是第三方评级机构的原油报价也是全球原油基准价格的重要来源。
          - 目前全球的基准价区主要有三个：北美地区以美国西得克萨斯轻质原油期货为基准的定价体系、西欧及非洲基于布伦特原油期货的定价体系、中东出口至亚太地区基于迪拜和阿曼的定价体系。
            - 美国西得克萨斯轻质原油（WTI）：北美地区绝大多数的原油进出口及现货价格基于WTI期货加减升贴水来计算，因此WTI原油是北美地区最重要的原油定价基准。
            - 布伦特（Brent）：西欧及非洲地区的原油定价主要以洲际交易所（ICE）的Brent原油为主。2000年之后，各地销往欧洲的原油定价以Brent的加权平均价格加上升贴水进行确定。除了期货价格之外，西欧及非洲地区的原油定价，特别是短期交易定价也参照远期合约价格或者掉期价格。
            - 阿曼/迪拜：亚太地区的原油定价相对混乱，一直没有一个权威的基准价格，并且通常采用产地定价的模式。中东地区出口到亚太地区的原油价格以普氏（Platts）的阿曼/迪拜原油均价为基准。由于中东出口至北美和西欧的基准价格是销地报价，而中东销往亚太的报价是产地报价，因此中东销往亚太的报价往往比销往北美和西欧的同等原油的价格高，形成了亚洲溢价。

- 大宗商品行业业态
  - 经营策略
    - 定价政策
      - 原油定价政策
        - 升贴水
          - 升贴水的确定主要由产油国或第三方评级机构制定，主要根据原油的品质、运输费用、出口对象、买方的订单量等多个因素制定。
          - 升贴水的设置，主要是用于修复不同原油和地域对于基准原油价格的价差，从而实现各地的原油价格都能在一个相对合理的价格范围内运行。
          - 远期合约是交易双方约定在未来的某一确定时间，以确定的价格买卖一定数量的油品的合约。合约规定交易的标的物、有效期和交割时的执行价格等内容，是一种保值工具，是必须履行的协议。
          - 掉期指在外汇市场上买进即期外汇的同时又卖出同种货币的远期外汇，或者卖出即期外汇的同时又买进同种货币的远期外汇，也就是说在同一笔交易中将一笔即期和一笔远期业务合在一起做，或者说在一笔业务中将借贷业务合在一起做。在掉期交易中，把即期汇率与远期汇率之差，即升水或贴水，叫作掉期率。如果远期汇率比即期汇率贵则为升水，反之则为贴水，相应的涨跌的价格就是升水金额和贴水金额。

- 大宗商品行业业态
  - 经营策略
    - 定价政策
      - 铁矿石定价政策
        - 目前，铁矿石指数定价方式成为市场普遍接受的基准。国际主流指数定价来源包括：
          - 普氏能源资讯的普氏指数（Platts Iron Ore Index）
            - 普氏能源资讯（Platts）是麦格劳-希尔集团的下属机构，作为一家成立于1909年的能源、金属市场新闻、价格与数据提供商，其在价格指数编制的方法论被认为比其他机构成熟，长期积累的经验也使得其在国际大宗商品领域具有一定影响力。由普氏能源资讯编制的普氏指数将矿山、贸易商、钢厂、货运商、金融机构等作为询价对象；普氏的编辑人员每天都会与他们联系，询问当天的交易情况和对价格的看法，最终选出被认为在当天最有竞争力的价格作为“评估价格”。
          - 环球钢讯的TSI指数（The Steel Index）
            - TSI指数则更加重视每天的实际成交价格，钢厂、矿山和贸易商都是他们的询价对象，并且占比基本按照三三制。询价对象每天将实际成交价格上传，TSI的分析师通过整理计算和给予钢厂、矿山和贸易商同样的权重，最终归纳成两种品位（62%和58%）的进口铁矿石到天津港的到岸价。普氏指数定位于贸易结算工具，而TSI指数则专注于铁矿石金融衍生品市场，为后期铁矿石进一步金融化做好准备。
          - 英国金属导报的MBIO指数（MB Iron Ore Index）
            - MBIO指数由英国金属导报发起，是以中国青岛港（CFR）62%品位铁矿石为基准，将所有56%～68%品位铁矿石折合为62%品位，其低品位指数品种也有部分矿山作为参考标准。

- 大宗商品行业业态
  - 经营策略
    - 定价政策
      - 铁矿石定价政策
        - 混合指数
          - 中国的铁矿石自2018年已经开始使用“混合指数定价”，对不采用混合指数定价的，可以拒签合同。
          - 中国重申了铁矿石定价要采用混合指数定价的问题，并表示要“反对垄断”“反对歧视”，而这些均指向了此前维系多年的铁矿石贸易定价规则。
          - 自2010年开始，中国与国际矿山公司的铁矿石贸易定价主要参照普氏价格指数。
            - 普氏价格指数由普氏能源资讯（Platts）于2008年推出后，许多国际矿山公司主要就是参照这一指数制定价格。因此，普氏价格指数也被认为是决定铁矿石价格的官方指数。
            - 但是，在过去接近10年的“普氏指数时代”，包括中国的钢厂以及中钢协在内的行业机构中，反对的声音一直未有间断，背后的原因则是基于对这一单一指数定价的公平性的质疑。
          - 铁矿石贸易是大宗商品贸易，中国每年使用600亿美元以上的进口铁矿石，全球铁矿石海运量的80%在中国，所以中国的主张不容忽视。所谓“混合指数定价”，即主张在铁矿石的定价上不止采用一种价格指数来作为参照的标准，而是要综合参照多种价格指数。

（三）功能风险分析

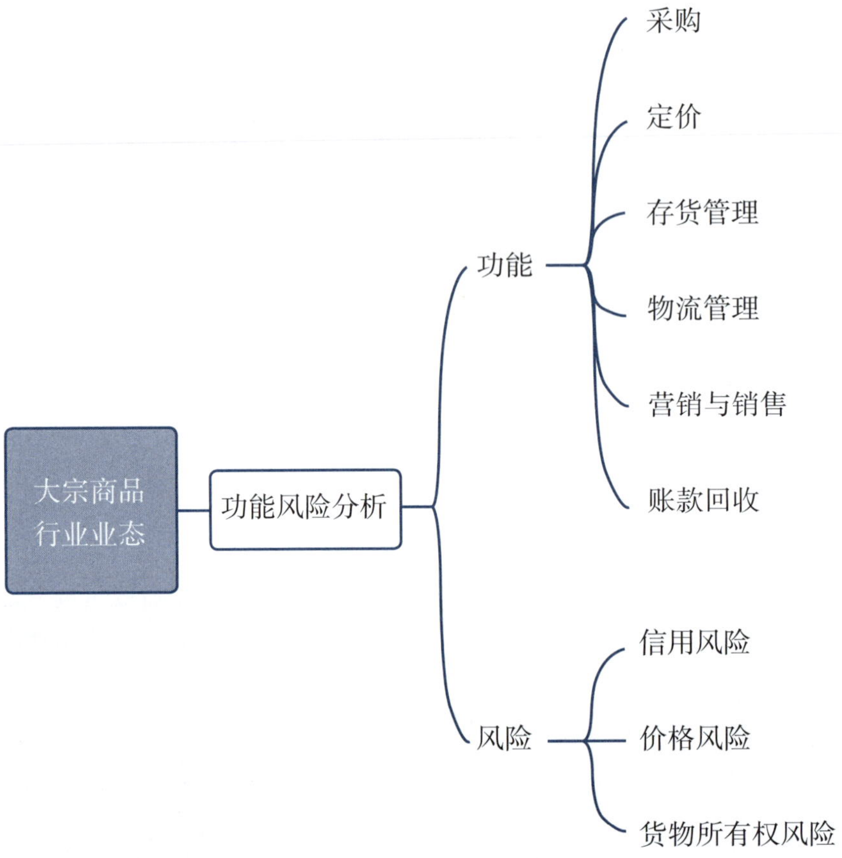
大宗商品
行业业态
功能风险分析
功能
采购
定价
存货管理
物流管理
营销与销售
账款回收
风险
信用风险
价格风险
货物所有权风险

- 大宗商品行业业态
  - 功能风险分析
    - 功能
      - 采购
        - 进口商在了解境外供应商资质、信誉、交货水平后与之签订采购合同，合同内容包括买卖双方的名称、地址、货物描述（名称、品种、数量、规格、价格等）、支付方式以及其他条款等。
        - 部分企业由于存在长期采购需求，同时为与供应商保持稳定的合作关系，会与上游供应商签订年度供货协议，支付年度协议保证金，基本锁定全年采购量，之后根据实际情况分批采购。
      - 定价
        - 目前，常见的定价模式主要包括：
          - 一口价，即价格确定在合同履行完毕前，即使期间价格上涨或下跌均不再变更。长协价格是典型的一口价模式，进口商也常用上、下游同步一口价的方式进行价格锁定。目前，国际贸易中煤炭、铁矿石、化肥，以及多数品类的国内贸易等仍较多采用此类模式，但铁矿石进口、焦炭内贸等品种已逐步向期货定价转型。
          - 基差定价，即买卖双方在签订合同时不确定具体成交价格，而是约定在未来某一时间对合同标的物进行实物交收，并规定以交货之前某一时间期货市场的该标的物期货价格为基准，加上双方事先约定的基差（某一特定商品于某一特定时间和地点的现货价格与期货价格之差）确定销售价格进行货款结算。

- 大宗商品行业业态
  - 功能风险分析
    - 功能
      - 存货管理
        - 库存管理功能是指对存货水平（包括原材料、半成品和产成品）进行管理和控制，以降低存货成本并提高生产经营效率的活动。
          - 具体而言，库存管理包括：生产加工过程中对原材料、在产品及产成品进行存货管理；每月定期对库存量进行盘点；根据订单数量对原材料以及产成品库存量作适时的更新和调整以确保合理的库存水平。
      - 物流管理
        - 物流管理功能分为与采购相关的物流管理功能和与销售相关的物流管理功能。
          - 与采购相关的物流管理功能是指对从供应商采购的货物进行管理的活动。
          - 与销售相关的物流管理功能是指对发往收货方的货物进行管理和控制的活动。
        - 物流管理功能具体包括：优先考虑适合区域范围内的仓储、物流资源；考虑使用集团内部物流资源或合作关系良好的外部仓储、物流服务提供商；物流部门通过联系物流服务提供商安排相应货物以海运、陆运、铁路运输的方式运输至客户指定地点。
      - 营销与销售
        - 对产品销售渠道进行管理，更好地满足市场需求，通过集团营销平台企业或进口商的贸易部门，开展联络客户、商业条款谈判、价格谈判等具体营销与销售工作。
      - 账款回收
        - 账款回收包括向客户出具发票、催促收款等。通常货款结算方式为款到发货，对于部分长期合作客户会给予信用赊销期，一般为 90 天以内。

- 大宗商品行业业态
  - 功能风险分析
    - 风险
      - 信用风险
        - 进口商在采购环节须向境外供应商预付货款，由供应商收款发货。一旦供应商未按照合同约定发货，或出现供应商恶意欺骗的情况，公司预付账款面临一定减值损失风险。
        - 在销售环节中，由于存在提前释放货物所有权的情况，若后续货款无法收回或收回难度较大，进口商应收账款损失风险较大。
      - 价格风险 — 由于大宗商品价格波动幅度较大，定价环节对进口商而言至关重要，货物价格波动直接影响贸易定价环节。价格风险表现如下：
        - 货物跌价风险：进口商在持有货权期间，承担价格波动风险，一旦价格跌破采购价格，进口商将承担跌价损失。
        - 下游弃货、拒收风险：在进口商在与下游客户签订了一口价的锁价销售合同后，一旦在销售期间货物价格出现大幅下跌，客户或出现弃货、拒收的情况，进口商或采取低价处理的方式以避免货物进一步跌价的风险。
      - 货物所有权风险 — 货物所有权风险主要指在货物仓储运输期间，因为仓储、物流方等外部中介服务机构导致货物损失的风险。

（四）公式定价

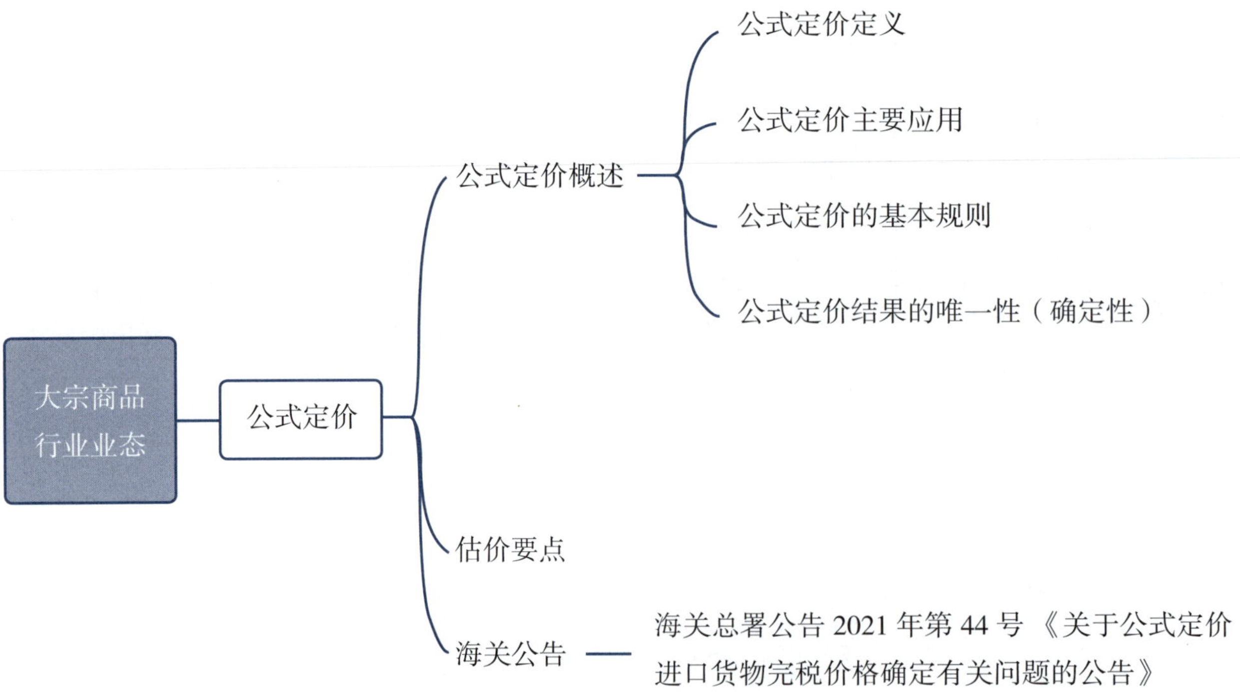
大宗商品
行业业态
公式定价
公式定价概述
公式定价定义
公式定价主要应用
公式定价的基本规则
公式定价结果的唯一性（确定性）
估价要点
海关公告
海关总署公告 2021 年第 44 号《关于公式定价
进口货物完税价格确定有关问题的公告》

- 大宗商品行业业态
  - 公式定价
    - 公式定价概述
      - 公式定价是指在向中华人民共和国境内销售货物所签订的合同中，买卖双方未以具体明确的数值约定货物价格，而是以约定的定价公式来确定货物结算价格的定价方式。
      - 公式定价主要集中在化工、金属等存在国际期货交易市场且价格波动非常频繁的行业。
        - 此类商品具有国际市场价格公开透明、价格波动频繁、交易数量巨大、交货周期长的特征，因此国际市场价格的微小波动就可能严重影响买卖双方的收益。
      - 买卖双方先议定一个临时价格，最终实际支付的价格则根据合同约定，依据特定公开市场的价格或条件进行确定。比如，根据期货市场某一阶段的行情，或者是根据实际到港货物的检验质量来确定，以此来降低双方因市场行情剧烈波动可能带来的违约风险。
      - 双方虽根据公式确定价格，但在未来某一特定时期，该定价公式的结果是唯一的。
    - 估价要点
      - 对于价格复审条款、公式定价、点价等定价贸易形式，成交价格是确定的，可以根据预先确定的公式或条款，在特定的期限，明确货物的实付或应付价格。
      - 公式定价方式与成交价格的“不确定因素”之间存在着显著差异。但在某些特定情况下，公式定价也会转化为不确定因素，此时公式是否可以接受就会存在疑义。
      - 价格复审条款、公式定价、点价等定价贸易形式符合《审价办法》关于销售的条件，因为在上述定价贸易形式中，销售的所有权和风险发生转移，只是具体的货物金额要延期确定，这一事实并不影响其符合成交价格定义。
      - 海关估价时，应最大限度地尊重贸易实践，审核价格复审条款、公式定价、点价是否符合商业惯例。
      - 在公式定价情况下，进口行为发生时，货物的实际金额一般无法确定。
      - 为确保进口商的实际支付金额与其申报数据一致，进口商可凭保提货，以延期确定进口货物的完税价格。
        - 如公式定价超过进口后 6 个月仍不能确定结算价格的（经纳税义务人申请，申报地海关同意，可以延长结算期限至 9 个月），海关将按照其他估价方法进行估价征税。（详见海关总署公告 2021 年第 44 号《关于公式定价进口货物完税价格确定有关问题的公告》）

- 公式定价
  - 海关公告
    - 海关总署公告2021年第44号《关于公式定价进口货物完税价格确定有关问题的公告》
      - 为推进税收征管改革，提升通关便利化水平，根据《关税条例》《中华人民共和国海关进出口货物征税管理办法》《审价办法》和《中华人民共和国海关审定内销保税货物完税价格办法》（以下简称《内销保税货物审价办法》）的规定，现将公式定价进口货物完税价格确定的有关规定公告如下：
        - 本公告所称的公式定价，是指在向中华人民共和国境内销售货物所签订的合同中，买卖双方未以具体明确的数值约定货物价格，而是以约定的定价公式确定货物结算价格的定价方式。结算价格是指买方为购买该货物实付、应付的价款总额。
        - 对同时符合下列条件的进口货物，以合同约定定价公式所确定的结算价格为基础确定完税价格：
          - 在货物运抵中华人民共和国境内前或保税货物内销前，买卖双方已书面约定定价公式。
          - 结算价格取决于买卖双方均无法控制的客观条件和因素。
          - 自货物申报进口之日起6个月内，能够根据合同约定的定价公式确定结算价格。
          - 结算价格符合《审价办法》中成交价格的有关规定。

- 公式定价
  - 海关公告
    - 海关总署公告2021年第44号《关于公式定价进口货物完税价格确定有关问题的公告》
      - 为推进税收征管改革，提升通关便利化水平，根据《关税条例》《中华人民共和国海关进出口货物征税管理办法》《审价办法》和《中华人民共和国海关审定内销保税货物完税价格办法》（以下简称《内销保税货物审价办法》）的规定，现将公式定价进口货物完税价格确定的有关规定公告如下：
        - 纳税义务人应当在公式定价合同项下首批货物进口或内销前，向首批货物申报地海关或企业备案地海关提交“公式定价合同海关备案表”（以下简称“备案表”），如实填写相关备案信息。海关自收齐“备案表”及相关材料之日起3个工作日内完成备案确认。对于货物申报进口时或在“两步申报”通关模式下完整申报时能够确定货物结算价格的，纳税义务人无须向海关提交“备案表”。
        - 纳税义务人申请备案需提供的材料包括：
          - 进口货物合同、协议（包括长期合同、总合同等）。
          - 定价公式的作价基础、计价期、结算期、折扣、成分含量、数量等影响价格的要素，以及进境关别、申报海关、批次和数量安排等情况说明。
          - 相关说明及其他有关资料。

- 公式定价
  - 海关公告
    - 海关总署公告2021年第44号《关于公式定价进口货物完税价格确定有关问题的公告》
      - 为推进税收征管改革，提升通关便利化水平，根据《关税条例》《中华人民共和国海关进出口货物征税管理办法》《审价办法》和《中华人民共和国海关审定内销保税货物完税价格办法》（以下简称《内销保税货物审价办法》）的规定，现将公式定价进口货物完税价格确定的有关规定公告如下：
        - 纳税义务人申报进口公式定价货物，因故未能事先向海关备案的，应当在合同项下首批货物申报进口时补办备案手续。
        - 经海关备案的公式定价合同发生变更的，纳税义务人应当在变更合同项下首批货物申报进口前，向原备案海关办理备案变更手续。
        - 公式定价货物进口时结算价格不能确定，以暂定价格申报的，纳税义务人应当向海关办理税款担保。
        - 纳税义务人申报进口货物时，应当根据实际情况填报报关单“公式定价确认”“暂定价格确认”栏目，在报关单备注栏准确填写公式定价备案号。
        - 自货物申报进口之日起6个月内不能确定结算价格的，海关根据《审价办法》《内销保税货物审价办法》的相关规定审查确定完税价格。经纳税义务人申请，申报地海关同意，可以延长结算期限至9个月。
        - 纳税义务人应当在公式定价货物结算价格确定之日起30日内向海关提供确定结算价格的相关材料，办理报关单修改手续，包括将“暂定价格确认”调整为“否”以及其他相关申报项目调整等内容。同时，办理税款缴纳及其他海关手续。结算价格确定之日为卖方根据定价公式出具最终结算发票的日期。
        - 本公告自2021年9月1日起施行，海关总署公告2015年第15号同时废止，海关总署公告2019年第18号附件《中华人民共和国海关进出口货物报关单填制规范》中有关规定与本公告不符的，以本公告为准。

第二节　集成电路行业业态

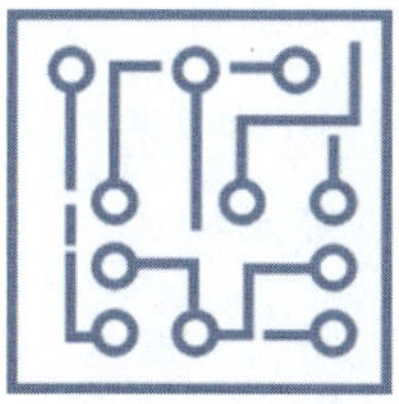

集成电路行业业态

行业概况

- 集成电路产销概况
- 集成电路产业链
- 集成电路行业主要特点

经营策略

- 集成电路产业国家政策
- 集成电路行业的运作模式
- 集成电路企业组织结构

功能风险和资产

- 研发、采购、销售与分销
- 风险分析
- 集成电路行业涉及的资产

（一）集成电路行业概况

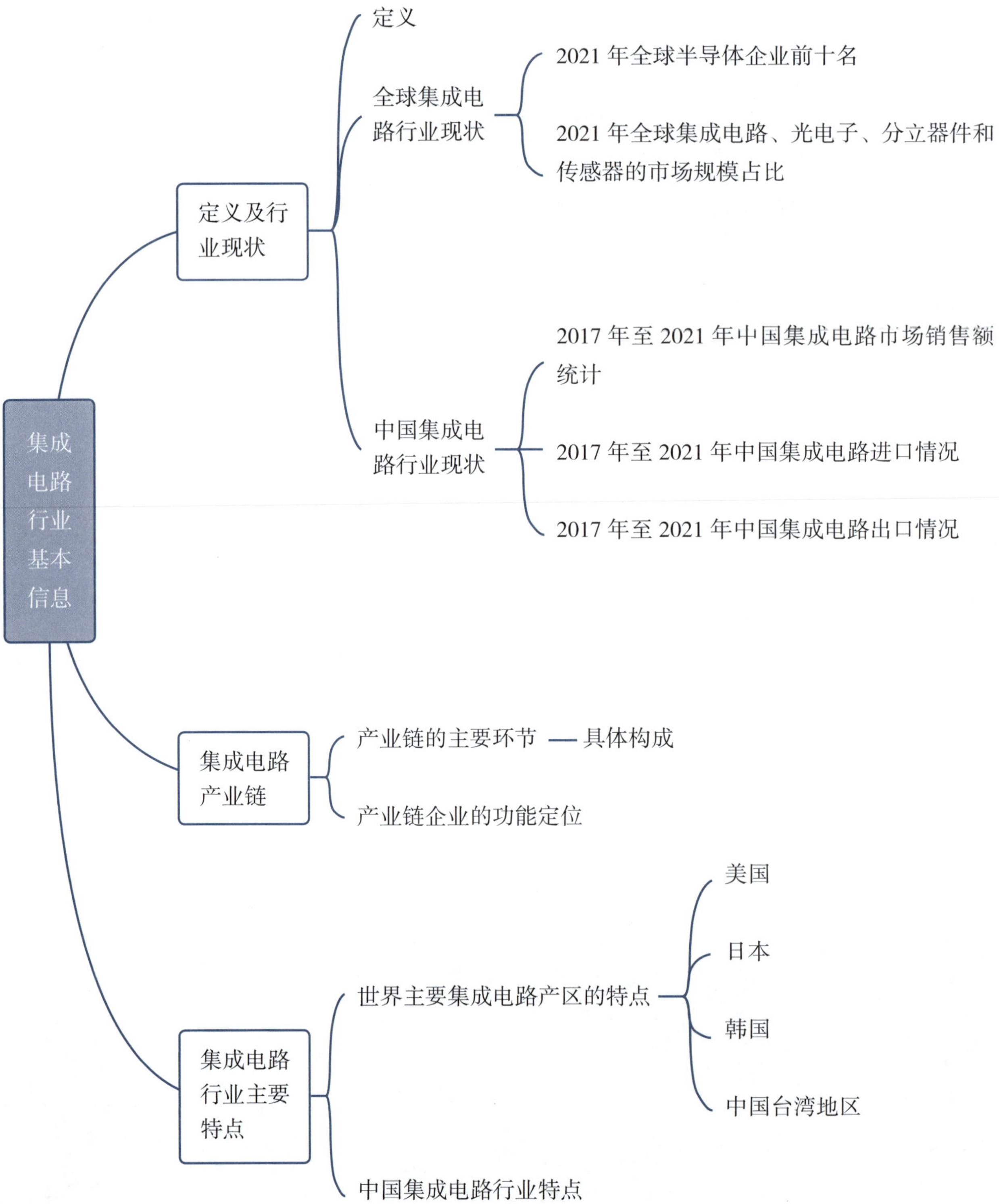
集成电路行业基本信息
定义及行业现状
定义
全球集成电路行业现状
2021 年全球半导体企业前十名
2021 年全球集成电路、光电子、分立器件和传感器的市场规模占比
中国集成电路行业现状
2017 年至 2021 年中国集成电路市场销售额统计
2017 年至 2021 年中国集成电路进口情况
2017 年至 2021 年中国集成电路出口情况
集成电路产业链
产业链的主要环节
具体构成
产业链企业的功能定位
集成电路行业主要特点
世界主要集成电路产区的特点
美国
日本
韩国
中国台湾地区
中国集成电路行业特点

- 集成电路行业基本信息
  - 定义及行业现状
    - 定义
      - 集成电路（IC）是经过氧化、光刻、扩散、外延、蒸铝等半导体制造工艺，把构成具有一定功能的电路所需的半导体、电阻、电容等元件及它们之间的连接导线全部集成在一小块硅片上，然后焊接封装在一个管壳内的电子器件。
      - 集成电路包括
        - 微电路
        - 微芯片
        - 芯片
    - 全球集成电路行业现状
      - 世界半导体贸易统计协会（WSTS）统计数据显示：2021 年全球半导体市场销售额为 5559 亿美元，比 2020 年增长 26.2%。增长率最高的是模拟类别半导体（增长率为 33.1%），其次是内存（增长率为 30.9%）和逻辑（增长率为 30.8%）。传感器和离散半导体的增长率为 28% 左右。微电子行业的增长率为 15.1%，光电子行业的增长率为 7.4%。
        - 2021 年全球半导体企业前十名如表 9-1 所示。
          - 2021 年，全球前十大半导体供应商中，有 5 家是无芯片厂 IC 设计公司。
        - 2021 年全球集成电路、光电子器件和传感器的市场规模占比如图 9-7 所示。
          - 据世界半导体贸易统计组织（WSTS）数据显示，2021 年集成电路销售额为 4608.41 亿美元，传感器销售额为 187.91 亿美元，光电器件销售额为 432.29 亿美元，半导体元件销售额为 301 亿美元。
    - 中国集成电路行业现状
      - 2021 年中国仍然是全球最大的半导体市场，全年销售额总额为 1925 亿美元，同比增长 27.1%。
        - 2017 年至 2021 年中国集成电路市场销售额统计如图 9-8 所示。
        - 2017 年至 2021 年中国集成电路产品进口情况如图 9-9 所示。
        - 2017 年至 2021 年中国集成电路产品出口情况如图 9-10 所示。

表 9-1　2021 年全球半导体企业前十名

单位：亿美元

排名	厂商	2020 年营收	2021 年营收	增长率（%）
1	三星电子（Samsung）	571.81	731.97	28
2	英特尔（Intel）	727.59	725.36	–0.3
3	SK 海力士（SK Hynix）	258.54	363.52	40.6
4	美光科技（Micron）	217.80	286.24	31.4
5	高通（Qualcomm）	176.64	270.93	53.4
6	博通（Broadcom）	157.54	187.93	19.3
7	联发科（Mediatek）	109.88	176.17	60.2
8	德州仪器（TI）	136.19	172.72	26.8
9	英伟达（Nvidia）	106.43	168.15	58.0
10	超威（AMD）	966.5	162.99	68.6

数据来源：高德纳咨询公司，引自 http://www.eepw.com.cn/zhuanlan/247354.html。

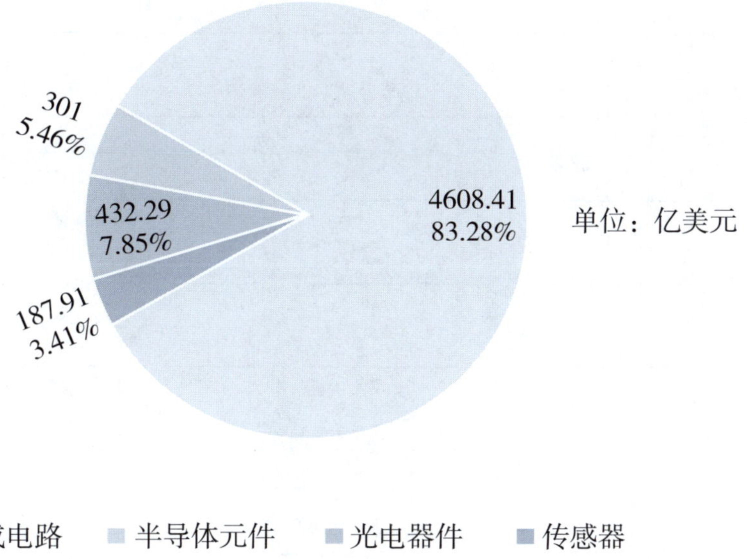

数据来源：世界半导体贸易统计组织（WSTS），由北京智研科信咨询有限公司（简称“智研咨询”）整理，详见 https://baijiahao.baidu.com/s?id=1726149072915822664&wfr=spider&for=pc。

图 9–7　2021 年全球集成电路、光电子器件和传感器的市场规模占比

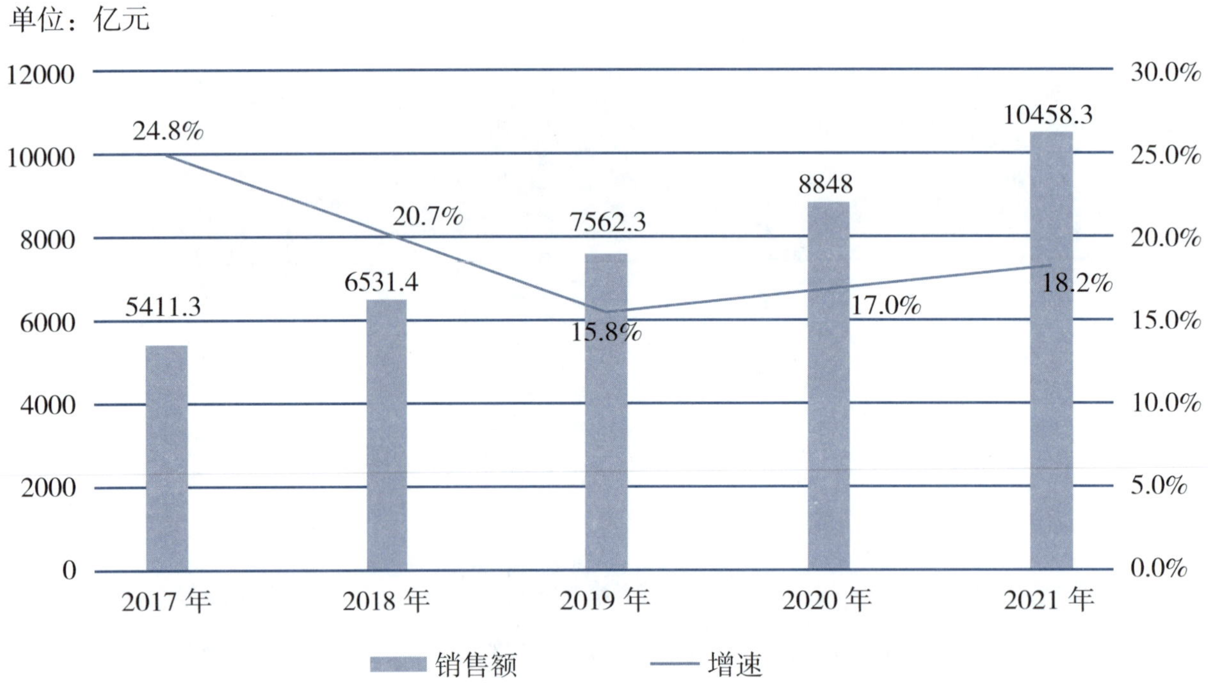

数据来源：中国半导体行业协会，详见 http://www.csia.net.cn/Article/ShowInfo.asp?InfoID=107455。

图 9-8　2017 年至 2021 年中国集成电路市场销售额统计

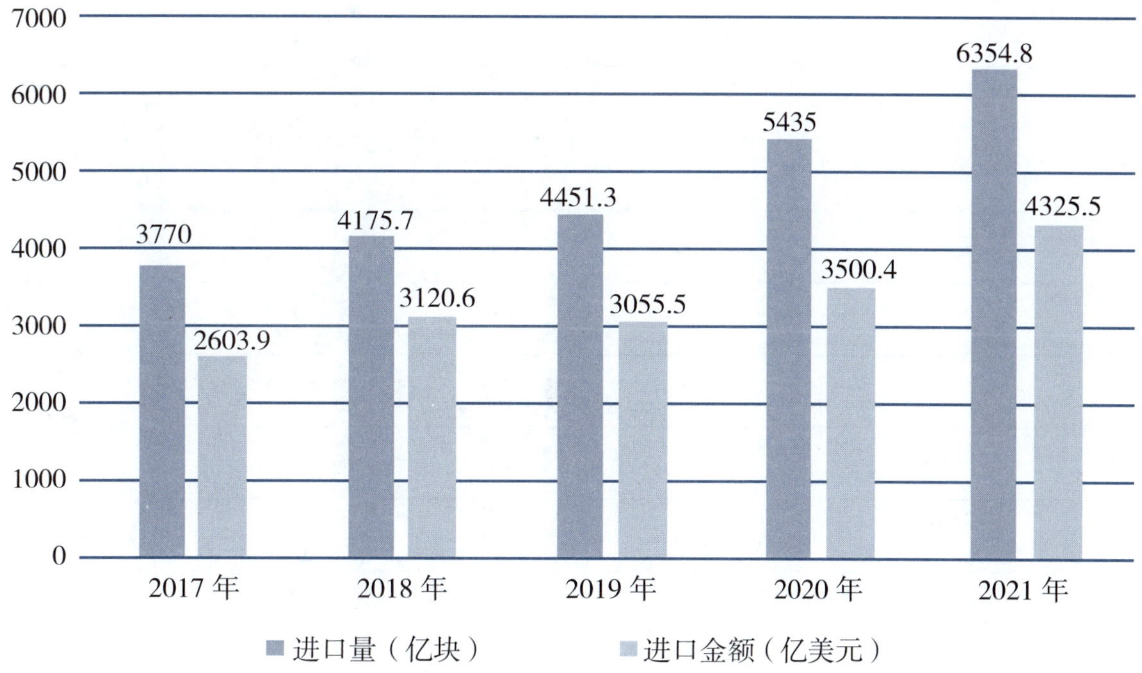

数据来源：海关总署，由中国半导体行业协会整理，详见 http://www.csia.net.cn/Article/ShowInfo.asp?InfoID=107455。

图 9–9　2017 年至 2021 年中国集成电路产品进口情况

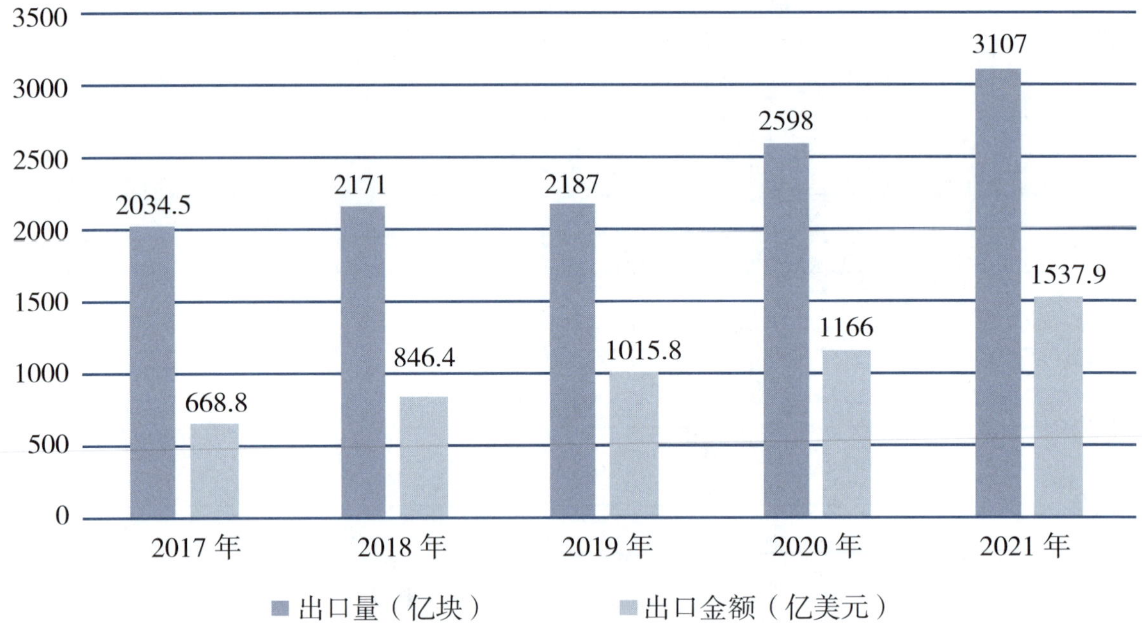

数据来源：海关总署，由中国半导体行业协会整理，详见 http://www.csia.net.cn/Article/ShowInfo.asp?InfoID=107455。

图 9-10　2017 年至 2021 年中国集成电路产品出口情况

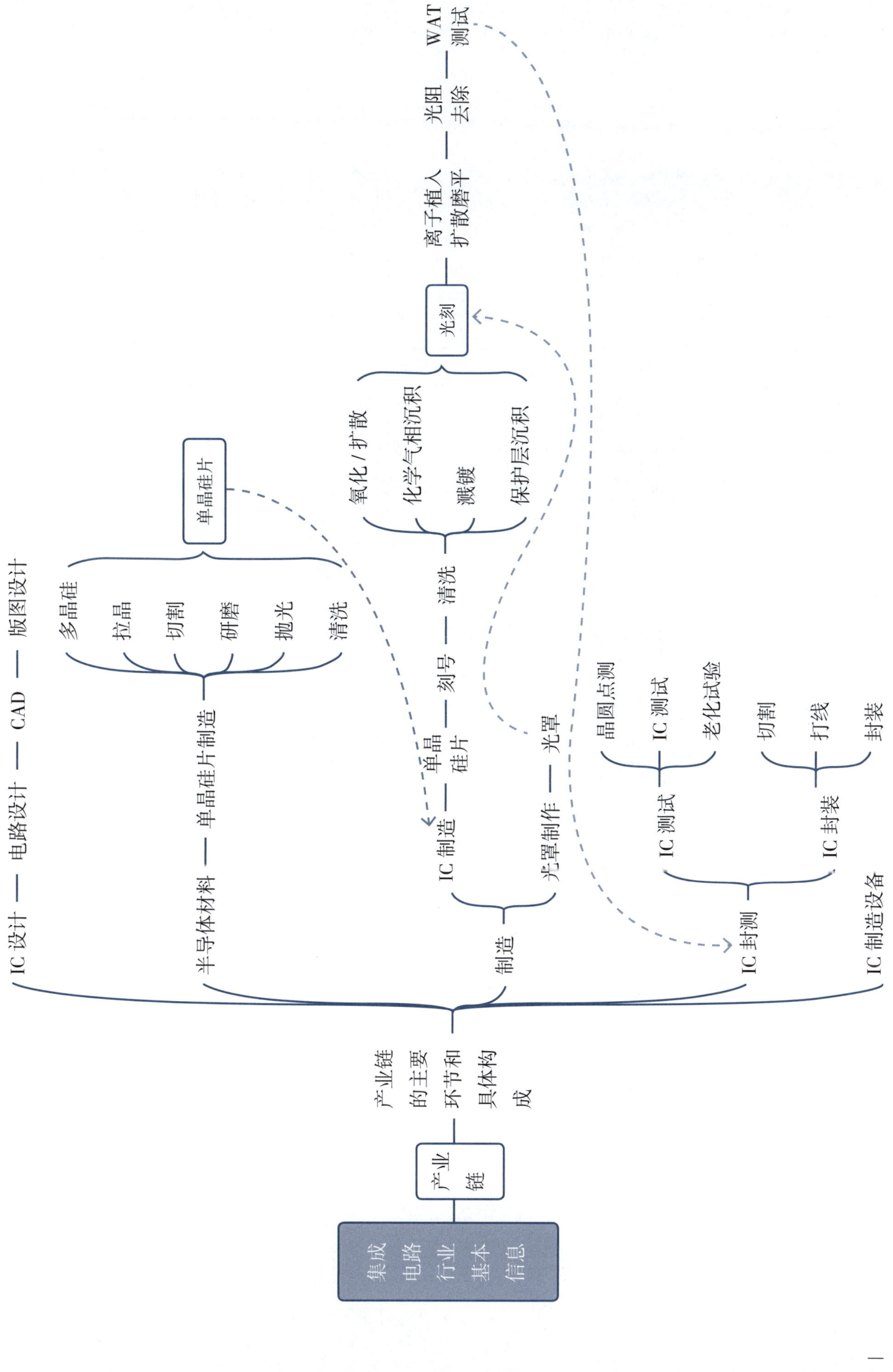

集成电路行业基本信息
产业链
产业链的主要环节和具体构成
IC 设计
电路设计
CAD
版图设计
半导体材料
单晶硅片制造
多晶硅
拉晶
切割
研磨
抛光
清洗
单晶硅片
制造
IC 制造
单晶硅片
刻号
清洗
氧化 / 扩散
化学气相沉积
溅镀
保护层沉积
光刻
离子植入扩散磨平
光阻去除
WAT 测试
光罩制作
光罩
IC 封测
IC 测试
晶圆点测
IC 测试
老化试验
IC 封装
切割
打线
封装
IC 制造设备

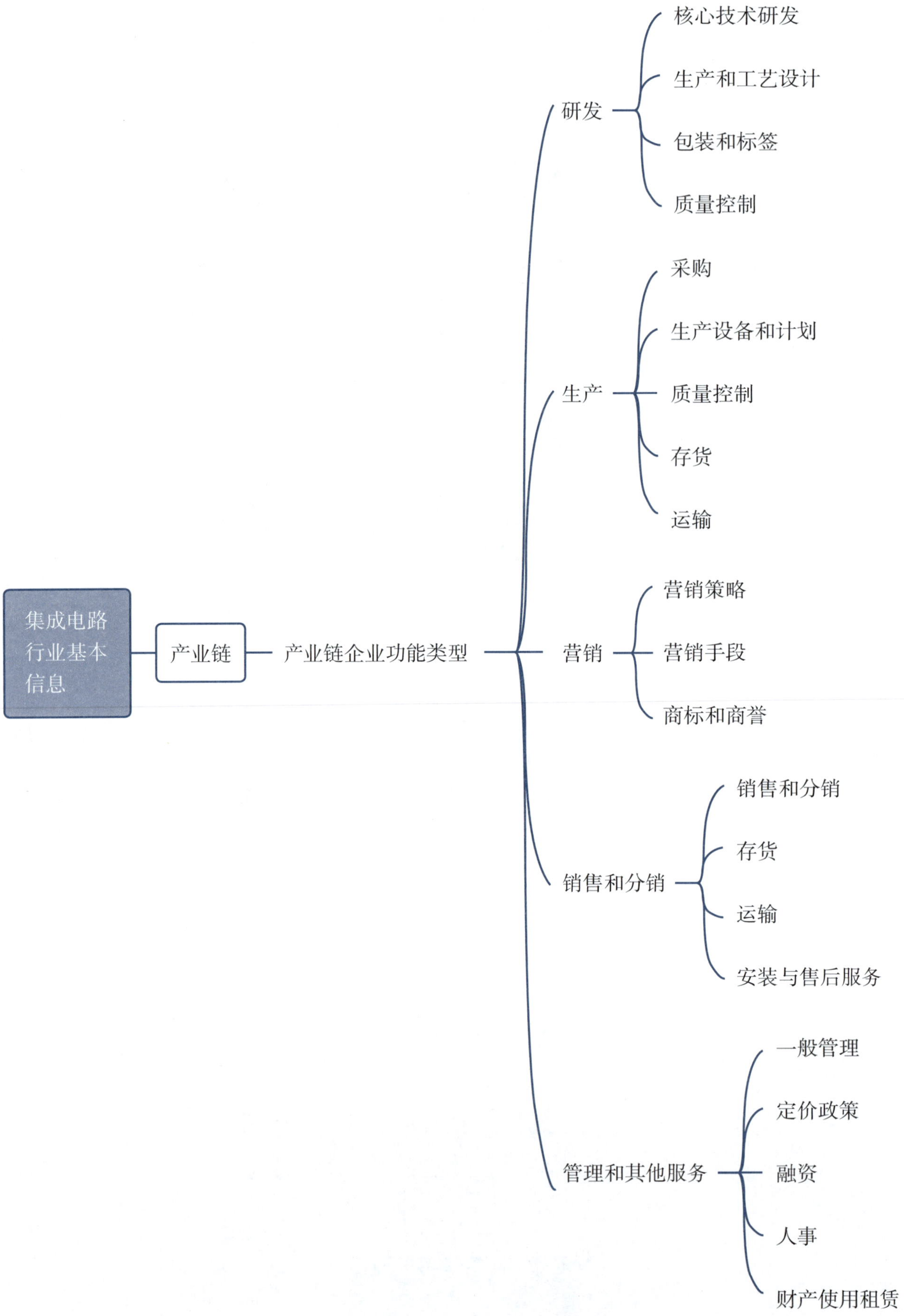
集成电路行业基本信息
产业链
产业链企业功能类型
研发
核心技术研发
生产和工艺设计
包装和标签
质量控制
生产
采购
生产设备和计划
质量控制
存货
运输
营销
营销策略
营销手段
商标和商誉
销售和分销
销售和分销
存货
运输
安装与售后服务
管理和其他服务
一般管理
定价政策
融资
人事
财产使用租赁

- 集成电路行业基本信息
  - 行业主要特点
    - 世界主要集成电路产区的特点
      - 美国：美国半导体产业全球领先，在半导体设计、代工、IDM（集成器件制造）领域均拥有全球领先的企业，包括高通、格罗方德、英特尔。全球前十大半导体公司中有五家美国企业。在产业链环节方面，美国IDM企业产值占全球IDM企业产值的约一半，设计业产值占全球集成电路设计业总产值的约65%，芯片制造业也一直引领着全球工艺技术的发展。
      - 日本：日本是全球主要的半导体产品生产大国，近20年来，随着日本在存储器领域的失势及全球代工业的快速发展，其全球市场占有率已经大幅降低。然而日本在闪存、图像传感器、工业用芯片等部分细分领域仍具有较强的竞争力，在半导体材料和设备等配套产业领域优势显著。
      - 韩国：韩国是仅次于美国的第二大半导体产品生产国，韩国半导体企业在全球市场的占有率近30%，尤其在存储器领域优势显著。三星电子和SK海力士是全球第一和第三大半导体公司，两家公司合计占全球DRAM存储器市场的72%，占全球NAND Flash市场的50%。得益于近年来存储芯片涨价，韩国半导体产值大幅增长。
      - 中国台湾地区：中国台湾地区主要以逻辑芯片产品代工为主，出口的主要为半导体晶圆，处理器和存储器等通用集成电路产品相对较少。台积电是全球最大的集成电路制造企业，联发科是台湾第一大集成电路设计企业。

- 集成电路行业基本信息
  - 行业主要特点
    - 中国集成电路行业特点
      - 中国集成电路市场规模稳步增长，对外依存度仍旧偏高。
      - 中国集成电路产业规模快速增长，产业结构更趋合理。
        - 随着国内 IC 设计企业的快速发展以及芯片制造线的快速布局，中国集成电路产业结构将继续由“小设计—小制造—大封测”向“大设计—中制造—中封测”转型，产业链逐渐从低端向高端延伸，产业结构更趋于合理。
      - 集成电路设计业销售额及企业数量快速增长。
      - 集成电路制造业持续突破，新增制造产能即将释放。
      - 具备全球化竞争能力，盈利能力有待加强。
      - 半导体制造材料市场规模稳步提升，长三角地区企业数量持续领跑。
      - 中低端设备有望实现国产替代，关键核心设备差距较大。

（二）经营策略

- 经营策略
  - 集成电路产业国家政策
    - 集成电路产业规划
      - 鼓励软件产业和集成电路产业发展若干政策的通知 — 2000 年 6 月 — 通过政策引导，鼓励资金、人才等资源投向软件产业和集成电路产业，进一步促进中国信息产业快速发展，力争到 2010 年使中国软件产业研究开发和生产能力达到或接近国际先进水平，并使中国集成电路产业成为世界主要开发和生产基地之一。“十五”计划中适当安排一部分预算内基本建设资金，用于软件产业和集成电路产业的基础设施建设和产业化项目。
      - 集成电路产业“十一五”专项规划 — 2008 年 1 月 — 形成以设计业为龙头、制造业为核心、设备制造和配套产业为基础，较为完整的集成电路产业链。鼓励设计业与整机之间的合作，加快涉及国家安全和量大面广集成电路产品的设计开发，培育一批具有较强自主创新能力的骨干企业，开发具有自主知识产权的集成电路产品。
      - 进一步鼓励软件产业和集成电路产业发展的若干政策 — 2011 年 2 月 — 进一步落实和完善相关营业税优惠政策，对符合条件的软件企业和集成电路设计企业从事软件开发与测试，信息系统集成、咨询和运营维护，集成电路设计等业务，免征营业税，并简化相关程序。对符合条件的集成电路企业技术进步和技术改造项目，中央预算内投资给予适当支持。发挥国家科技重大专项的引导作用，大力支持软件和集成电路重大关键技术的研发，努力实现关键技术的整体突破，加快具有自主知识产权技术的产业化和推广应用。

- 经营策略
  - 集成电路产业国家政策
    - 集成电路产业规划
      - 集成电路产业“十二五”发展规划 — 2012 年 2 月 — 先进设计能力达到 22 纳米，开发一批具有自主知识产权的核心芯片，国内重点整机应用自主开发集成电路产品的比例达到 30% 以上。
      - 国家集成电路产业发展推进纲要 — 2014 年 6 月 — 到 2015 年，集成电路产业发展体制机制创新取得明显成效，建立与产业发展规律相适应的融资平台和政策环境。集成电路产业销售收入超过 3500 亿元。到 2020 年，集成电路产业与国际先进水平的差距逐步缩小，全行业销售收入年均增速超过 20%，企业可持续发展能力大幅增强。到 2030 年，集成电路产业链主要环节达到国际先进水平，一批企业进入国际第一梯队，实现跨越发展。
      - 中国制造 2025 — 2015 年 5 月 — 到 2020 年，40% 的核心基础零部件、关键基础材料实现自主保障，受制于人的局面逐步缓解，航天装备、通信装备等产业急需的核心基础零部件（元器件）和关键基础材料的先进制造工艺得到推广应用。到 2025 年，70% 的核心基础零部件、关键基础材料实现自主保障，80 种标志性先进工艺得到推广应用，部分达到国际领先水平，建成较为完善的产业技术基础服务体系，逐步形成整机牵引和基础支撑协调互动的产业创新发展格局。
      - 国务院关于积极推进“互联网 +”行动的指导意见 — 2015 年 7 月 — 以高端通用芯片和基础软件为抓手，构建安全可靠核心信息设备综合验证、集成测试、系统评测等公共服务平台和产业链协同创新平台。
      - 国民经济和社会发展第十三个五年规划纲要 — 2016 年 3 月 — 大力推进先进半导体等新兴前沿领域创新和产业化，形成一批新增长点。推广半导体照明等成熟适用技术。

- 经营策略
  - 集成电路产业国家政策
    - 集成电路产业规划
      - 关于软件和集成电路产业企业所得税优惠政策有关问题的通知 — 2016 年 5 月 — 享受财税〔2012〕27 号文件规定的税收优惠政策的软件、集成电路企业，每年汇算清缴时应按照《国家税务总局关于发布〈企业所得税优惠政策事项办理办法〉的公告》（国家税务总局公告 2015 年第 76 号）规定向税务机关备案，同时提交“享受企业所得税优惠政策的软件和集成电路企业备案资料明细表”规定的备案资料。
      - 国家信息化发展战略纲要 — 2016 年 7 月 — 制定国家信息领域核心技术设备发展战略纲要，以体系化思维弥补单点弱势，打造国际先进、安全可控的核心技术体系，带动集成电路、基础软件、核心元器件等薄弱环节实现根本性突破。
      - “十三五”国家信息化规划 — 2016 年 12 月 — 信息产业生态体系初步形成，重点领域核心技术取得突破。集成电路实现 28 纳米工艺规模量产，设计水平迈向 16/14 纳米。
      - 战略性新兴产业重点产品和服务指导目录 — 2017 年 1 月 — 将集成电路芯片设计及服务列入战略性新兴产业重点产品目录。
      - “十四五”国家信息化规划 — 2021 年 12 月 — 完成信息领域核心技术突破也要加快集成电路关键技术攻关。
      - “十四五”数字经济发展规划 — 2022 年 1 月 — 要增强关键技术创新能力。瞄准集成电路等战略性前瞻性领域，首先要补齐关键技术短板，集中突破高端芯片研发；另外，要重点布局下一代神经芯片、第三代半导体等新兴技术。要提升核心产业竞争力。着力提升核心电子元器件的供给水平，强化关键产品自给保障能力。

- 集成电路产业国家政策
  - 相关税收和进出口政策
    - 《国务院关于印发鼓励软件产业和集成电路产业发展若干政策的通知》（国发〔2000〕18号）
      - 税收政策
        - 国家鼓励在中国境内开发生产软件产品。对增值税一般纳税人销售其自行开发生产的软件产品，2010年前按17%的法定税率征收增值税，对实际税负超过3%的部分即征即退，由企业用于研究开发软件产品和扩大再生产。
        - 在中国境内设立的软件企业可享受企业所得税优惠政策。新创办软件企业经认定后，自获利年度起，享受企业所得税“两免三减半”的优惠政策。
        - 对国家规划布局内的重点软件企业，当年未享受免税优惠的减按10%的税率征收企业所得税。国家规划布局内的重点软件企业名单由国家计委、信息产业部、外经贸部和国家税务总局共同确定。
        - 对软件企业进口所需的自用设备，以及按照合同随设备进口的技术（含软件）及配套件、备件，除列入《外商投资项目不予免税的进口商品目录》和《国内投资项目不予免税的进口商品目录》的商品外，均可免征关税和进口环节增值税。
        - 软件企业人员薪酬和培训费用可按实际发生额在企业所得税税前列支。

- 集成电路产业国家政策
  - 相关税收和进出口政策
    - 《国务院关于印发鼓励软件产业和集成电路产业发展若干政策的通知》（国发〔2000〕18号）
      - 出口政策
        - 软件出口纳入中国进出口银行业务范围，并享受优惠利率的信贷支持；同时，国家出口信用保险机构应提供出口信用保险。
        - 软件产品年出口额超过100万美元的软件企业，可享软件自营出口权。
        - 海关要为软件的生产开发业务提供便捷的服务。在国家扶持的软件园区内为承接国外客户软件设计与服务而建立研究开发中心时，对用于仿真用户环境的设备采取保税措施。
        - 根据重点软件企业参与国际交往的实际需要，对企业高中级管理人员和高中级技术人员简化出入境审批手续，适当延长有效期。具体办法由外交部会同有关部门另行制定。
        - 采取适应软件贸易特点的外汇管理办法。根据软件产品交易（含软件外包加工）的特点，对软件产品出口实行不同于其他产品的外贸、海关和外汇管理办法，以适应软件企业从事国际商务活动的需要。
        - 鼓励软件出口型企业通过GB/T 19000–ISO9000系列质量保证体系认证和CMM（能力成熟度模型）认证。其认证费用通过中央外贸发展基金适当予以支持。

集成电路产业国家政策 — 相关税收和进出口政策 — 《国务院关于印发进一步鼓励软件产业和集成电路产业发展若干政策的通知》（国发〔2011〕4号） — 财税政策

- 继续实施软件增值税优惠政策。
- 进一步落实和完善相关营业税优惠政策，对符合条件的软件企业和集成电路设计企业从事软件开发与测试，信息系统集成、咨询和运营维护，集成电路设计等业务，免征营业税，并简化相关程序。具体办法由财政部、税务总局会同有关部门制定。
- 对集成电路线宽小于0.8微米（含）的集成电路生产企业，经认定后，自获利年度起，第一年至第二年免征企业所得税，第三年至第五年按照25%的法定税率减半征收企业所得税（以下简称企业所得税“两免三减半”优惠政策）。
- 对集成电路线宽小于0.25微米或投资额超过80亿元的集成电路生产企业，经认定后，减按15%的税率征收企业所得税，其中经营期在15年以上的，自获利年度起，第一年至第五年免征企业所得税，第六年至第十年按照25%的法定税率减半征收企业所得税（以下简称企业所得税“五免五减半”优惠政策）。
- 对国家批准的集成电路重大项目，因集中采购产生短期内难以抵扣的增值税进项税额占用资金问题，采取专项措施予以妥善解决。具体办法由财政部会同有关部门制定。
- 对中国境内新办集成电路设计企业和符合条件的软件企业，经认定后，自获利年度起，享受企业所得税“两免三减半”优惠政策。经认定的集成电路设计企业和符合条件的软件企业的进口料件，符合现行法律法规规定的，可享受保税政策。
- 国家规划布局内的集成电路设计企业符合相关条件的，可比照国发〔2000〕18号文件享受国家规划布局内重点软件企业所得税优惠政策。具体办法由发展改革委会同有关部门制定。

- 集成电路产业国家政策
  - 相关税收和进出口政策
    - 《国务院关于印发进一步鼓励软件产业和集成电路产业发展若干政策的通知》（国发〔2011〕4号）
      - 财税政策
        - 为完善集成电路产业链，对符合条件的集成电路封装、测试、关键专用材料企业以及集成电路专用设备相关企业给予企业所得税优惠。具体办法由财政部、税务总局会同有关部门制定。
        - 国家对集成电路企业实施的所得税优惠政策，根据产业技术进步情况实行动态调整。符合条件的软件企业和集成电路企业享受企业所得税“两免三减半”“五免五减半”优惠政策，在 2017 年 12 月 31 日前自获利年度起计算优惠期，并享受至期满为止。符合条件的软件企业和集成电路企业所得税优惠政策与企业所得税其他优惠政策存在交叉的，由企业选择一项最优惠政策执行，不叠加享受。
      - 进出口政策
        - 对软件企业和集成电路设计企业需要临时进口的自用设备（包括开发测试设备、软硬件环境、样机及部件、元器件等），经地市级商务主管部门确认，可以向海关申请按暂时进境货物监管，其进口税收按照现行法规执行。对符合条件的软件企业和集成电路企业，质检部门可提供提前预约报检服务，海关根据企业要求提供提前预约通关服务。
        - 对软件企业与国外资信等级较高的企业签订的软件出口合同，政策性金融机构可按照独立审贷和风险可控的原则，在批准的业务范围内提供融资和保险支持。
        - 支持企业“走出去”建立境外营销网络和研发中心，推动集成电路、软件和信息服务出口。大力发展国际服务外包业务。商务部要会同有关部门与重点国家和地区建立长效合作机制，采取综合措施为企业拓展新兴市场创造条件。

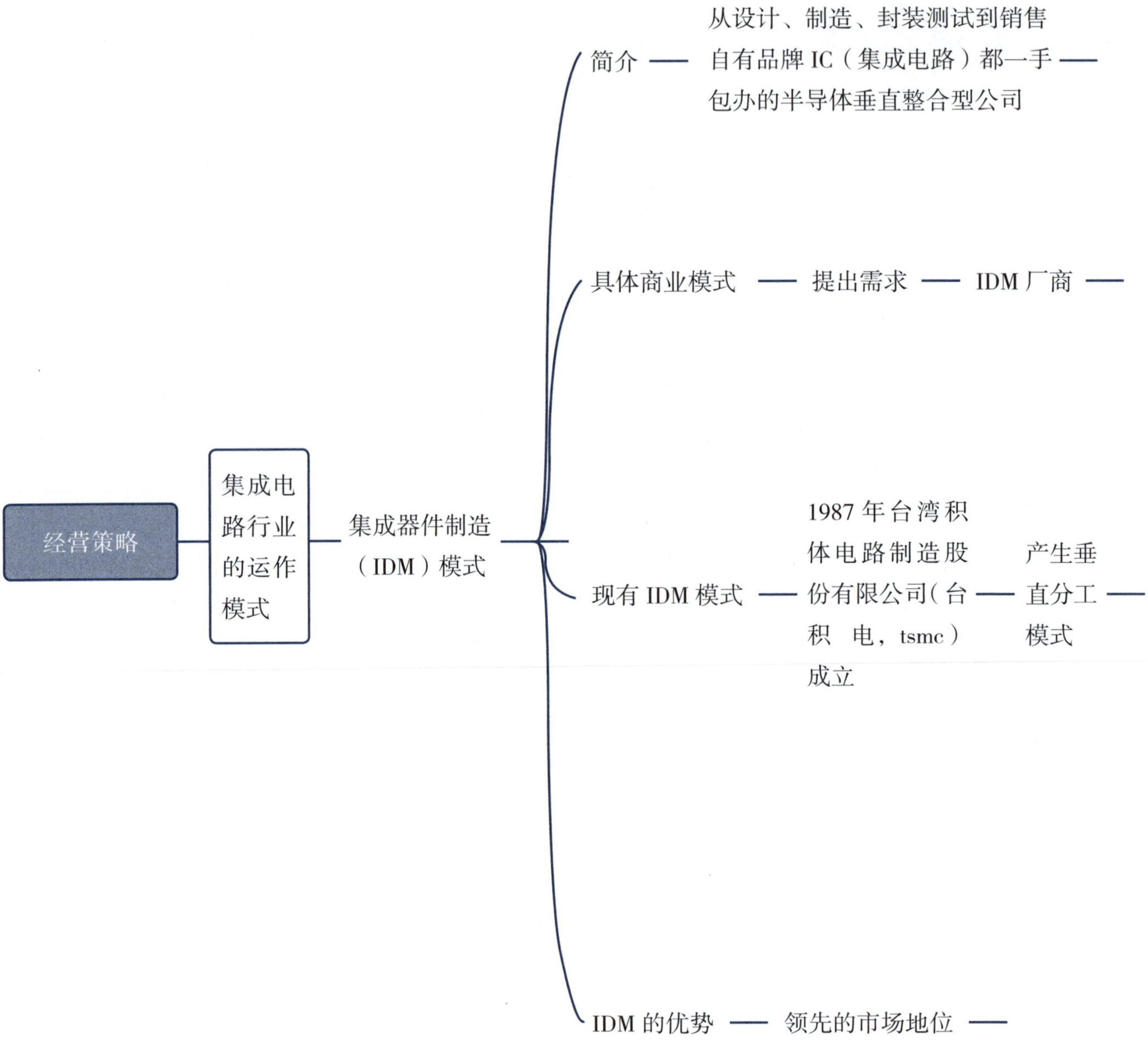
经营策略
集成电路行业的运作模式
集成器件制造（IDM）模式
简介
从设计、制造、封装测试到销售自有品牌IC（集成电路）都一手包办的半导体垂直整合型公司
具体商业模式
提出需求
IDM厂商
现有IDM模式
1987年台湾积体电路制造股份有限公司(台积电，tsmc）成立
产生垂直分工模式
IDM的优势
领先的市场地位

- 特点：规模庞大、技术全面、积累深厚
- 代表企业：英特尔、三星、德州仪器、东芝、意法半导体

- IC 设计流程
- IC 制造流程
- IC 封装测试流程

→ IC 产品 → 品牌 / 市场营销 → 客户

产生原因
- 半导体制造业的规模经济性。企业扩大生产规模会降低单位产品的成本，提高企业竞争力。
- 半导体产业所需的投资十分巨大，投资风险高，垂直分工模式有利于降低准入门槛、分散投资风险。

现今 IDM 厂商仍然占据主要地位，主要是因为 IDM 企业具有资源的内部整合优势、一定的技术优势以及较高的利润率。与此同时，垂直分工模式蓬勃发展。

- 资源的内部整合优势 —— 在 IDM 企业内部，从 IC 设计到完成 IC 制造所需的时间较短，主要的原因是不需要进行硅验证，不存在工艺流程对接问题，新产品从开发到面市的时间较短。
- IDM 企业的利润率较高 —— 根据“微笑曲线”原理，最前端的产品设计、开发与最末端的品牌、营销具有最高的利润率，中间的制造、封装测试环节利润率较低。
- IDM 企业的技术优势 —— 大多数 IDM 都有自己的 IP（Intellectual Property，知识产权）开发部门，经过长期的研发与积累，企业技术储备比较充足，技术开发能力很强，具有技术领先优势。

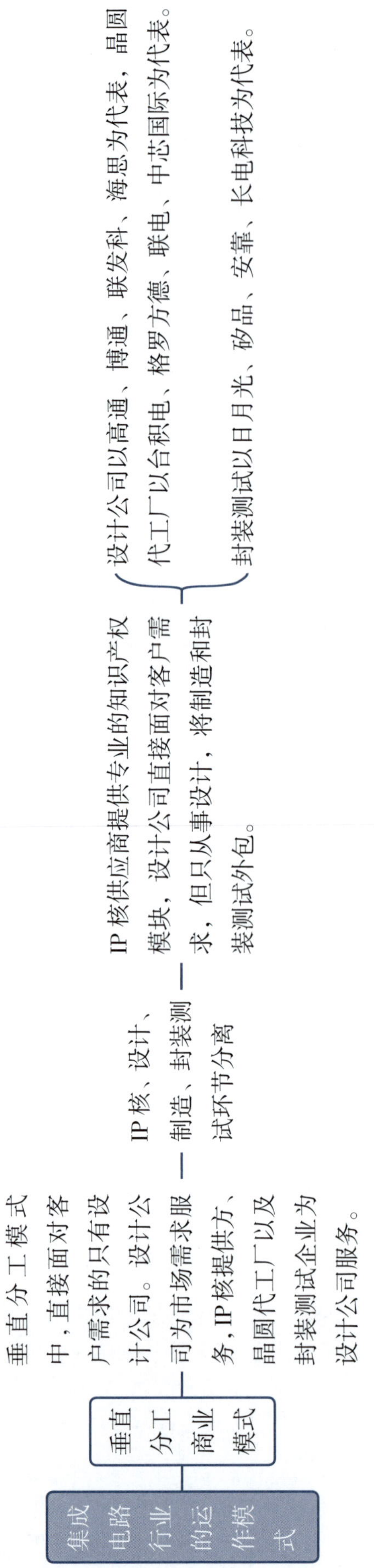
集成电路行业的运作模式
垂直分工商业模式
垂直分工模式中，直接面对客户需求的只有设计公司。设计公司为市场需求服务，IP核提供方、晶圆代工厂以及封装测试企业为设计公司服务。
IP核、设计、制造、封装测试环节分离
IP核供应商提供专业的知识产权模块，设计公司直接面对客户需求，但只从事设计，将制造和封装测试外包。
设计公司以高通、博通、联发科、海思为代表，晶圆代工厂以台积电、格罗方德、联电、中芯国际为代表。
封装测试以日月光、矽品、安靠、长电科技为代表。

- **集成电路行业的运作模式**
  - **垂直分工商业模式**：垂直分工模式中，直接面对客户需求的只有设计公司。设计公司为市场需求服务，IP核提供方、晶圆代工厂以及封装测试企业为设计公司服务。
    - **IP核提供方**
      - 目前IC设计已经步入系统级芯片时代，一款系统级芯片设计的芯片内可能包含CPU（中央处理器）、DSP（数字信号处理器）、Memory（内存）、各类I/O（输入/输出）接口等多个内部单元，这些内部单元在设计时都是以IP的形式集成在一起。由于大多数设计公司没有足够的精力和时间单独开发IP，必须借助IP核提供方的IP来加快产品设计和缩短面市时间，所以最近几年IP核提供方成长很快。
        - 设计成本变得日益高昂，中小型设计公司面临的风险越来越大。
        - IP厂商进行了商业模式的变革
          - 将设计用仿真模型组成的设计套件部分授权给设计公司，将硬核部分授权给晶圆代工厂，以减轻设计公司的授权成本。
          - 有些IP厂商免费提供部分设计套件，设计公司前期不用花一分钱就可以完成前端设计仿真甚至后端布局布线工作，直到设计接近完成时再考虑是否需要取得商业授权来完成设计并量产，以降低设计公司的风险。
      - 大部分专业IP厂商只能掌握中低端的IP，多数IP因为数量巨大而很难卖出高价。IC设计公司除了进行设计还要负责IC产品的销售。设计公司没有自己的加工厂和封装测试厂，IC产品的生产只能依靠专门的代工厂和封装测试厂商。另外，某些设计公司具有强大的研发实力，拥有顶尖的IP核产品，IP授权费和版税成为其重要的收入来源。晶圆代工厂只专注于IC制造环节，不涉足设计和封装测试，不推出自己的产品，只为设计公司和IDM（委外订单）提供代工服务，并收取一定比例的代工费。封装测试企业专注于封装测试环节，为设计公司或者IDM提供封装测试服务，并收取一定比例的加工费。
      - IP产业的根本驱动因素 — 技术创新能力 — IP核代表半导体产业最尖端的技术，这些技术往往被少数企业掌握，形成技术垄断。 — 全球三大IP核供应商ARM（安媒）、MIPS（美普思）和Synopsys（新思科技）占据一半以上的市场份额［仅指第三方IP市场，不包括IDM、Fabless（无厂半导体公司）及Foundry（晶圆代工）自有的IP］。

- 集成电路行业的运作模式
  - 垂直分工商业模式
    - 垂直分工模式中，直接面对客户需求的只有设计公司。设计公司为市场需求服务，IP 核提供方、晶圆代工厂以及封装测试企业为设计公司服务。
      - 无晶圆制造的设计公司 — 核心驱动因素是市场把握能力 — 与 IDM 相比，设计公司的技术储备与品牌影响力较弱，企业规模与资金更是远远不及（除了极少数最大的设计公司），但是设计公司的优势是“快”，能够迅速对市场做出反应。所以，对设计公司而言，其核心驱动因素就在于对市场的把握能力。
      - 晶圆代工厂 — 核心驱动因素为低成本
        - 晶圆代工厂根据 IC 设计厂商或者 IDM 的订单生产硅晶圆，只专注 IC 制造环节，不管设计、封测及产品销售，所以单位成本是 IC 制造业的核心驱动因素。
          - IC 制造业具有规模经济性，容易出现规模垄断。
          - 全球第一大代工厂台湾积体电路制造股份有限公司优势明显。
        - 晶圆代工厂降低单位成本的主要路径
          - 增加生产线、扩大产能
          - 提升生产自动化水平
          - 提高管理水平
          - 降低人工成本 — 全球的晶圆代工厂有向低收入国家迁移的动力
          - 提升制造工艺水平 — 半导体产业的工艺水平在不断升级换代，晶圆尺寸方面，直径从 150 毫米（6 寸）到 200 毫米（8 寸），再到如今的 300 毫米（12 寸）；制造线宽方面，从 0.13 微米到 90 纳米、65 纳米，再到如今的 45 纳米。工艺水平的提高能够降低晶圆的单位成本，晶圆代工厂必须跟上主流的工艺水平，否则市场份额就可能被竞争对手抢占。晶圆代工厂每年都要投入大量资金来提升工艺水平、扩大产能，这种资金动辄数十亿美元，因此 IC 制造是一个资本密集型行业。

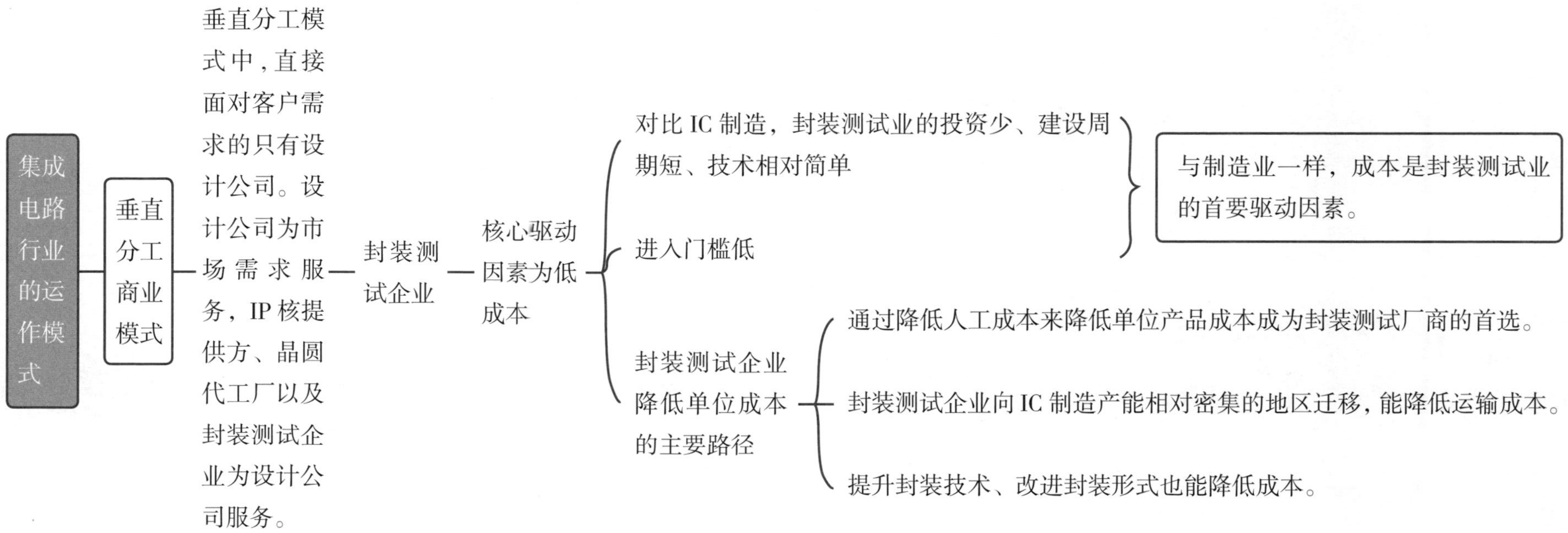
集成电路行业的运作模式
垂直分工商业模式
垂直分工模式中，直接面对客户需求的只有设计公司。设计公司为市场需求服务，IP核提供方、晶圆代工厂以及封装测试企业为设计公司服务。
封装测试企业
核心驱动因素为低成本
对比IC制造，封装测试业的投资少、建设周期短、技术相对简单
进入门槛低
与制造业一样，成本是封装测试业的首要驱动因素。
封装测试企业降低单位成本的主要路径
通过降低人工成本来降低单位产品成本成为封装测试厂商的首选。
封装测试企业向IC制造产能相对密集的地区迁移，能降低运输成本。
提升封装技术、改进封装形式也能降低成本。

- 集成电路行业的运作模式
  - 两种商业模式的优劣势
    - IDM
      - 优势
        - 整合多个环节，提高平均毛利率。
        - 直接面对客户，了解市场。
        - 技术长期积累，基础扎实。
        - 内部沟通协调优势，资源整合优势，上下一体，节省产品上市时间。
      - 劣势
        - 投资规模大，投资风险大。
        - 若自身订单不足，产能利用率可能较低。
        - 经营体量较大，对市场的反应速度较慢。
        - 有产品的库存，经营风险更大。
    - 垂直分工
      - 优势
        - 结构轻盈（主要对设计公司而言）具有应对市场变化的快速调整和产品开发能力。
        - 降低行业门槛，风险由各环节分担。
        - 专注固定领域，更加专业，运营效率更高。
        - 半导体制造业具有规模经济特征，专业晶圆代工生产成本更节约。
      - 劣势
        - 设计、制造、封装测试各环节协调和沟通的成本相对较高，延缓产品上市的时间。
        - 资源整合劣势。
        - 技术处于相对劣势。

- 经营策略
  - 集成电路行业的企业类型
    - IDM 公司 —— 代表企业英特尔、三星、德州仪器、东芝、意法半导体。
    - 无生产线集成电路设计公司 —— 代表企业高通、博通、联发科、海思、展锐、MPS（芯源系统有限公司）等。
    - IP 设计和服务公司 —— 利用圆片制造厂商的工艺数据，设计具有知识产权的集成电路宏单元（即 IP 核）并提供相应服务的企业。
      - （以上二者）二者区别在于：无生产线集成电路设计公司拥有自己的芯片产品，而 IP 公司仅提供设计和服务，无实体芯片产品。
    - 模块制造公司 —— 典型制造商有英飞凌（Infineon）、ABB、三菱（Mitsubishi）、富士电子（Fuji Electric）、深圳振华微电子等。
    - 集成电路圆片代工企业 —— 是指企业专注于提供集成电路制造订单式服务但其自身并不开展产品设计的一种商业模式。
    - 外包半导体封装测试厂 —— 封装测试工作是指在圆片完成制造后，对裸露的圆片进行加工，从而形成可以单独安装到印制电路板（PCB）上的独立的器件。
    - 掩模版制造厂 —— 将设计公司的电路版图转化为实物图形呈现在掩膜版上，其核心是图形的转移、分层处理和对数据安全的保护，是当前集成电路制造产业链中必不可少的最关键的环节之一。
    - 半导体材料制造商 —— 除了供应各种规格的半导体衬底材料圆片的制造商，还包括供应圆片制造和封装测试过程所需的电子级的气体、化学品、金属靶材、光刻胶、研磨液等材料的企业。

（三）功能风险和资产

- 功能风险和资产
  - 研发、采购、销售与分销
    - 研发
      - 核心技术研发
        - 是否有关联企业代研发
        - 是否委托第三方代研发
        - 谁拥有研发所有权
        - 谁拥有研发共享权
        - 研发费用由谁来负担
        - 研发有无实质性成果
        - 预期收益分配给谁
        - 与关联方有无许可协议
        - 与第三方有无许可协议
        - 有无成本分摊协议
        - 有无申请专利
        - 谁承担研发风险
        - 谁在研发中处于较高地位
        - 是否为独一无二的无形资产
        - 研发活动是否能获得竞争优势
      - 生产和工艺设计
        - 在设计中有无自主能力
        - 谁设计产品
        - 技术归谁所有
        - 谁开发了原有工艺
        - 设计费用由谁来负担
        - 设计有无实质性成果
        - 预期收益分配给谁
        - 与关联方有无许可协议
        - 与第三方有无许可协议
        - 有无成本分摊协议
        - 有无申请专利
        - 谁承担设计风险
        - 对产品的设计及修订有无投入
        - 是否为独一无二的无形资产

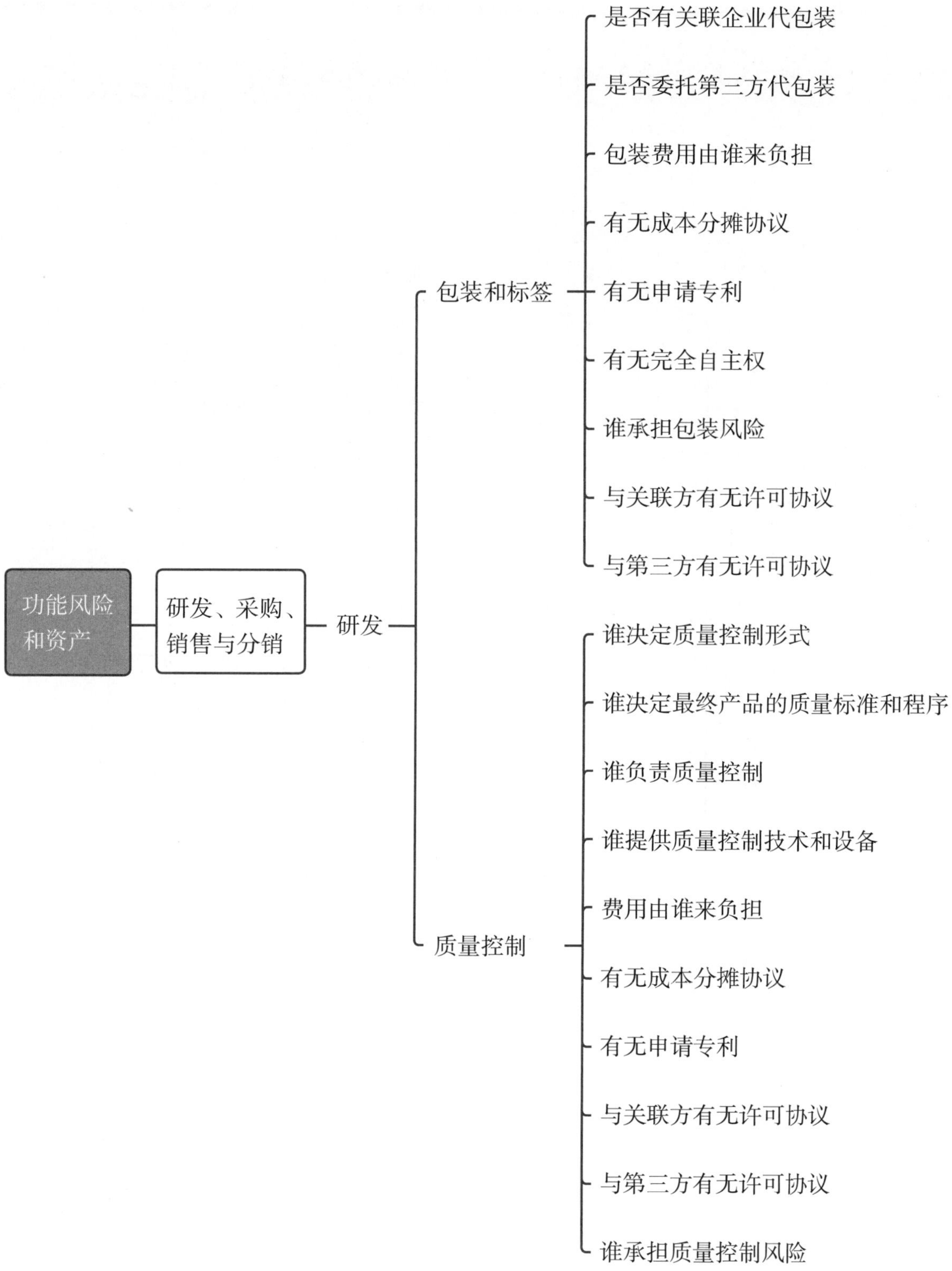
功能风险和资产
研发、采购、销售与分销
研发
包装和标签
是否有关联企业代包装
是否委托第三方代包装
包装费用由谁来负担
有无成本分摊协议
有无申请专利
有无完全自主权
谁承担包装风险
与关联方有无许可协议
与第三方有无许可协议
质量控制
谁决定质量控制形式
谁决定最终产品的质量标准和程序
谁负责质量控制
谁提供质量控制技术和设备
费用由谁来负担
有无成本分摊协议
有无申请专利
与关联方有无许可协议
与第三方有无许可协议
谁承担质量控制风险

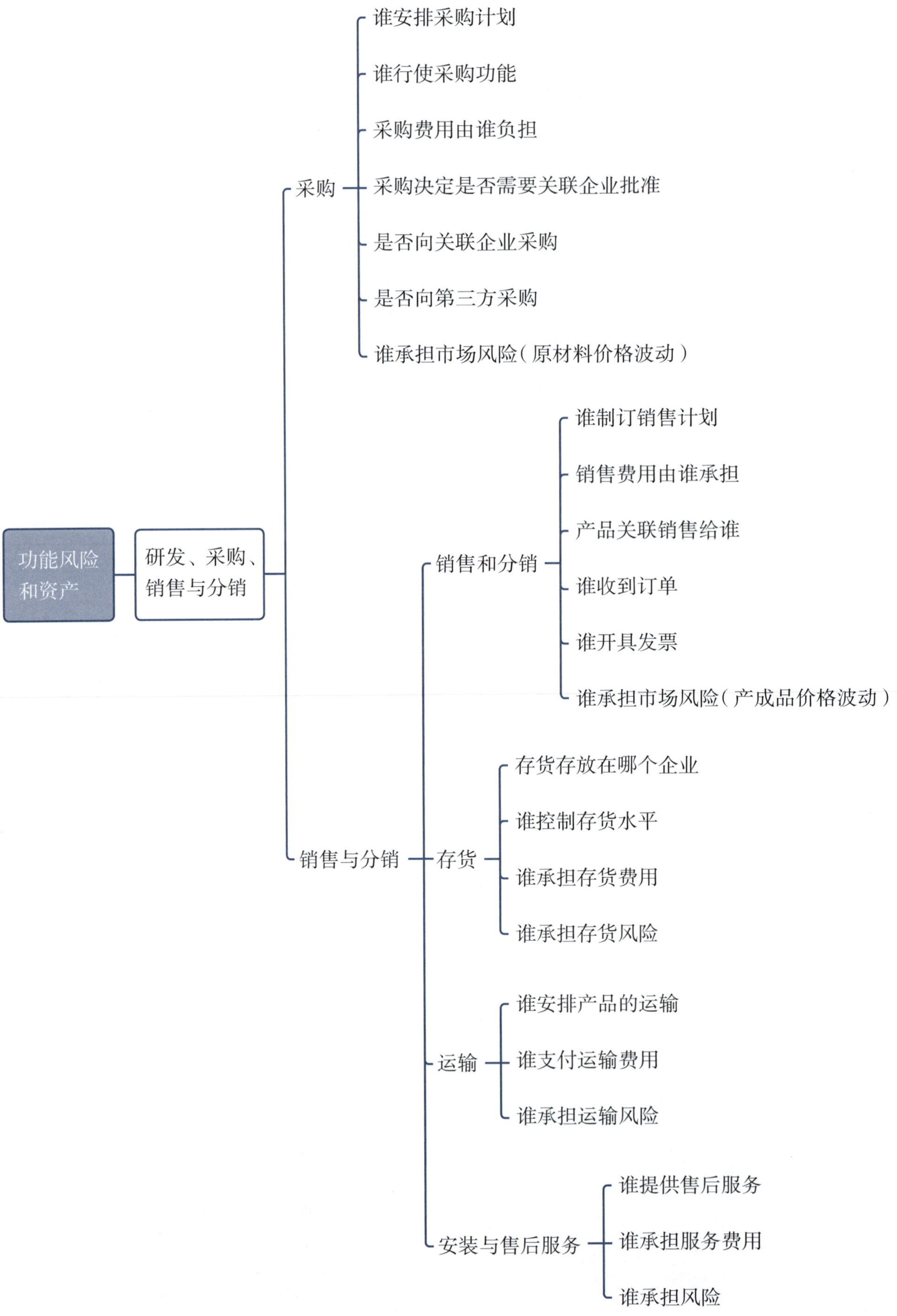
功能风险和资产
研发、采购、销售与分销
采购
谁安排采购计划
谁行使采购功能
采购费用由谁负担
采购决定是否需要关联企业批准
是否向关联企业采购
是否向第三方采购
谁承担市场风险（原材料价格波动）
销售与分销
销售和分销
谁制订销售计划
销售费用由谁承担
产品关联销售给谁
谁收到订单
谁开具发票
谁承担市场风险（产成品价格波动）
存货
存货存放在哪个企业
谁控制存货水平
谁承担存货费用
谁承担存货风险
运输
谁安排产品的运输
谁支付运输费用
谁承担运输风险
安装与售后服务
谁提供售后服务
谁承担服务费用
谁承担风险

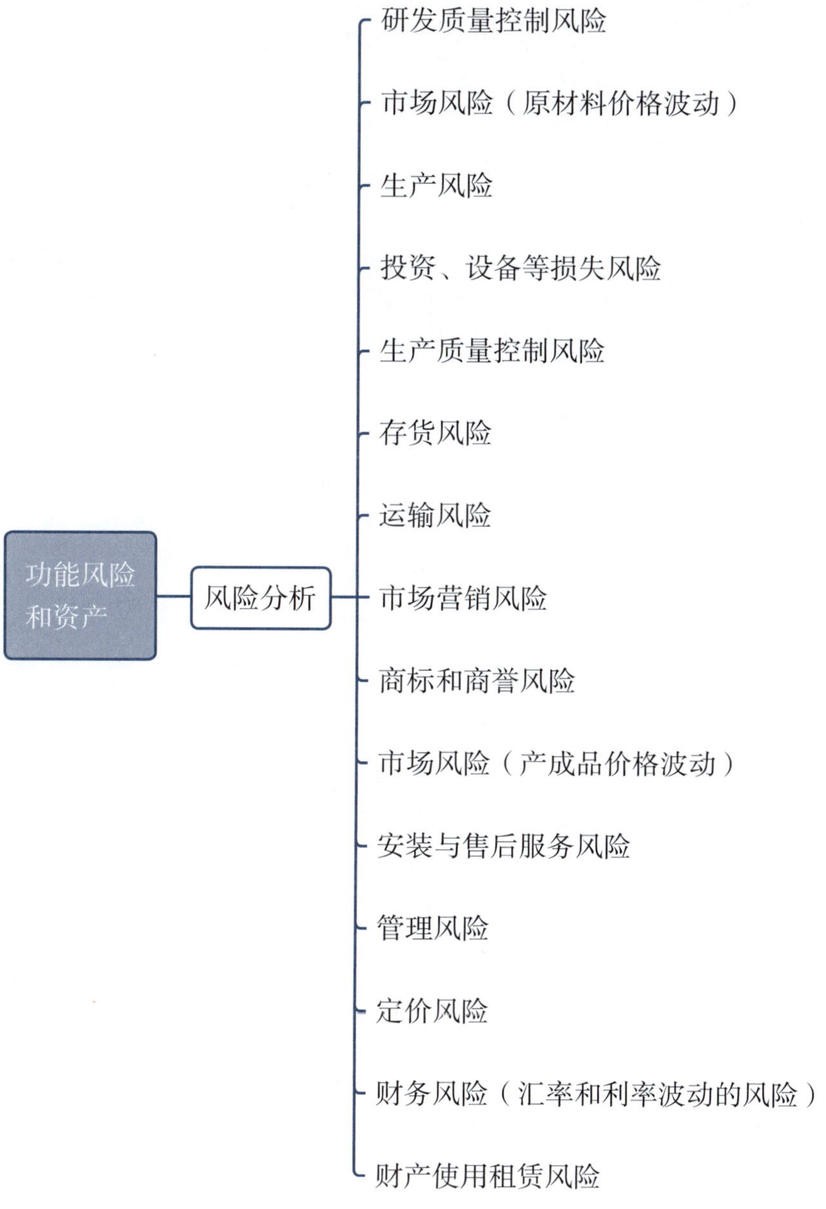
功能风险和资产
风险分析
研发质量控制风险
市场风险（原材料价格波动）
生产风险
投资、设备等损失风险
生产质量控制风险
存货风险
运输风险
市场营销风险
商标和商誉风险
市场风险（产成品价格波动）
安装与售后服务风险
管理风险
定价风险
财务风险（汇率和利率波动的风险）
财产使用租赁风险

- 功能风险和资产
  - 集成电路行业涉及的资产
    - 有形资产
      - 集成电路制造流程及对应设备
        - 氧化 — 氧化炉
        - 光刻 — 光刻机
        - 刻蚀 — 刻蚀机
        - 化学气相沉积（CVD）— 设备
        - 物理气相沉积（PVD）— 设备
        - 离子注入 — 离子注入机
        - 机械抛光 — CMP（化学机械抛光）设备
        - 晶圆检测
          - 检测机，例如高倍数电子显微镜等。
          - 探针台
      - 现状分析
        - 集成电路设备产能集中在欧美地区，疫情加剧产能不足
          - 集成电路设备研发技术难度大、投入高、周期长，具备极高的门槛和壁垒，在全世界范围内，行业头部企业基本占据绝大部分市场份额。目前全球集成电路设备市场集中度较高，行业前五强企业垄断了设备市场约70%的份额。
          - 2020年以来，受新冠肺炎疫情影响，欧美设备企业出现人力严重短缺情况，同时其上游零部件企业也因人力短缺而无法按时向设备企业交付关键零部件，导致部分设备因缺少部分零部件而无法完成组装出货，加剧了供需矛盾。
        - 国内集成电路企业采购设备受对华贸易壁垒影响较大
          - 根据《关于常规武器和两用物品及技术出口管制的瓦森纳协定》（以下简称《瓦森纳协定》），为了更好维护成员的利益，安排一直对中国禁售最新的几代设备。目前阶段EUV光刻机等高端设备因《瓦森纳协定》而对中国禁售。
          - 集成电路设备的技术壁垒非常高，此外国内设备商起步较晚，在光刻等高端工艺领域与国际公司尚有较大差距，替代能力不足。

功能风险和资产

集成电路行业涉及的资产

无形资产

IC 设计研发

根据中国半导体行业协会（CSIA）发布的数据：2021 年全球前十大 IC 设计厂商营收达 1274 亿美元，年增 48%。高通以 293 亿美元的营收位居榜首，年增 51%，其手机系统单芯片、物联网芯片销售分别年增 51% 与 63%；英伟达以 249 亿美元的营收排名第二，年增 61%，其游戏显卡与数据中心营收年增分别达 64% 与 59%；博通以 210 亿美元的营收排名第三，年增 18%，其网络芯片、宽频通信芯片及储存与桥接芯片业务皆有稳定的销售表现。台系厂商在全球前十大 IC 设计厂商中占据了四席，分别是联发科、联咏、瑞昱和奇景光电。

上海硅知识产权交易中心和中国半导体行业协会知识产权工作部联合发布的《年度中国集成电路行业知识产权年度报告（2020 版）》（可在 http://www.ssipex.com 查询），中国 2020 集成电路知识产权分布情况。

专利

设计专利：26889 件，国外权利人占比 18%

制造专利：13626 件，国外权利人占比 20%

封测专利：8893 件，国外权利人占比 8%

可见国外权利人对中国集成电路市场，尤其是设计、制造领域仍保持有相当优势。

布图设计

2001 年 10 月 1 日至 2020 年 12 月 31 日公告中，在中国登记公告（包括国外权利人）的布图设计总计 33545 件。

2020 年度公告的中国集成电路布图设计专有权数量再创新高，达到 10988 件。

中国内地权利人的布图设计专有权共 10829 件。

中国台湾地区权利人的布图专有权 8 件。

中国香港特别行政区权利人的布图专有权 33 件。

国外权利人的布图专有权 118 件。

第三节　医药行业业态

医药行业业态

行业概况

- 医药行业市场概况
- 医药行业产业链
- 医药行业主要特点

经营策略

- 中国现行医药政策
- 中国基本药物分类目录
- 医药企业组织结构

功能风险和资产

- 采购、库存管理和物流、销售和市场推广、付款请求和回收
- 风险分析
- 医药行业涉及的资产

（一）医药行业概况

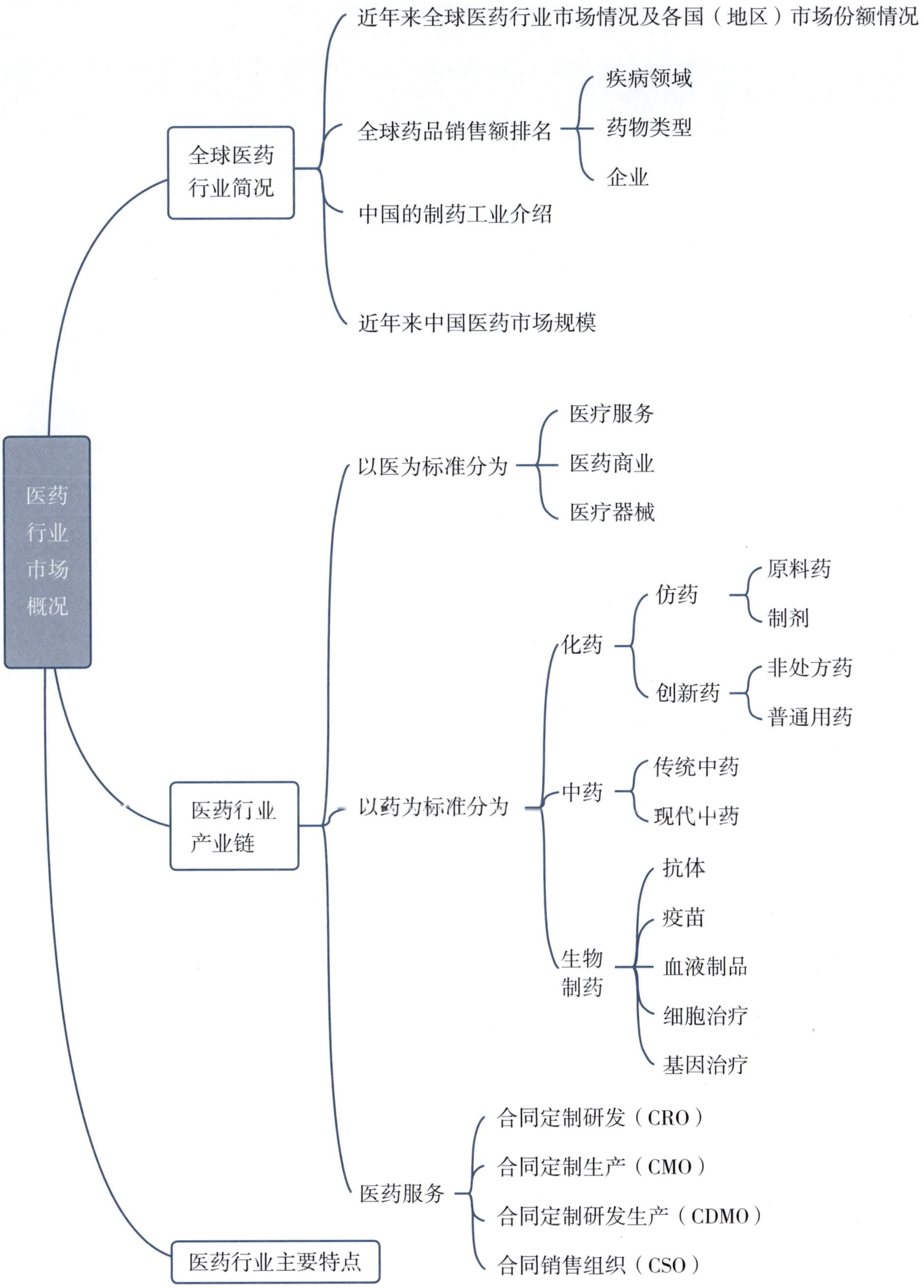
医药行业市场概况
全球医药行业简况
近年来全球医药行业市场情况及各国（地区）市场份额情况
全球药品销售额排名
疾病领域
药物类型
企业
中国的制药工业介绍
近年来中国医药市场规模
医药行业产业链
以医为标准分为
医疗服务
医药商业
医疗器械
以药为标准分为
化药
仿药
原料药
制剂
创新药
非处方药
普通用药
中药
传统中药
现代中药
生物制药
抗体
疫苗
血液制品
细胞治疗
基因治疗
医药服务
合同定制研发（CRO）
合同定制生产（CMO）
合同定制研发生产（CDMO）
合同销售组织（CSO）
医药行业主要特点

- 医药行业市场概况
  - 全球医药行业简况
    - 2016 年至 2020 年，全球医药行业市场规模涨幅较缓，市场规模从 2016 年的 11531 亿美元增至 2020 年的 12987 亿美元。根据欧洲制药工业协会联合会（EFPIA）的统计情况，北美和欧洲占据全球较大的市场份额，销售额分别占全球医药产品销售市场的 40%、22%，处于主导地位。另外，中国市场医药产品销售占全球比重达到 20%，日本占比 8%。整体来看，全球医药产品市场具有较高的集中度。2016 年至 2020 年全球药品市场销售情况如图 9-11 所示，2020 年全球医药产品市场区域结构如图 9-12 所示。
    - 全球药品销售额排名 — 2021 年，全球销售额超过 10 亿美元的药物共有 170 个（较 2020 年多 20 个）。其中，前 100 强（TOP100）上榜门槛是 17.53 亿美元（约合人民币 113.1 亿元），合计销售收入 4520 亿美元。
      - 药物类型 — TOP100 药品中，小分子药物共 45 个，销售收入占比 36%。单抗、双抗、ADC（抗体偶联药物）、重组蛋白、疫苗类大分子药物共 55 个，销售收入占比 64%。
      - 疾病领域 — TOP100 药品中肿瘤、感染病、免疫、内分泌、心血管是市场规模最大的 5 个领域，均超过了 200 亿美元。
      - 企业 — TOP100 药品中，罗氏的药品个数最多，达 13 个，其次为强生（12 个）、诺华（8 个）。
    - 中国的制药工业起步于 20 世纪初，经历了从无到有、从使用传统工艺到大规模运用现代技术的发展历程。特别是改革开放以来，医药行业成为中国国民经济的重要组成部分。医药对人类生活的巨大影响使得其行业的高增长和高收益特性非常突出。
    - 2021 年，中国医药材及药品进口数量为 22.61 万吨，进口金额为 446.63 亿美元，出口数量为 146.41 万吨，出口金额为 496.25 亿美元。

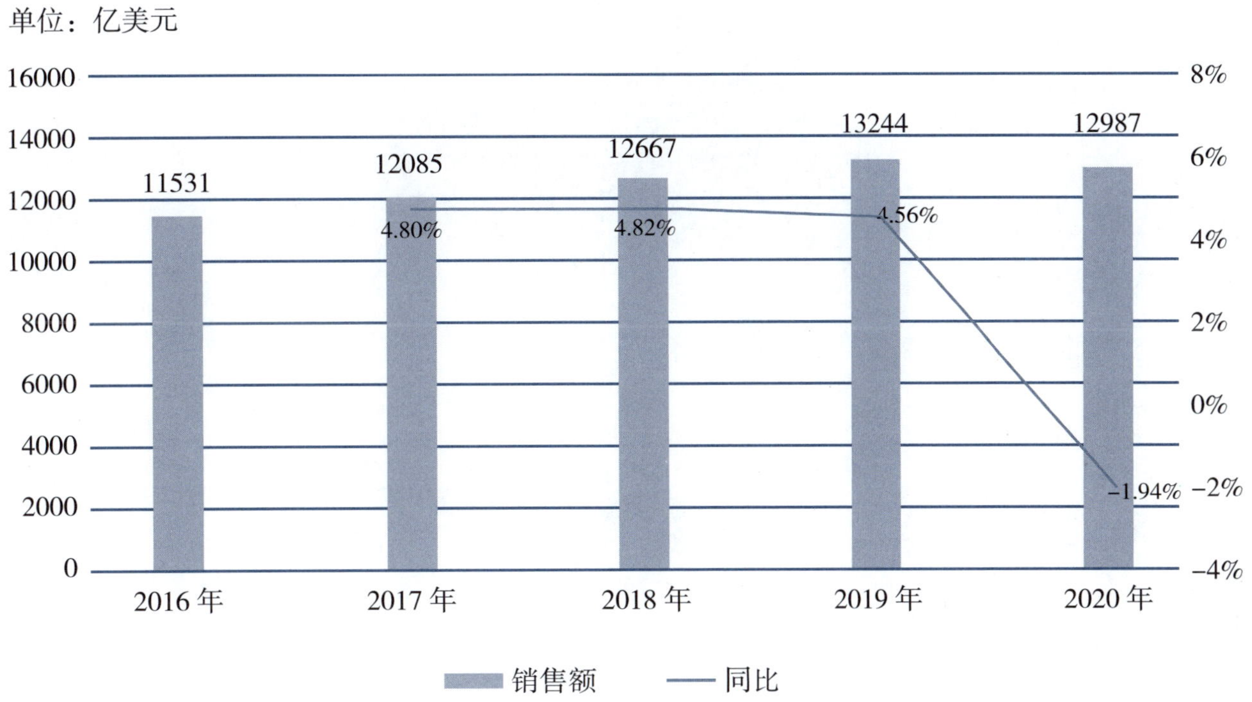

数据来源：弗若斯特沙利文咨询公司（Frost & Sullivan），由中商产业研究院整理，详见 https://baijiahao.baidu.com/s?id=1708584700800472047&wfr=spider&for=pc。

图 9–11　2016 年至 2020 年全球药品市场销售情况

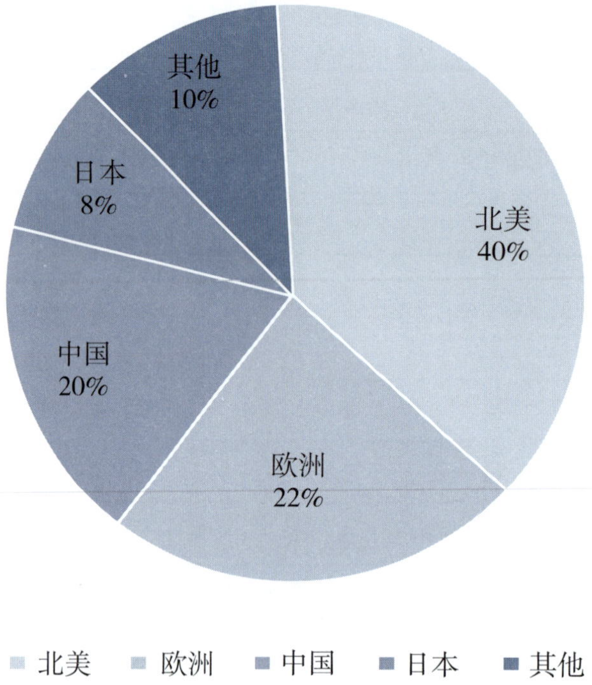

数据来源：欧洲制药工业协会联合会（EFPIA），由前瞻产业研究院整理，详见 https://baijiahao.baidu.com/s?id=1703341395471422568&wfr=spider&for=pc。

图 9-12　2020 年全球医药产品市场区域结构

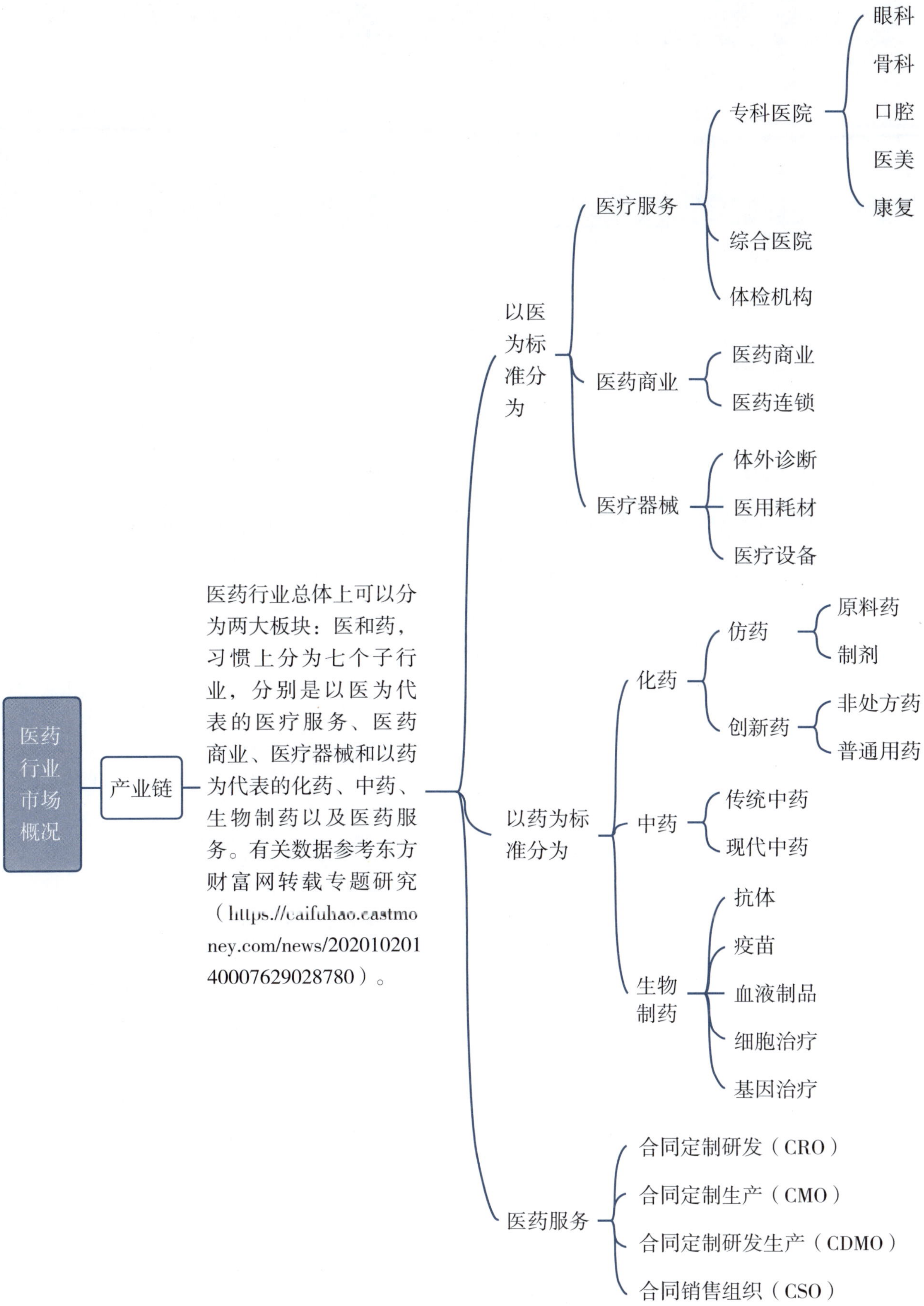
医药行业市场概况
产业链
医药行业总体上可以分为两大板块：医和药，习惯上分为七个子行业，分别是以医为代表的医疗服务、医药商业、医疗器械和以药为代表的化药、中药、生物制药以及医药服务。有关数据参考东方财富网转载专题研究（https://caifuhao.eastmoney.com/news/20201020140007629028780）。
以医为标准分为
医疗服务
专科医院
眼科
骨科
口腔
医美
康复
综合医院
体检机构
医药商业
医药商业
医药连锁
医疗器械
体外诊断
医用耗材
医疗设备
以药为标准分为
化药
仿药
原料药
制剂
创新药
非处方药
普通用药
中药
传统中药
现代中药
生物制药
抗体
疫苗
血液制品
细胞治疗
基因治疗
医药服务
合同定制研发（CRO）
合同定制生产（CMO）
合同定制研发生产（CDMO）
合同销售组织（CSO）

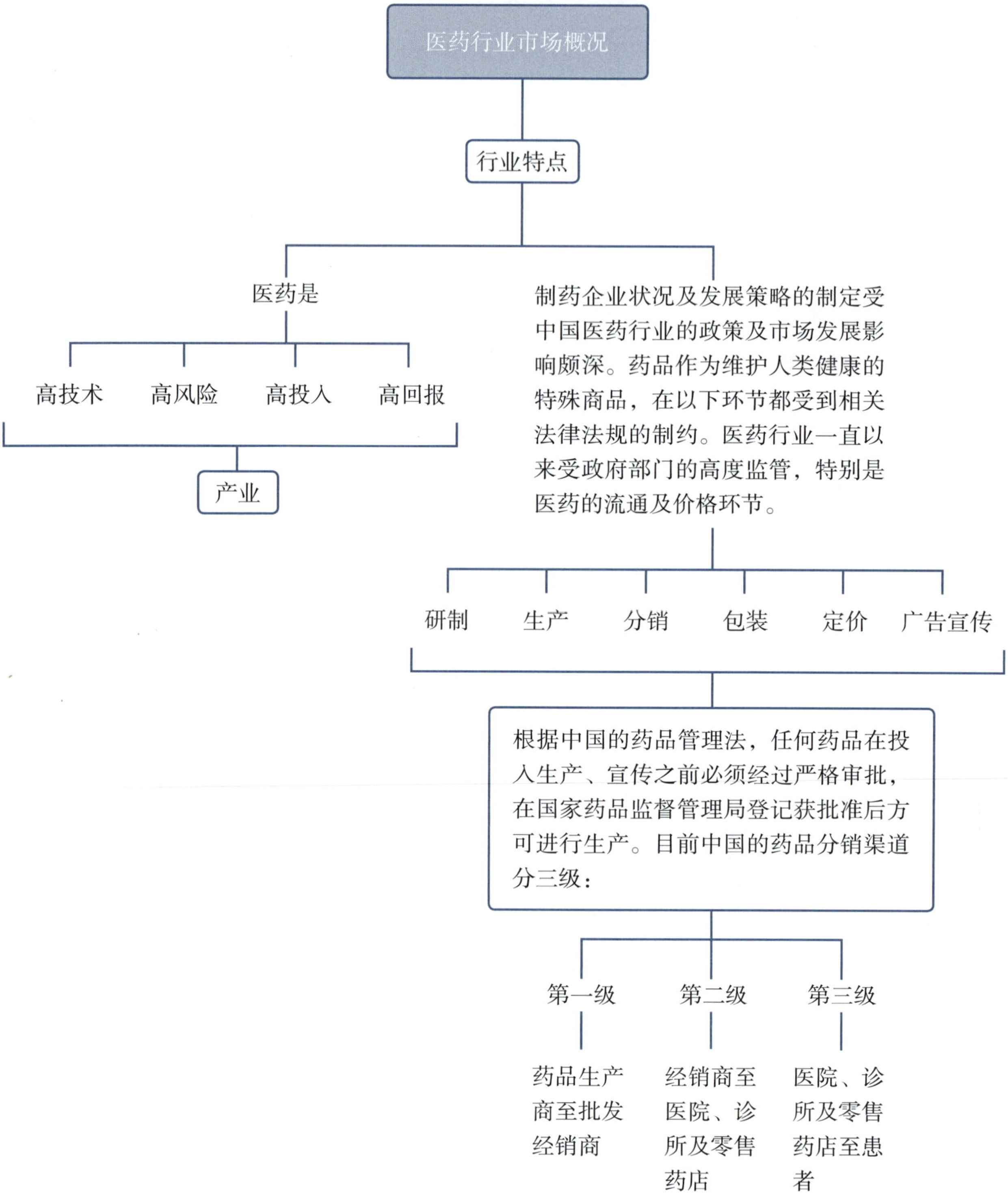
医药行业市场概况
行业特点
医药是
高技术
高风险
高投入
高回报
产业
制药企业状况及发展策略的制定受中国医药行业的政策及市场发展影响颇深。药品作为维护人类健康的特殊商品，在以下环节都受到相关法律法规的制约。医药行业一直以来受政府部门的高度监管，特别是医药的流通及价格环节。
研制
生产
分销
包装
定价
广告宣传
根据中国的药品管理法，任何药品在投入生产、宣传之前必须经过严格审批，在国家药品监督管理局登记获批准后方可进行生产。目前中国的药品分销渠道分三级：
第一级
第二级
第三级
药品生产商至批发经销商
经销商至医院、诊所及零售药店
医院、诊所及零售药店至患者

（二）经营策略

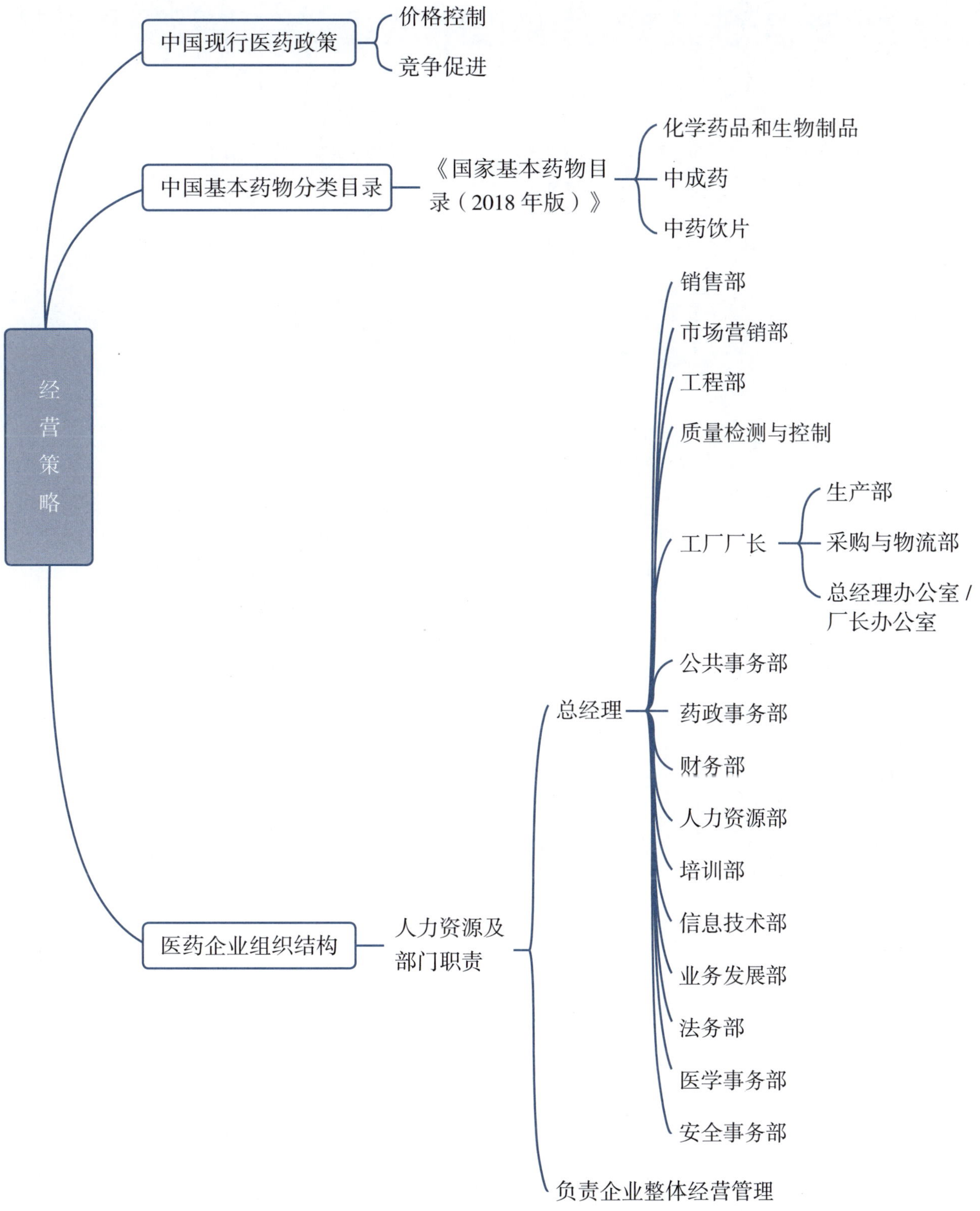
经营策略
中国现行医药政策
价格控制
竞争促进
中国基本药物分类目录
《国家基本药物目录（2018 年版）》
化学药品和生物制品
中成药
中药饮片
医药企业组织结构
人力资源及部门职责
总经理
销售部
市场营销部
工程部
质量检测与控制
工厂厂长
生产部
采购与物流部
总经理办公室 / 厂长办公室
公共事务部
药政事务部
财务部
人力资源部
培训部
信息技术部
业务发展部
法务部
医学事务部
安全事务部
负责企业整体经营管理

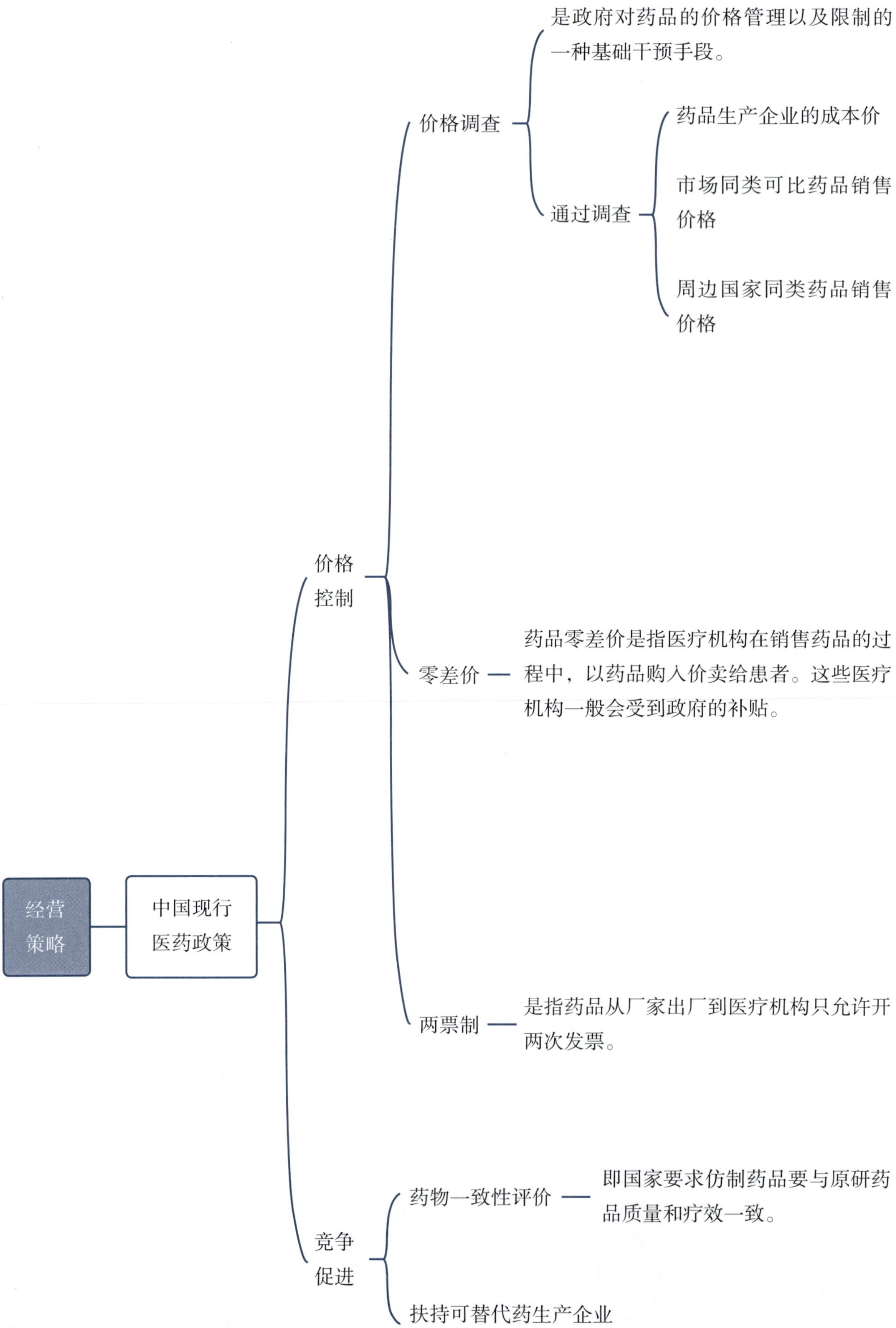
经营策略
中国现行医药政策
价格控制
价格调查
是政府对药品的价格管理以及限制的一种基础干预手段。
通过调查
药品生产企业的成本价
市场同类可比药品销售价格
周边国家同类药品销售价格
零差价
药品零差价是指医疗机构在销售药品的过程中，以药品购入价卖给患者。这些医疗机构一般会受到政府的补贴。
两票制
是指药品从厂家出厂到医疗机构只允许开两次发票。
竞争促进
药物一致性评价
即国家要求仿制药品要与原研药品质量和疗效一致。
扶持可替代药生产企业

政府监管机构对于药品的销售价格进行监管。

2005 年起中国药品监管机构就开始使用出厂价格调查的手段对全国药品的价格进行监管。

药品价格评审中心作为价格调查及管理的主要单位，主要负责组织开展药品生产经营成本和药品市场实际购销价格调查，测算药品成本和价格。组织专家进行评审，提出药品价格制定或调整的建议。

在随后的各个阶段中，价格调查机制不断补充完善，对于药品价格的管理力度也随之增强。

制定“药品零差价”政策的直接目标是为减少药品销售过程中过多的中间流通环节，最终使虚高的药价降下来。

2008 年 10 月份公布的《关于深化医药卫生体制改革的意见（征求意见稿）》首次对基层医疗卫生机构提出了“药品收支两条线和零差率销售”的管理办法。

2010 年起，中国 17 个试点城市陆续开始实行公立医院零差价改革。

截至 2016 年年底，所有地级以上城市全面开始推行公立医院改革。

2016 年 4 月 6 日，国务院审议《深化医药卫生体制改革 2016 年重点工作任务》，在综合医改试点省份（11 个省及直辖市）和公立医院综合改革试点城市（200 个地级市）推行两票制。

自 2016 年下半年起，各省市先后开始实行两票制。

市场对进口药物以及高端医药产品的需求量还在继续增长，国外高端品牌药品以及进口药品的销售会受到一定程度的影响。国外药品生产商在中国的生产以及销售业务在政府对价格管控以及竞争促进的双重作用下，或将遇到价格以及销售的双重挑战，利润水平势必受到一定程度的冲击，外资药品生产商高利润额的时代即将逐步终结。

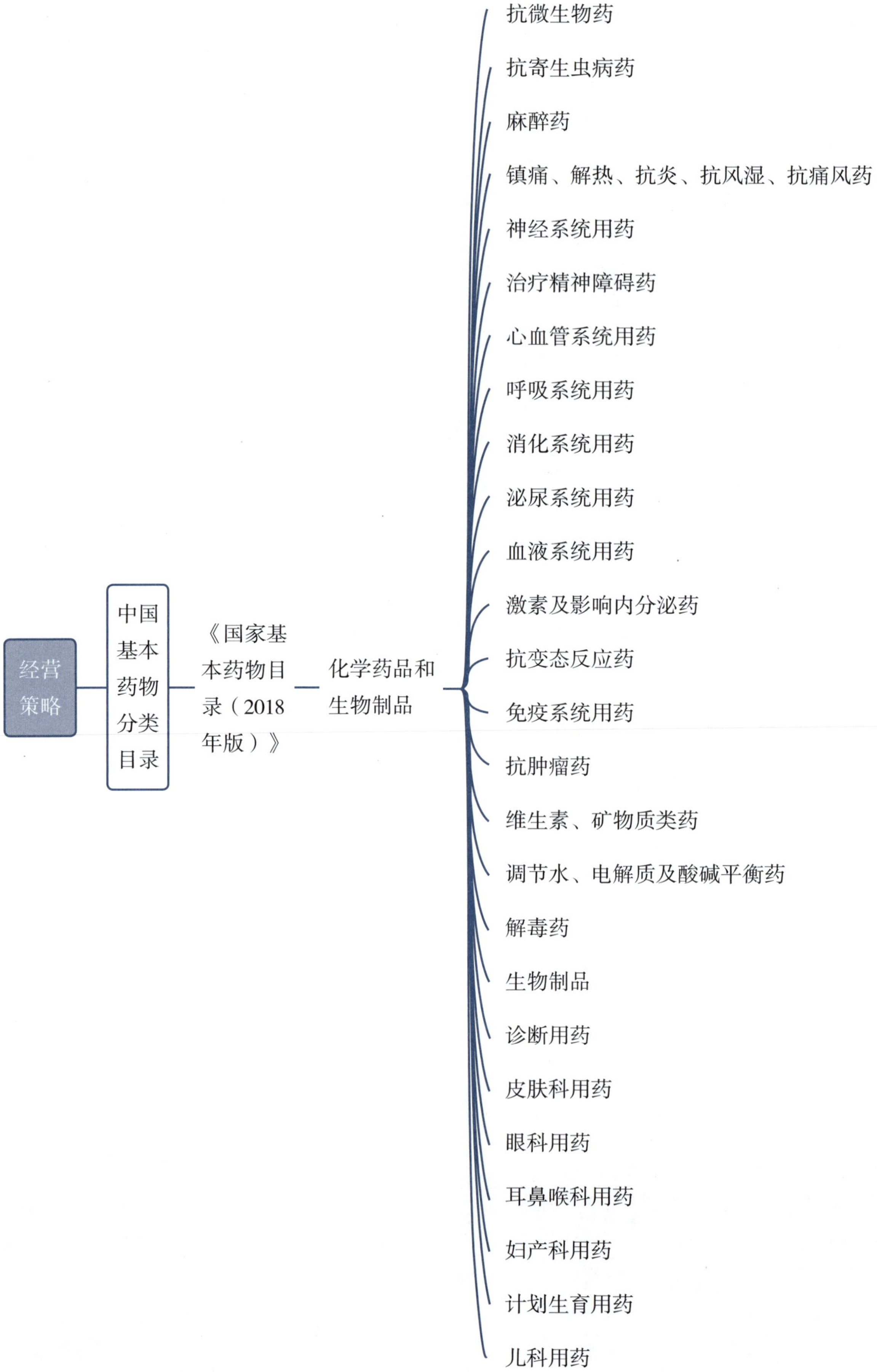
经营策略
中国基本药物分类目录
《国家基本药物目录（2018年版）》
化学药品和生物制品
抗微生物药
抗寄生虫病药
麻醉药
镇痛、解热、抗炎、抗风湿、抗痛风药
神经系统用药
治疗精神障碍药
心血管系统用药
呼吸系统用药
消化系统用药
泌尿系统用药
血液系统用药
激素及影响内分泌药
抗变态反应药
免疫系统用药
抗肿瘤药
维生素、矿物质类药
调节水、电解质及酸碱平衡药
解毒药
生物制品
诊断用药
皮肤科用药
眼科用药
耳鼻喉科用药
妇产科用药
计划生育用药
儿科用药

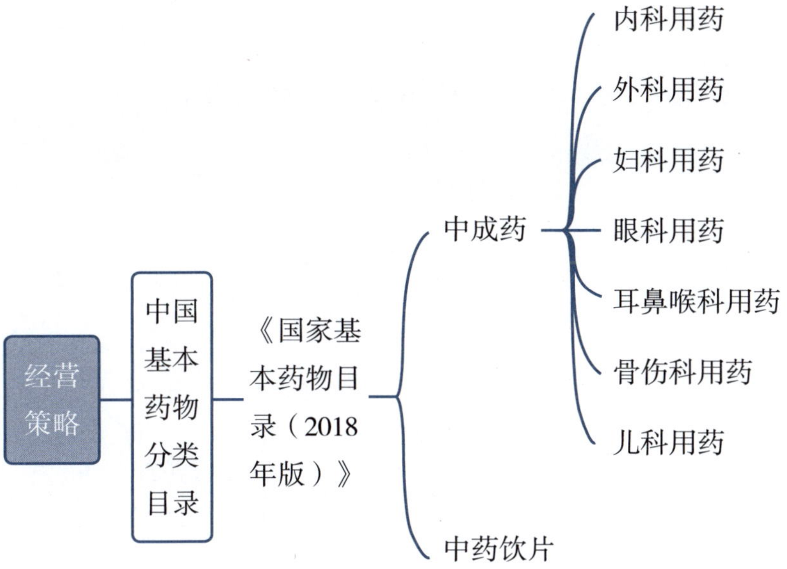
经营
策略
中国
基本
药物
分类
目录
《国家基本药物目录（2018年版）》
中成药
内科用药
外科用药
妇科用药
眼科用药
耳鼻喉科用药
骨伤科用药
儿科用药
中药饮片

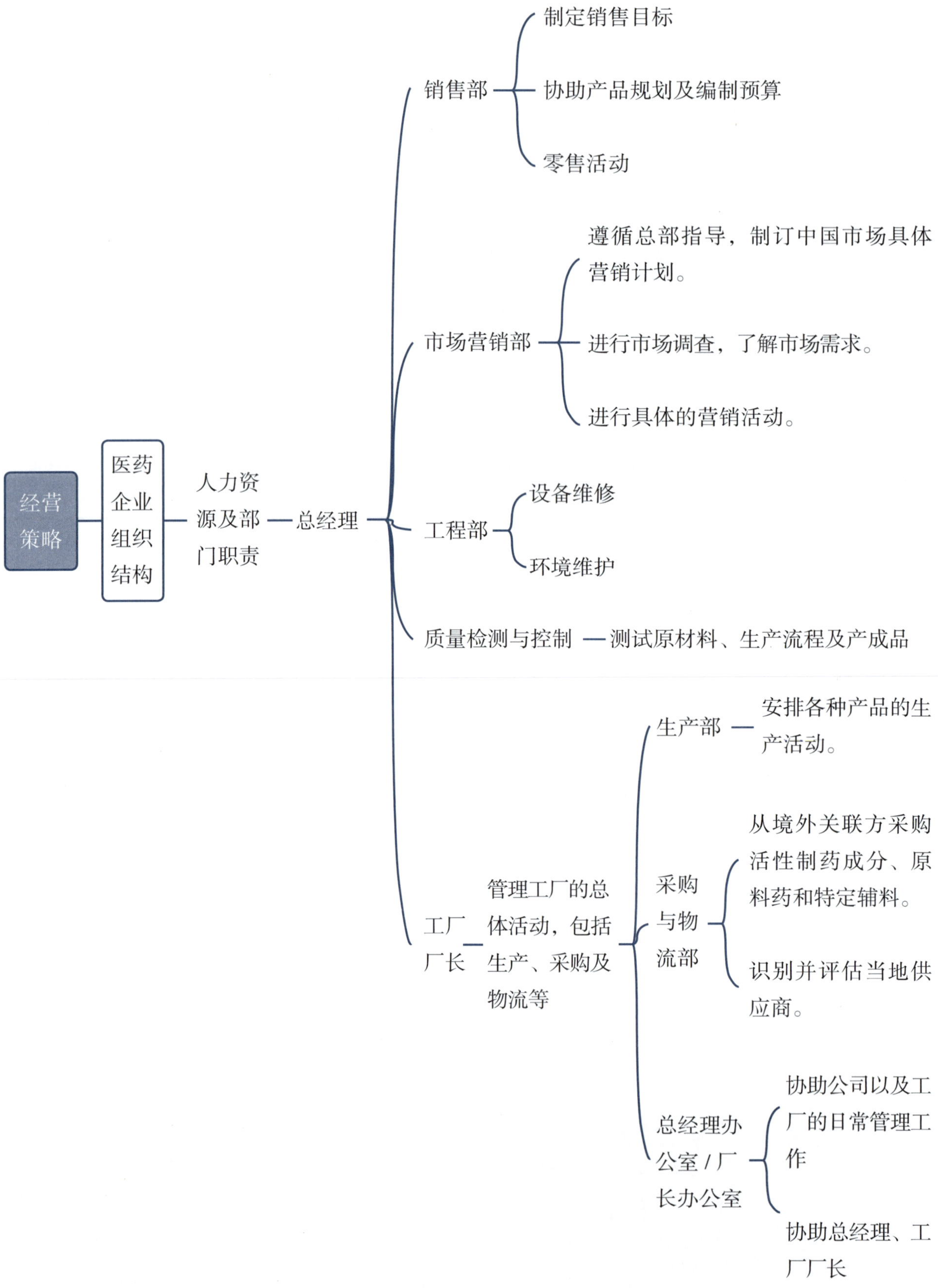
经营策略
医药企业组织结构
人力资源及部门职责
总经理
销售部
制定销售目标
协助产品规划及编制预算
零售活动
市场营销部
遵循总部指导，制订中国市场具体营销计划。
进行市场调查，了解市场需求。
进行具体的营销活动。
工程部
设备维修
环境维护
质量检测与控制
测试原材料、生产流程及产成品
工厂厂长
管理工厂的总体活动，包括生产、采购及物流等
生产部
安排各种产品的生产活动。
采购与物流部
从境外关联方采购活性制药成分、原料药和特定辅料。
识别并评估当地供应商。
总经理办公室/厂长办公室
协助公司以及工厂的日常管理工作
协助总经理、工厂厂长

- 经营策略
  - 医药企业组织结构
    - 人力资源及部门职责
      - 总经理
        - 公共事务部 — 医保政策跟进和产品价格管理等。
        - 药政事务部 — 负责药品注册的相关事宜。
        - 财务部 — 日常财务管理，包括会计核算和预算编制。
        - 人力资源部 — 日常招聘、薪酬管理和通信机制的建立。
        - 培训部 — 根据总部的指导，对公司内部人员进行产品信息与管理技能培训。
        - 信息技术部 — 向其他部门提供信息技术支持。
        - 业务发展部 — 寻求商业发展机会。
        - 法务部 — 负责公司的法律相关事务。
        - 医学事务部 — 负责新药上市前的第四阶段临床研究。
        - 安全事务部 — 监控市场上销售假药情况。
      - 负责企业整体经营管理

（三）功能风险和资产

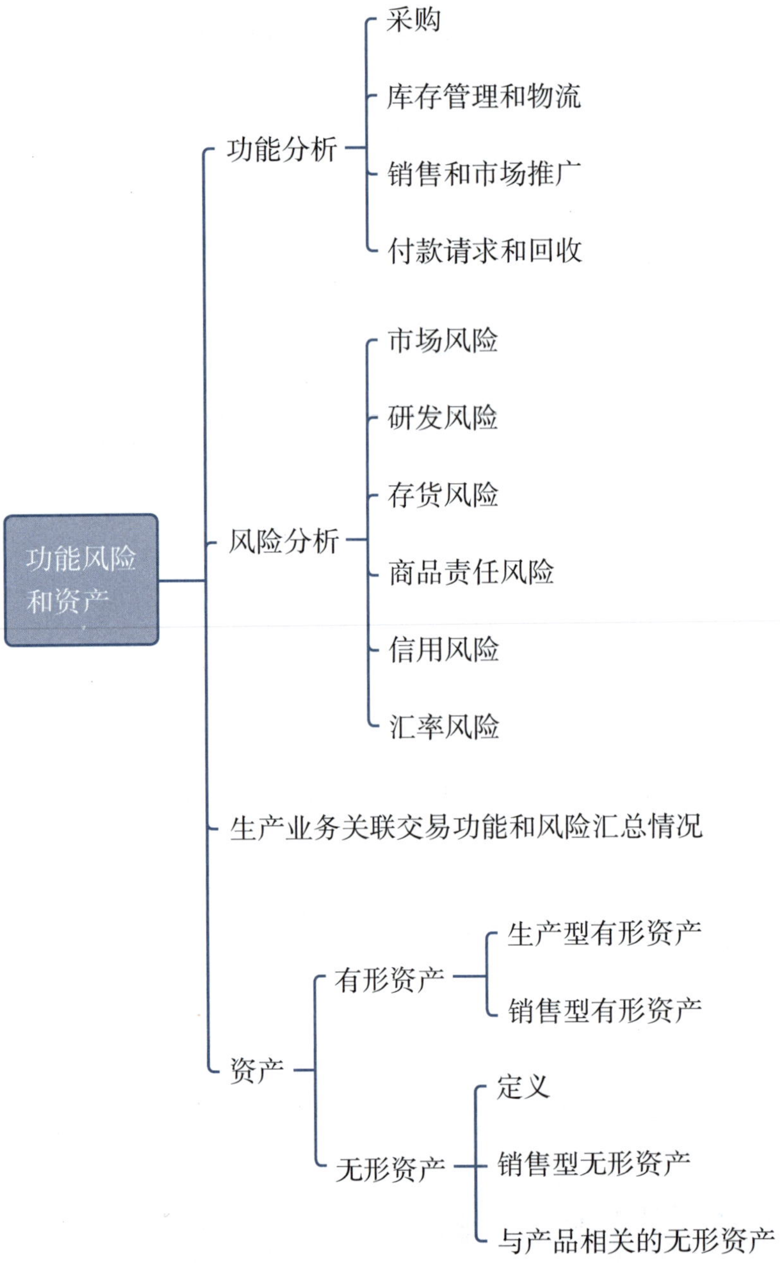
功能风险和资产
功能分析
采购
库存管理和物流
销售和市场推广
付款请求和回收
风险分析
市场风险
研发风险
存货风险
商品责任风险
信用风险
汇率风险
生产业务关联交易功能和风险汇总情况
资产
有形资产
生产型有形资产
销售型有形资产
无形资产
定义
销售型无形资产
与产品相关的无形资产

- 功能风险和资产
  - 功能分析
    - 采购 — 由于分销的均为成品药且自关联公司采购，采购过程中不需执行复杂的供应商管理、验收标准制定等功能。因此，仅执行下达订单、沟通协调等有限的采购功能。
    - 库存管理和物流 — 执行库存管理，负责分销业务中进口的成品药的运输安排和出资，实际运输由第三方运输公司完成。
    - 销售和市场推广
      - 市场推广 — 进口分销商不直接负责市场营销推广等活动。
      - 定价 — 分销药品的价格受政府监管和价格控制的显著影响。
      - 销售
        - 进口分销商将进口及本地非关联药品生产商生产的成品药分销给国内的二、三级分销商，再通过多级分销的方式最终销往医院、诊所及药店。
        - 集团公司制定总体市场销售战略，进口分销商根据二级药品经销商的订单向集团公司采购。因此，仅执行联络下级分销商、订单管理等有限的销售功能。
      - 销售网络 — 进口分销商的分销业务通过第三方分销商，且医院名单由分销商掌握，因此对销售网络不具备控制权。
    - 付款请求和回收
  - 风险分析
    - 市场风险
      - 进口分销商作为一级分销商，将进口的成品药分销给下级分销商，并经过多级分销商最终销往医院、诊所及药店。所有的销售均为非关联方销售。在与非关联方的交易中，当市场由于一些特殊因素导致对产品的需求下降时，进口分销商的销售额也会随之下降。当其他相似或者替代药进入市场后，如其质量或价格具有一定可比优势时，进口分销商将承担销售订单下降或者被迫降价的风险。
      - 然而，进口分销商采购的成品药数量是根据收到的下级分销订单而确定的，且集团公司会确保一定的销售利润。因此，进口分销商在运营其分销业务时仅承担有限的市场风险。
    - 研发风险 — 进口分销商进口的本地化产品为成品药，不承担研发风险。
    - 存货风险 — 进口分销商根据下级经销商订单向集团公司进行采购，对成品的在库时间进行严格的管理控制，仅承担有限的存货损失风险，不承担因存货水平过高或过低导致的存货风险。
    - 商品责任风险 — 进口分销商不承担商品责任风险，相关风险由集团公司承担。
    - 信用风险 — 分销商体系较为稳定。
    - 汇率风险 — 进口分销商承担外汇风险。
  - 生产业务关联交易功能和风险汇总情况如表9-2所示。

表 9-2　生产业务关联交易功能和风险汇总情况

功能和风险	要素	进口分销商	集团制药公司	集团公司
功能	研发	–	–	*
	采购	o	*	–
	生产	–	*	–
	质量控制	–	*	–
	存货管理和物流	*	*	–
	销售和销售推广	o	*	–
	售后服务	o	*	–
	付款请求和回收	*	*	–
	一般行政管理	*	*	–
风险	市场风险	–	*	–
	研发风险	–	–	*
	生产风险	–	*	–
	存货风险	o	*	–
	商品责任风险	–	*	–
	信用风险	o	*	–
	汇率风险	*	*	–

注：“*”表示执行功能 / 承担风险 / 拥有资产，“o”表示执行有限功能 / 承担有限风险，“–”表示没有执行功能 / 承担风险 / 拥有资产。

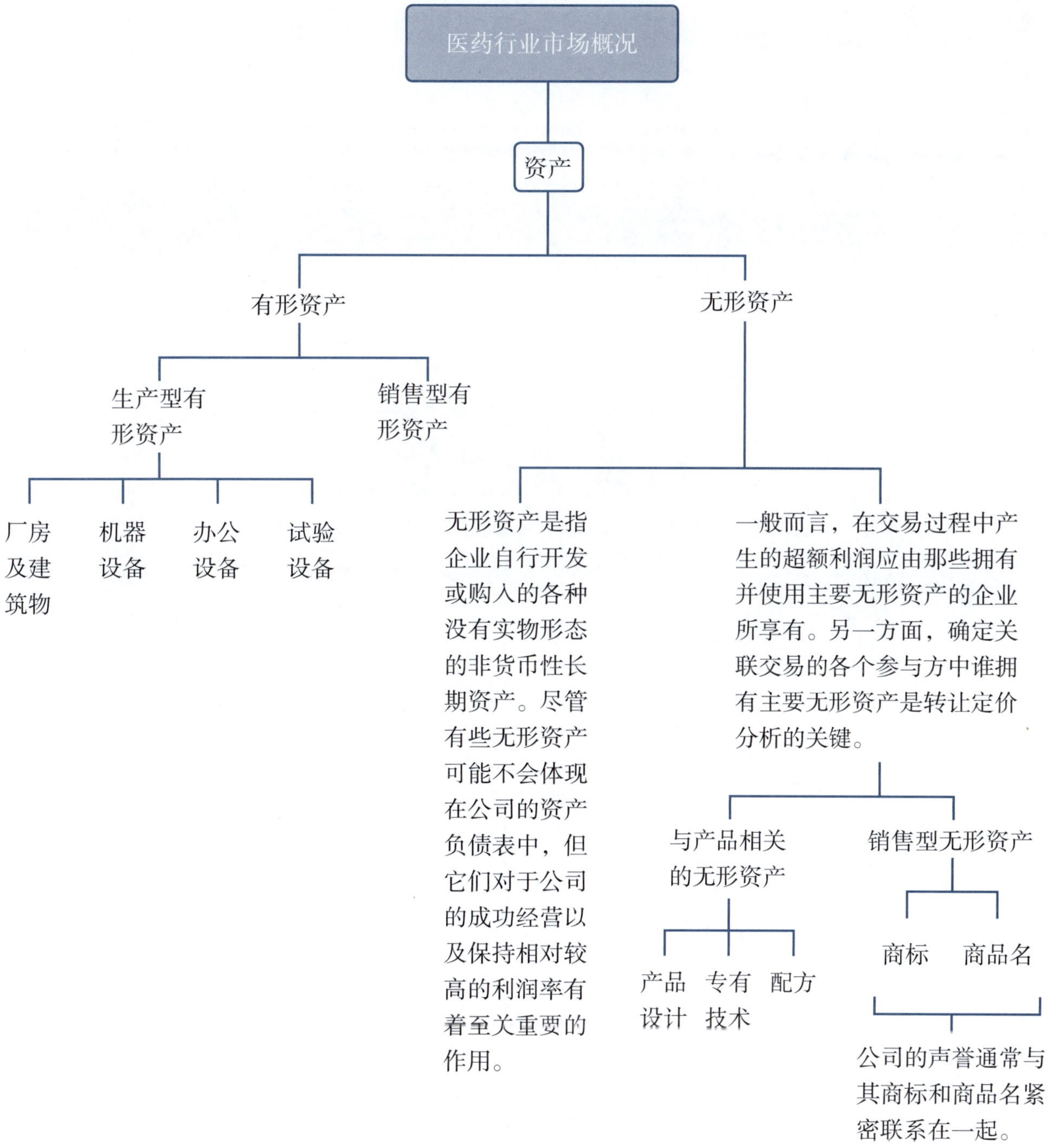
医药行业市场概况
资产
有形资产
无形资产
生产型有形资产
销售型有形资产
厂房及建筑物
机器设备
办公设备
试验设备
无形资产是指企业自行开发或购入的各种没有实物形态的非货币性长期资产。尽管有些无形资产可能不会体现在公司的资产负债表中，但它们对于公司的成功经营以及保持相对较高的利润率有着至关重要的作用。
一般而言，在交易过程中产生的超额利润应由那些拥有并使用主要无形资产的企业所享有。另一方面，确定关联交易的各个参与方中谁拥有主要无形资产是转让定价分析的关键。
与产品相关的无形资产
销售型无形资产
产品设计
专有技术
配方
商标
商品名
公司的声誉通常与其商标和商品名紧密联系在一起。

第四节 汽车行业业态

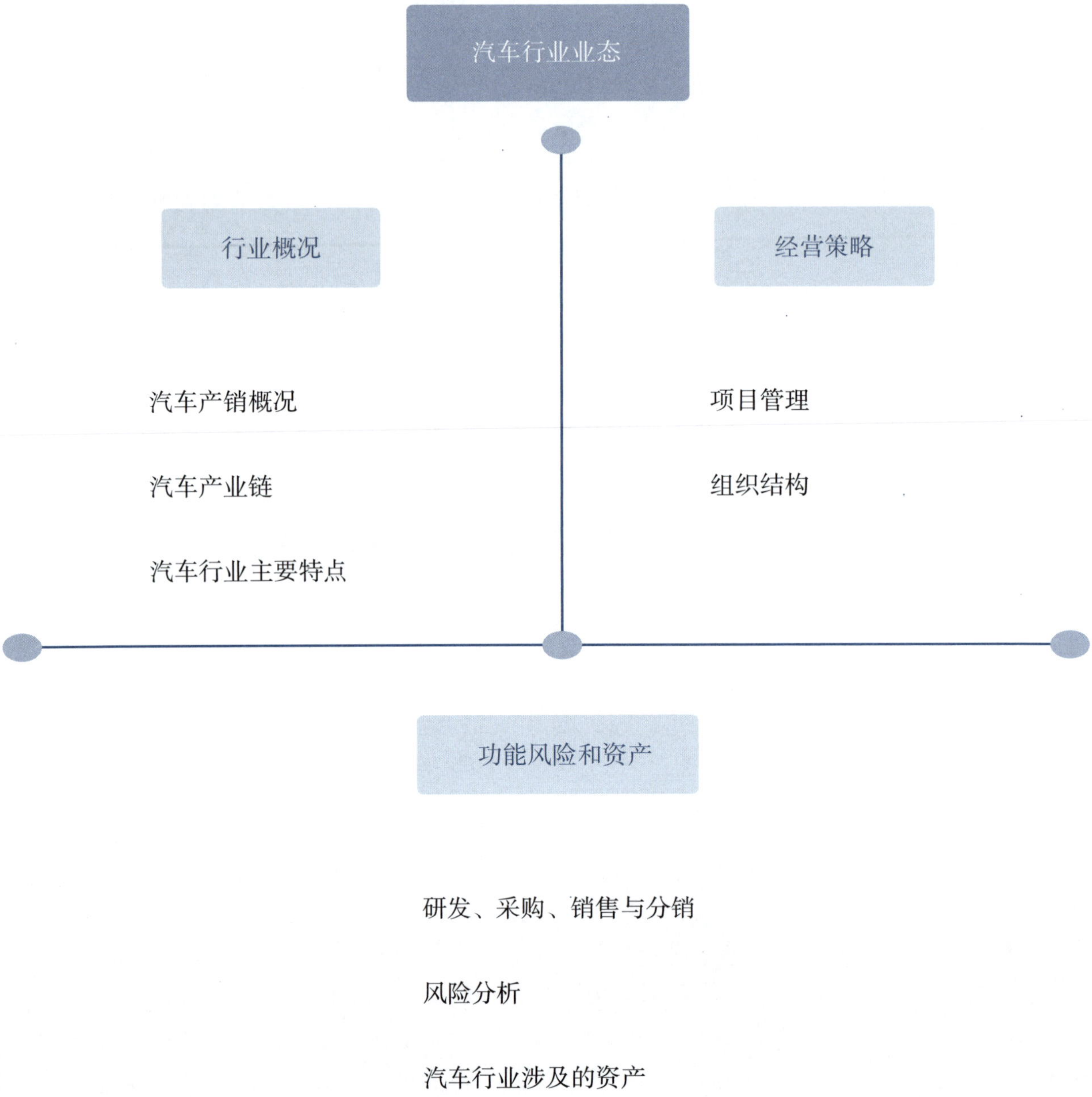
汽车行业业态
行业概况
汽车产销概况
汽车产业链
汽车行业主要特点
经营策略
项目管理
组织结构
功能风险和资产
研发、采购、销售与分销
风险分析
汽车行业涉及的资产

（一）汽车行业概况

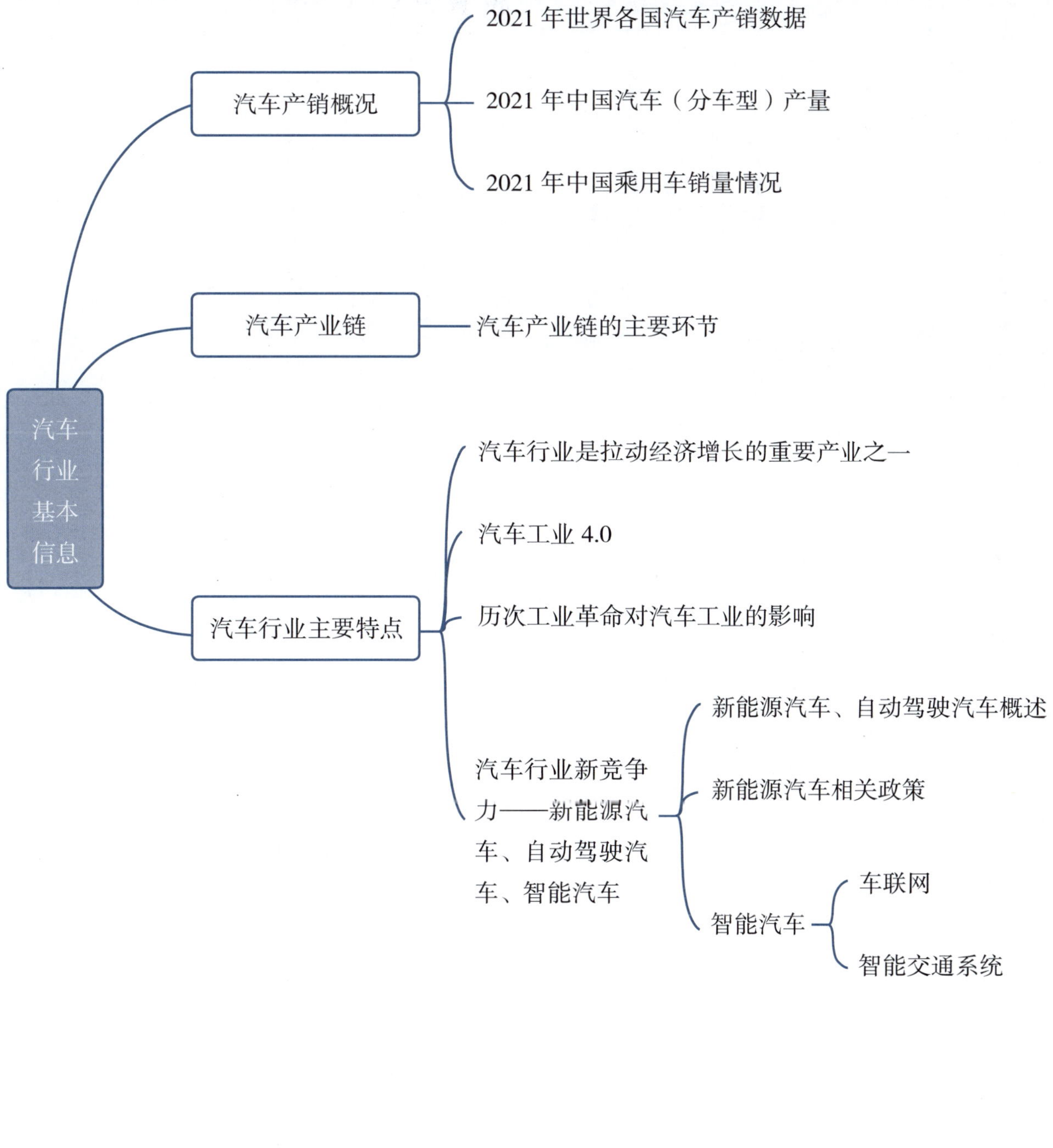
汽车行业基本信息
汽车产销概况
2021年世界各国汽车产销数据
2021年中国汽车（分车型）产量
2021年中国乘用车销量情况
汽车产业链
汽车产业链的主要环节
汽车行业主要特点
汽车行业是拉动经济增长的重要产业之一
汽车工业4.0
历次工业革命对汽车工业的影响
汽车行业新竞争力——新能源汽车、自动驾驶汽车、智能汽车
新能源汽车、自动驾驶汽车概述
新能源汽车相关政策
智能汽车
车联网
智能交通系统

- 汽车行业基本信息
  - 汽车产销概况
    - 根据国际汽车制造商协会（OICA）公开发布数据
      - 2021 年，全球共生产汽车 80145988 辆，同比增长 3.13%。其中，乘用车生产量为 57054295 辆，商用车生产量为 23091693 辆。亚太地区汽车产量为 46732785 辆，同比增长 5.55%；欧洲地区汽车产量为 16330509 辆，同比下降 3.61%；美洲地区汽车产量为 16151639 辆，同比增长 2.92%；非洲地区汽车产量为 931056 辆，同比增长 16.38%。（见图 9–13）
        - 2021 年，世界主要汽车生产国产量呈不同程度增长，中国连续十三年蝉联第一。汽车产量排名前十位的国家依次是：中国、美国、日本、印度、韩国、德国、墨西哥、巴西、西班牙和泰国。
          - 2021 年汽车产量排名前十位的国家及占比情况如图 9–14 所示。
        - 2021 年，汽车产量排名前十位的国家共生产汽车 63444341 辆，占世界汽车总产量的 79.16%。乘用车产量前十位的国家共生产乘用车 45308239 辆，占世界乘用车总产量的 79.41%；商用车产量前十位的国家共生产商用车 20099001 辆，占世界商用车总产量的 87.04%。
          - 2021 年乘用车产量排名前十位的国家及占比情况如图 9–15 所示。
          - 2021 年商用车产量排名前十位的国家及占比情况如图 9–16 所示。
      - 2021 年乘用车销量排名前十位的国家市场份额占比情况如图 9–17 所示。
    - 2021 年中国汽车（分车型）产量
      - 近年来中国汽车产量呈现下降趋势，2021 年产量回暖，继 2017 年后首次出现正增长。2021 年，中国汽车产量为 2608.2 万辆，同比增长 3.40%。其中，乘用车产量 2140.8 万辆，较 2020 年增长 141.40 万辆，同比增长 7%，高于中国汽车总产量增速；商用车产量 467.4 万辆，较 2020 年减少 55.70 万辆。
        - 2015 年至 2021 年中国汽车产量及同比情况如图 9–18 所示。
    - 2021 年中国乘用车销量情况
      - 2015 年至 2021 年中国乘用车销量占汽车总销量比重如图 9–19 所示。

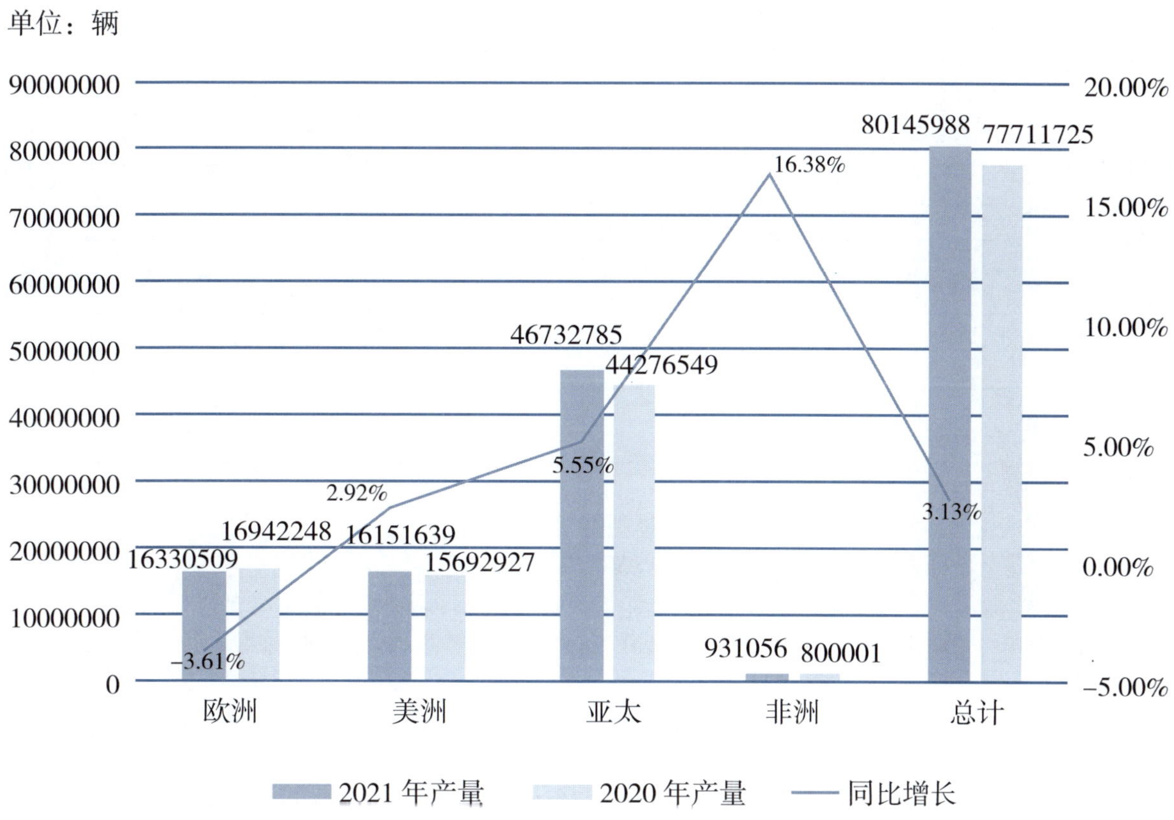

数据来源：国际汽车制造商协会（OICA），由编者整理。

图 9-13　2021 年世界汽车产量及同比情况

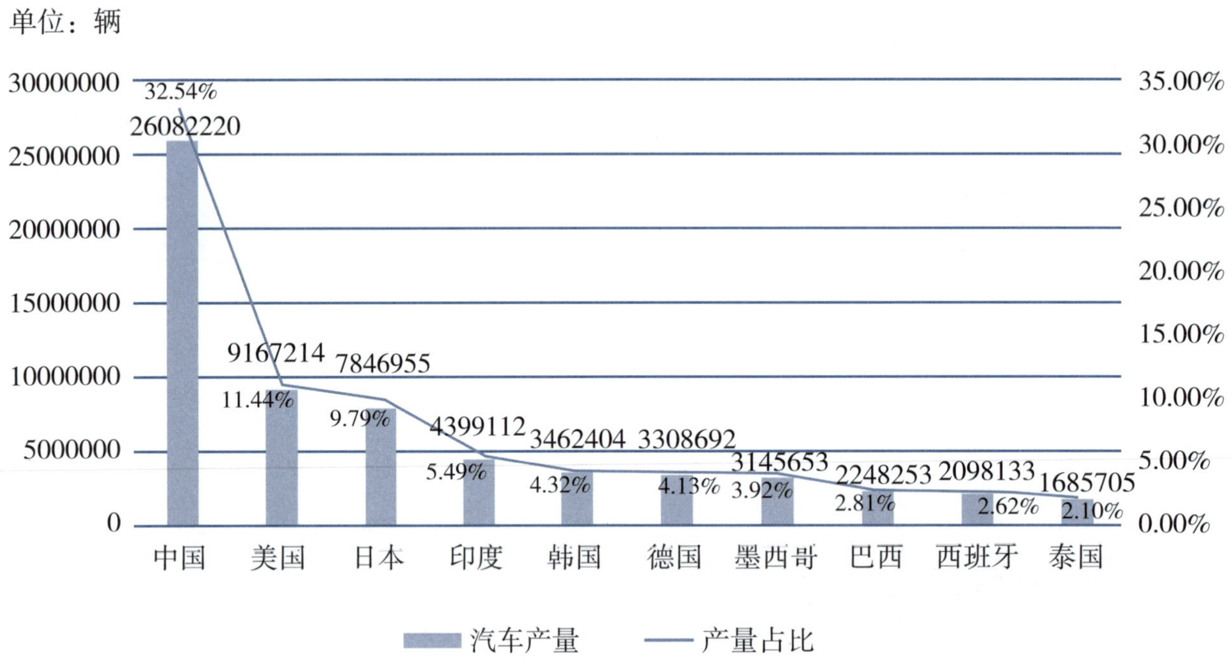

数据来源：国际汽车制造商协会（OICA），由编者整理。

图 9-14　2021 年汽车产量排名前十位的国家及占比情况

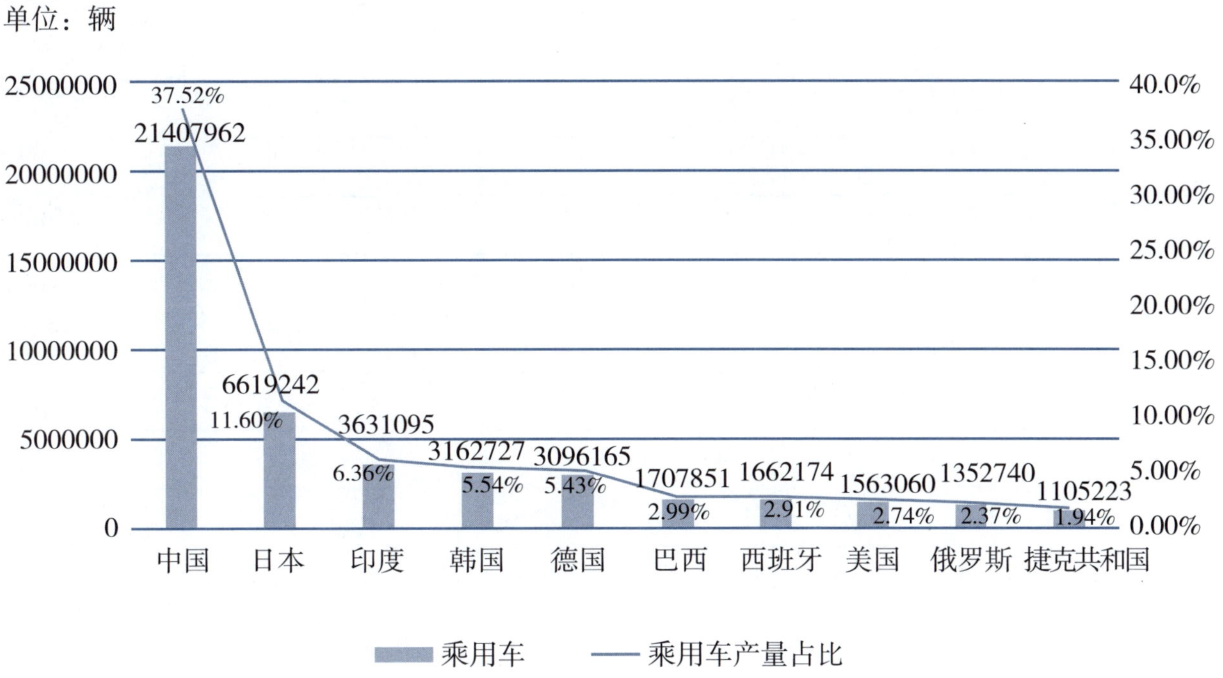

数据来源：国际汽车制造商协会（OICA），由编者整理。

图 9-15　2021 年乘用车产量排名前十位的国家及占比情况

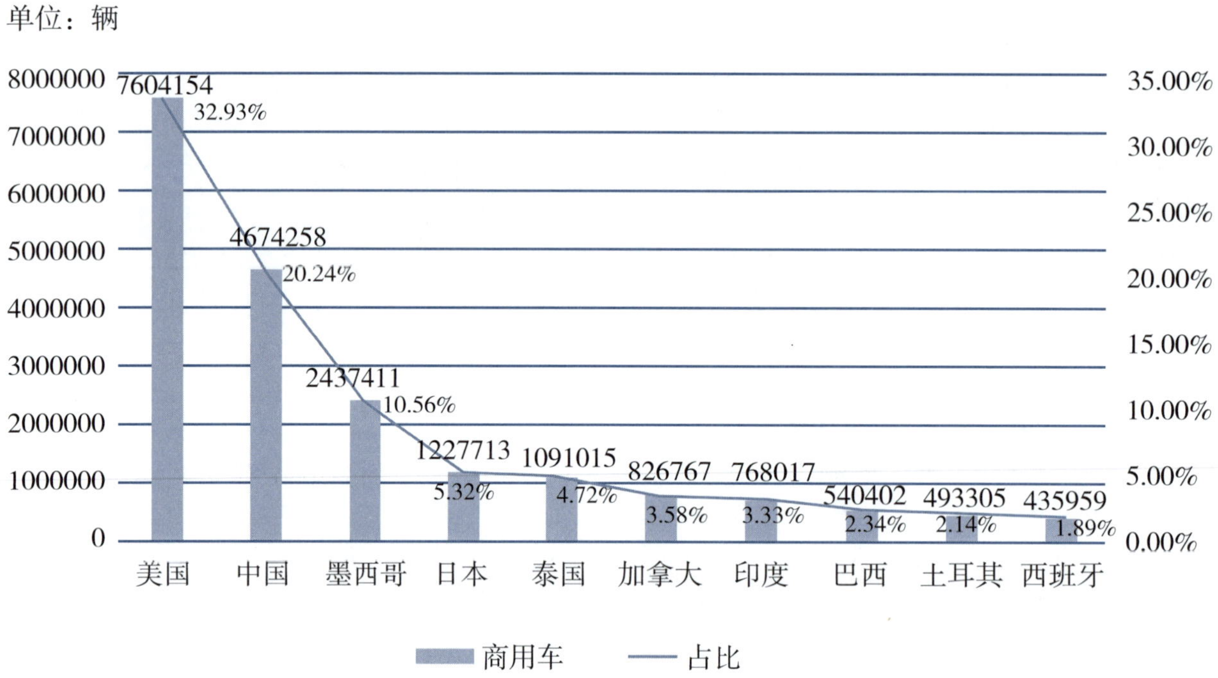

数据来源：国际汽车制造商协会（OICA），由编者整理。

图 9-16　2021 年商用车产量排名前十位的国家及占比情况

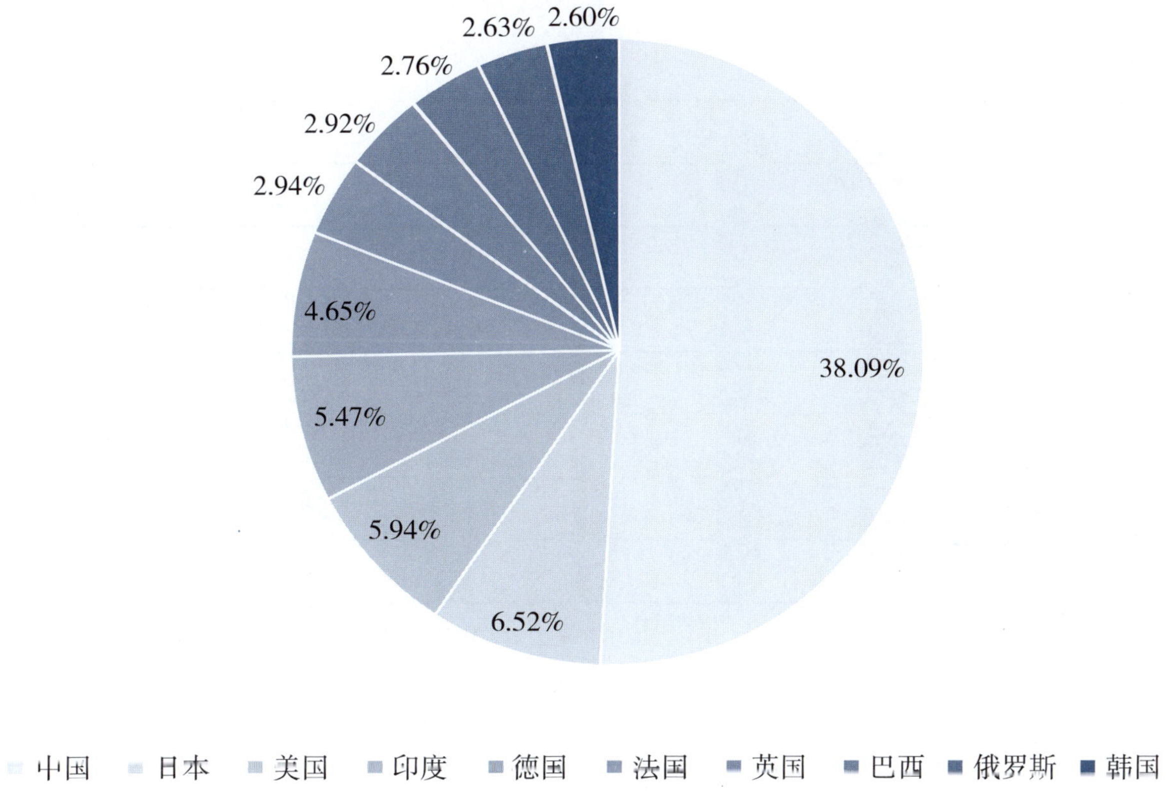

数据来源：国际汽车制造商协会（OICA），由编者整理。

图 9-17 2021 年乘用车销量排名前十位的国家市场份额占比情况

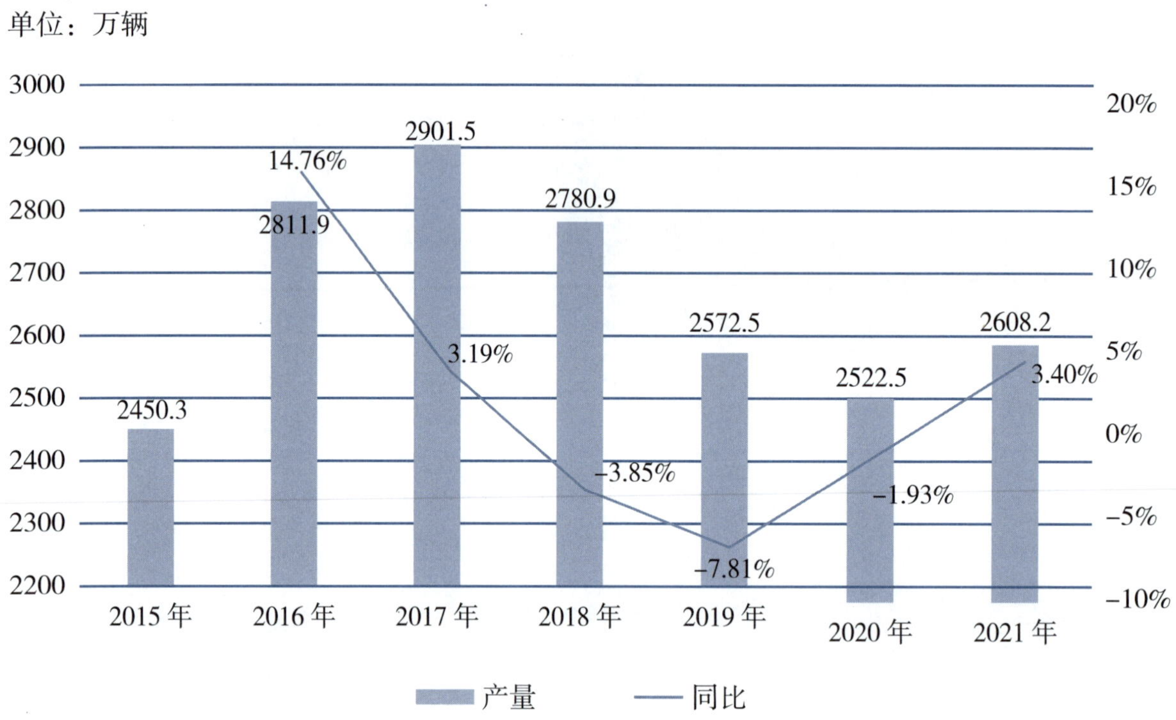

数据来源：中国汽车工业协会，由智研咨询整理，详见 http://www.360doc.com/content/12/0121/07/34265476_1017330761.shtml。

图 9–18　2015 年至 2021 年中国汽车产量及同比情况

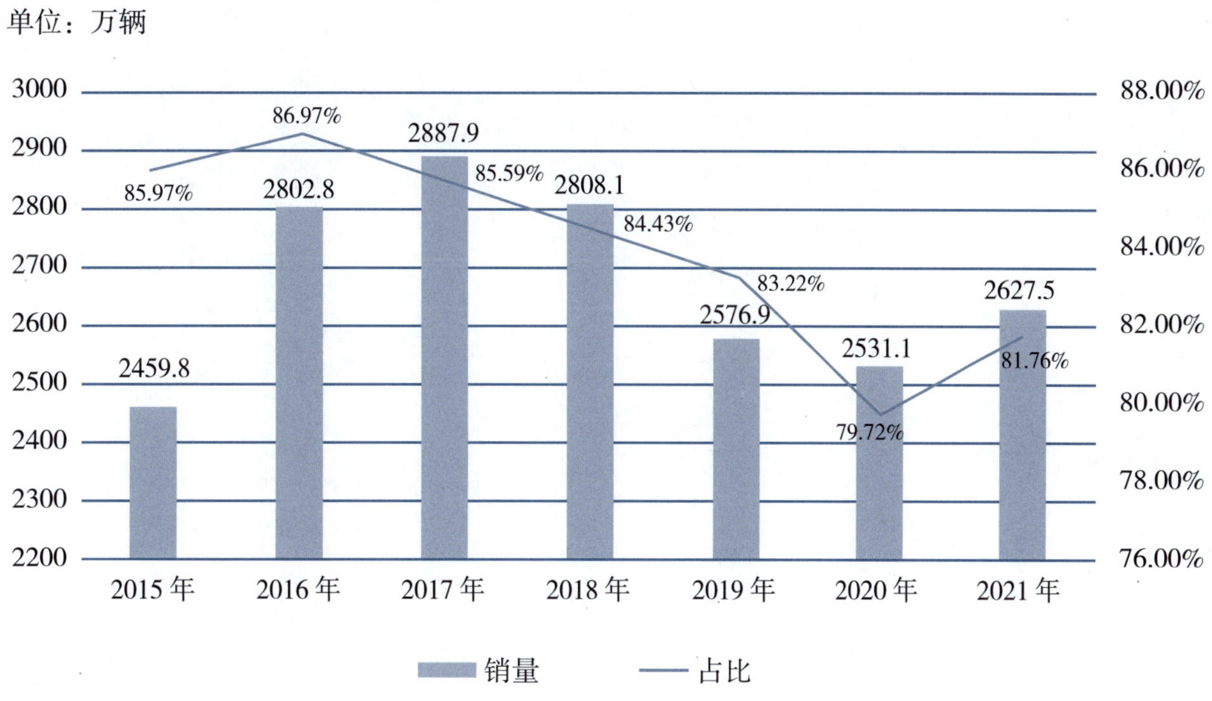

数据来源：国际汽车制造商协会（OICA），由编者整理。

图 9-19　2015 年至 2021 年中国乘用车销量占汽车总销量比重

- 汽车行业基本信息
  - 行业特点
    - 汽车行业是拉动经济增长的重要产业之一
      - 汽车行业经过百年发展，在技术和理论上已进入一个相对成熟的阶段，形成以整车产品为主线，集能源、制造、零售、金融、交通等多行业于一体，激活上下游诸多领域的一个庞大行业，成为拉动经济增长的重要产业之一。
        - 上游产业——钢铁（冷轧钢板、铸铁、锻钢、铝、有色金属等）、塑料、橡胶、油漆、玻璃、油料、皮革等。
        - 下游产业——所有基本建设、交通运输、军事、旅游、服务、个人消费等。
        - 纵向——汽车金融（银行信贷、车辆保险）、燃油供应、二手车市场、旧车回收等。
        - 横向——零部件配套（专用部件、泵、阀、电机、仪表、电线等）、专用车辆改装、客车改装等。

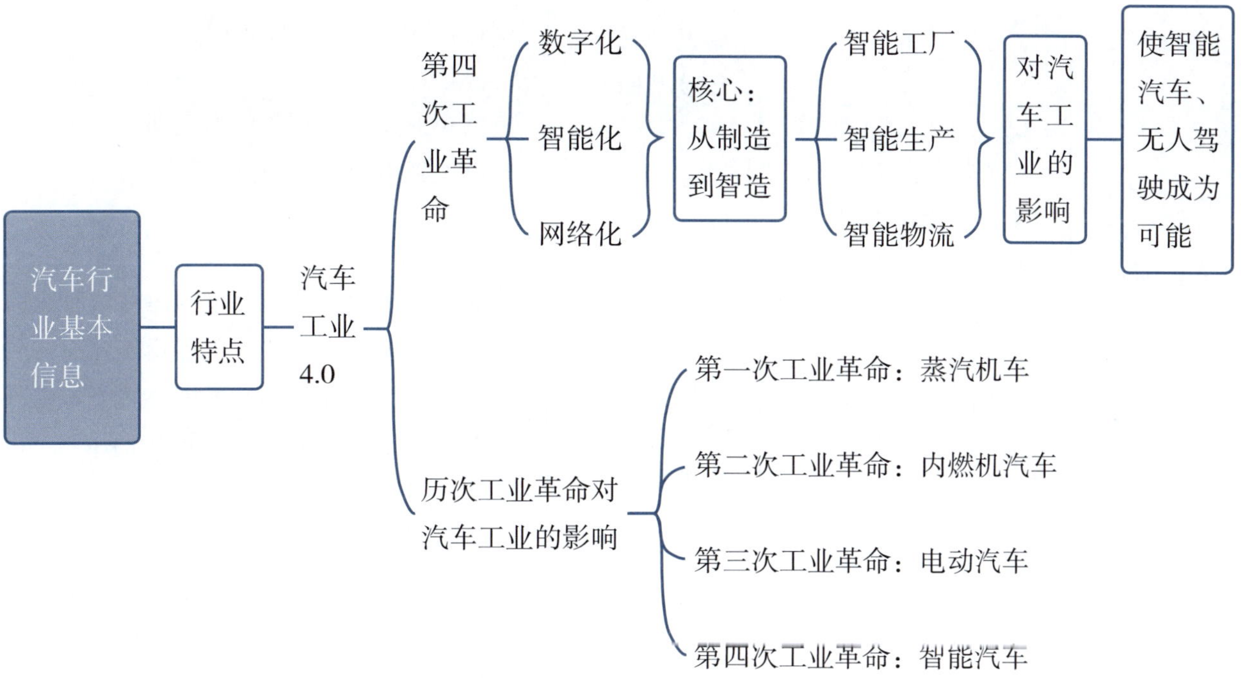
汽车行业基本信息
行业特点
汽车工业4.0
第四次工业革命
数字化
智能化
网络化
核心：从制造到智造
智能工厂
智能生产
智能物流
对汽车工业的影响
使智能汽车、无人驾驶成为可能
历次工业革命对汽车工业的影响
第一次工业革命：蒸汽机车
第二次工业革命：内燃机汽车
第三次工业革命：电动汽车
第四次工业革命：智能汽车

- 新能源汽车相关政策
  - 《国务院办公厅关于加快新能源汽车推广应用的指导意见》（国办发〔2014〕35号）
    - 加快充电设施建设
      - 制定充电设施发展规划和技术标准
        - 完善充电设施标准体系建设，制定实施新能源汽车充电设施发展规划，鼓励社会资本进入充电设施建设领域，积极利用城市中现有的场地和设施，推进充电设施项目建设，完善充电设施布局。
        - 电网企业要做好相关电力基础网络建设和充电设施报装增容服务等工作。
      - 完善城市规划和相应标准
        - 将充电设施建设和配套电网建设与改造纳入城市规划，完善相关工程建设标准，明确建筑物配建停车场、城市公共停车场预留充电设施建设条件的要求和比例。
        - 加快形成以使用者居住地、驻地停车位（基本车位）配建充电设施为主体，以城市公共停车位、路内临时停车位配建充电设施为辅助，以城市充电站、换电站为补充的，数量适度超前、布局合理的充电设施服务体系。研究在高速公路服务区配建充电设施，积极构建高速公路城际快充网络。

- 新能源汽车相关政策
  - 《国务院办公厅关于加快新能源汽车推广应用的指导意见》（国办发〔2014〕35号）
    - 加快充电设施建设
      - 完善充电设施用地政策
        - 鼓励在现有停车场（位）等现有建设用地上设立他项权利建设充电设施。通过设立他项权利建设充电设施的，可保持现有建设用地已设立的土地使用权及用途不变。
        - 在符合规划的前提下，利用现有建设用地新建充电站的，可采用协议方式办理相关用地手续。
        - 政府供应独立新建的充电站用地，其用途按城市规划确定的用途管理，应采取招标拍卖挂牌方式出让或租赁方式供应土地，可将建设要求列入供地条件，底价确定可考虑政府支持的要求。
        - 供应其他建设用地需配建充电设施的，可将配建要求纳入土地供应条件，依法妥善处理充电设施使用土地的产权关系。
        - 严格充电站的规划布局和建设标准管理。
        - 严格充电站用地改变用途管理，确需改变用途的，应依法办理规划和用地手续。

- 新能源汽车相关政策
  - 《国务院办公厅关于加快新能源汽车推广应用的指导意见》（国办发〔2014〕35号）
    - 加快充电设施建设
      - 完善用电价格政策
        - 充电设施经营企业可向电动汽车用户收取电费和充电服务费。
        - 2020年前，对电动汽车充电服务费实行政府指导价管理。
        - 对向电网经营企业直接报装接电的经营性集中式充电设施用电，执行大工业用电价格；对居民家庭住宅、居民住宅小区等非经营性分散充电桩按其所在场所执行分类目录电价；对党政机关、企事业单位和社会公共停车场中设置的充电设施用电执行一般工商业及其他类用电价格。
        - 电动汽车充电设施用电执行峰谷分时电价政策。
        - 将电动汽车充电设施配套电网改造成本纳入电网企业输配电价。

- 新能源汽车相关政策
  - 《国务院办公厅关于加快新能源汽车推广应用的指导意见》（国办发〔2014〕35号）
    - 加快充电设施建设
      - 推进充电设施关键技术攻关
        - 依托国家科技计划加强对新型充电设施及装备技术、前瞻性技术的研发，对关键技术的检测认证方法、充电设施消防安全规范以及充电网络监控和运营安全等方面给予科技支撑。
        - 支持企业探索发展适应行业特征的充电模式，实现更安全、更方便的充电。
      - 鼓励公共单位加快内部停车场充电设施建设
        - 具备条件的政府机关、公共机构及企事业等单位新建或改造停车场，应当结合新能源汽车配备更新计划，充分考虑职工购买新能源汽车的需要，按照适度超前的原则，规划设置新能源汽车专用停车位、配建充电桩。
      - 落实充电设施建设责任
        - 地方政府要把充电设施及配套电网建设与改造纳入城市建设规划，因地制宜制定充电设施专项建设规划，在用地等方面给予政策支持，对建设运营给予必要补贴。
        - 电网企业要配合政府做好充电设施建设规划。

- 新能源汽车相关政策
  - 《国务院办公厅关于加快电动汽车充电基础设施建设的指导意见》（国办发〔2015〕73号）
    - 加大建设力度
      - 加强专项规划设计和指导：各地要将充电基础设施专项规划有关内容纳入城乡规划，完善独立占地的充电基础设施布局，明确各类建筑物配建停车场及社会公共停车场中充电设施的建设比例或预留建设安装条件要求。要以用户居住地停车位、单位停车场、公交及出租车场站等配建的专用充电设施为主体，以公共建筑物停车场、社会公共停车场、临时停车位等配建的公共充电设施为辅助，以独立占地的城市快充站、换电站和高速公路服务区配建的城际快充站为补充，形成电动汽车充电基础设施体系。原则上，新建住宅配建停车位应100%建设充电设施或预留建设安装条件，大型公共建筑物配建停车场、社会公共停车场建设充电设施或预留建设安装条件的车位比例不低于10%，每2000辆电动汽车至少配套建设一座公共充电站。鼓励建设占地少、成本低、见效快的机械式与立体式停车充电一体化设施。
      - 建设用户居住地充电设施：鼓励充电服务、物业服务等企业参与居民区充电设施建设运营管理，统一开展停车位改造，直接办理报装接电手续，在符合有关法律法规的前提下向用户适当收取费用。对有固定停车位的用户，优先在停车位配建充电设施；对没有固定停车位的用户，鼓励通过在居民区配建公共充电车位，建立充电车位分时共享机制，为用户充电创造条件。
      - 建设单位内部充电设施：具备条件的政府机关、公共机构和企事业单位，要结合单位电动汽车配备更新计划以及职工购买使用电动汽车需求，利用内部停车场资源，规划建设电动汽车专用停车位和充电设施。各地可将有关单位配建充电设施情况纳入节能减排考核奖励范围。

- 新能源汽车相关政策
  - 《国务院办公厅关于加快电动汽车充电基础设施建设的指导意见》（国办发〔2015〕73号）
    - 加大建设力度
      - 建设公共服务领域充电设施 —— 对于公交、环卫、机场通勤等定点定线运行的公共服务领域电动汽车，应根据线路运营需求，优先在停车场站配建充电设施，沿途合理建设独立占地的快充站和换电站。对于出租、物流、租赁、公安巡逻等非定点定线运行的公共服务领域电动汽车，应充分挖掘单位内部停车场站配建充电设施的潜力，结合城市公共充电设施，实现高效互补。
      - 建设城市公共充电设施 —— 公共充电设施建设应从城市中心向边缘、从城市优先发展区域向一般区域逐步推进。优先在大型商场、超市、文体场馆等建筑物配建停车场以及交通枢纽、驻车换乘（P+R）等公共停车场建设公共充电设施。鼓励在具备条件的加油站配建公共快充设施，适当新建独立占地的公共快充站。鼓励有条件的单位和个人充电设施向社会公共开放。
      - 建设城际快速充电网络 —— 充分利用高速公路服务区停车位建设城际快充站。优先推进京津冀鲁、长三角、珠三角区域城际快充网络建设，适时推进长江中游城市群、中原城市群、成渝城市群、哈长城市群城际快充网络建设，到 2020 年初步形成覆盖大部分主要城市的城际快充网络，满足电动汽车城际、省际出行需求。

- 新能源汽车相关政策
  - 《国务院办公厅关于加快电动汽车充电基础设施建设的指导意见》（国办发〔2015〕73号）
    - 完善服务体系
      - 完善充电设施标准规范 —— 加快修订出台充电接口及通信协议等标准，积极推进充电接口互操作性检测、充电服务平台间数据交换等标准的制修订工作，实现充电标准统一。开展充电设施设置场所消防等安全技术措施研究，及时制修订相关标准。完善充换电设备、电动汽车电池等产品标准，明确防火安全要求，制定无线充电等新型充电技术标准。完善充电基础设施计量、计费、结算等运营服务管理规范，加快建立充电基础设施的道路交通标志体系。
      - 建设充电智能服务平台 —— 大力推进“互联网 + 充电基础设施”，提高充电服务智能化水平，提升运营率和用户体验，促进电动汽车与智能电网间能量和信息的双向互动。鼓励围绕用户需求，运用移动互联网、物联网、大数据等技术，为用户提供充电导航、状态查询、充电预约、费用结算等服务，拓展平台增值业务。
      - 建立互联互通促进机制 —— 组建国家电动汽车充电基础设施促进联盟，配合有关政府部门严格充电设施产品准入管理，开展充电设施互操作性的检测与认证。构建充电基础设施信息服务平台，统一信息交换协议，有效整合不同企业和不同城市的充电服务平台信息资源，促进不同充电服务平台互联互通，为制定实施财税、监管等政策提供支撑。

- 新能源汽车相关政策
  - 《国务院办公厅关于加快电动汽车充电基础设施建设的指导意见》（国办发〔2015〕73号）
    - 完善服务体系
      - 做好配套电网接入服务 — 各地要将充电基础设施配套电网建设与改造项目纳入配电网专项规划，在用地保障、廊道通行等方面给予支持。电网企业要加强充电基础设施配套电网建设与改造，确保电力供应满足充换电设施运营需求；要为充电基础设施接入电网提供便利条件，开辟绿色通道，限时办结。电网企业负责建设、运行和维护充电基础设施产权分界点至电网的配套接网工程，不得收取接网费用，相应资产全额纳入有效资产，成本据实计入准许成本，并按照电网输配电价回收。
      - 创新充电服务商业模式 — 鼓励探索大型充换电站与商业地产相结合的发展方式，引导商场、超市、电影院、便利店等商业场所为用户提供辅助充电服务。鼓励充电服务企业通过与整车企业合作、众筹等方式，创新建设充电基础设施商业合作模式，并采取线上线下相结合等方式，提供智能充放电、电子商务、广告等增值服务，提供充电服务企业可持续发展能力。

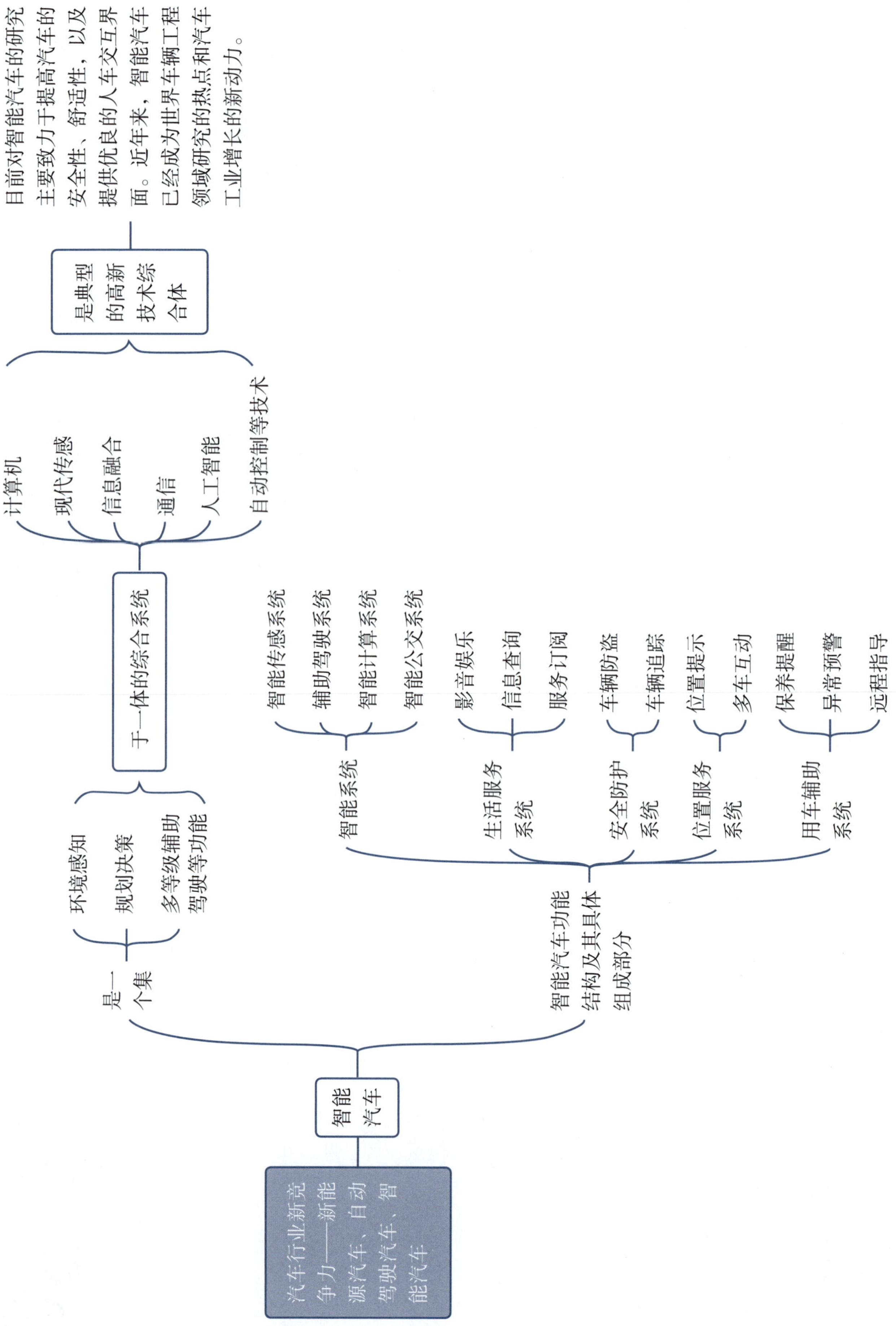
智能汽车
汽车行业新竞争力——新能源汽车、自动驾驶汽车、智能汽车
是一个集
环境感知
规划决策
多等级辅助驾驶等功能
于一体的综合系统
计算机
现代传感
信息融合
通信
人工智能
自动控制等技术
是典型的高新技术综合体
目前对智能汽车的研究主要致力于提高汽车的安全性、舒适性，以及提供优良的人车交互界面。近年来，智能汽车已经成为世界车辆工程领域研究的热点和汽车工业增长的新动力。
智能汽车功能结构及其具体组成部分
智能系统
智能传感系统
辅助驾驶系统
智能计算系统
智能公交系统
生活服务系统
影音娱乐
信息查询
服务订阅
安全防护系统
车辆防盗
车辆追踪
位置服务系统
位置提示
多车互动
用车辅助系统
保养提醒
异常预警
远程指导

- 汽车行业新竞争力——新能源汽车、自动驾驶汽车、智能汽车
  - 智能汽车
    - 基础设施、道路及网络环境
      - 车联网
        - 根据中国物联网校企联盟的定义，车联网是由车辆位置、速度和路线等信息构成的巨大交互网络。
          - 通过全球定位系统、射频识别、传感器、摄像头图像处理等装置，车辆可以完成自身环境和状态信息的采集。
          - 通过互联网技术，所有的车辆可以将自身的各种信息传输汇聚到中央处理器。
          - 通过计算机技术，这些大量车辆的信息可以被分析和处理，从而计算出不同车辆的最佳路线、及时汇报路况和安排信号灯周期。
        - 车联网信息平台集成（见图 9–20）。
        - 车联网信息系统发展历程（见图 9–21）。

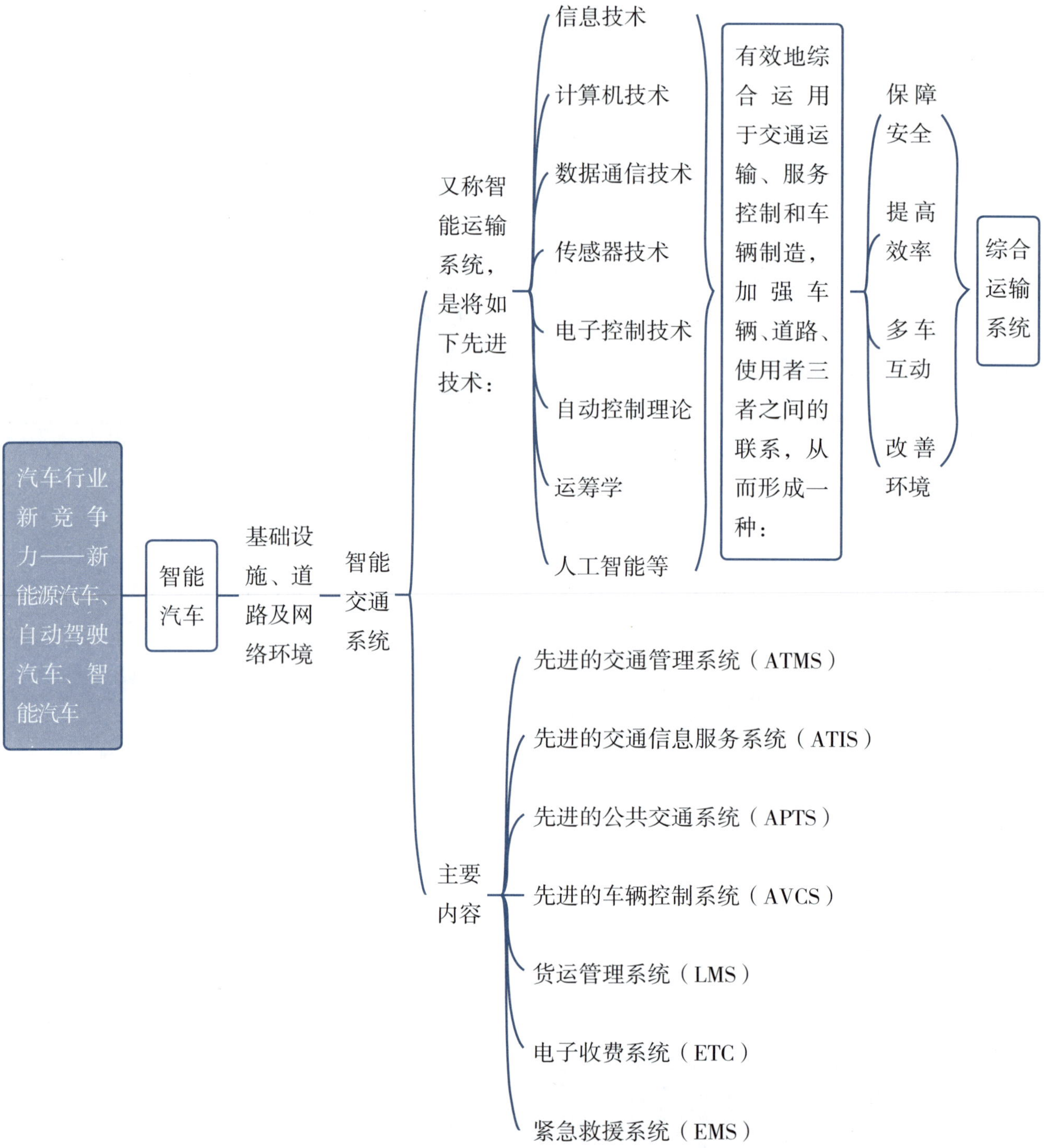
汽车行业新竞争力——新能源汽车、自动驾驶汽车、智能汽车
智能汽车
基础设施、道路及网络环境
智能交通系统
又称智能运输系统，是将如下先进技术：
信息技术
计算机技术
数据通信技术
传感器技术
电子控制技术
自动控制理论
运筹学
人工智能等
有效地综合运用于交通运输、服务控制和车辆制造，加强车辆、道路、使用者三者之间的联系，从而形成一种：
保障安全
提高效率
多车互动
改善环境
综合运输系统
主要内容
先进的交通管理系统（ATMS）
先进的交通信息服务系统（ATIS）
先进的公共交通系统（APTS）
先进的车辆控制系统（AVCS）
货运管理系统（LMS）
电子收费系统（ETC）
紧急救援系统（EMS）

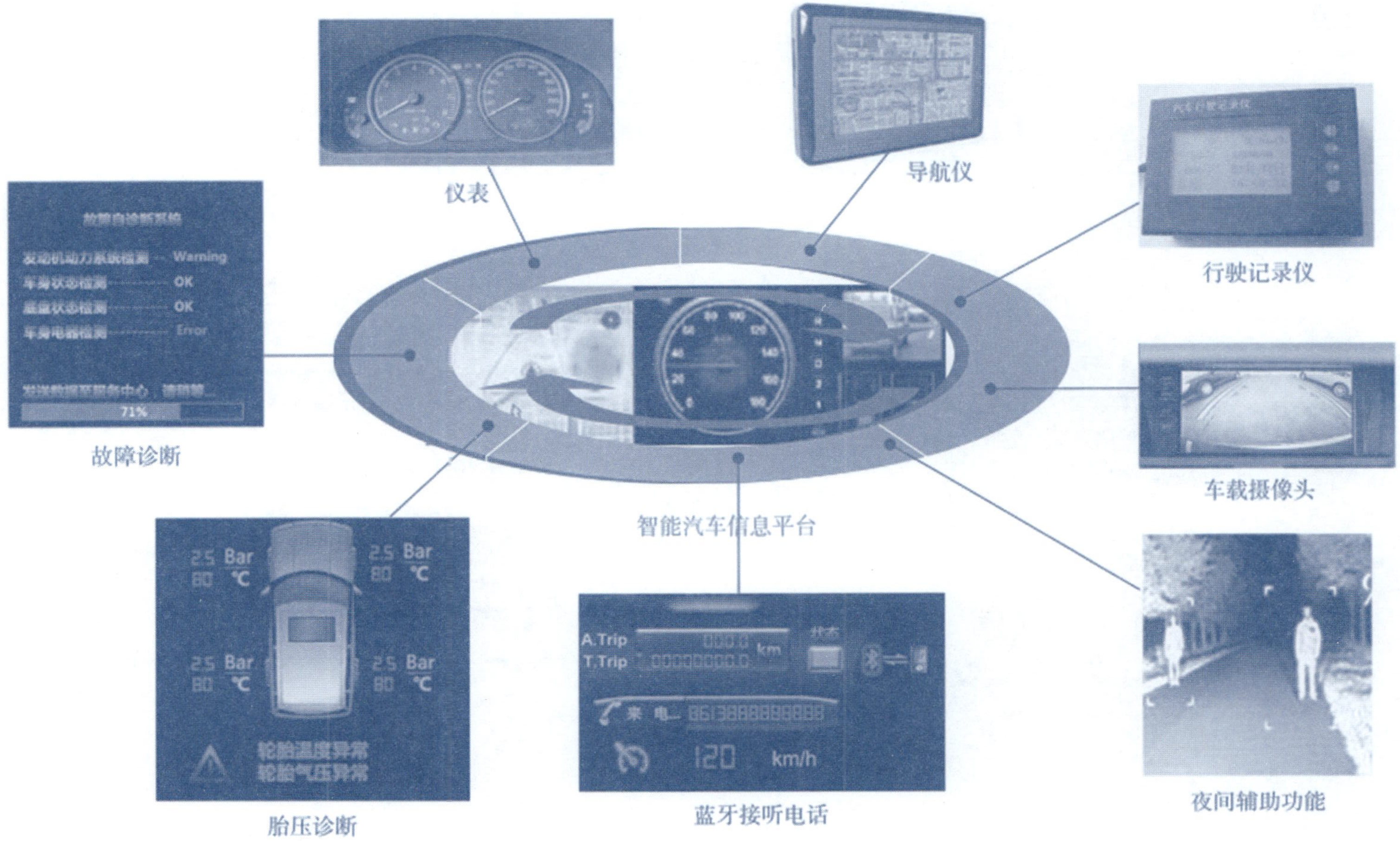

图 9–20　车联网信息平台集成

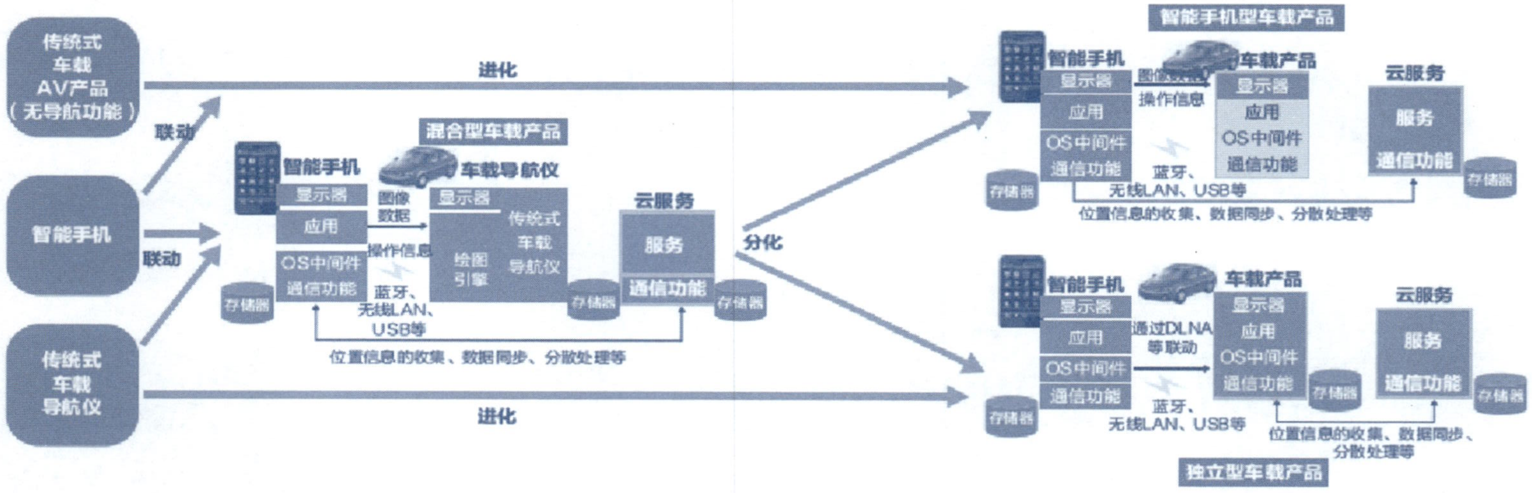

图 9–21　车联网信息系统发展历程

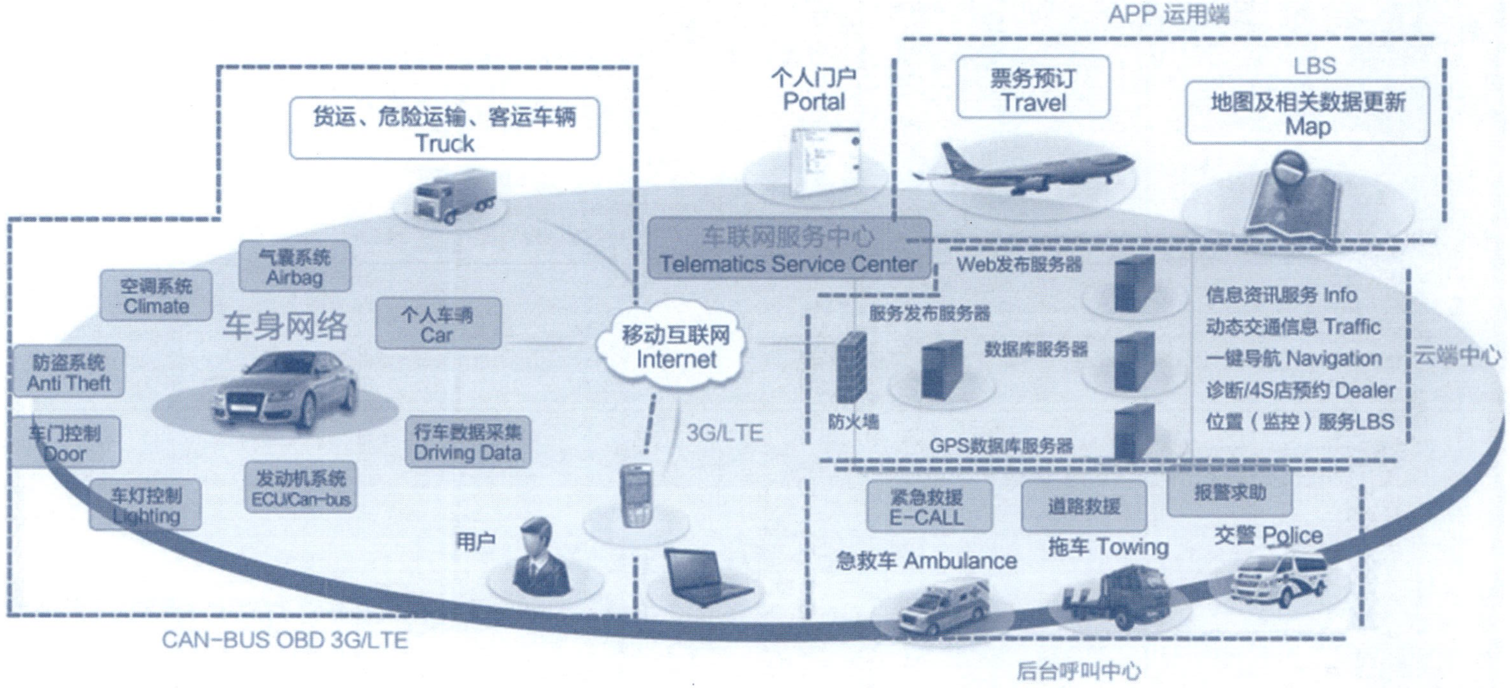

图 9-21　车联网信息系统发展历程（续图）

近年来，汽车行业面临革新，智能化趋势越来越明显。汽车不再只是一种基本的交通工具，而是一种移动的智能终端。基于“中国制造 2025”中关于汽车智能化的战略部署，以及主力消费群体年龄结构的变化，人们对于汽车的诉求和定义更为宽广，互动互联、智能便捷已成为新时代下汽车的标签，工业 4.0 汽车智能化时代已然来临。

（二）经营策略

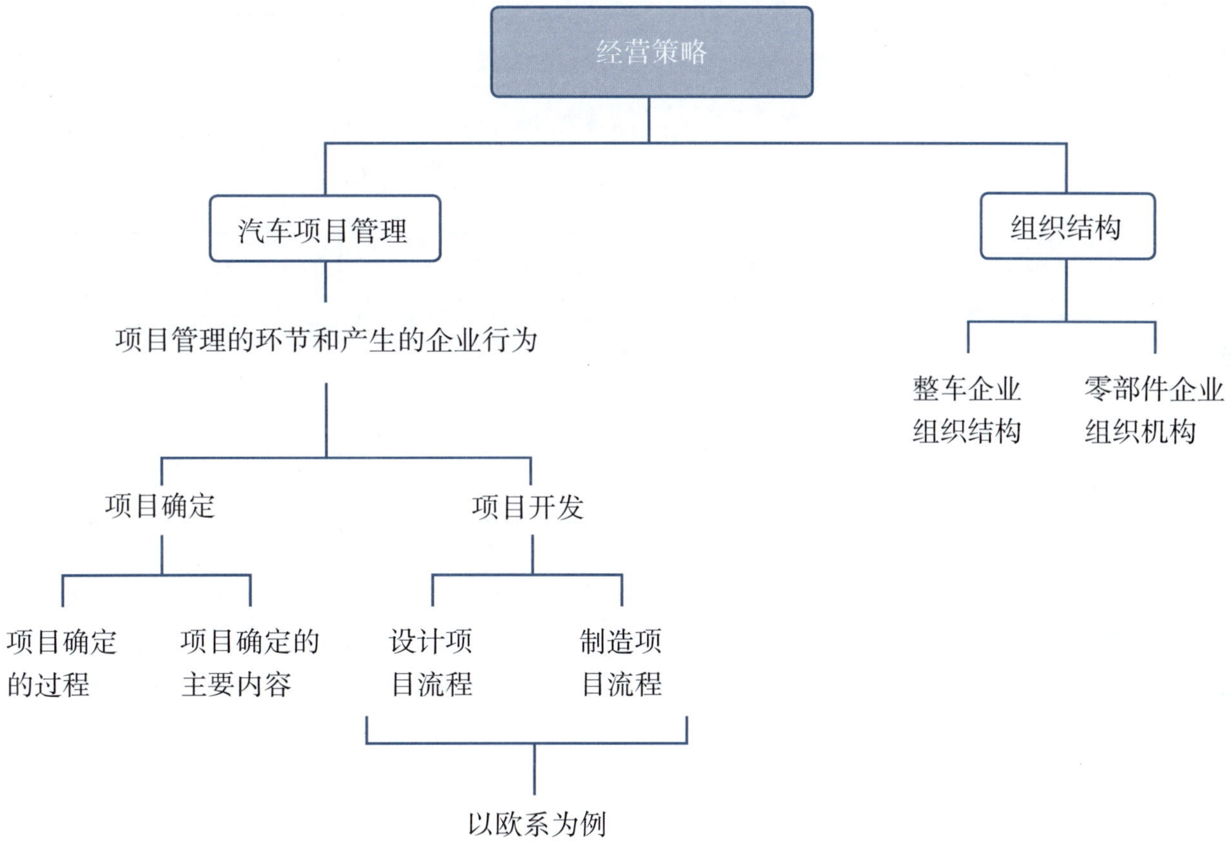
经营策略
汽车项目管理
组织结构
项目管理的环节和产生的企业行为
整车企业组织结构
零部件企业组织机构
项目确定
项目开发
项目确定的过程
项目确定的主要内容
设计项目流程
制造项目流程
以欧系为例

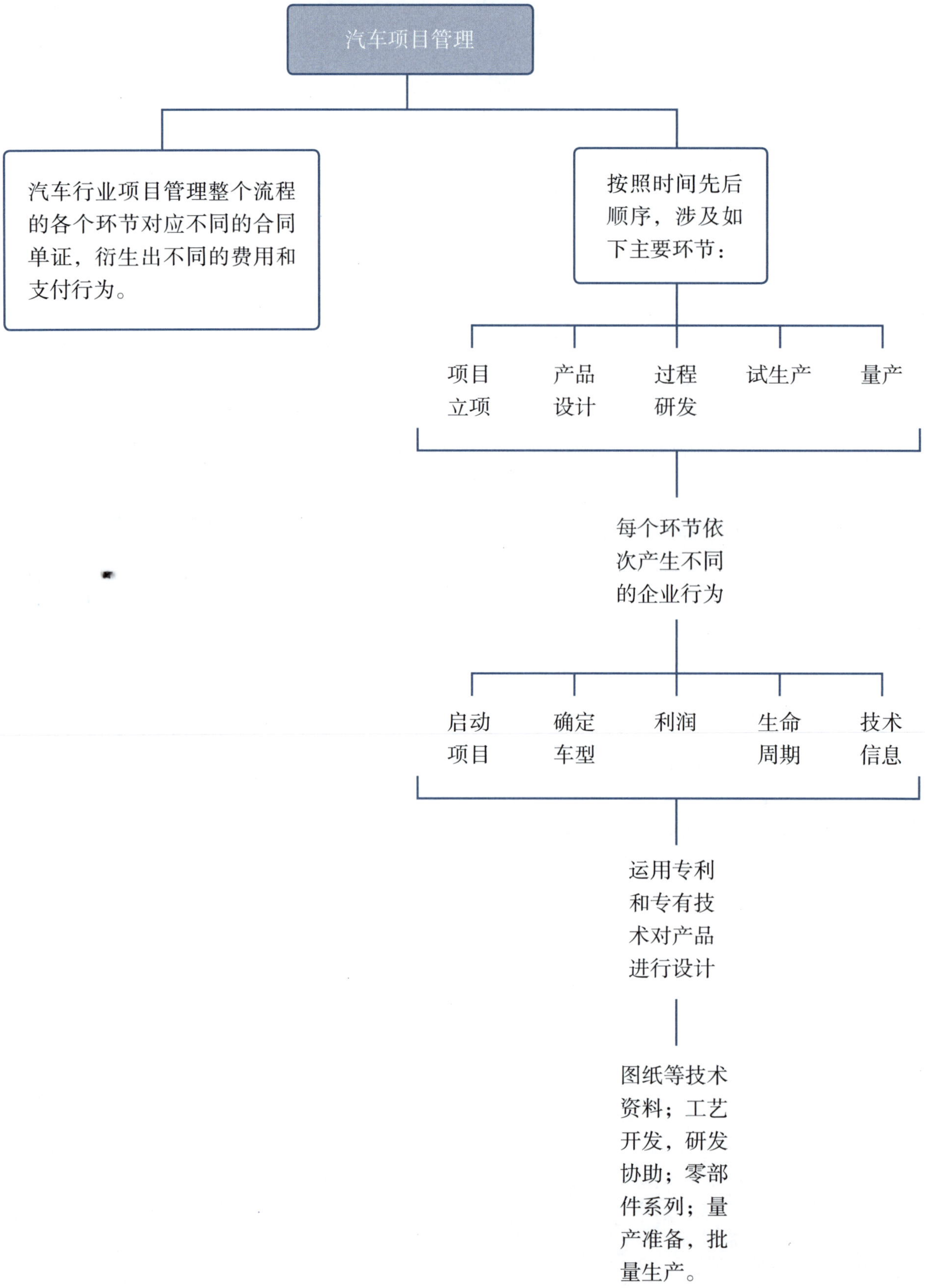
汽车项目管理
汽车行业项目管理整个流程的各个环节对应不同的合同单证，衍生出不同的费用和支付行为。
按照时间先后顺序，涉及如下主要环节：
项目立项
产品设计
过程研发
试生产
量产
每个环节依次产生不同的企业行为
启动项目
确定车型
利润
生命周期
技术信息
运用专利和专有技术对产品进行设计
图纸等技术资料；工艺开发，研发协助；零部件系列；量产准备，批量生产。

- 汽车项目管理
  - 项目管理的环节和产生的企业行为
    - 项目确定
      - 项目确定的过程
        - 立项研究 — 经前期市场调研，由营销或企划部门提出新产品需求，针对宏观政策、市场需求、竞争态势、工艺技术、生产成本、研发能力等进行可行性初步分析，明确项目定位及决策依据，提出项目任务书。
        - 项目启动 — 从宏观形势、产业政策、市场环境、成本控制、产品竞争力等方面分析制定项目任务书，包括：车型定位、配置规划、技术参数、开发计划、生产纲领、目标市场、预测销量、售价区间、质量计划、采购计划、整车验证计划、车辆强制性检验试验清单等。在完成对上述项目任务书要求的综合可行性研究后，正式启动项目，将上述初步设定的要求发放给相应的设计部门。
        - 项目策划 — 各设计部门根据要求确认各个总成部件要求的可行性以后，确认项目目标，包括技术开发目标、项目设计目标、项目质量目标、项目成本目标和采购成本目标等，编制最初版本的产品技术描述说明书，确认新车型的重要参数和使用性能，形成项目方案。
        - 项目确定 — 评审项目方案，所有目标在项目经济架构中必须可行，通过董事会决议，项目确定。

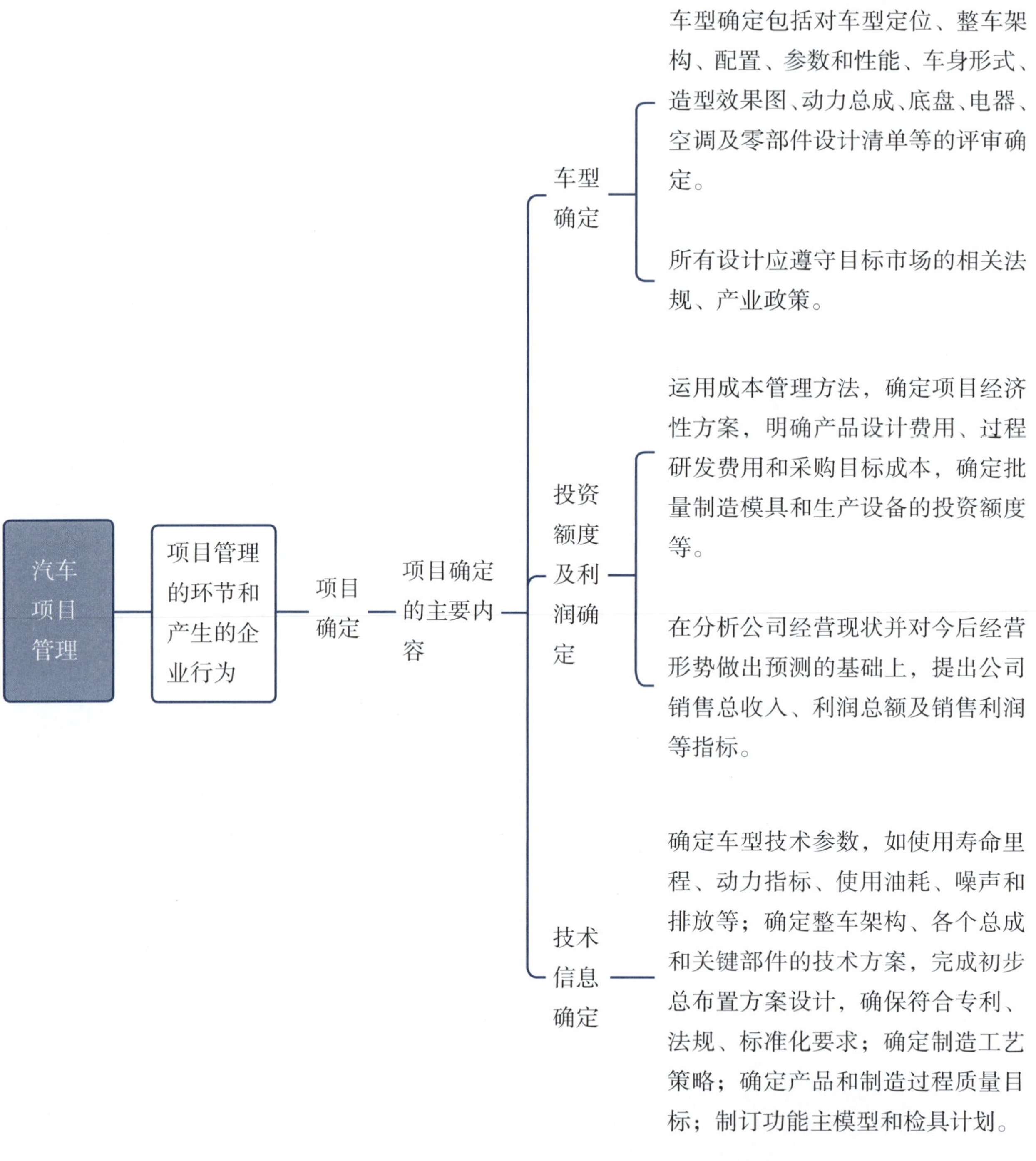
汽车项目管理
项目管理的环节和产生的企业行为
项目确定
项目确定的主要内容
车型确定
车型确定包括对车型定位、整车架构、配置、参数和性能、车身形式、造型效果图、动力总成、底盘、电器、空调及零部件设计清单等的评审确定。
所有设计应遵守目标市场的相关法规、产业政策。
投资额度及利润确定
运用成本管理方法，确定项目经济性方案，明确产品设计费用、过程研发费用和采购目标成本，确定批量制造模具和生产设备的投资额度等。
在分析公司经营现状并对今后经营形势做出预测的基础上，提出公司销售总收入、利润总额及销售利润等指标。
技术信息确定
确定车型技术参数，如使用寿命里程、动力指标、使用油耗、噪声和排放等；确定整车架构、各个总成和关键部件的技术方案，完成初步总布置方案设计，确保符合专利、法规、标准化要求；确定制造工艺策略；确定产品和制造过程质量目标；制订功能主模型和检具计划。

- 汽车项目管理
  - 项目管理的环节和产生的企业行为
    - 项目确定
      - 项目确定的主要内容
        - 销售确定
          - 完成品牌、产品组合、销售计划、销量、售价、配置、上市计划、营销成本的确定。
        - 生命周期确定
          - 汽车产品生命周期，是指汽车产品自开发成功和上市销售，在市场上由弱到强，又由盛转衰，再到被市场淘汰所持续的时间，可以理解为某种车型（或品种）从上市到被市场淘汰所持续的时间。其长短主要取决于市场竞争的激烈程度和科技进步的速度，通常分为四个典型阶段：市场导入期、成长期、成熟期、衰退期。
          - 在立项评估阶段，根据新产品竞争优势、目标市场、投放时间及企业自身能力确定其生命周期。
        - 年产量确定
          - 根据企业销售计划、成本企划、目标利益、生产能力等确定年产量。

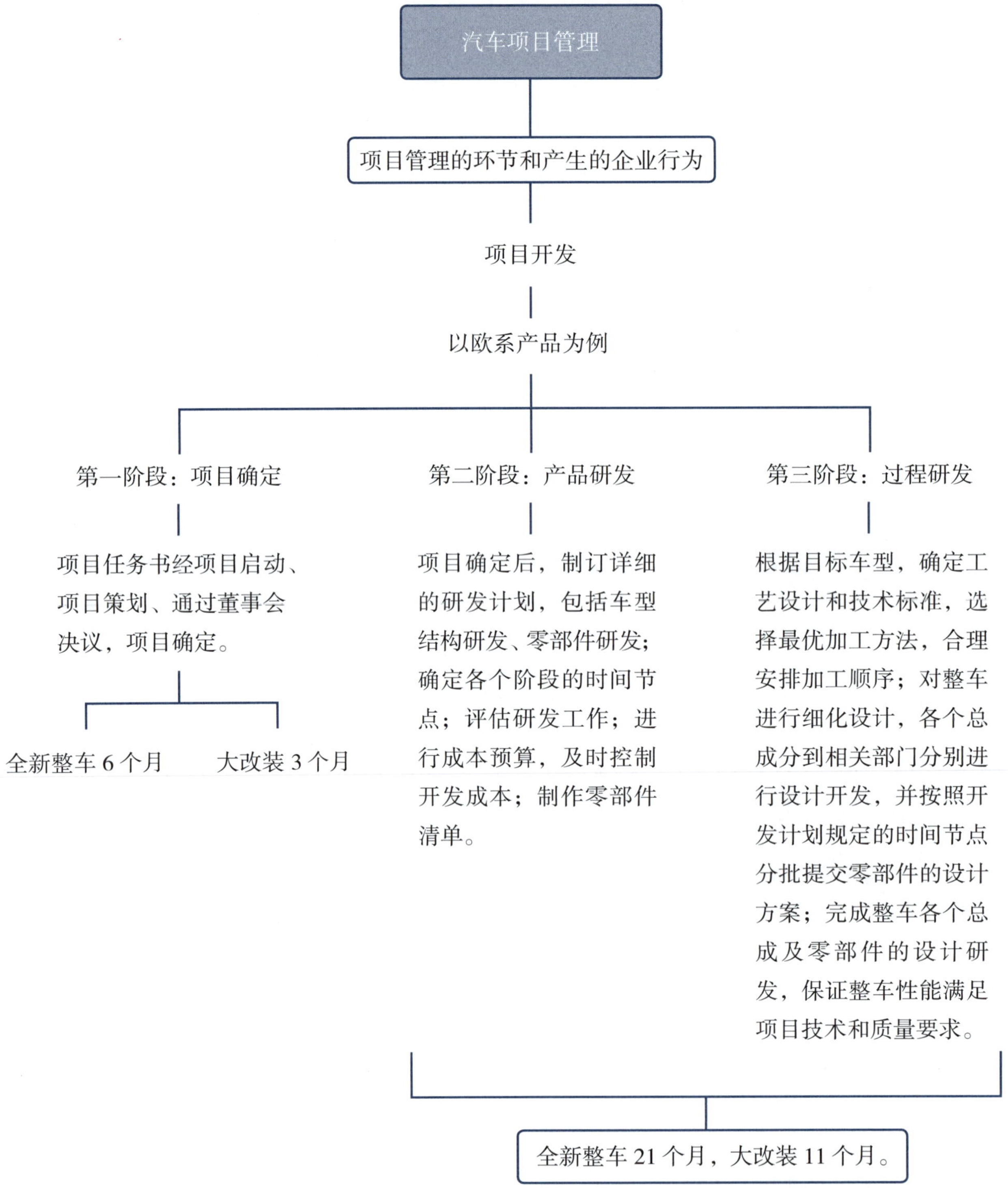
汽车项目管理
项目管理的环节和产生的企业行为
项目开发
以欧系产品为例
第一阶段：项目确定
第二阶段：产品研发
第三阶段：过程研发
项目任务书经项目启动、项目策划、通过董事会决议，项目确定。
全新整车 6 个月
大改装 3 个月
项目确定后，制订详细的研发计划，包括车型结构研发、零部件研发；确定各个阶段的时间节点；评估研发工作；进行成本预算，及时控制开发成本；制作零部件清单。
根据目标车型，确定工艺设计和技术标准，选择最优加工方法，合理安排加工顺序；对整车进行细化设计，各个总成分到相关部门分别进行设计开发，并按照开发计划规定的时间节点分批提交零部件的设计方案；完成整车各个总成及零部件的设计研发，保证整车性能满足项目技术和质量要求。
全新整车 21 个月，大改装 11 个月。

汽车项目管理

项目管理的环节和产生的企业行为

项目开发

以欧系产品为例

第四阶段：试生产

这是将设计方案由图纸转换为实车的过程，能验证设计的正确性、符合性，并暴露可装性、符合性等方面存在的各类问题，以及提出对结构、整车匹配的优化性建议。反馈设计进行修改后的实物再次接受验证，直至闭环为止，确保向生产线输出正确的图纸。经试生产，新车型的性能得到确认，产品定型。进入投产准备阶段，包括制定生产流程链、各种生产设备到位、生产线铺设等。同步进行的投产准备工作还包括模具、治具、夹具的开发和各种检具的制造。其间要反复完善冲压、焊装、涂装及总装生产线，在确保生产流程和样车性能的前提下，开始小批量生产，进一步验证产品的可靠性。

全新整车 18 个月　　大改装 13 个月

第五阶段：量产

通常经三次小批量试制，试验过程中发现的问题已基本解决，整个生产线都具有批量生产能力，所有零部件都已经供应到位，且动力总成已经投产；整个生产线能按设计节拍、控制计划等，在正常生产条件下连续生产可销售状态的整车，开始批量生产。

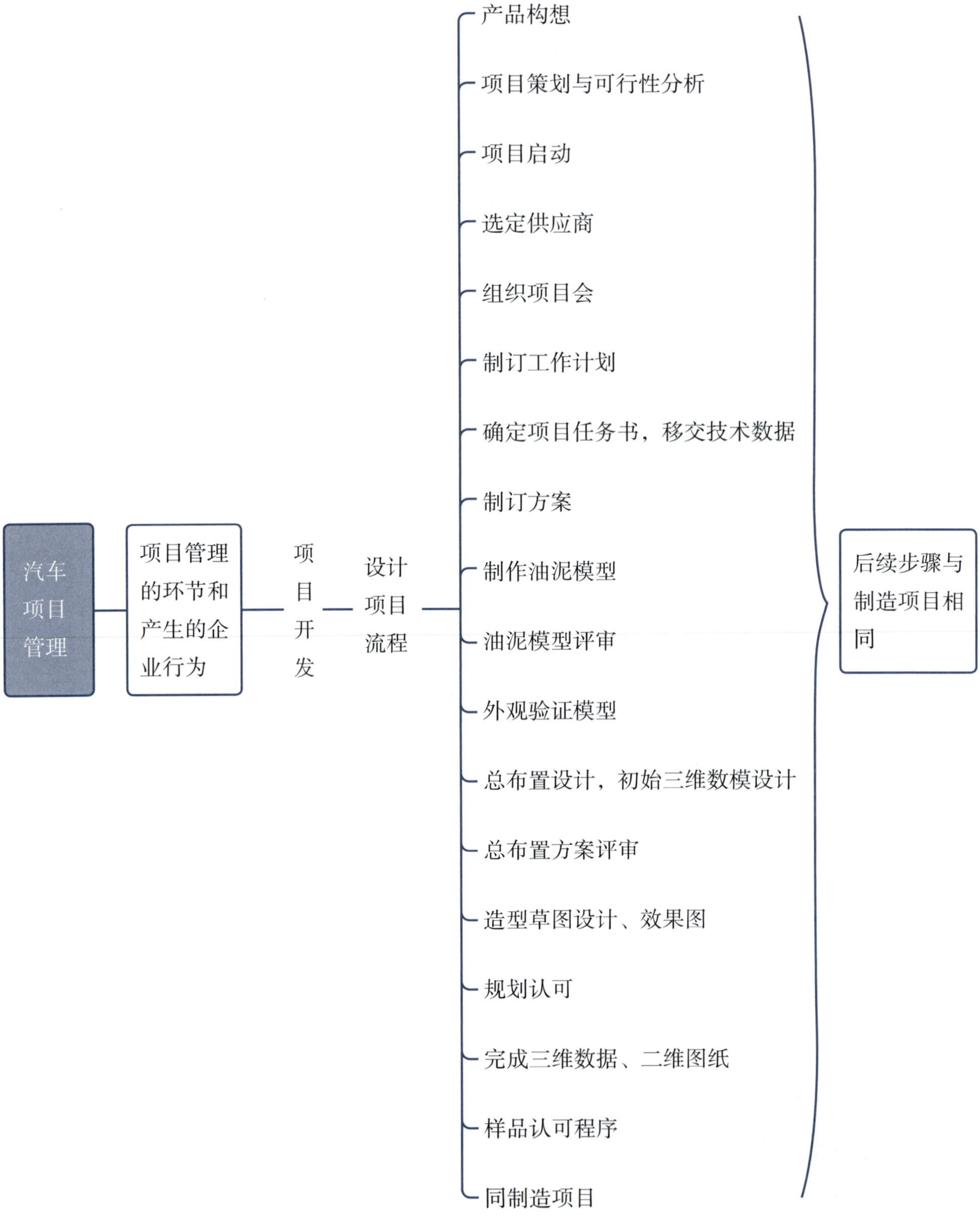
汽车项目管理
项目管理的环节和产生的企业行为
项目开发
设计项目流程
产品构想
项目策划与可行性分析
项目启动
选定供应商
组织项目会
制订工作计划
确定项目任务书，移交技术数据
制订方案
制作油泥模型
油泥模型评审
外观验证模型
总布置设计，初始三维数模设计
总布置方案评审
造型草图设计、效果图
规划认可
完成三维数据、二维图纸
样品认可程序
同制造项目
后续步骤与制造项目相同

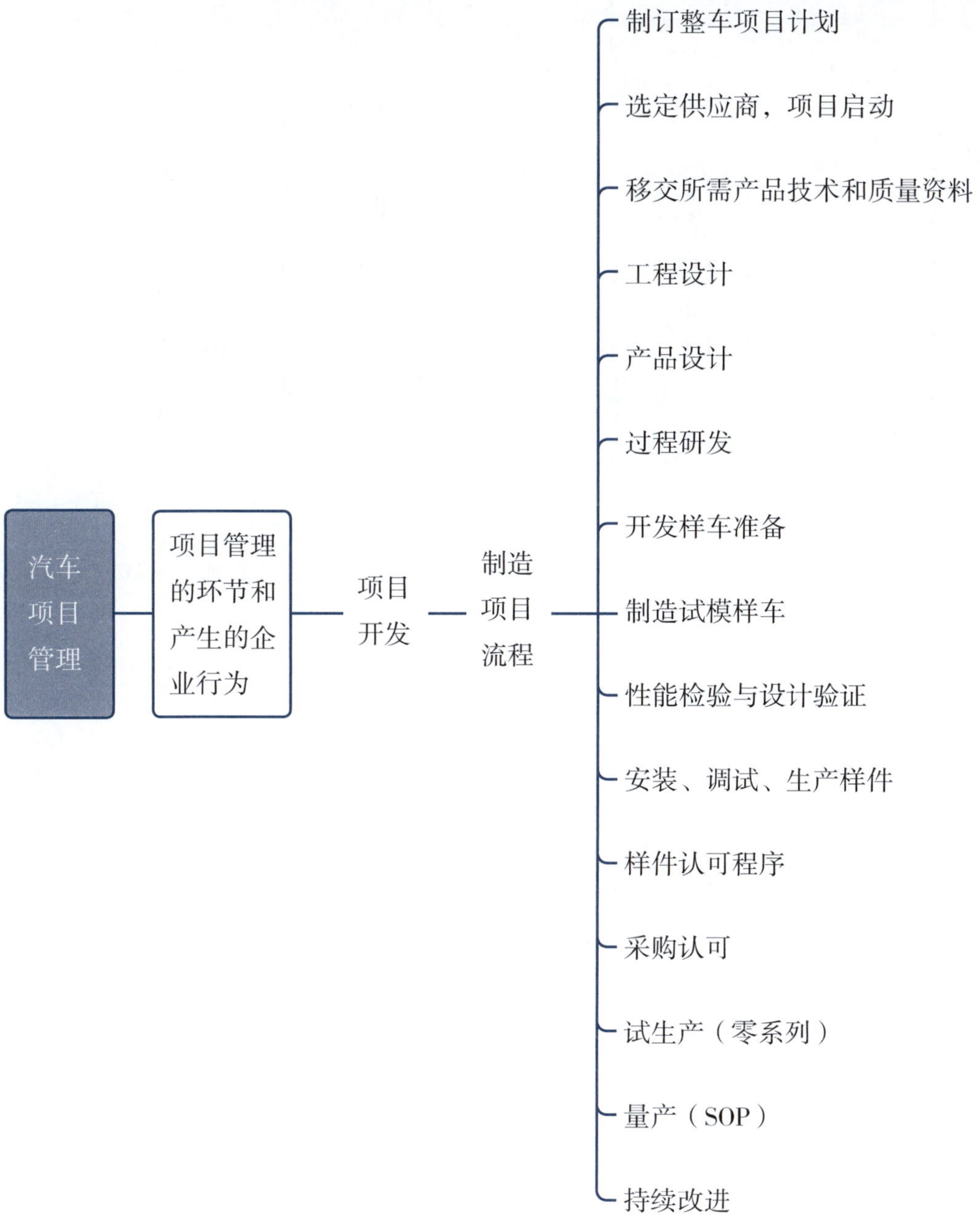
汽车项目管理
项目管理的环节和产生的企业行为
项目开发
制造项目流程
制订整车项目计划
选定供应商，项目启动
移交所需产品技术和质量资料
工程设计
产品设计
过程研发
开发样车准备
制造试模样车
性能检验与设计验证
安装、调试、生产样件
样件认可程序
采购认可
试生产（零系列）
量产（SOP）
持续改进

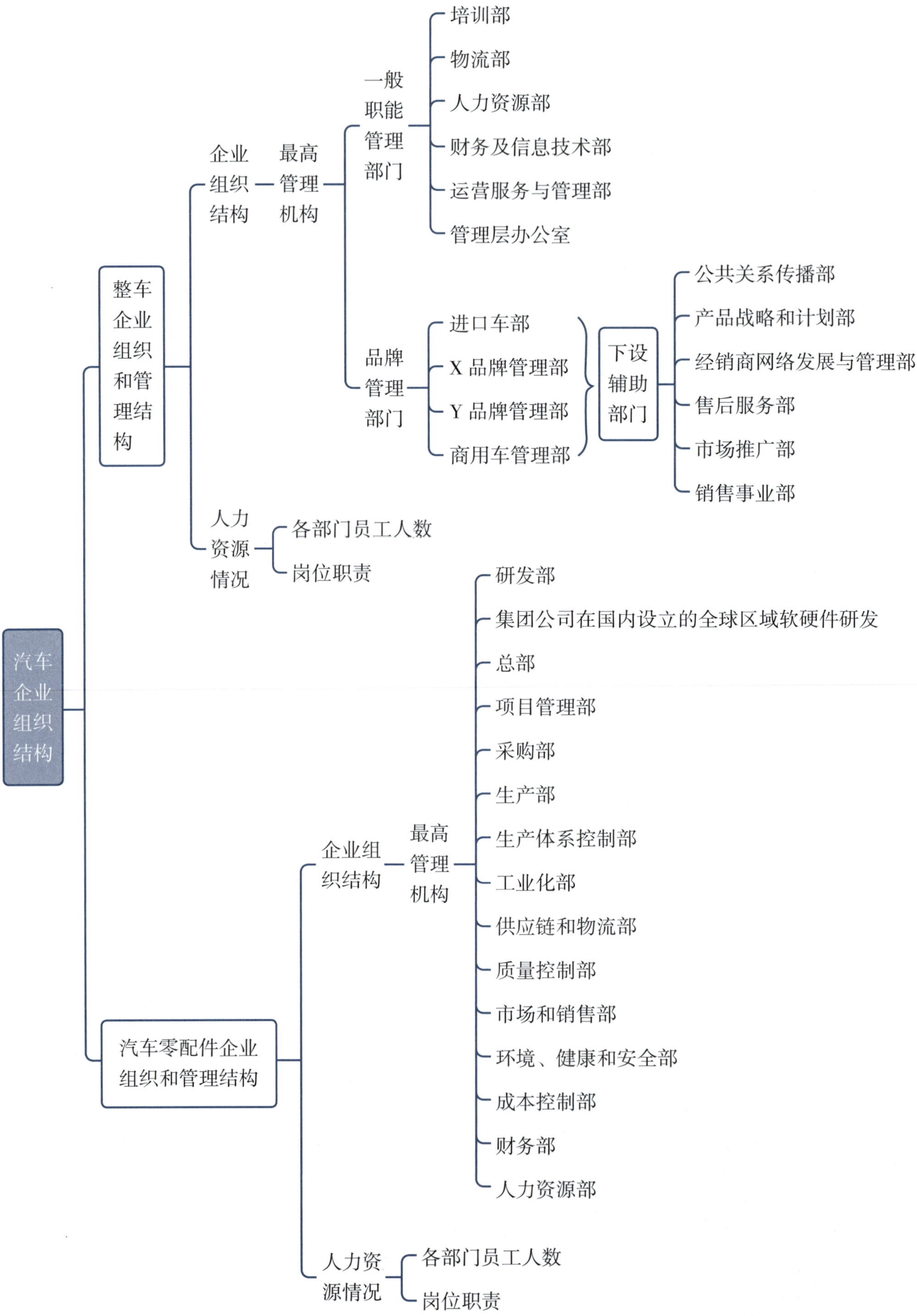
汽车企业组织结构
整车企业组织和管理结构
企业组织结构
最高管理机构
一般职能管理部门
培训部
物流部
人力资源部
财务及信息技术部
运营服务与管理部
管理层办公室
品牌管理部门
进口车部
X 品牌管理部
Y 品牌管理部
商用车管理部
下设辅助部门
公共关系传播部
产品战略和计划部
经销商网络发展与管理部
售后服务部
市场推广部
销售事业部
人力资源情况
各部门员工人数
岗位职责
汽车零配件企业组织和管理结构
企业组织结构
最高管理机构
研发部
集团公司在国内设立的全球区域软硬件研发
总部
项目管理部
采购部
生产部
生产体系控制部
工业化部
供应链和物流部
质量控制部
市场和销售部
环境、健康和安全部
成本控制部
财务部
人力资源部
人力资源情况
各部门员工人数
岗位职责

（三）功能风险和资产

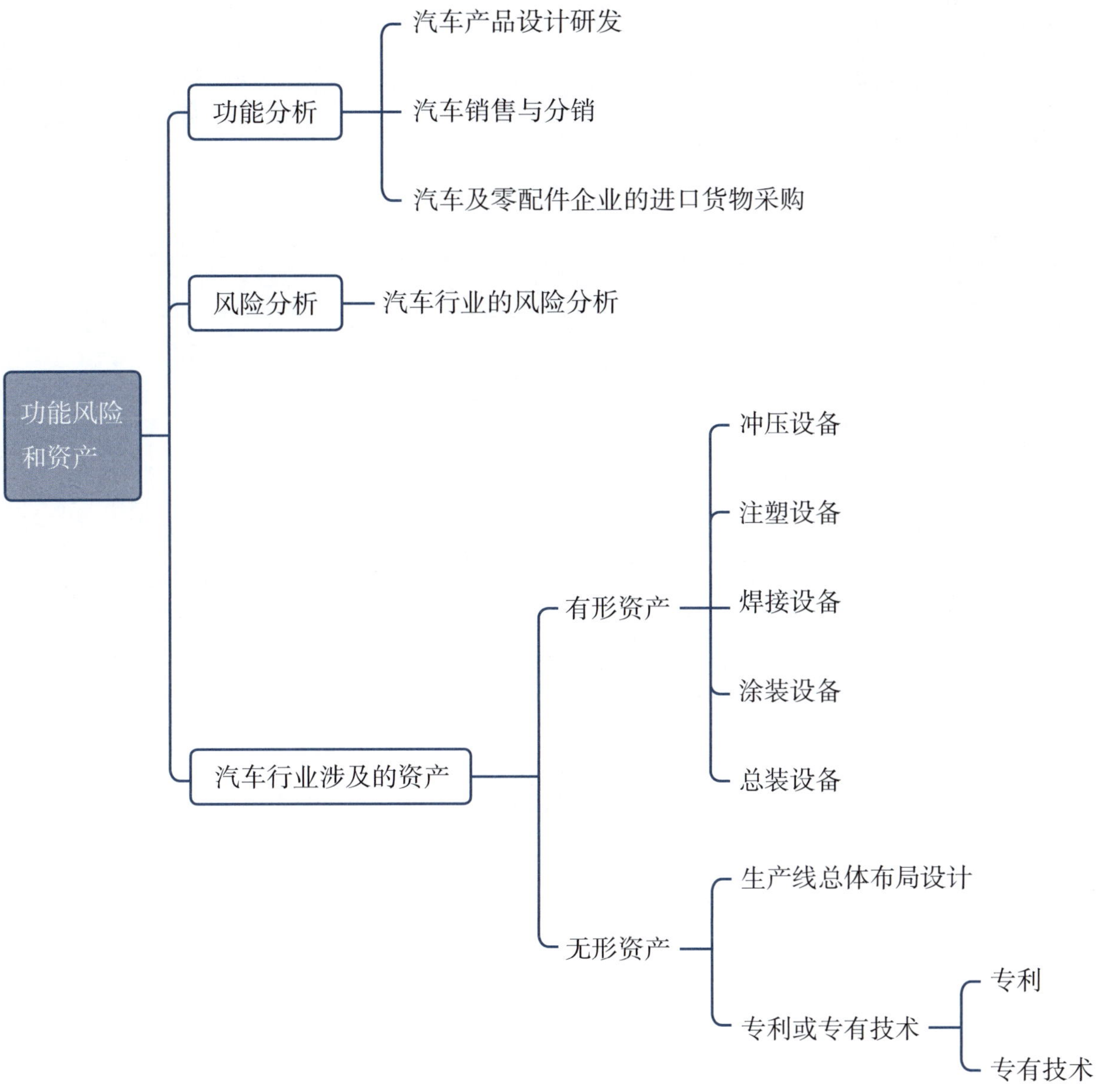
功能风险和资产
功能分析
汽车产品设计研发
汽车销售与分销
汽车及零配件企业的进口货物采购
风险分析
汽车行业的风险分析
汽车行业涉及的资产
有形资产
冲压设备
注塑设备
焊接设备
涂装设备
总装设备
无形资产
生产线总体布局设计
专利或专有技术
专利
专有技术

- **功能分析**：跨国集团采购交易中，功能分析的内容包括项目管理、市场营销、销售、研发、采购、生产、质量控制、售后服务、库存管理和物流、成本管理与改善、一般行政管理等诸多方面。汽车行业应重点关注研发、采购、销售与分销等内容。
  - 汽车产品设计研发是对整车进行细化设计的过程，各个总成分发到相关部门，在项目规划的总框架下分别进行设计开发，同时相互沟通配合以满足项目的整体要求。
    - 发布车型结构研发和零配件研发数据
      - 包括
        - 车身零部件
        - 发动机零部件
        - 变速箱零部件
        - 电装零部件
        - 底盘零部件
      - 研发的主要内容
        - 车型结构研发
          - 总体布置：绘制汽车总体布置草图是汽车总体设计和总布置的重要内容，其主要任务是根据汽车的总体方案及整车性能要求提出对各总成及部件的布置要求和特性参数等设计要求；协调整车与总成间、相关总成间的布置关系和参数匹配关系，使之组成一个在给定使用条件下的使用性能达到最优并满足产品目标大纲要求的整车参数和性能指标的汽车。总体布置草图确定的基本尺寸控制图是造型设计的基础。
            - 精确地描述各部件的尺寸和位置，为各总成和部件分配准确的布置空间，确定各个部件的详细结构形式、特征参数、质量要求等条件。主要的工作包括完成发动机舱详细布置图、底盘详细布置图、电装布置图等。
          - 造型设计
            - 确定汽车的基本尺寸。汽车的造型设计是汽车研发中至关重要的环节，包括外形和内饰设计两部分。
            - 车型造型数据生成：车身或造型部门在油泥模型完成后，使用专门的三维测量仪器对油泥模型进行测量，测量的数据包括外形和内饰两部分。测量生成的数据称为点云，技术人员根据点云使用汽车 A 面制作软件，构建汽车的外形和内饰模型。在车身造型数据完成以后，通常要使用这些数据来重新铣削一个模型，目的是验证车身数据是否有错误。

功能分析

跨国集团采购交易中，功能分析的内容包括项目管理、市场营销、销售、研发、采购、生产、质量控制、售后服务、库存管理和物流、成本管理与改善、一般行政管理等诸多方面。汽车行业应重点关注研发、采购、销售与分销等内容。

汽车产品设计研发是对整车进行细化设计的过程，各个总成分发到相关部门，在项目规划的总框架下分别进行设计开发，同时相互沟通配合以满足项目的整体要求。

发布车型结构研发和零配件研发数据

包括：
- 车身零部件
- 发动机零部件
- 变速箱零部件
- 电装零部件
- 底盘零部件

研发的主要内容——车型结构研发——制作油泥模型

汽车油泥模型，是传统车身设计中用油泥雕塑的汽车车身模型。早期的汽车车身模型多用石膏和木板为材料制作。木质模型的特点是变形小、不易破损、可长期保存。石膏较便宜，但强度较低，而且不便于反复修改。1955 年日本首次使用工业油泥进行汽车模型的设计开发。1972 年美国通用汽车公司将油泥应用到汽车设计开发模型上，使汽车设计摆脱了受限于呆板的石膏、木板的历史。中国是在 20 世纪 70 年代初开始应用这一技术。

汽车油泥模型的质量直接影响后期整车的开发，所以汽车油泥模型质量控制格外重要。随着计算机的应用，草图绘制完成后，可以使用各种绘图软件制作三维电脑数据模型（这种模型能够直接将数据输入五轴铣削机，铣削出油泥模型），看到更加清晰的设计表现效果，然后进行油泥模型制作。

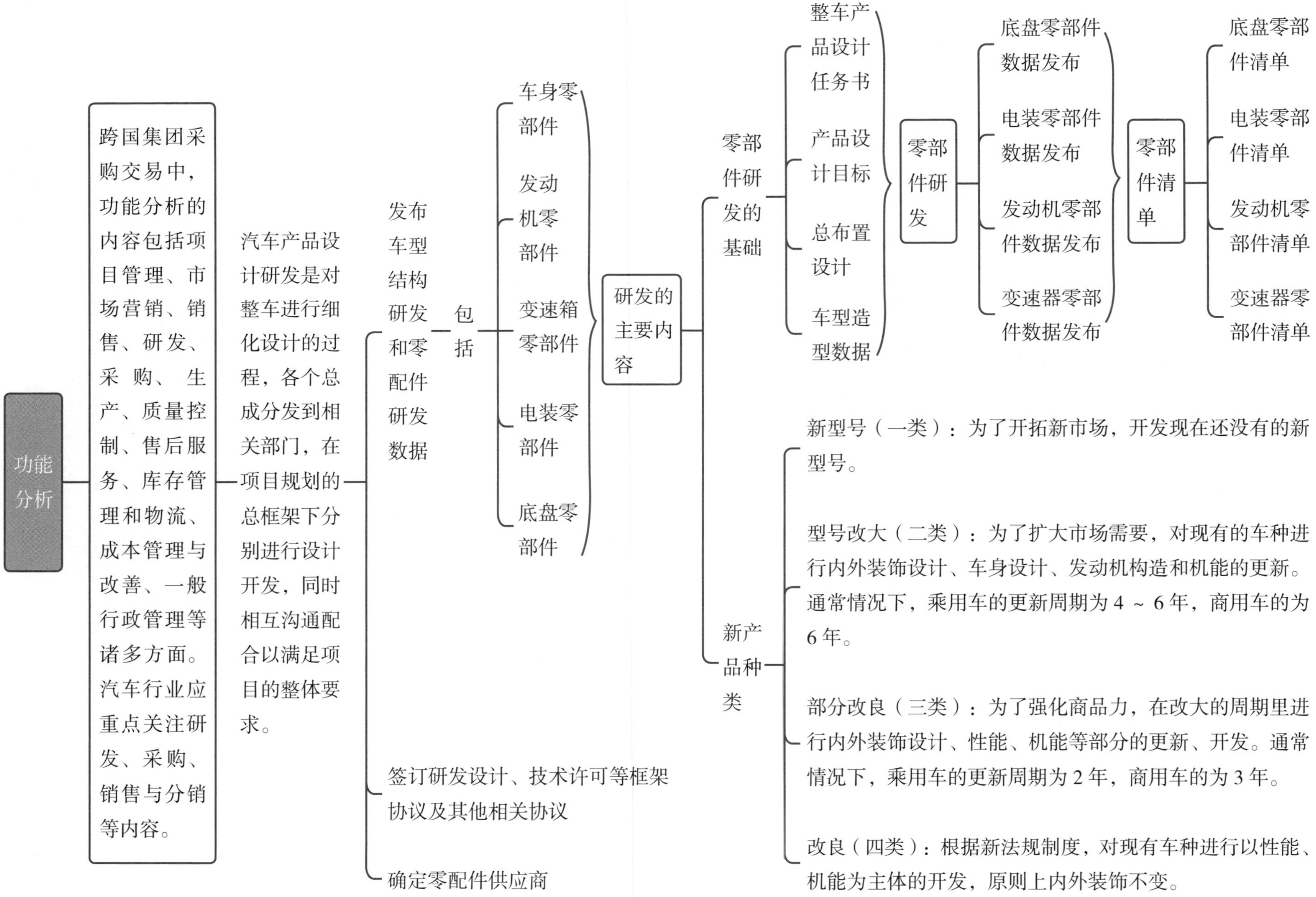
功能分析
跨国集团采购交易中，功能分析的内容包括项目管理、市场营销、销售、研发、采购、生产、质量控制、售后服务、库存管理和物流、成本管理与改善、一般行政管理等诸多方面。汽车行业应重点关注研发、采购、销售与分销等内容。
汽车产品设计研发是对整车进行细化设计的过程，各个总成分发到相关部门，在项目规划的总框架下分别进行设计开发，同时相互沟通配合以满足项目的整体要求。
发布车型结构研发和零配件研发数据
包括
车身零部件
发动机零部件
变速箱零部件
电装零部件
底盘零部件
研发的主要内容
零部件研发的基础
整车产品设计任务书
产品设计目标
总布置设计
车型造型数据
零部件研发
底盘零部件数据发布
电装零部件数据发布
发动机零部件数据发布
变速器零部件数据发布
零部件清单
底盘零部件清单
电装零部件清单
发动机零部件清单
变速器零部件清单
新产品种类
新型号（一类）：为了开拓新市场，开发现在还没有的新型号。
型号改大（二类）：为了扩大市场需要，对现有的车种进行内外装饰设计、车身设计、发动机构造和机能的更新。通常情况下，乘用车的更新周期为 4 ~ 6 年，商用车的为 6 年。
部分改良（三类）：为了强化商品力，在改大的周期里进行内外装饰设计、性能、机能等部分的更新、开发。通常情况下，乘用车的更新周期为 2 年，商用车的为 3 年。
改良（四类）：根据新法规制度，对现有车种进行以性能、机能为主体的开发，原则上内外装饰不变。
签订研发设计、技术许可等框架协议及其他相关协议
确定零配件供应商

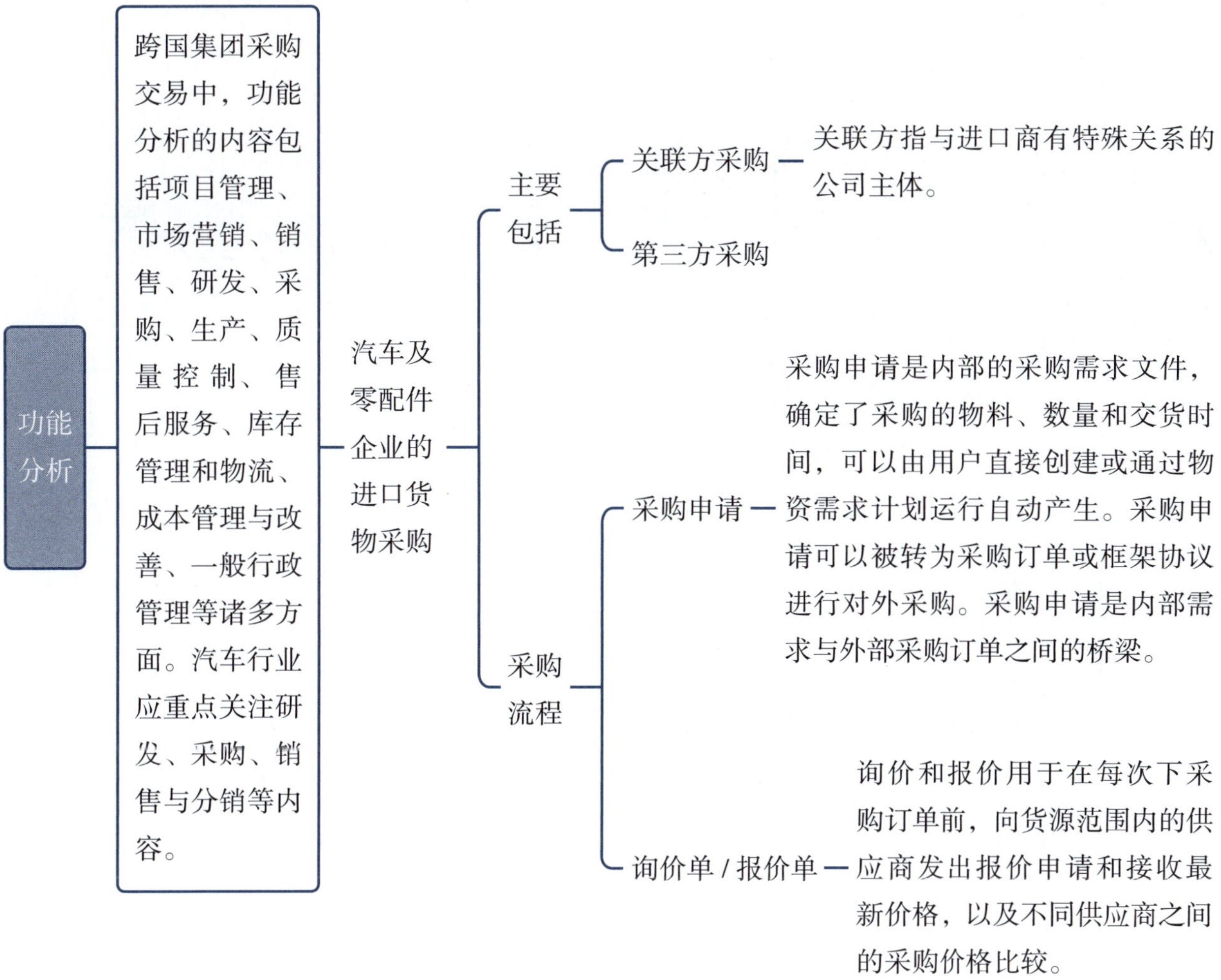
功能分析
跨国集团采购交易中，功能分析的内容包括项目管理、市场营销、销售、研发、采购、生产、质量控制、售后服务、库存管理和物流、成本管理与改善、一般行政管理等诸多方面。汽车行业应重点关注研发、采购、销售与分销等内容。
汽车及零配件企业的进口货物采购
主要包括
关联方采购
关联方指与进口商有特殊关系的公司主体。
第三方采购
采购流程
采购申请
采购申请是内部的采购需求文件，确定了采购的物料、数量和交货时间，可以由用户直接创建或通过物资需求计划运行自动产生。采购申请可以被转为采购订单或框架协议进行对外采购。采购申请是内部需求与外部采购订单之间的桥梁。
询价单 / 报价单
询价和报价用于在每次下采购订单前，向货源范围内的供应商发出报价申请和接收最新价格，以及不同供应商之间的采购价格比较。

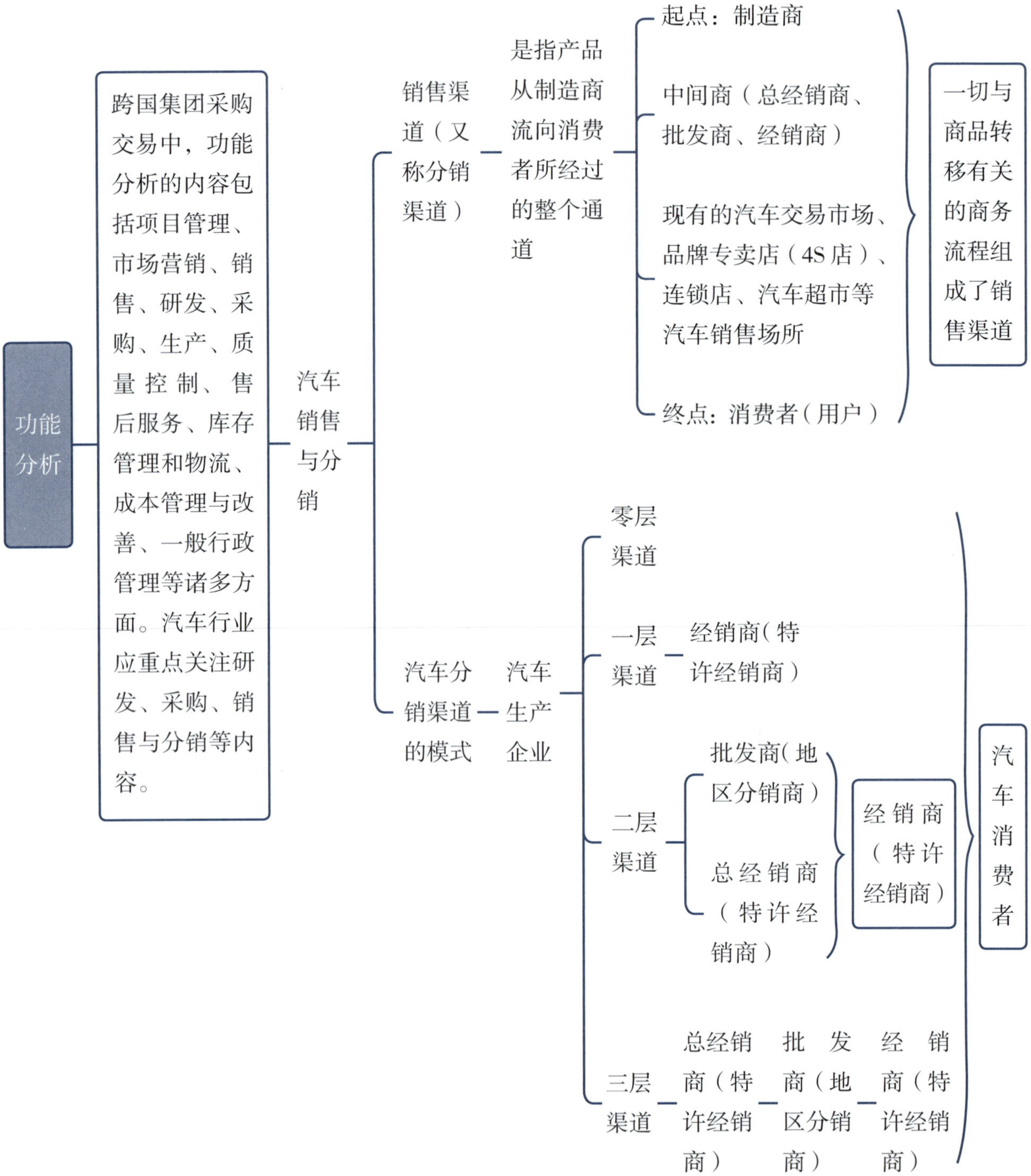
功能分析
跨国集团采购交易中，功能分析的内容包括项目管理、市场营销、销售、研发、采购、生产、质量控制、售后服务、库存管理和物流、成本管理与改善、一般行政管理等诸多方面。汽车行业应重点关注研发、采购、销售与分销等内容。
汽车销售与分销
销售渠道（又称分销渠道）
是指产品从制造商流向消费者所经过的整个通道
起点：制造商
中间商（总经销商、批发商、经销商）
现有的汽车交易市场、品牌专卖店（4S店）、连锁店、汽车超市等汽车销售场所
终点：消费者（用户）
一切与商品转移有关的商务流程组成了销售渠道
汽车分销渠道的模式
汽车生产企业
零层渠道
一层渠道
经销商（特许经销商）
二层渠道
批发商（地区分销商）
总经销商（特许经销商）
经销商（特许经销商）
三层渠道
总经销商（特许经销商）
批发商（地区分销商）
经销商（特许经销商）
汽车消费者

- 功能分析
  - 跨国集团采购交易中，功能分析的内容包括项目管理、市场营销、销售、研发、采购、生产、质量控制、售后服务、库存管理和物流、成本管理与改善、一般行政管理等诸多方面。汽车行业应重点关注研发、采购、销售与分销等内容。
    - 汽车销售与分销
      - 汽车分销模式的分类
        - 直销
          - 直销模式是由汽车制造商及其下设的各地的销售机构直接向最终用户销售汽车。
            - 直销模式是由汽车制造商和其下设在各地的销售机构，直接将汽车销售给最终用户。这种模式的优点是制造商可以快速地开拓区域性目标市场，但缺点是营销成本太高。
        - 代理制
          - 渠道模式流程为制造商—总代理—区域代理—下级代理商—顾客。进口汽车通常采用这种模式。
            - 汽车制造商委托代理商，在一定时期、区域、业务范围内，以委托人的名义从事经营活动的中间商，广泛存在于产销分离体制的汽车制造商当中。实际上总代理商和制造商通常属于一个集团，但是履行不同的职能（销售、生产）。汽车销售代理商属于佣金代理形式。代理商与销售商的最大区别是其不具备汽车的所有权。代理商最明显的特征是为汽车制造商寻找客户，促成交易，并代办交易前后的各种手续。与经销商相比,代理商的风险较小。如果交易成功，代理商可以从委托人那里获得事先约定好的佣金；如果汽车没有被卖出，代理商也不承担任何风险。汽车制造商对销售代理商的要求一般高于经销商。

- 功能分析
  - 跨国集团采购交易中，功能分析的内容包括项目管理、市场营销、销售、研发、采购、生产、质量控制、售后服务、库存管理和物流、成本管理与改善、一般行政管理等诸多方面。汽车行业应重点关注研发、采购、销售与分销等内容。
    - 汽车销售与分销
      - 汽车分销模式的分类
        - 特许经销制
          - 渠道模式流程为制造商—特许经销商—顾客。
            - 此经销模式的主要优点是对商品的广泛分销很有帮助，方便制造商巩固已有市场，同时迅速打开销路，开拓新的市场。不过此经销模式也存在营销环节多、反应迟钝、信息沟通困难、服务不到位等缺点，不利于制造商对营销渠道的控制。
        - 品牌专卖制
          - 渠道模式流程为制造商—专卖店—最终用户。主要是通过提供整车销售、零配件供应、售后服务、信息反馈的专卖店为表现形式。
            - 国内的品牌专营模式几乎普遍按照国际通用的汽车分销标准模式建设。它是一种以汽车制造商的营销部门为中心，以区域管理中心为依托，以特许或特约经销商为基点，集新车销售、零配件供应、维修服务、信息反馈与处理为一体，受控于制造商的分销渠道模式。

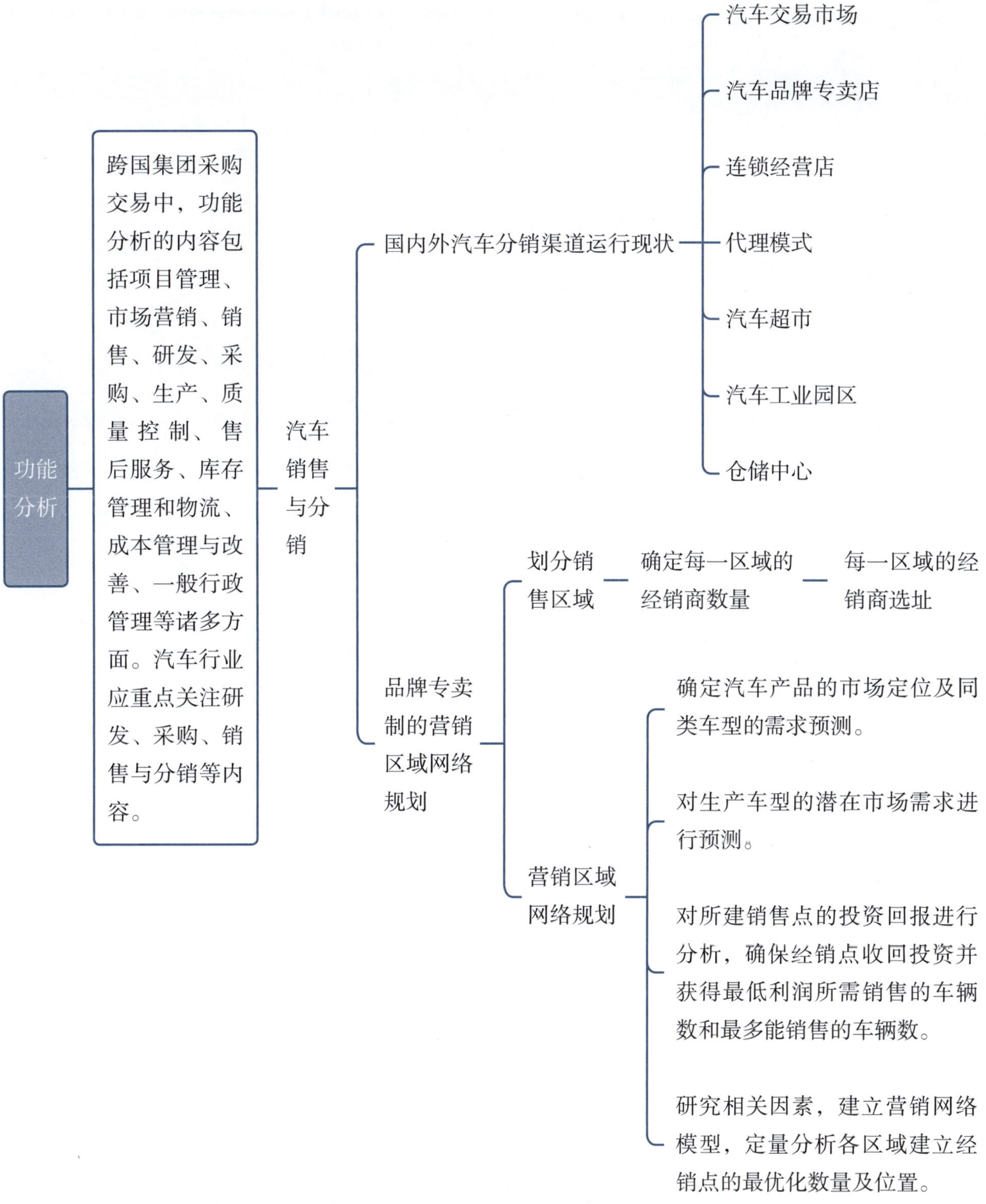
功能分析
跨国集团采购交易中，功能分析的内容包括项目管理、市场营销、销售、研发、采购、生产、质量控制、售后服务、库存管理和物流、成本管理与改善、一般行政管理等诸多方面。汽车行业应重点关注研发、采购、销售与分销等内容。
汽车销售与分销
国内外汽车分销渠道运行现状
汽车交易市场
汽车品牌专卖店
连锁经营店
代理模式
汽车超市
汽车工业园区
仓储中心
品牌专卖制的营销区域网络规划
划分销售区域
确定每一区域的经销商数量
每一区域的经销商选址
营销区域网络规划
确定汽车产品的市场定位及同类车型的需求预测。
对生产车型的潜在市场需求进行预测。
对所建销售点的投资回报进行分析，确保经销点收回投资并获得最低利润所需销售的车辆数和最多能销售的车辆数。
研究相关因素，建立营销网络模型，定量分析各区域建立经销点的最优化数量及位置。

- 风险分析
  - 汽车行业的作业范围包括零部件加工及整车装配，工艺流程、产业链条复杂，主要包括经营风险与生产风险。
    - 经营风险
      - 主要涉及产品的主要客户、原材料的主要供应商和外协厂家、企业关键经营管理人员、信贷风险、原材料的价格、同类产品的竞争以及所在生产和销售国的政治与经济风险。这些风险也是企业经营集团高层领导经常考虑与研究的主要问题。
        - 人为风险
          - 偷盗和恶意破坏：汽车行业制造厂内有许多高价值的财产，一些不法分子利用管理漏洞可能对制造厂的财产实行偷盗行为，对财产和运营造成损失。
          - 工人、技术人员操作失误、缺乏经验、疏忽、过失：在汽车制造工艺过程中，生产线上由于操作失误导致整个流水线生产停止和设备损坏是最为常见的情况。工人、技术人员、车间主任及各种管理人员的技术不善、疏忽过失和缺乏经验，导致其在工作中误操作；技术监控人员由于疏忽、过失等原因未能及时发现设备运行异常，未能及时采取措施，均有可能导致事故发生。
          - 设计、制造或安装错误：在汽车行业制造工艺过程中，可能由于对某些特殊情况资料掌握的偏差、检测手段不足等各种原因，在设计、制造或装配过程中产生错误或偏差。这些都将可能导致发生一些不同程度的产品质量事故，从而造成损失。
        - 能源供应中断风险
          - 汽车制造过程中，需要大量的外部能源的供应。这些外部能源包括电、水、煤气、煤炭、压缩空气、蒸汽等。由于意外事故，这些能源供应的中断，可能导致相关财产的损失。由于供电的突然停止，有可能导致加工机具和原材料报废，生产程序需要重新调试，从而造成财产和利润损失，及营业费用的增加；由于多种原因造成的水供应中断，有可能导致生产活动的中止，致使企业相应的额外费用增加，例如施工等原因可能会造成水管爆裂。

- 风险分析
  - 汽车行业的作业范围包括零部件加工及整车装配，工艺流程、产业链条复杂，主要包括经营风险与生产风险。
    - 经营风险
      - 主要涉及产品的主要客户、原材料的主要供应商和外协厂家、企业关键经营管理人员、信贷风险、原材料的价格、同类产品的竞争以及所在生产和销售国的政治与经济风险。这些风险也是企业经营集团高层领导经常考虑与研究的主要问题。
        - 供应商和外协商的风险
          - 原材料缺陷、工艺不善：汽车行业制造厂对主要设备有很高的要求，设备或原材料若有缺陷，会致使零部件发生损坏，从而造成损失。
          - 外协件质量缺陷：汽车行业制造厂一般需要很多外协零部件，如车上电器、仪表等，这些由外协厂家提供的产品有可能存在各种缺陷，在继续加工的生产过程中，这些缺陷会造成很大的损失。
        - 利润损失风险
          - 汽车行业制造厂发生风险事故时有可能延迟完工，这不仅可能使自身的财产受损，而且可能会导致营业收入的减少，或额外的运营费用的支出，从而影响或减少汽车行业制造厂的预期营业利润。
        - 货物运输风险
          - 汽车行业制造厂购买的原材料、进口设备、产成品等，从厂家运至现场的运输途中一旦遭受水损、被盗和碰撞，便极易导致一定的财产损失。
        - 召回风险
          - 目前世界很多国家都有汽车召回制度，中国也已经施行《缺陷汽车产品召回管理条例》。汽车产品往往存在某些缺陷，而其中很多是可能造成重大事故的，因此召回事件可谓屡见不鲜。每次召回对汽车行业制造企业来说，都要耗时耗力，带来很大的损失。
        - 责任风险
          - 汽车行业制造厂占地广、地形复杂，对周围建筑物、设备设施及人员等可能造成损坏。在生产经营中，可能造成第三者的人身伤亡和财产损失，需要依法应承担经济赔偿责任。

- **风险分析**
  - 汽车行业的作业范围包括零部件加工及整车装配，工艺流程、产业链条复杂，主要包括经营风险与生产风险。
    - **经营风险**
      - 主要涉及产品的主要客户、原材料的主要供应商和外协厂家、企业关键经营管理人员、信贷风险、原材料的价格、同类产品的竞争以及所在生产和销售国的政治与经济风险。这些风险也是企业经营集团高层领导经常考虑与研究的主要问题。
        - 对现场施工人员和管理人员的人身伤害风险
          - 在汽车行业制造厂房内，有珩车、吊车、电瓶车等机械运行。在铸造、锻压、切削、冲压等生产过程中，均有工人、技术人员及各种管理人员等进入车间作业。他们的安全亦是企业须考虑的风险之一。
        - 另外，汽车行业还存在着诸如存货风险、产品价格波动的风险、信用风险、履约风险、市场风险、管理风险、技术风险、外汇风险、加入 WTO 带来的风险、战争风险、出口信用风险等各种各样的风险。
    - **生产风险**
      - 主要包括生产、库存和运输过程中所遇到的各种自然灾害和意外事故，例如地震、暴雨、雷击、火灾、操作失误、能源供应突然中断等。
        - 自然灾害
          - 地震：汽车行业制造企业的厂房在地震中可能倒塌，人员、设备、半成品、制成品等都将遭受重大损失。
          - 暴风雨：可能使露天堆放的材料面临水浸风险。汽车行业制造车间或仓库进水也可能对设备和材料造成一定损失。
          - 滑坡：很多汽车行业制造企业靠近山坡，山体滑坡可能对人员、车间厂房、设备及原材料等造成毁损。
          - 雷击：分为直接雷击与感应雷击两种，后者导致财产损坏的概率更高，容易对正在通信和通电的计算机网络、通信设备、自动控制系统造成破坏。

- 风险分析
  - 汽车行业的作业范围包括零部件加工及整车装配，工艺流程、产业链条复杂，主要包括经营风险与生产风险。
    - 生产风险
      - 主要包括生产、库存和运输过程中所遇到的各种自然灾害和意外事故，例如地震、暴雨、雷击、火灾、操作失误、能源供应突然中断等。
        - 意外事故
          - 火灾：汽车行业制造车间中进行着大量的钢结构电焊、油漆、注塑、铸造、锻造、热处理等工作，极易造成火灾隐患。辅助车间或储存间内易燃材料的堆放不善、生产过程中易燃物接触明火、喷漆过程中油漆遇电火花等情况均可能引起火灾；在配件组装过程中，化学药品遇明火将导致火灾的发生；生产车间的电线老化、短路或者长期过载，以及电气设备的故障、过载等均极易引起大面积火灾。
          - 管道泄漏风险：汽车行业制造生产厂房内的上部空间布满各种管道，由于压力变化或保养的失当，很有可能发生泄漏事故，从而对相关机器造成损失。
          - 设备老化风险：汽车行业制造企业中的部分设备可能已处于老化阶段，容易发生意外事故，例如短路从而造成跳闸等，造成企业财产的损失。
  - 在汽车制造业的风险管理过程中，应在以预防为主的基础上进行科学有效的风险规避和风险转移。为了减少企业在生产过程中的风险影响，必须对企业的这一部分风险进行识别、分析、衡量、比较和控制。然后对有关的风险分别采取转移、避免、抑制、预防或自留等控制措施。保险作为转嫁风险的一种重要手段，已经得到了许多企业的认同。因此，对汽车制造企业的业务经营过程进行风险分析，并安排一个平衡的保险计划，不仅能满足转移风险的要求，同时还能剔除部分不必要的保险内容以节省保险费支出。

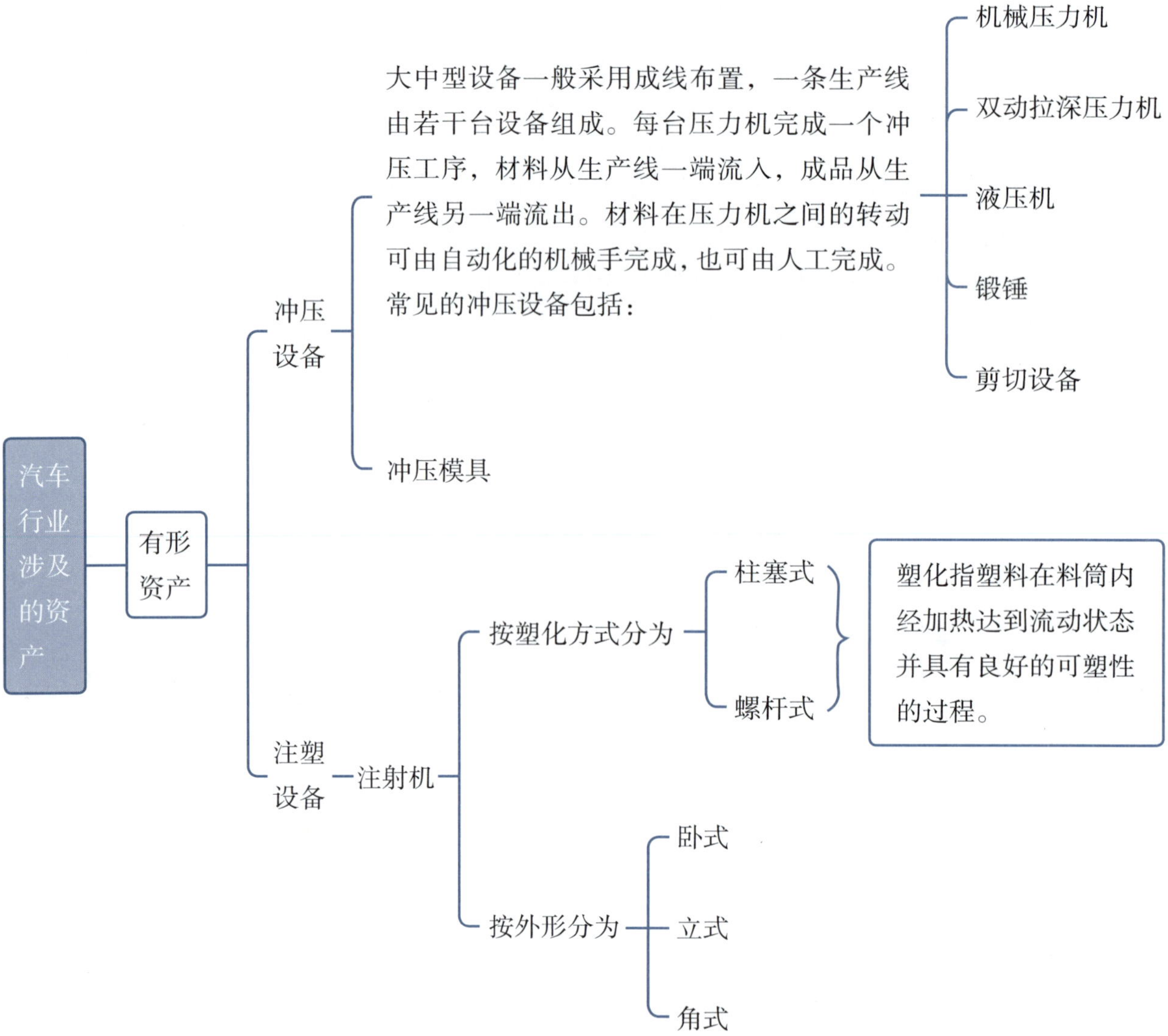
汽车行业涉及的资产
有形资产
冲压设备
大中型设备一般采用成线布置，一条生产线由若干台设备组成。每台压力机完成一个冲压工序，材料从生产线一端流入，成品从生产线另一端流出。材料在压力机之间的转动可由自动化的机械手完成，也可由人工完成。常见的冲压设备包括：
机械压力机
双动拉深压力机
液压机
锻锤
剪切设备
冲压模具
注塑设备
注射机
按塑化方式分为
柱塞式
螺杆式
塑化指塑料在料筒内经加热达到流动状态并具有良好的可塑性的过程。
按外形分为
卧式
立式
角式

- 汽车行业涉及的资产
  - 有形资产
    - 焊接设备
      - 焊接是现代机械制造业中一种必要的工艺方法，在汽车制造中得到广泛的应用。随着技术的进步，焊接新工艺、新材料、新方法不断运用在汽车制造中，镀层钢板、轻金属材料的焊接问题，以及高分子材料、复合材料、异种材料、特种材料等均对汽车焊接提出了新的挑战。汽车焊接过程中的机器人与自动化技术使汽车焊接面貌大为改观。
      - 焊接机器人
        - 已广泛应用于汽车制造业
          - 汽车底盘焊接
          - 座椅骨架焊接
          - 导轨焊接
          - 消声器焊接
          - 液力变矩器焊接
            - 汽车行业焊接工艺的发展趋势是发展自动化柔性生产系统。而因工业机器人集自动化生产和灵活性生产特点于一身，故汽车生产近年来大规模、迅速地使用了机器人。
              - 点焊机器人
              - 强焊机器人
    - 涂装设备
      - 顶喷机
      - 侧喷机
        - 涂装生产线
          - 喷涂机器人
            - 机器人本体
            - 机器人控制器
            - 喷涂设备
              - 喷枪
              - 喷涂控制设备
              - 漆料管路系统
              - 漆料罐

- 汽车行业涉及的资产
  - 有形资产
    - 总装设备
      - 装配线所用输送设备（空中悬挂和地面）和专用设备（如举升、翻转、压装、加热或冷却、检测、螺栓螺母的紧固设备等）
      - 总成上线设备
      - 各种油液加注设备、出厂检测设备及各种专用装配设备
        - 现状及发展趋势
          - 机器人在汽车装配中被广泛采用。
          - 电子计算机技术在生产管理系统中得到广泛应用。
          - 采用柔性装配线，以满足多品种和自动化装配需求。
          - 加注设备向真空式加注设备方向发展。
          - 试验检测设备向微机控制、数字化、高精度、自动化方向发展。
          - 专用装配设备向高精度、适应性强、自动化方向发展，以适应多品种需求。
          - 一些产量大、零部件数量少的零部件装配线趋于采用全自动装配线。
          - 将柔性装配线和其上的各种专用装配设备及检测设备有机地结合在一起，由同一厂家供应，以提高装配工艺的整体水平。

- 汽车行业涉及的资产
  - 无形资产
    - 生产线总体布局设计
      - 生产线的工件传送设备
      - 生产线的总体布局形式
      - 生产线的总体连线尺寸图
      - 生产线的其他装备的选择和配置
      - 组成生产线的机床、辅助装备、工件的传送装备布置和连接方式。
    - 专利或专有技术
      - 专利：是受法律规范保护的发明创造，它是指一项发明创造向国家审批机关提出专利申请，经依法审查合格后向专利申请人授予的在规定的时间内对该项发明创造享有的专有权。
        - 有效专利：专利申请被授权后仍处于有效状态的专利，即该专利权处在法定保护期限内。
        - 无效专利：专利申请被授权后，因为已经超过法定保护期限或因为专利权人未及时缴纳专利年费而丧失了专利权，或被任意个人或者单位请求宣布专利无效后经专利复审委员会认定并宣布无效而丧失专利权之后，称为无效专利。
        - 按《中华人民共和国专利法》进行分类
          - 发明专利：对产品、方法或者其改进所提出的新的技术方案。
          - 实用新型专利：对产品的形状、构造或者其结合所提出的适于实用的新的技术方案。
          - 外观设计专利：对产品的形状、图案或其结合以及色彩与形状、图案的结合所做出的富有美感并适于工业应用的新设计。

- 汽车行业涉及的资产
  - 无形资产
    - 专利或专有技术
      - 专有技术
        - 是指以图纸、模型、技术资料和规范等形式体现的尚未公开的工艺流程、配方、产品设计、质量控制、检测及营销管理等方面的知识、经验、方法和诀窍等。
          - 形成的条件
            - 其整体或其确切结构和内容组合是秘密的、非通常从事该信息领域工作的人们所普遍了解或容易获得的。
            - 是秘密的，因而具有商业价值。
            - 其合法拥有者已按照实际情况采取了合理措施对其予以保密。
          - 特点
            - 一种技术知识
            - 具有实用性的动态技术
            - 具有可传授性和可转让性
            - 以保密性为条件的事实上的独占权
            - 具有经济性
            - 没有取得专利权的技术知识
          - 保密措施
            - 在技术转让合同中订立“保密条款”。
            - 要求本企业雇员保护本企业的技术秘密。

第十章

案例指引

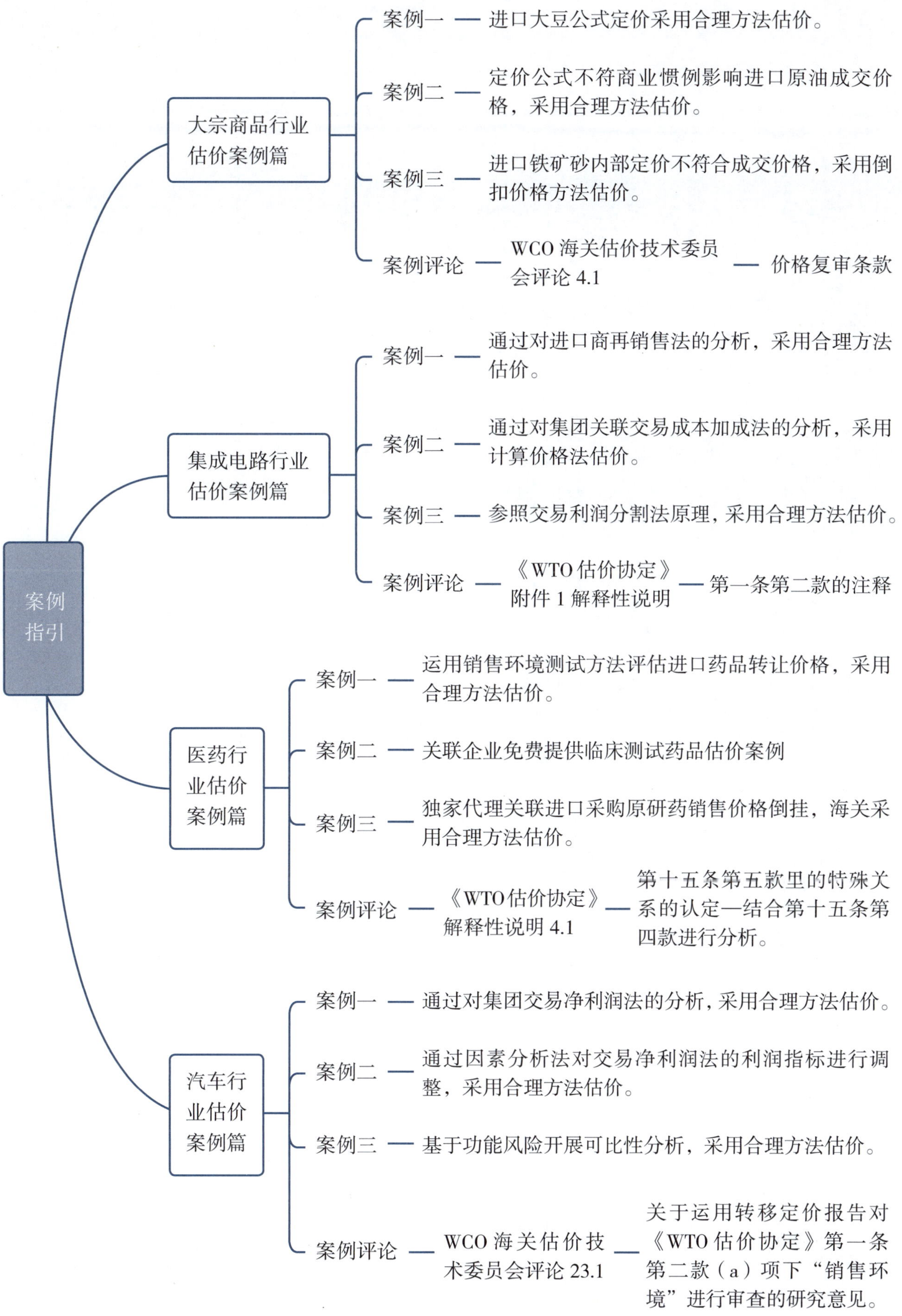
案例指引
大宗商品行业估价案例篇
案例一 — 进口大豆公式定价采用合理方法估价。
案例二 — 定价公式不符商业惯例影响进口原油成交价格，采用合理方法估价。
案例三 — 进口铁矿砂内部定价不符合成交价格，采用倒扣价格方法估价。
案例评论 — WCO 海关估价技术委员会评论 4.1 — 价格复审条款
集成电路行业估价案例篇
案例一 — 通过对进口商再销售法的分析，采用合理方法估价。
案例二 — 通过对集团关联交易成本加成法的分析，采用计算价格法估价。
案例三 — 参照交易利润分割法原理，采用合理方法估价。
案例评论 — 《WTO 估价协定》附件 1 解释性说明 — 第一条第二款的注释
医药行业估价案例篇
案例一 — 运用销售环境测试方法评估进口药品转让价格，采用合理方法估价。
案例二 — 关联企业免费提供临床测试药品估价案例
案例三 — 独家代理关联进口采购原研药销售价格倒挂，海关采用合理方法估价。
案例评论 — 《WTO 估价协定》解释性说明 4.1 — 第十五条第五款里的特殊关系的认定—结合第十五条第四款进行分析。
汽车行业估价案例篇
案例一 — 通过对集团交易净利润法的分析，采用合理方法估价。
案例二 — 通过因素分析法对交易净利润法的利润指标进行调整，采用合理方法估价。
案例三 — 基于功能风险开展可比性分析，采用合理方法估价。
案例评论 — WCO 海关估价技术委员会评论 23.1 — 关于运用转移定价报告对《WTO 估价协定》第一条第二款（a）项下“销售环境”进行审查的研究意见。

转让定价和海关审价的整体思路

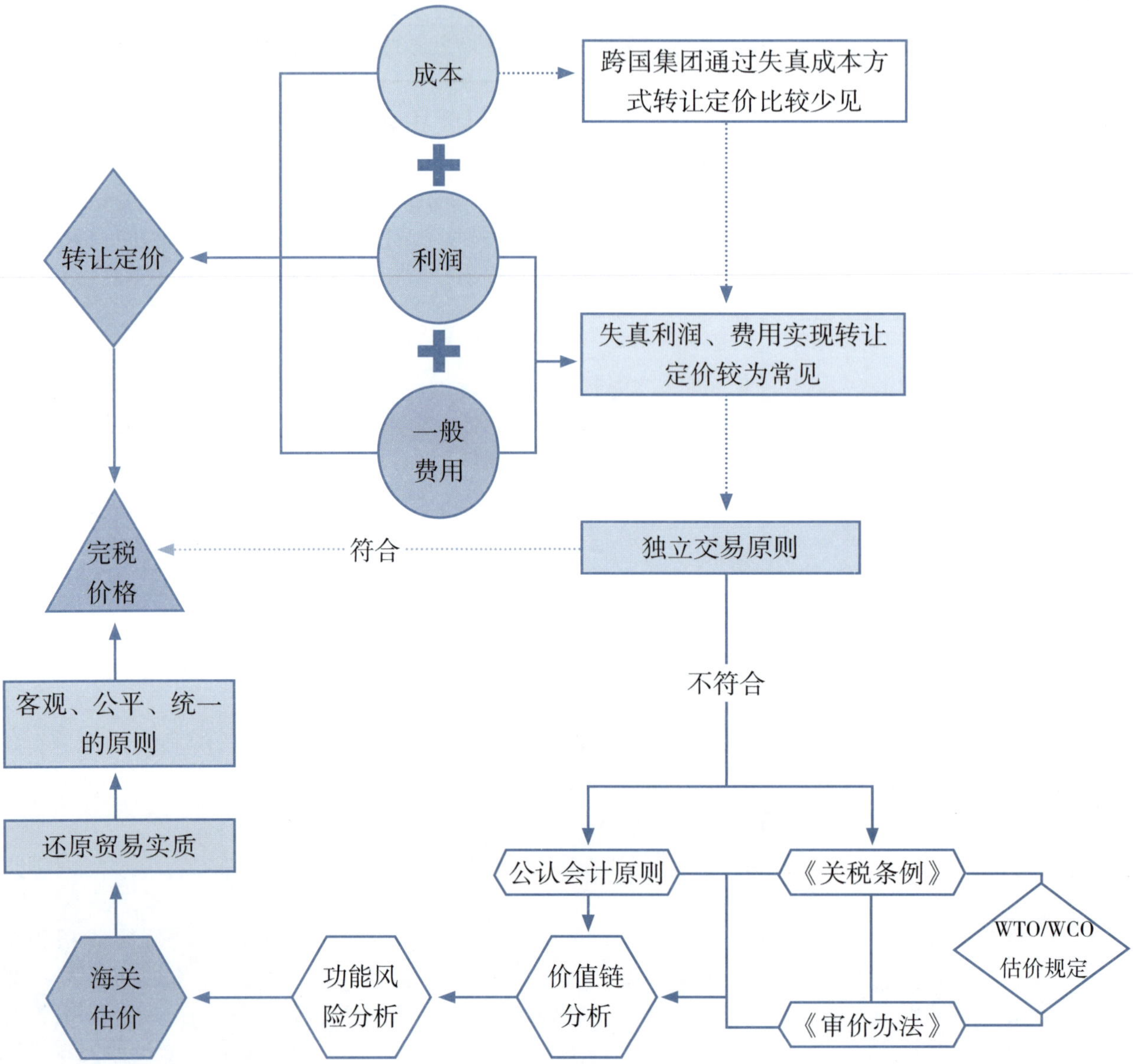

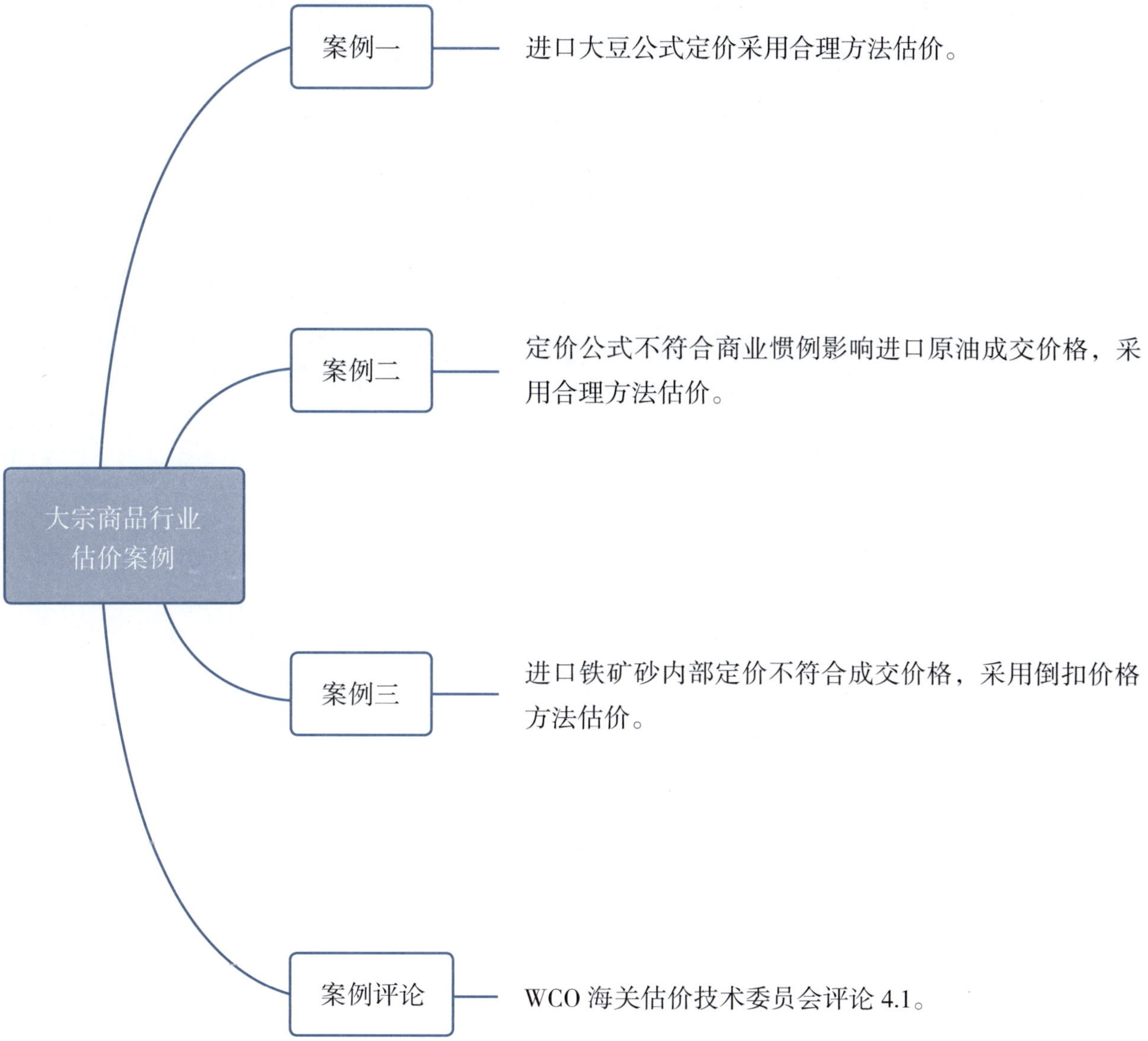
大宗商品行业估价案例
案例一
进口大豆公式定价采用合理方法估价。
案例二
定价公式不符合商业惯例影响进口原油成交价格，采用合理方法估价。
案例三
进口铁矿砂内部定价不符合成交价格，采用倒扣价格方法估价。
案例评论
WCO 海关估价技术委员会评论 4.1。

大宗商品行业

案例一

进口大豆公式定价采用合理方法估价

- 进口大豆公式定价采用合理方法估价
  - 案例基本情况
    - 贸易流程
      - U 集团是一家综合型跨国粮油企业集团，主要从事油籽压榨、食用油精炼、油脂科技、大豆精深加工、粮油科技研发等业务。
      - T 公司是 U 集团在中国设立的子公司，主要负责大豆进口、生产加工和国内销售。
      - V 公司是 U 集团在境外设立的关联企业，负责执行全球市场营销战略开发、采购策略制定、集团性供应商开发和管理、新产品研发、现有产品改进等核心功能，并承担了研发失败和产品责任的相关风险。同时，根据 U 集团授权，V 公司拥有集团关键无形资产所有权。
      - T 公司进口大豆采购自境外关联企业 V 公司，生产加工的产品全部销售给境内关联企业 W 公司，由 W 公司作为国内销售平台统一分销至终端市场。
      - 具体贸易流程如图 10-1 所示。
    - 定价模式
      - 为规避价格波动风险，掌握定价主动权，进口商 T 公司采用买方叫价基差交易方式确定进口大豆的成交价格。
      - 定价公式为：现货价格 = 基差（又称“升贴水”）+ 相应月份的芝加哥商品交易所（CBOT）大豆期货价格（“点价”）。
      - 在大豆买卖合同中，双方确定基差价格，但不选定期货价格，而是规定由 T 公司在双方允许的时间内选定期货价格。
      - T 公司根据大豆国际期货市场价格走势在规定的期限内确定买入相应月份的期货合约价格（点价），并以委托单的形式告知供应商 V 公司。
      - 经双方确认，T 公司点价的价格即为选定的期货价格，加上基差，经数量折算后，形成购买现货的价格。
      - 大豆买卖合同签订后，V 公司承担的义务是拥有 CBOT 市场大豆期货的空头和为买方提供大豆现货，买方的义务是买入 CBOT 市场大豆期货的多单并购入大豆现货，从而使期货市场平仓。

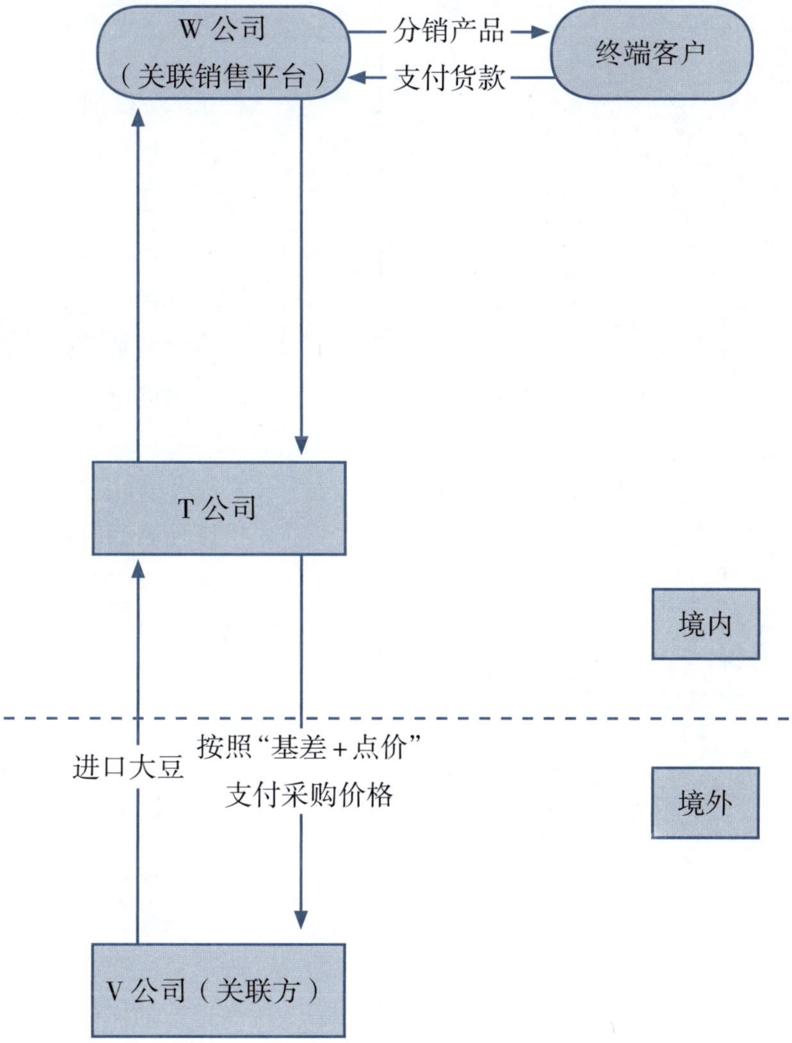

图 10-1　大宗商品行业案例一贸易流程图

- 进口大豆公式定价采用合理方法估价
  - 功能风险分析
    - 相对于进口商T公司，V公司的功能风险更加复杂，因此选择T公司作为受测对象，重点对T公司的功能、风险和资产情况开展分析。
      - 功能
        - 研发
          - 由于进口商T公司的产品是标准化程度较高的产品，生产技术相对比较成熟，因此研发活动投入较少，同时也不拥有重要无形资产。
          - 所有与产品及生产技术有关的研发活动主要由集团关联企业负责，T公司不承担研发功能。
        - 采购
          - T公司会根据市场行情进行研判和价格追踪分析，自行制订采购计划和价格参考。
          - T公司进口的原料属于大宗商品，市场价格公开透明，T公司与境外供应商根据市场价格，协商谈判制定采购价格。
        - 生产
          - T公司执行生产功能。按照客户订单及销售预测等信息，通过集团内部SAP系统并结合库存情况制订生产计划，再根据生产计划进行生产活动的统筹安排，并对整个生产流程的具体实施进行管理。
        - 质量控制
          - T公司负责对自行生产销售的产品进行质量控制，参与维护集团质量体系。质量控制功能包括对进出物料品质进行检测、对生产过程进行指标检验、对产成品进行抽样检验和留样、供应商管理、食品安全检查、处理客户投诉等。
        - 库存管理
          - T公司负责在其生产加工过程中对原材料、在产品及产成品进行存货管理，每月定期对库存量进行盘点，并根据订单数量对原材料以及产成品库存量作适时的更新和调整以确保合理的库存水平。

- 进口大豆公式定价采用合理方法估价
  - 功能风险分析
    - 相对于进口商T公司，V公司的功能风险更加复杂，因此选择T公司作为受测对象，重点对T公司的功能、风险和资产情况开展分析。
      - 功能
        - 销售和营销——T公司的产品通过集团营销平台W公司销售给第三方客户，日常由W公司进行销售和营销相关工作，T公司不承担市场营销功能，仅承担有限的销售功能。
        - 售后服务——T公司自行负责产品的售后服务，产品售后发生的质量维护费用由T公司承担。
      - 风险
        - 产品开发或研发风险
          - T公司研发活动投入较少，因此不承担此项风险。
          - 集团内负责研发的关联公司承担此项风险。
        - 制造风险——T公司负责生产活动的开展和进行，承担生产风险。
        - 存货风险——T公司在其拥有的仓库中放置原材料、在产品和产成品，并承担日常存货管理相关费用和在产品控制权转移至客户之前的相关存货风险。
        - 市场风险——因为T公司的产品均通过国内关联企业销售，T公司仅承担有限的市场风险。
        - 产品质量风险
          - T公司以国家统一质量标准为基础，以不同的原粮类别和客户具体需求来制定不同的质量检测标准。
          - 在生产过程中，T公司负责对其在产品及产成品进行质量检测。因此，T公司承担质量风险。

- 进口大豆公式定价采用合理方法估价
  - 功能风险分析
    - 相对于进口商T公司，V公司的功能风险更加复杂，因此选择T公司作为受测对象，重点对T公司的功能、风险和资产情况开展分析。
      - 风险
        - 产品责任风险 — 在产品销售中，因产品品质没有达到约定的质量标准而造成的相关损失与费用，由T公司自行承担。因此，T公司承担产品责任风险。
        - 外汇风险 — T公司有境外采购业务，承担对应的外汇风险。
      - 资产
        - 有形资产 — T公司的主要有形资产包括厂房、机器设备、办公设备等。
        - 无形资产 — T公司仅拥有一般无形资产，不拥有任何非常规的特殊无形资产。
      - 小结 — 根据在关联交易中执行的功能、承担的风险和拥有的资产来看，T公司被定位为一家承担常规销售功能和有限风险的合约制造商。

- 进口大豆公式定价采用合理方法估价
  - 转让定价分析
    - 集团转让定价政策
      - 根据U集团转让定价政策，进口采购交易采用交易净利润法（采用可比非受控交易的完全成本加成率，对T公司的交易价格进行调整）作为商品转让的定价方法。
      - 根据可比公司数据显示，T公司净利润指标完全成本加成率处于可比公平交易利润区间（可比公司利润指标的上四分位与下四分位之间的区间），T公司据此向海关申明其定价政策符合独立交易原则，声称特殊关系未对成交价格造成影响。
    - 特殊战略或特殊贸易安排对进口大豆成交价格的影响
      - 经测算，每票进口货物的完全成本加成率不尽相同，部分进口货物的完全成本加成率畸高，其他进口货物的完全成本加成率为零，甚至为负数。
      - 净利润指标完全成本加成率处于可比公平交易利润区间并不能掩盖的事实是：每票进口货物对进口关联采购的净利润贡献率存在失衡情况，整体利润水平是高贡献率的进口货物与低贡献率（甚至是负贡献率）的进口货物平摊后的结果。
        - （以上两项）换言之，完全成本加成率符合独立交易原则是以部分商品亏损销售抵减后的利润为基础得出的，亏损销售严重背离市场一般规律，是企业特殊战略或特殊安排的结果，不应该由于其部分进口商品销售净利畸高而掩盖对进口商品成交价格造成严重影响的现象。（见表10-1）
      - 根据海关估价原则，如果买方的对外支付除了涉及被估的进口货物外，还包括了其他交易，或受其他资金安排的影响，则应以消除其他影响的实付或应付价格重新确定被估货物的完税价格。

表 10–1　完全成本加成率模型

序号	进口商品	实际净利指标（完全成本加成率）	净利润贡献率
1	大豆 A	正数	高
2	大豆 B	负数	低
3	大豆 C	零	低
4	大豆 D	正数	高
……	……	……	
合计		整体净利指标处于可比公平交易利润区间	整体利润水平是不同贡献率的进口商品平摊后的结果

- 进口大豆公式定价采用合理方法估价
  - 海关估价意见
    - 确定成交价格是否受到特殊关系影响
      - 通过对 U 集团转让定价政策展开分析可以看到，净利润指标符合独立交易原则是建立在整体利润水平的基础上，具体到明显高于“四分位”利润水平的高加成率进口货物而言，明显背离了市场一般规则。
      - 从定价模式的角度进一步来看，通过选取与 T 公司功能、风险和资产情况相近的非受控交易主体，发现 T 公司定价公式的实际执行情况与大豆国际期货市场价格存在偏差，基差和点价低于可比的无关联第三方交易的价格水平。对此，进一步核实了特殊关系对进口商品造成了影响。
    - 确定估价方法，重新估定完税价格
      - 由于 T 公司进口大豆采用“基差 + 定价”的公式定价方式，海关与进口商无法掌握其他大豆进口企业的基差水平，也无法确定其是具体采用哪个月份的 CBOT 大豆期货价格，也未发现同时或大约同时有相同原产地大豆进口，所以排除相同、类似货物成交价格估价方法。
      - 由于未掌握同等级或同种类货物在境内的销售价格，无法使用倒扣价格方法估价。
      - 由于向中国境内销售同等级或同种类大豆的通常利润和一般费用数据无法获得，也无法采用计算价格估价方法。
      - 因此，海关在排除上述估价方法后，依据期货进口商每票货物的进口时间、进口数量等具体情况，采用合理方法，以“基差 + 点价”为基础，参考可比的第三方大豆交易的基差和点价水平，对进口大豆实施估价。

大宗商品行业

案例二

定价公式不符合商业惯例影响进口原油成交价格，采用合理方法估价

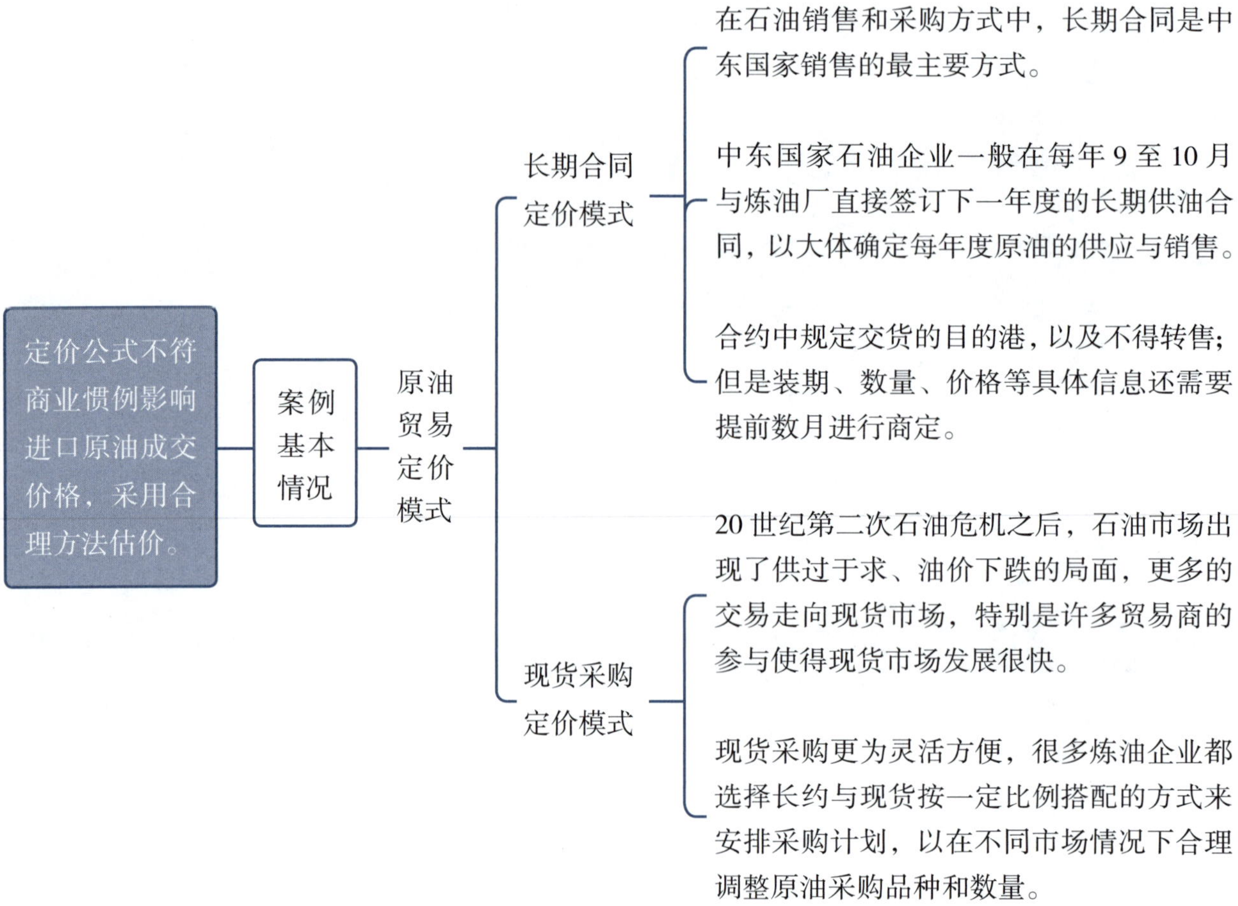
定价公式不符商业惯例影响进口原油成交价格，采用合理方法估价。
案例基本情况
原油贸易定价模式
长期合同定价模式
在石油销售和采购方式中，长期合同是中东国家销售的最主要方式。
中东国家石油企业一般在每年9至10月与炼油厂直接签订下一年度的长期供油合同，以大体确定每年度原油的供应与销售。
合约中规定交货的目的港，以及不得转售；但是装期、数量、价格等具体信息还需要提前数月进行商定。
现货采购定价模式
20世纪第二次石油危机之后，石油市场出现了供过于求、油价下跌的局面，更多的交易走向现货市场，特别是许多贸易商的参与使得现货市场发展很快。
现货采购更为灵活方便，很多炼油企业都选择长约与现货按一定比例搭配的方式来安排采购计划，以在不同市场情况下合理调整原油采购品种和数量。

- 定价公式不符商业惯例影响进口原油成交价格，采用合理方法估价。
  - 案例基本情况
    - 贸易流程（见图 10–2）
      - 交易各方
        - 进口商 TS 公司是国内一家石油化工企业，主要从事原油的研发、采购、生产与销售。
        - TS 公司在境外设立关联 TC 离岸公司，主要从事境外原油采购与向 TS 公司出口销售。
          - 离岸公司泛指在离岸法域内依据离岸公司法注册成立，只能在公司注册地以外法域从事经营的公司。
          - 世界离岸金融中心有英属维尔京群岛、开曼群岛、巴哈马群岛、百慕大群岛、塞舌尔群岛、萨摩亚群岛、马恩岛等。
            - 当地政府为离岸公司提供了特别宽松的经济环境，没有任何税收，只收取少量的年度管理费。
            - 所有国际大银行都承认这类公司，为其设立银行账号及财务运作提供方便。
          - 离岸公司具有高度的保密性、减免税务负担、无外汇管制三大特点。
        - 为了建立长期稳定的原油供应链，TC 公司与境外石油供应商 SX 公司签订年度长期合同，确定原油采购定价公式。
        - 根据年度长期合同约定，出口商 SX 公司按照供货确认函向进口商 TS 公司供应原油，供货确认函由 TC 公司与 SX 公司签订。TS 公司与 TC 公司另有签订进口原油订单。
      - 进口商 TS 公司按照其向 TC 公司支付的订单货款价格向海关申报完税价格，TS 公司申报价格明显低于同期其他企业申报进口原油价格，与国际石油市场价格不符。

- 定价公式不符商业惯例影响进口原油成交价格，采用合理方法估价。
  - 案例基本情况
    - 贸易流程（见图 10-2）
      - 资金支付 — 进口商 TS 公司不定期向 TC 公司支付订单货款价格，TC 公司按供货确认函约定价格向 SX 公司支付原油采购货款。
      - 货物流向 — 进口原油直接由出口商 SX 公司交付给进口商 TS 公司。
      - 定价情况
        - 根据 TC 公司与 SX 公司签订的年度长期合同约定，原油结算价格 = 基准价格 + 升贴水
          - 采用布伦特原油期货价格作为基准价格。
          - 升贴水主要依据原油的品质、运输费用、出口对象、买方的订单量等因素来确定。
        - TS 公司与 TC 公司签订的进口原油订单约定，原油结算价格 = 基准价格 + 升贴水 × 折扣率
          - 折扣率由进口商 TS 公司与 TC 公司协商确定。
          - 对于原油订单给予的折扣优惠，进口商 TS 公司解释原因为 TC 公司与 TS 公司处于同一集团管理框架下，且存在长期合作关系，因此会在升贴水上给予适当优惠。

进口商 TS 公司按照其向 TC 公司支付的订单货款价格向海关申报完税价格，TS 公司申报价格明显低于同期其他企业申报进口原油价格，与国际石油市场价格不符。

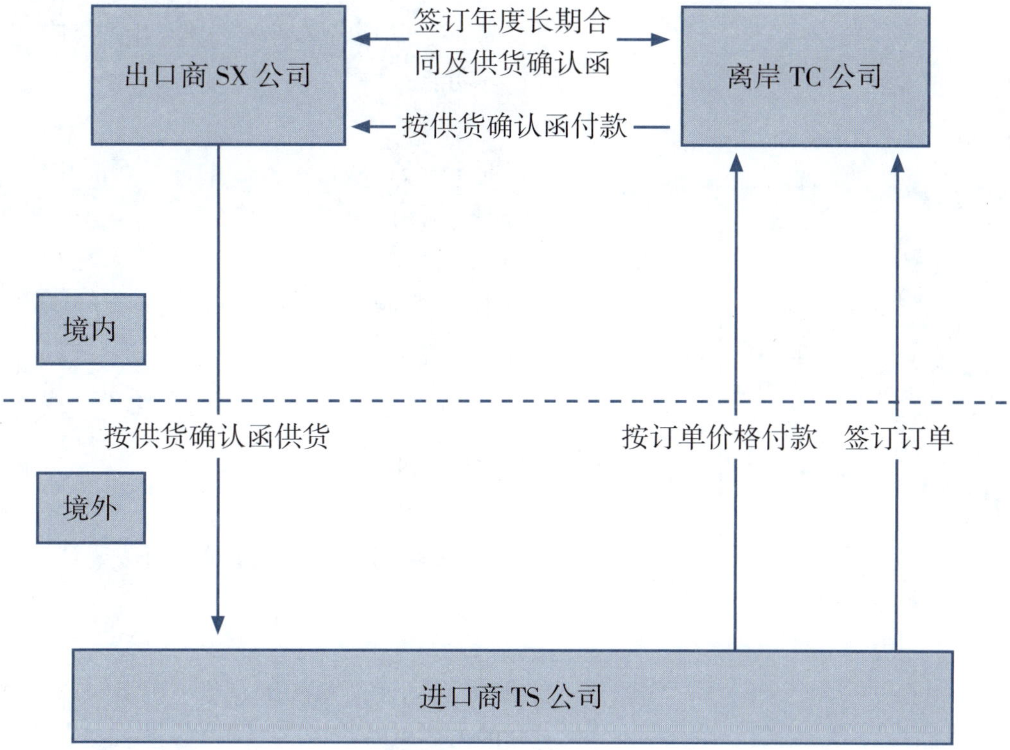

图 10-2 大宗商品行业案例二贸易流程图

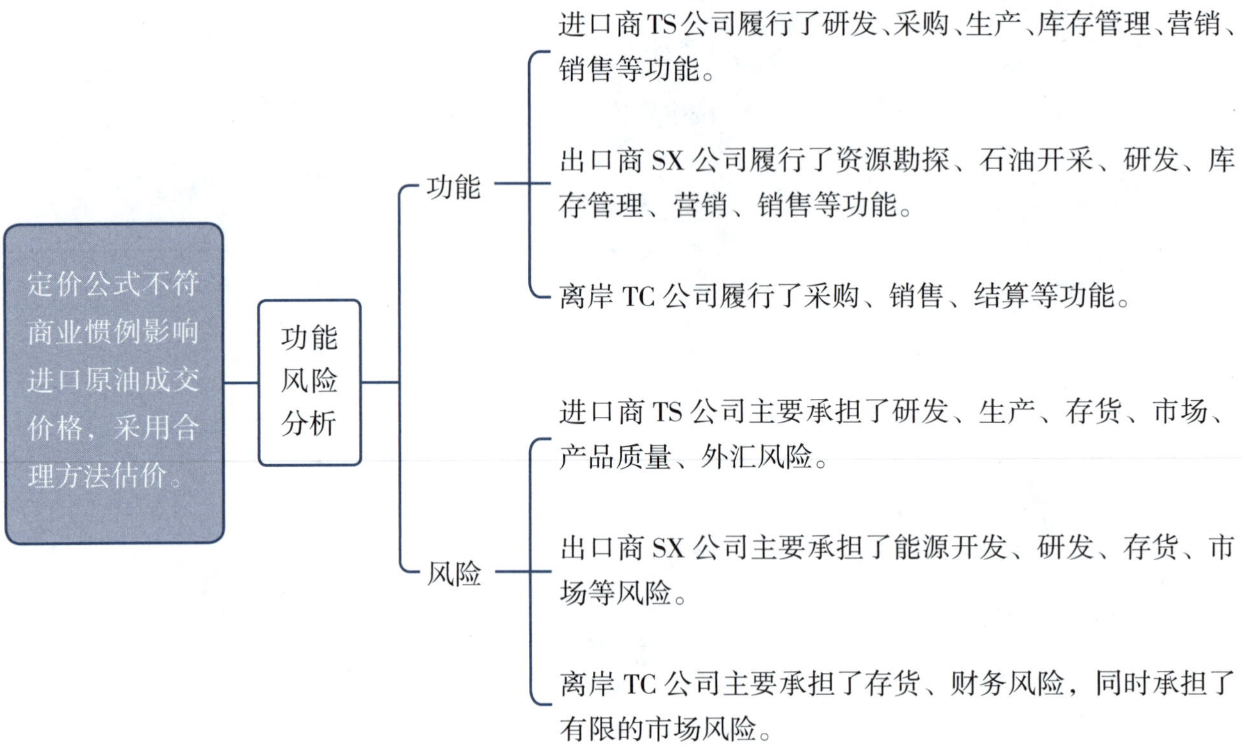
定价公式不符商业惯例影响进口原油成交价格，采用合理方法估价。
功能风险分析
功能
进口商TS公司履行了研发、采购、生产、库存管理、营销、销售等功能。
出口商SX公司履行了资源勘探、石油开采、研发、库存管理、营销、销售等功能。
离岸TC公司履行了采购、销售、结算等功能。
风险
进口商TS公司主要承担了研发、生产、存货、市场、产品质量、外汇风险。
出口商SX公司主要承担了能源开发、研发、存货、市场等风险。
离岸TC公司主要承担了存货、财务风险，同时承担了有限的市场风险。

定价公式不符商业惯例影响进口原油成交价格，采用合理方法估价。

海关估价意见

确定年度长期合同定价公式的合理性

TC 公司向出口商 SX 实际支付的原油采购价 = 基准价格 + 升贴水。

根据订单约定，进口商 TS 公司向 TC 公司实际支付的原油采购价 = 基准价格 + 升贴水 × 折扣率。

显然，由于升贴水折扣率的影响，进口商 TS 公司向 TC 公司支付的原油采购价（订单价格，也是 TS 公司进口申报价格）远低于 TC 公司向出口商 SX 支付的原油采购价格。

造成上述价格差异的原因是：TC 公司给予了 TS 公司升贴水折扣，该折扣是基于 TC 公司与 TS 公司的特殊关系而发生的。

该年度长期合同定价公式是合理的

- 定价公式不符商业惯例影响进口原油成交价格，采用合理方法估价。
  - 海关估价意见
    - 确定特殊关系是否影响成交价格
      - 进口商 TS 公司与离岸 TC 公司存在特殊关系
        - TS 公司进口申报价格为其向 TC 公司支付的订单价格，该价格明显低于同期其他企业申报进口原油价格。
          - 订单价格 = 基准价格 + 升贴水 × 折扣率
        - 依据 TS 公司与出口商 SX 签订的年度长期合同，原油结算价格 = 基准价格 + 升贴水。
      - 两个价格之间存在差异
        - 进口商 TS 公司向 TC 公司支付的原油采购价格（订单价格，也是 TS 公司进口申报价格）远低于 TC 公司向出口商 SX 支付的原油采购价格。
        - 造成价格差异的原因是 TC 公司给予了 TS 公司升贴水折扣，该折扣是基于 TC 公司与 TS 公司的特殊关系而发生的。
      - 特殊关系对进口原油成交价格造成实质性影响，应重新估价。
    - 估价结论
      - 进口商 TS 公司不能提供相同或者类似货物的成交价格资料，所以无法使用相同或者类似货物成交价格估价方法。
      - 进口商也未能向海关提供使用倒扣价格估价方法和计算价格估价方法所需相关数据资料，所以无法使用倒扣价格估价方法和计算价格估价方法。
      - 采用合理方法进行估价
        - 考虑到港口条件和距离关系，运杂费存在差异的实际情况。
        - 参考年度长期合同定价公式，以海关掌握的同期境外石油市场行情和进口商 TS 公司所在地区口岸的进口价格为基础。
        - 对该公司及其关联公司在不同时间段进口石油的完税价格分别进行估价。

大宗商品行业

案例三

进口铁矿砂内部定价不符合成交价格，采用倒扣价格方法估价

进口铁矿砂内部定价不符合成交价格，采用倒扣价格方法估价。

案例基本情况

贸易流程

进口商ST集团是国内一家大型钢铁集团企业，ST集团在境外设立关联企业SD公司，并投资控股境外铁矿石MK供应商。

SD公司作为出口商，从MK供应商处采购铁矿石，经粗炼成铁矿砂后销售给ST集团。

进口铁矿砂的价格由ST集团董事会制定，不因市场行情的变动而改变，造成变动规律与其他口岸进口铁矿砂的价格变动规律不符，且价格波动幅度较小。

ST集团以其董事会制定的铁矿砂价格作为进口申报价格，具体是以SD公司铁矿砂生产成本加成一定比例利润的方式计算。

铁矿砂进口后，进口商ST集团并未按照货值即期付款，而是根据自身安排和需要付款，付款的时间和金额均由ST集团董事会决定。

具体贸易流程见图10–3。

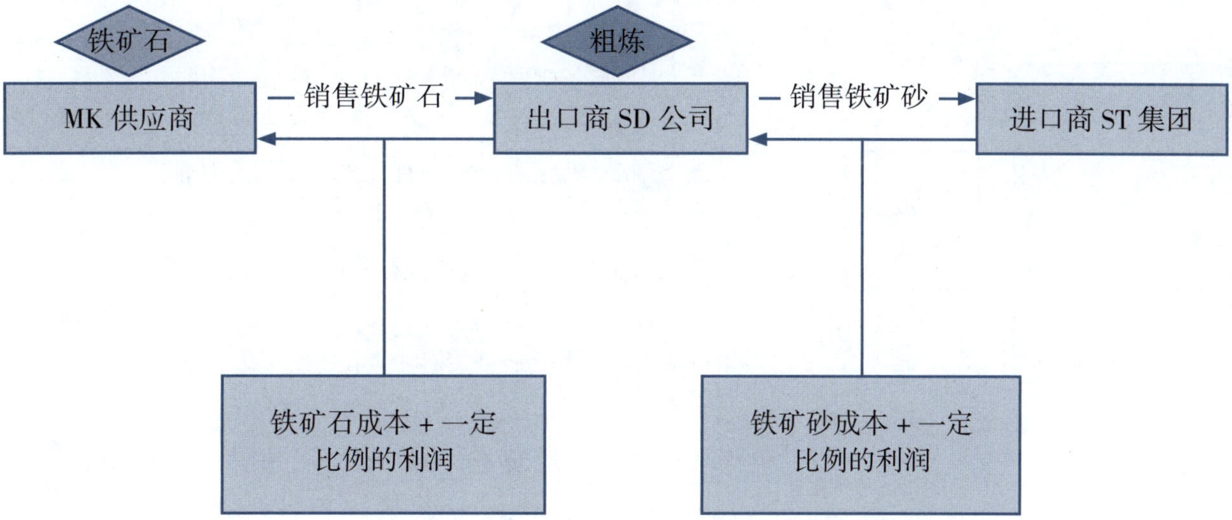

图 10–3　大宗商品行业案例三贸易流程图

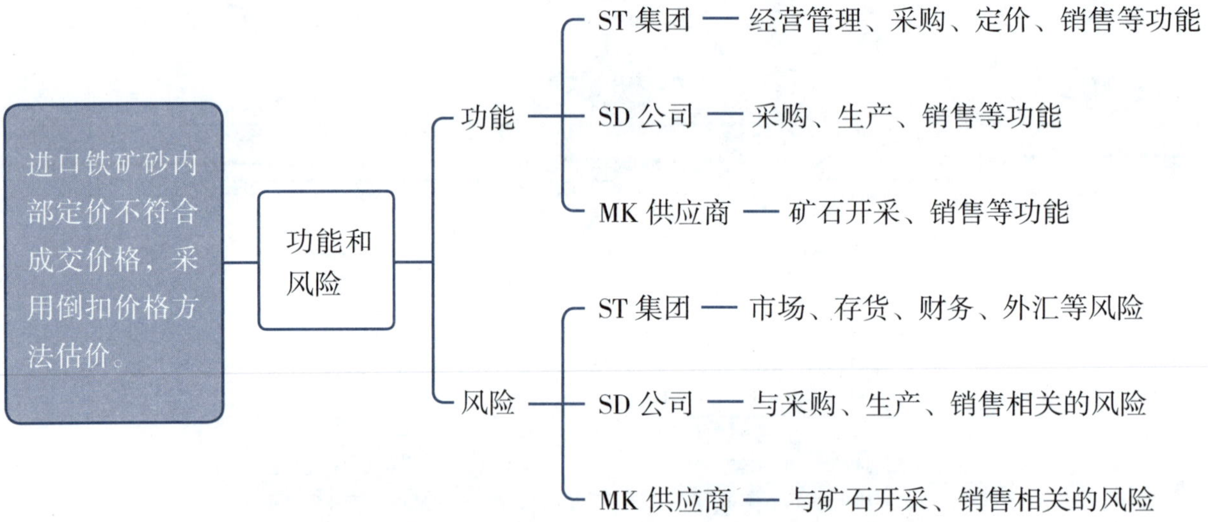
进口铁矿砂内部定价不符合成交价格，采用倒扣价格方法估价。
功能和风险
功能
ST 集团 — 经营管理、采购、定价、销售等功能
SD 公司 — 采购、生产、销售等功能
MK 供应商 — 矿石开采、销售等功能
风险
ST 集团 — 市场、存货、财务、外汇等风险
SD 公司 — 与采购、生产、销售相关的风险
MK 供应商 — 与矿石开采、销售相关的风险

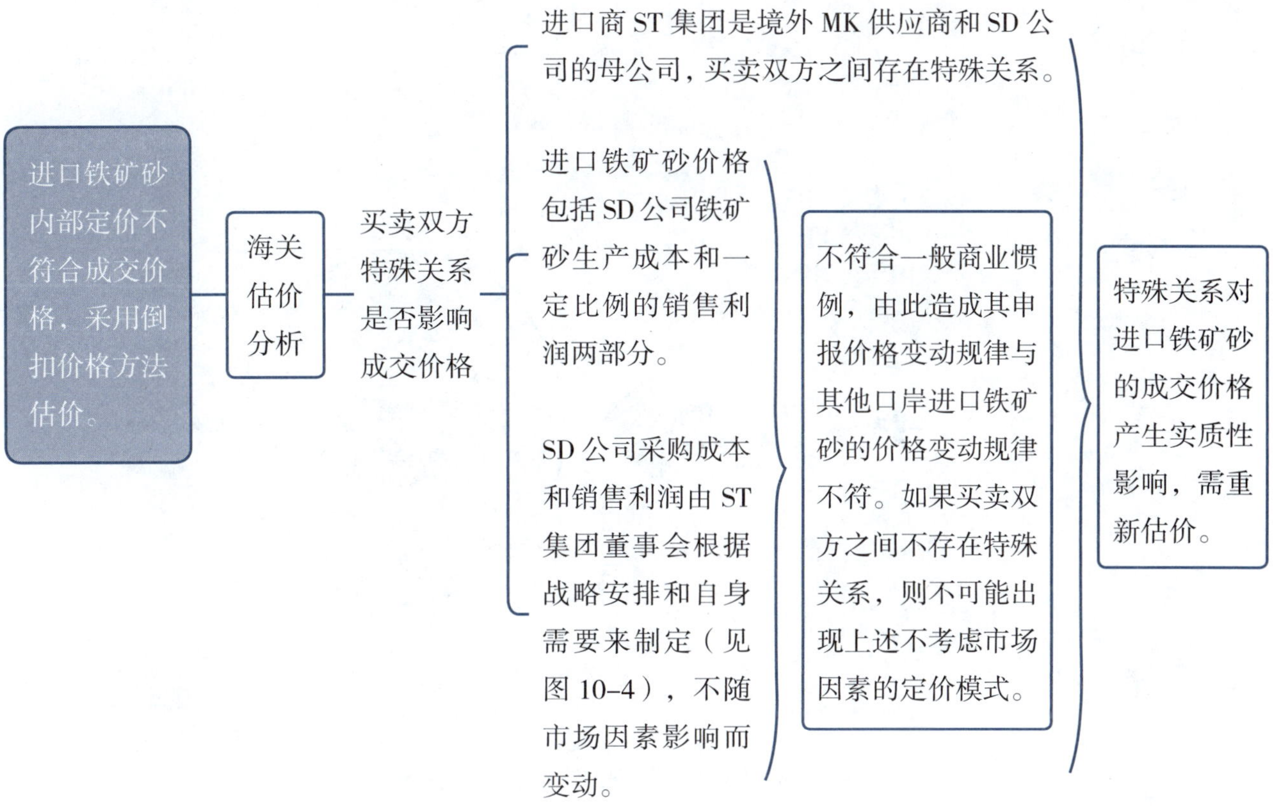
进口铁矿砂内部定价不符合成交价格，采用倒扣价格方法估价。
海关估价分析
买卖双方特殊关系是否影响成交价格
进口商ST集团是境外MK供应商和SD公司的母公司，买卖双方之间存在特殊关系。
进口铁矿砂价格包括SD公司铁矿砂生产成本和一定比例的销售利润两部分。
SD公司采购成本和销售利润由ST集团董事会根据战略安排和自身需要来制定（见图10–4），不随市场因素影响而变动。
不符合一般商业惯例，由此造成其申报价格变动规律与其他口岸进口铁矿砂的价格变动规律不符。如果买卖双方之间不存在特殊关系，则不可能出现上述不考虑市场因素的定价模式。
特殊关系对进口铁矿砂的成交价格产生实质性影响，需重新估价。

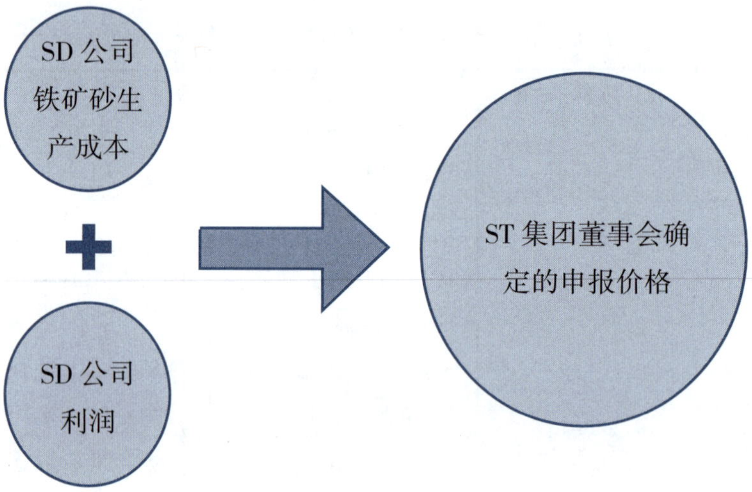

图 10-4　ST 集团决定 SD 公司的成本及利润图

- 进口铁矿砂内部定价不符合成交价格，采用倒扣价格方法估价。
  - 海关估价分析
    - 海关与进口商均未找到相同或类似货物的价格资料，因此不适用相同或类似货物价格法。
    - 进口商 ST 集团向海关提供了：
      - 境内销售生铁（铸铁）的增值税发票 [进口铁矿砂加工成生铁（铸铁）后进行销售]，其日期在海关接受进口铁矿砂申报之日起 90 天内。
      - 境内销售商品是由铁矿砂加工成的生铁（铸铁），其价格属进一步加工后货物的销售价格。
      - 虽然铁矿砂没有按照进口时的状态在境内销售，但加工增值额可以客观量化。
      - 进口商 ST 集团与国内销售对象无特殊关系。
      - 该批进口铁矿砂按加工出成率产出生铁（铸铁），且一次性销售数量符合“合计的货物销售总量最大”。
        - 相关规定见《审价办法》第二十三条。

进口铁矿砂内部定价不符合成交价格，采用倒扣价格方法估价。

海关估价分析

采用倒扣价格估价方法确定完税价格

根据《审价办法》第二十四条，如果铁矿砂没有按照进口时的状态在境内销售，应进口商 ST 集团要求，可以在符合倒扣价格估价方法其他条件的情形下，使用经进一步加工后的生铁（铸铁）的销售价格，扣除加工增值额后重新确定完税价格。

通过互联网调阅国内 3 家冶炼生铁（铸铁）上市公司上一年度报告并与进口商 ST 集团对比，确定生铁（铸铁）的境内销售利润水平相近。

依据上述规定结合进口商 ST 集团提供的“铁冶炼车间部门总账及明细账”“铁冶炼车间成本明细表”“吨铁生产成本表”“铁矿砂入账明细”及相关费用原始凭证等，扣除下列费用：每吨铁矿砂冶炼生铁（铸铁）的一般费用（包括管理费用和财务费用等）；每吨铁矿砂运抵境内输入地点之后的运费、保险费、装卸费及其他相关费用；进口铁矿砂的进口增值税税率 13%（关税税率为 0）；每吨铁矿砂的国内加工增值额。

由于铁矿砂冶炼提取生铁（铸铁）后有副产品，且铁渣仍有残值，经审核，进口商提供的销售副产品及铁渣的销售价格同样符合《审价办法》第二十四条关于运用倒扣价格方法的规定。

销售价格应为销售副产品及铁渣的增值税发票上列明的销售价格（含销项税）与销售生铁（铸铁）的增值税发票上列明的销售价格（含销项税）的合计。

每吨铁矿砂的完税价格 =［销售价格 /（1+ 利润率）– 一般费用 – 国内加工增值额 – 运抵境内输入地点之后的运费、保险费、装卸费及其他相关费用］/（1+ 进口增值税税率）。

案例评论

WCO 海关估价技术委员会评论 4.1

- WCO 海关估价技术委员会评论 4.1
  - 价格复审条款
    - 按商业惯例，有些合同可能包含价格复审条款。有复审条款合同中的价格只是暂定的，最终的应付价格是根据合同规定的某些因素确定的。这种情况会以下列不同的方式发生：
      - 原始订单发出后，货物在某一特定时间交付（如定制的工厂和固定资产设备）；合同规定，最后价格依据双方约定的公式确定，该公式考虑了某些因素的增减额，如生产货物时间跨度内发生的劳动力成本、原料成本、管理费用以及其他投入等。
      - 所订数量的货物在一段时间内制造和交付。假如合同要求与上述第二款所述类型相同，尽管每种价格是根据原始合同规定的同一公式推导出来的，但第一批货物的最后价格与最后一批货物和其他批次货物的最后价格却有所不同。
      - 货物的价格是一个暂定价格，然后再按销售合同的规定，在货物交付时，按查验或分析的情况（例如，菜油的酸度标准，矿砂的含金量或羊毛的净含量）确定最终价格。
    - 本协定第一条定义的进口货物的成交价格以货物的实付或应付价格为基础。在对该条款的解释性说明中指出，实付或应付价格应是买方为进口货物向卖方已支付或将支付的总额。因此，在订有价格复审条款的合同中，进口货物的成交价格必须依据按合同规定实付或应付的最后总价予以确定。既然进口货物的实际应付价格可以依据合同的数据确定，因此本评定所述类型的价格复议条款不应作为不能确定价格的一项条件或因素。

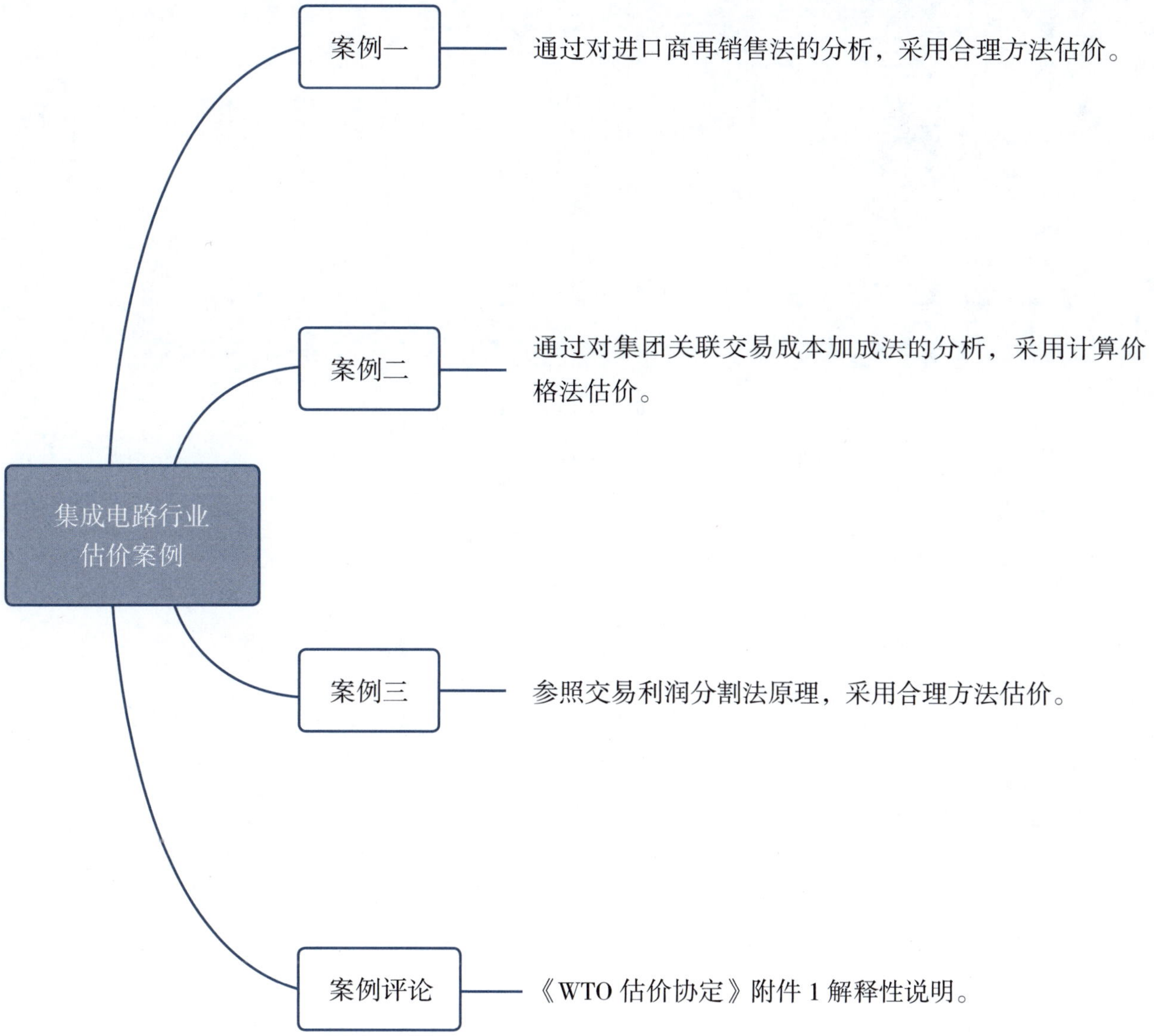
集成电路行业估价案例
案例一
通过对进口商再销售法的分析，采用合理方法估价。
案例二
通过对集团关联交易成本加成法的分析，采用计算价格法估价。
案例三
参照交易利润分割法原理，采用合理方法估价。
案例评论
《WTO 估价协定》附件 1 解释性说明。

集成电路行业

案例一

通过对进口商再销售法的分析，采用合理方法估价

- 通过对进口商再销售法的分析，采用合理方法估价。
  - 商业模式与贸易流程
    - 企业经营管理现状
      - B集团是一家从事信息与通信技术的跨国集团。
      - A公司是B跨国集团设立在中国境内的关联贸易型子公司。B集团实施垂直经营管理的商业模式。在该商业模式下，B集团的产品生产和分销渠道，都由B集团指定的内部关联企业进行管理和控制。
      - 垂直经营管理的商业模式使得B集团能够保证对其产品渠道的控制，并有效维护产品的品牌价值和市场附加值。
      - 根据B集团的产品定位及品牌经营战略，在全球范围内，除了某些特定时期，或者受到某些国家特定政策的制约，B集团的所有经营均直接受集团总部控制，只有在最终消费渠道面向消费者时，产品才离开集团的控制。
    - 产品贸易流程
      - B集团从指定的第三方生产商采购商品，并开具发票销售给B集团境外关联企业，B集团境外关联企业开具发票销售给A公司。进口商品由B集团总部直接运送到A公司，A公司委托报关行办理海关清关手续后，将货物运送给国内零售商进行销售。
        - 见图10-5

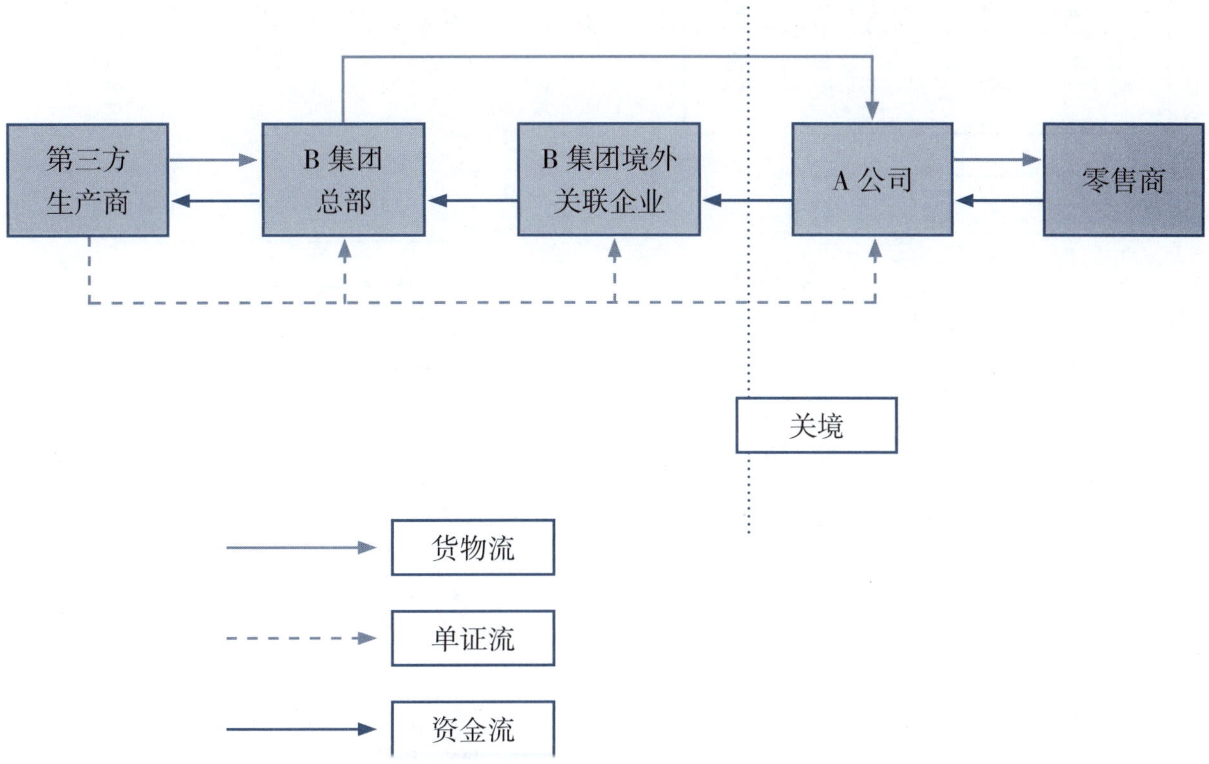

图 10-5　集成电路行业案例一贸易流程图

通过对进口商再销售法的分析，采用合理方法估价。

- 功能和风险（见表10-2）
  - 功能
    - B集团总部执行了产品设计、督促产品生产、供应链和物流管理、产品质量控制、品牌价值维护、市场推广等功能。
    - B集团境外关联企业的功能接近于一家实际参与交易的地区总部，主要执行了市场营销与销售功能。
    - A公司作为境内贸易型子公司，执行的功能与非受控贸易型企业相类似，包括零售、客户服务、营销等功能。
    - 根据贸易流程显示，进口商品并未实际经手境外关联企业，而是直接从B集团总部发往了A公司。从表面分析，境外关联企业执行的功能只是简单的单证流转。但是，从B集团对境外关联企业的功能划分可以清晰地显示，境外关联企业执行了市场营销与销售功能，承担了产品的市场风险和存货风险，与简单从事单证流转的非受控企业相比存在较大的差异。境外关联企业在产品价值的最终增值过程中发挥了作用，应获得相应的收益。
  - 风险
    - B集团总部承担了交易的主要风险，包括市场风险、存货风险、产品保修责任及相应风险等。
    - B集团境外关联企业承担了产品相关的市场风险和存货风险。
    - A公司承担了一般市场风险，但不承担存货风险。
      - 市场风险——集团子公司根据区域市场的需求判断，自行决定是否需要向总部发出订单，新产品市场接受度的风险由总部自行承担；如果各子公司判断某一款产品缺乏市场认知度，该产品引入所发生的风险由母公司独自承担，而无法分摊到各子公司。
      - 存货风险——具体型号市场接受度的高低直接影响到总部的存货压力。
      - 产品保修责任及相应风险——各地子公司自行开展售后服务，但是如确定是产品质量引发的问题，则由此发生的索赔及费用弥补均由总部承担。

表 10-2　功能和风险分析图解

功能风险分析	集团总部	第三方生产商	境外关联C公司	A公司
设计	▲			
生产	▲	▲		
包装 / 标签	▲	▲		
供应链管理 / 物流	▲	▲	▲	▲
质量控制	▲	▲		
客户服务	▲		▲	▲
零售				▲
广告	▲		▲	▲
行政职责（税务、法律、人力资源、财务、信息技术）	▲	▲	▲	▲
市场风险	▲		▲	▲
存货风险	▲		▲	
产品保修责任及风险	▲			

- 通过对进口商再销售法的分析，采用合理方法估价。
  - 集团转让定价政策
    - B集团作为全球知名企业，为确保经营管理的稳定性与合规性，制定了一套集团全球转让定价文件。该文件约定的转让定价方法及政策适用于集团各关联公司之间的全部内部交易。
      - B集团总部销往境外关联企业的转让定价方法
        - B集团总部销往境外关联企业的定价方法采用的是再销售价格法。
        - 根据OECD《转让定价指南》，再销售价格法是应用于以产品分销和销售为主要功能的公司定价的最佳方法。
        - 在B集团内部，集团总部向全球范围内的关联经销商销售产品时，其转让定价以关联方再销售产品所获取的毛利与可比非受控交易（外部可比公司）的毛利水平进行对比，以确定关联公司间的公允交易价格。
      - 境外关联企业销往A公司的转让定价方法
        - 境外关联企业销往A公司采用的转让定价方法同样是再销售价格法。
        - 境外关联企业作为集团分销中心向国内环节销售时，除了向关联经销商销售产品以外，并不向其他非关联方销售产品，所以不存在可比的非受控价格。
          - 因此，境外关联企业销往A公司采用再销售价格法（以A公司销往零售商的价格为基础，再扣除可比公司的平均毛利水平以后确定实际进口申报价格）作为确定进口商品转让定价的方法，符合OECD对于此类交易环境的评估标准。

- 通过对进口商再销售法的分析，采用合理方法估价。
  - 可比性分析
    - 确定可比性及实际毛利水平
      - 通过功能风险分析，确认 B 集团成员企业之间采用再销售价格法确定其转让价格，符合贸易型企业的定价原理。
      - A 公司所承担的功能风险与非受控贸易型企业所承担的功能风险相类似，在功能执行及风险承担方面具有可比性。
      - 为了确定 B 集团内部转让定价的实际执行与定价文件规定之间是否配比，对行业数据进行了分析比对。以亚太区域贸易型企业的财务数据作为可比分析项，分析了测试年度该区域类似公司的实际平均毛利水平。根据分析结果显示，A 公司的实际毛利水平远高于行业平均毛利水平。

- 通过对进口商再销售法的分析，采用合理方法估价。
  - 可比性分析
    - 可比性调整
      - 调整原因
        - 再销售价格法存在一个重要的复核步骤，即企业财务预算初期，根据市场价格预估的产品转让定价，与会计年度末期根据企业全年实际发生额确定的实际转让定价之间可能存在差异。
        - 尤其在产品价格波动剧烈，或者市场情况发生剧烈变化时，上述差异可能会超出正常的合理范围，甚至会引发企业在下一会计年度时，必须对上年度预估的转让定价进行重新调整，以重新调整关联企业各部门间的利润划分。
        - 这种调整随即也会引发海关估价的重新调整。
      - 举例分析
        - A 公司确认在实际转让定价的执行过程中，导致理论毛利水平与实际存在较大差异的主要原因是 A 公司进口商品的申报价格。
          - 理论毛利水平来源于每个会计年度初期集团预估的年度毛利水平。
        - 在实际执行中，由于 A 公司的年度销售情况远好于年初时的预计，产品销售并未受到经济环境的影响，这直接导致A公司实际利润水平远高于预估值。
        - 通过进一步分析 B 集团境外关联 C 公司的利润水平发现，境外关联 C 公司并没有因为国内市场销售趋势良好而获取相应的利润份额。
        - 根据对境外关联 C 公司的功能风险分析，境外关联 C 公司承担了集团品牌在亚太区的市场推广，承担了产品销售的市场风险和存货风险。境外关联 C 公司实际参与了交易，理应获得与功能风险相匹配的收益。
        - A 公司与境外关联 C 公司之间的利润分配存在不合理，商品内部转让价格不符合独立交易原则，进口商品价格受到了特殊关系影响，应予以重新估价。

通过对进口商再销售法的分析，采用合理方法估价。

海关估价意见

鉴于A公司进口商品成交价格受到特殊关系的影响，依次使用相同货物价格法、类似货物价格法、倒扣价格法、计算价格法和合理方法对其进口商品实施重新估价。

A公司拥有B集团品牌产品在中国市场的独家代理权，难以找到相同进口商品记录，相同货物价格法无法适用。

B集团商品市场定位特殊，海关掌握的高端品牌与其进口商品不构成商业上可以互换这一条件，类似货物价格法也无法适用。

由于无法获得倒扣价格法和计算价格法需要的利润和一般费用，因此无法适用这两种方法。

最终，适用合理方法，以可比企业的毛利水平作为参照，使用与倒扣价格法类似的再销售价格法对企业进口商品价格进行回溯性调整。

A公司根据再销售价格法，运用四分位法确定亚太区域可比非受控贸易企业毛利水平的中位值，并以该中位值为目标毛利率，对该财务年度A公司进口商品价格进行调整。

具体调整公式：调整后的完税价格 = 全年进口产品销售收入 ×（1– 目标毛利率）/（1+ 平均关税税率）

集成电路行业

案例二

通过对集团关联交易成本加成法的分析，采用计算价格法估价

- 通过对集团关联交易成本加成法的分析，采用计算价格法估价。
  - 贸易流程与定价方法
    - 贸易流程
      - D集团是一家跨国集成电路生产设备供应商。
      - E公司是D集团在中国设立的亚太地区研发中心，E公司根据D集团要求从事设备研发。
      - F公司是D集团设立在境外的亚太地区总部，F公司对E公司100%控股。
      - 因为日常研发需要，E公司向F公司报送研发自用设备的采购需求。
        - 对此，F公司向D集团指定的境外OEM供应商下达设备生产订单。
        - 该设备由D集团负责前期设计研发，并指定OEM供应商进行生产加工。
        - 完成加工后，OEM供应商将设备销售给F公司，F公司再按照与OEM供应商生产成本相同的价格销售给E公司。
        - （以上三项）贸易流程见图10–6。
      - E公司委托境内供应链G公司代理物流运输和货物通关，进口报关单上经营单位和消费使用单位均为G公司。

通过对集团关联交易成本加成法的分析，采用计算价格法估价。

- 贸易流程与定价方法
  - 价格构成
    - D 集团内部商品转让定价方法采用成本加成法。根据成本加成法，转让价格包含了生产成本、研发费用、综合费用和利润（见图 10-7）。
    - D 集团成员销售商品给非关联方时，定价基础与内部转让定价的原理基本相同，价格包含了生产成本、研发费用、综合费用和利润，通常只会因数量、售后服务等原因进行细微调整。
      - D 集团采取成本加成法作为评估集团关联交易是否符合独立交易原则的转让定价方法。该定价方法既适用于集团内部关联交易，也适用于与非关联方的交易定价。
        - 唯一的例外是亚太地区总部 F 公司销售给亚太地区研发中心 E 公司的设备定价。
        - 造成 E 公司进口设备价格偏低的原因是买卖双方存在特殊关系，以及 E 公司在集团内部的特殊定位。

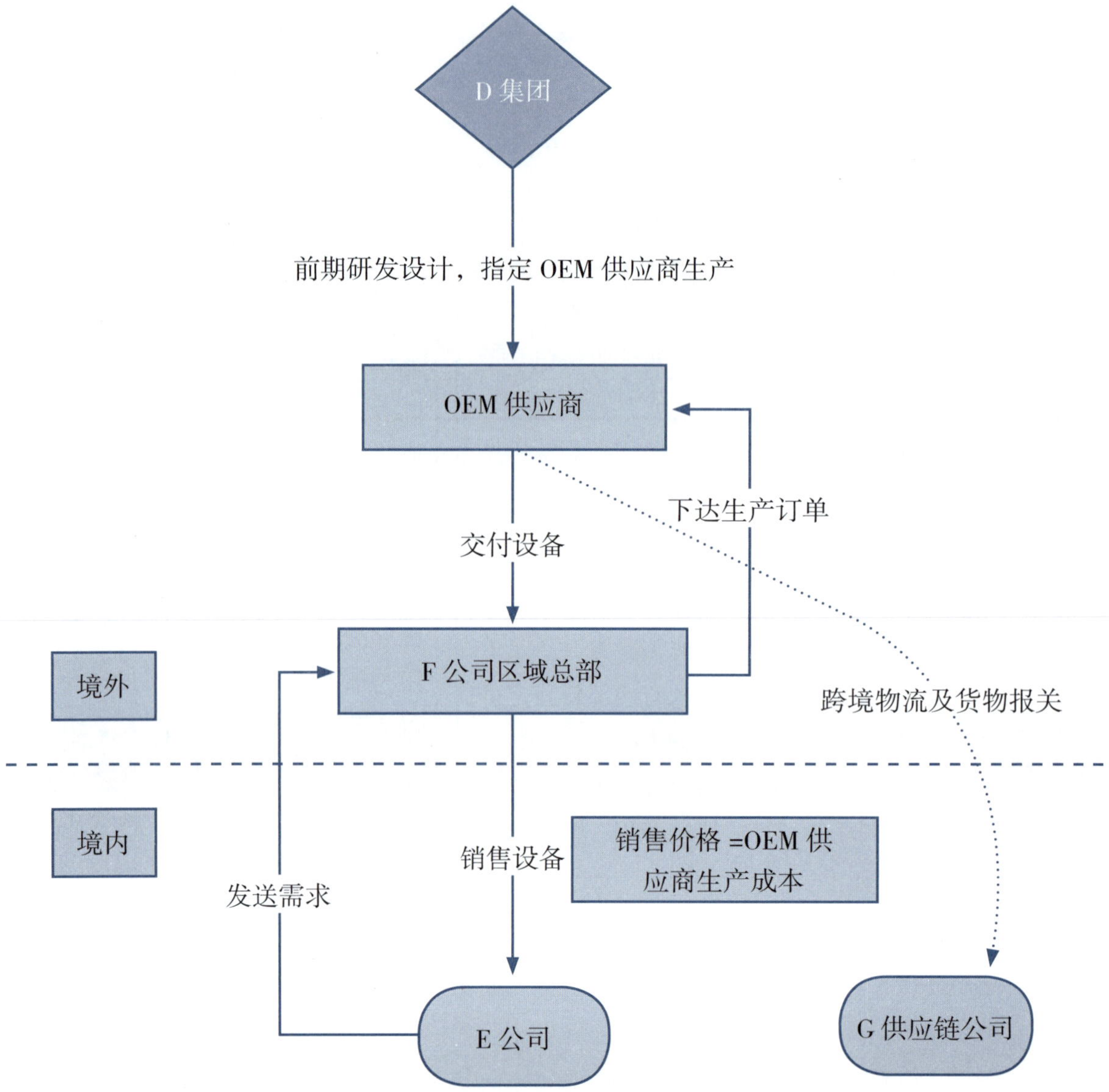

图 10-6　集成电路行业案例二贸易流程图

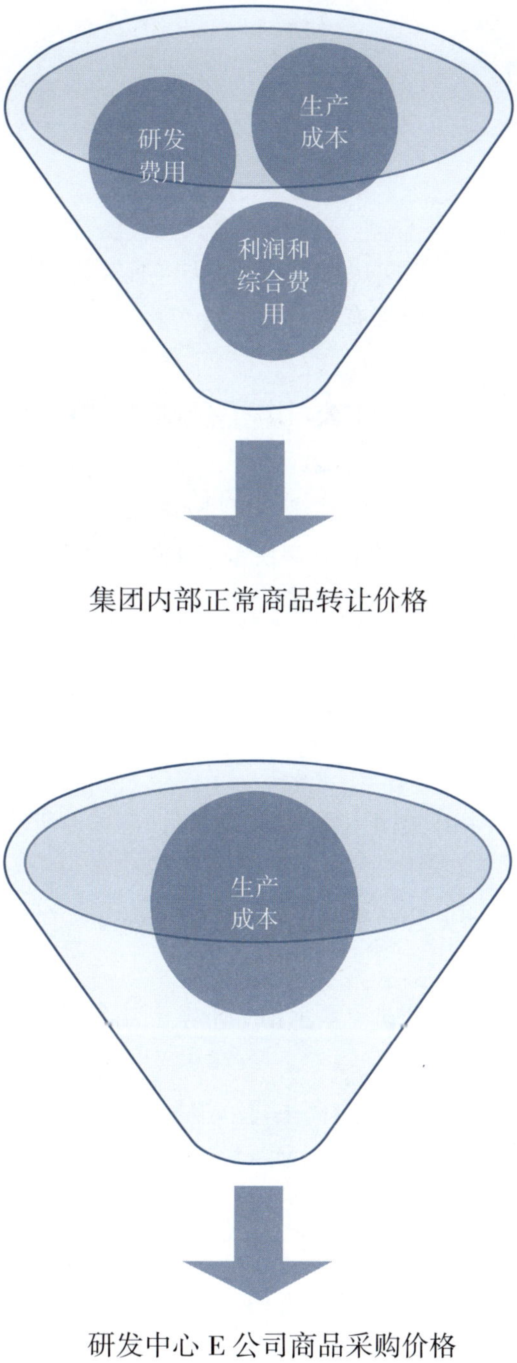

图 10–7 正常转让价格与 E 公司采购价格对比图

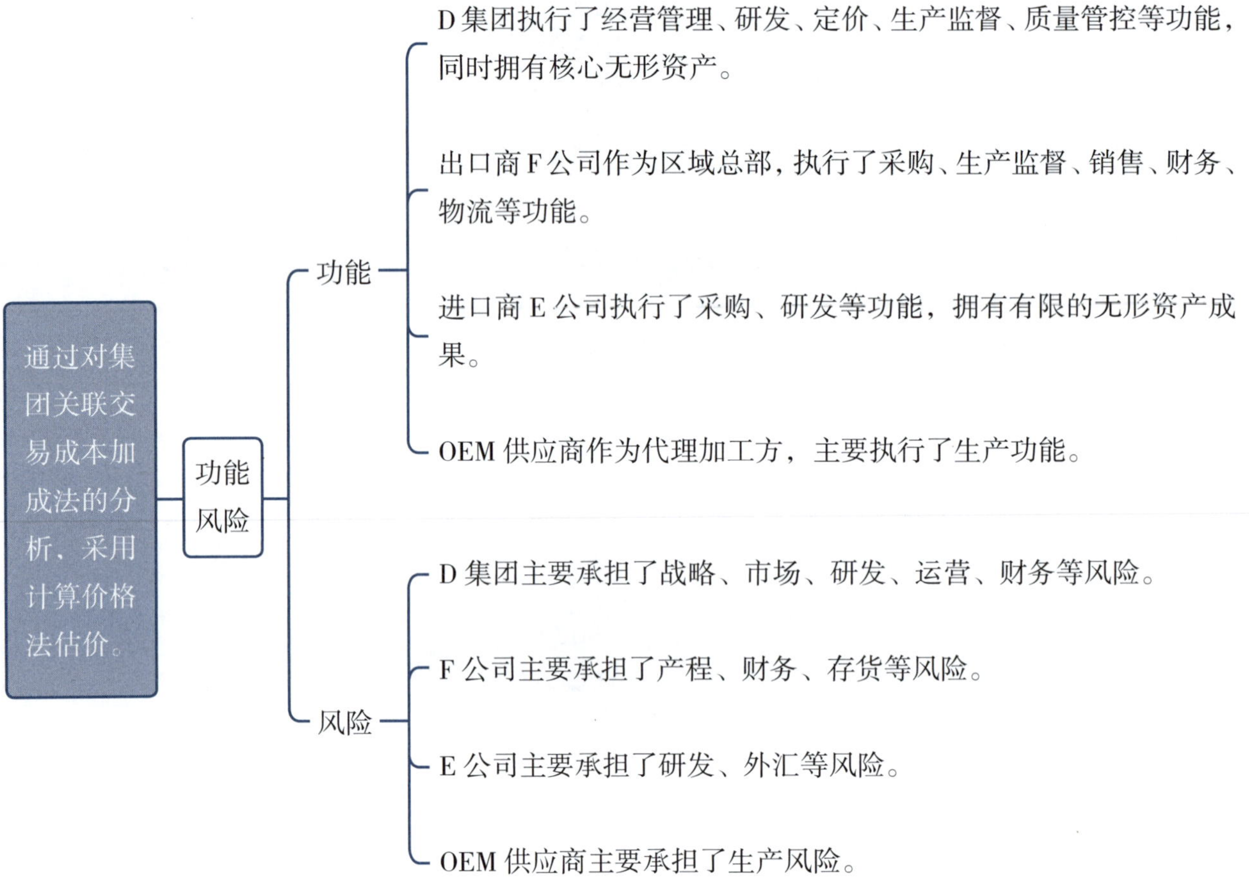
通过对集团关联交易成本加成法的分析、采用计算价格法估价。
功能风险
功能
D集团执行了经营管理、研发、定价、生产监督、质量管控等功能，同时拥有核心无形资产。
出口商F公司作为区域总部，执行了采购、生产监督、销售、财务、物流等功能。
进口商E公司执行了采购、研发等功能，拥有有限的无形资产成果。
OEM供应商作为代理加工方，主要执行了生产功能。
风险
D集团主要承担了战略、市场、研发、运营、财务等风险。
F公司主要承担了产程、财务、存货等风险。
E公司主要承担了研发、外汇等风险。
OEM供应商主要承担了生产风险。

- 通过对集团关联交易成本加成法的分析，采用计算价格法估价。
  - 定价政策审核
    - D集团采取成本加成法作为评估集团关联交易是否符合独立交易原则的转让定价方法。该定价方法既适用于集团内部关联交易，也适用于与非关联方的交易定价。
    - 唯一的例外是亚太地区总部F公司销售给亚太地区研发中心E公司的设备定价。
    - 成本加成法的审核重点包括成本合理性和加成比例合理性。
      - 从成本合理性来看，E公司进口设备按照设备成本申报，包含了生产进口设备的料件成本和加工费用，成本构成基本合理。
      - 从加成比例合理性来看，在成本加成法中，加成是指毛利，即未扣除企业经营费用的利润，应包括D集团转让定价政策中的综合费用和利润。具体而言，E公司进口设备的申报价格中只包含了料件成本和加工费用，加成比例为零，未计入通常的利润以及研发费用、综合费用等一般费用。
        - 经比对，F公司在对内和对外销售货物时，其毛利率基本一致，其加成比例处在合理范围内，可以作为计算价格法中向境内销售同等级或者同种类货物通常的利润和一般费用。

通过对集团关联交易成本加成法的分析，采用计算价格法估价。

估价意见

买卖双方特殊关系影响成交价格

由于买方 E 公司被境外卖方 F 公司 100% 控股，满足《审价办法》第十六条中对特殊关系的规定，买卖双方之间存在特殊关系。

《审价办法》第十六条规定，有下列情形之一的，应当认为买卖双方存在特殊关系：（一）买卖双方为同一家族成员的；（二）买卖双方互为商业上的高级职员或者董事的；（三）一方直接或者间接地受另一方控制的；（四）买卖双方都直接或者间接地受第三方控制的；（五）买卖双方共同直接或者间接地控制第三方的；（六）一方直接或者间接地拥有、控制或者持有对方 5% 以上（含 5%）公开发行的有表决权的股票或者股份的；（七）一方是另一方的雇员、高级职员或者董事的；（八）买卖双方是同一合伙的成员的。买卖双方在经营上相互有联系，一方是另一方的独家代理、独家经销或者独家受让人，如果符合前款的规定，也应当视为存在特殊关系。

由于买卖双方之间的特殊关系，以及 E 公司在集团内部的特殊定位，E 公司进口设备的申报价格只包含了 OEM 供应商的生产成本，没有任何加成比例，造成申报价格偏低。（见图 10–7）

E 公司进口设备时采取成本价的定价模式明显违背独立交易原则，也不符合《审价办法》第八条之规定。

《审价办法》第八条：“进口货物的成交价格应当符合下列条件：……（四）买卖双方之间没有特殊关系，或者虽然有特殊关系但是按照本办法第十七条、第十八条的规定未对成交价格产生影响。”

由于特殊关系有实质性地影响进口设备成交价格，申报价格不符合成交价格条件，应重新估价。

通过对集团关联交易成本加成法的分析，采用计算价格法估价。

- 估价意见
  - 采用计算价格法重新估价
    - 在认定申报价格不符合成交价格条件后，依次使用相同货物价格法、类似货物价格法、倒扣价格法、计算价格法和合理方法对进口设备实施重新估价。
      - 相同或类似设备在进口时经过分销商、零售商等多个环节的贸易流转，其进口价格与F公司销售给非关联方的价格存在很大差异，不能作为相同或类似货物价格。因此，不适用相同或类似货物成交价格法。
      - 由于E公司进口设备不存在国内销售行为，同时其他企业进口相同型号设备的内销价格也难以直接取得，无法使用倒扣价格法。
      - D集团内部转让定价使用的是成本加成法，这与海关审价办法中计算价格法比较接近。
        - 最终采取计算价格法对E公司进口设备实施估价。
          - 计算价格法主要包括生产该货物所使用的料件成本和加工费用、向境内销售同等级或者同种类货物通常的利润和一般费用，以及该货物运抵境内输入地点起卸前的运输及相关费用、保险费。其中，料件成本和加工费用主要包括生产成本以及研发费用，通常的利润和一般费用对应的是利润和综合费用。
    - 根据D集团总部提供的转让定价政策和相关数据，依据会计原则，合理量化F公司发生的研发费用、综合费用和利润，重新确定E公司进口设备的完税价格。

集成电路行业

案例三

参照交易利润分割法原理，采用合理方法估价

- 参照交易利润分割法原理，采用合理方法估价。
  - 贸易流程与商业安排
    - 贸易流程（货物流向如图10–8所示。）
      - H集团是一家集成电路IDM企业。
      - I贸易公司（以下简称“I公司”）是H品牌产品的国内独家代理，I公司与H品牌的所有方H集团无股权关系。
      - H集团收购了与产品相关的大量新型设计和新型专利，可在短期内完成产品设计研发。
      - H集团在国内设立关联企业J公司，J公司主要负责产品的设计研发与产品原材料的生产制造。
      - J公司从境外第三方采购化工料件，将化工料件生产加工成产品原材料后交付给国内OEM工厂，由国内OEM工厂代加工制成产成品。
      - 随后，OEM工厂将产成品销往H集团境外关联企业K公司，K公司为H集团在亚太地区的销售中心。
      - K公司最后再将产成品销售给I公司，I公司负责产品的国内销售与分销。
      - 根据关区进口数据显示，I公司进口申报价格明显低于行业内同类商品的申报价格。
    - 商业安排
      - H集团与I公司在建立独家代理关系时曾约定，如果H品牌产品在国内市场的销售情况及市场占有率逐步提高，H集团将吸收合并I公司的资产及人员，并最终将I公司转化为H集团的国内子公司进行经营。
      - I公司开始独家代理H品牌产品以后，由于市场状况走势良好，H集团与I公司已确定将在2023年完成资本吸收合并。同时，自2022年1月开始，H集团开始逐步接管I公司的管理团队。

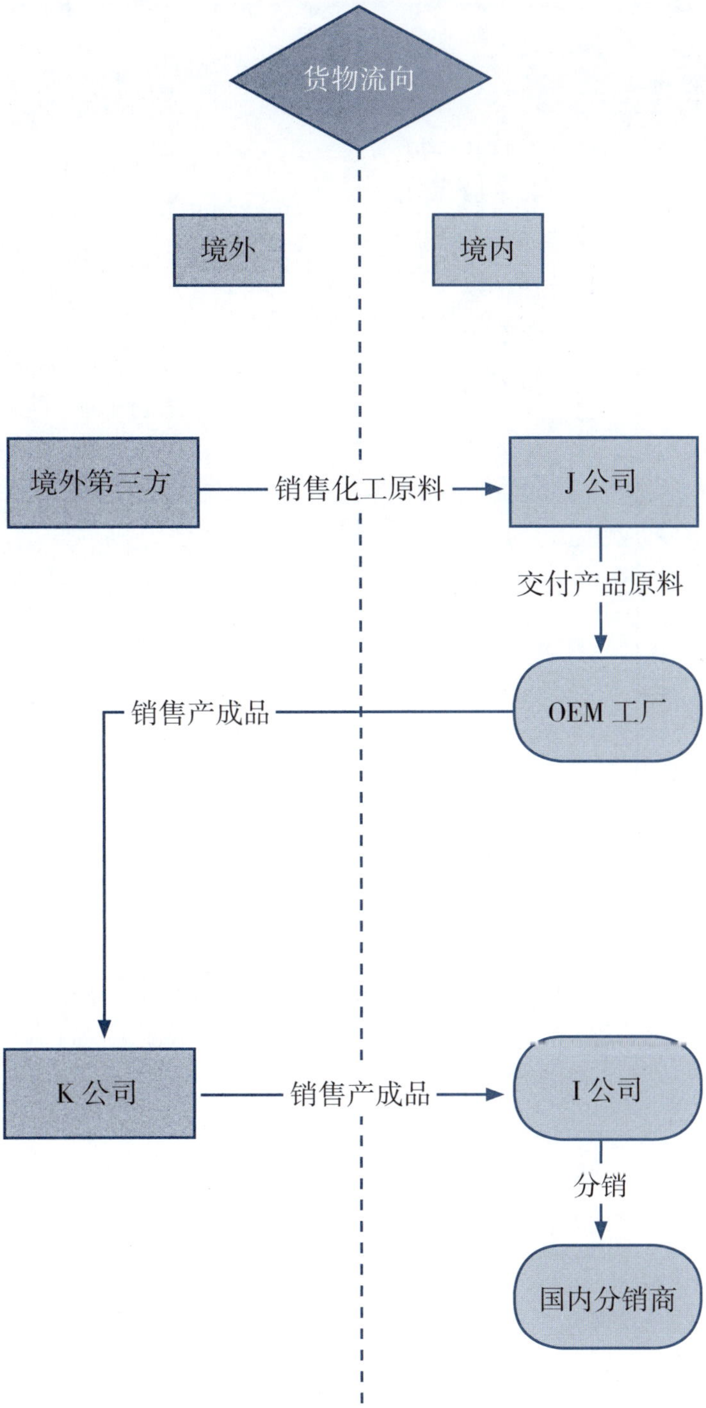

图 10-8　集成电路行业案例三货物流向图

- 参照交易利润分割法原理，采用合理方法估价。
  - 经营策略
    - 在开展转让定价分析时，应充分评估品牌经营的特殊性，以及特殊策略对于转让定价带来的重大影响。
      - H 品牌产品是一种比较特殊的商品，其实际制造成本较低，制造成本与实际零售价格之间存在显著差异。
      - 产品定位和营销策略也不同于普通产品，其运作模式是以风险基金投资为基础，通过购买新型设计或者新型专利，在短期内迅速完成成品研发后投入市场，以期在一段时期内获取超额利润，其核心战略是低成本扩张，产品的实际成本与消费者价值不对等。
      - 同时，由于产品市场定位建立在信息不对等的基础上，导致 H 品牌产品投入初期的市场风险相对较高，运营利润缺乏稳定性。
    - 因此，转让定价分析应结合不同阶段的经营策略来进行审查。
      - 初始阶段
        - H 品牌属于新品牌，市场风险高。
        - I 公司在国内已经拥有和具备相当的分销网络和销售体系。
        - 在初始阶段，作为进口商的 I 公司与作为卖方的 K 公司之间不存在直接的投资或控制被控制关系。
        - I 公司除了向 K 公司支付货款外，未发生其他项下的对外支付。
        - 在初始阶段，进口商 I 公司实际获得了高额利润，但是因为 H 集团的管理层不能确定市场的接受程度，高额利润在实际进口发生前尚无法确定，且 I 公司承担了主要的产品经营风险，因此不能得出利润异常的结论。

- 参照交易利润分割法原理，采用合理方法估价。
  - 经营策略
    - 因此，转让定价分析应结合不同阶段的经营策略来进行审查。
      - 成熟阶段
        - 当国内消费者已经接受了H品牌的产品价值和市场定价，H品牌成功地建立起稳定的市场定价体系后，产品实际成本仍旧处于相对较低的状态，制造成本与市场销售价格之间有显著的利润。
        - 而进入成熟阶段以后，进销差价已经转换为可以合理预期的利润空间。
        - 根据进口商I公司与卖方K公司签订代理协议时达成的约定，在产品进入稳定期以后，K公司将成立独资子公司作为国内销售中心，并吸收进口商I公司业务和人员。
        - K公司管理人员已经开始进入I公司，并实际控制了I公司的经营活动。
        - 在产品利润水平稳定以后，我们通过对交易各方的功能风险开展评估，来确认利润分配是否合理。

- 参照交易利润分割法原理，采用合理方法估价。
  - 功能风险
    - 功能
      - K 公司的定位是亚太区销售中心，主要执行采购、OEM 工厂管理、销售等功能。
      - I 公司的定位是 H 集团的主要经销商，主要执行国内销售、产品形象、市场推广等功能。
    - 风险
      - K 公司作为亚太区销售中心，I 公司作为主要经销商，均承担了新产品研发及投放市场的风险。如果新产品研发失败，相应的库存亏损风险由 K 公司和 I 公司共同承担。
      - 在产品进入国内市场的初始阶段，由于 H 品牌属于新品牌，在国内尚不具有较高知名度，且市场是否认可该产品仍无法确定，产品经营风险主要由 I 公司承担。
  - 转让定价政策分析
    - 集团定价政策
      - 根据 H 集团转让定价政策，K 公司与 I 公司之间商品转让采用的是交易利润分割法。
        - 因为，K 公司与 I 公司都对交易做出独特且有价值的贡献，共同承担了重大经济风险。
        - 通过采用该方法，H 集团对集团经营产生的利润，在亚太区利润中心（K 公司）和进口商（I 公司）之间进行重新分配。
    - 利润分割比例评估
      - 采用利润分割法对进口商品实施调整的关键是如何确定 I 公司与 K 公司之间的分配比例。利润分割时，应按照与双方功能风险相匹配的比例进行利润分配。
      - 经评估，K 公司与 I 公司之间利润分配的比例与其承担的功能风险大小不相匹配，利润分割比例存在不合理。

- 参照交易利润分割法原理、采用合理方法估价。
  - 海关估价意见
    - 买卖双方之间的特殊关系影响成交价格
      - 从表象分析，买卖双方之间仅属于独家代理关系，且目前进口商I公司与H集团之间的股份合并行为尚未发生。
      - 但是，根据双方商业安排和经营策略的执行情况，H集团已经实质性地控制了I公司的经营活动，I公司接受了H集团的全部经营安排。
      - 根据《审价办法》第十六条之规定，买卖双方之间存在特殊关系。
        - 根据《审价办法》第十六条，有下列情形之一的，应当认为买卖双方存在特殊关系：（一）买卖双方为同一家族成员的；（二）买卖双方互为商业上的高级职员或者董事的；（三）一方直接或者间接地受另一方控制的；（四）买卖双方都直接或者间接地受第三方控制的；（五）买卖双方共同直接或者间接地控制第三方的；（六）一方直接或者间接地拥有、控制或者持有对方5%以上（含5%）公开发行的有表决权的股票或者股份的；（七）一方是另一方的雇员、高级职员或者董事的；（八）买卖双方是同一合伙的成员的。买卖双方在经营上相互有联系，一方是另一方的独家代理、独家经销或者独家受让人，如果符合前款的规定，也应当视为存在特殊关系。
      - 当市场步入成熟阶段后，利润空间可以合理预计。在产品利润水平可以客观量化后，基于买卖双方承担的功能风险对利润分割比例予以评估：出口商实际分配所得的利润比例，低于其在产品总利润中相应功能和风险的比例，即其分配的利润与其对总利润的贡献不相匹配，造成进口商品申报价格偏低。由此可见，特殊关系对进口商品成交价格造成影响，应重新估价。

参照交易利润分割法原理，采用合理方法估价。

海关估价意见

采用合理方法实施估价调整

从海关估价角度，转让定价应该基于客观、公平、统一原则，从买卖双方在交易中执行的功能和承担的风险出发，确定合理的定价体系。

H品牌产品在市场上定位特殊，其品牌和设计价值远高于产品本身的制造成本，因此难以找到符合要求的相同或类似货物。

因为品牌管理模式特殊，以巨大的利润空间促使经销商维护其一线品牌的形象，这与行业通常的经营方法存在较大差异。因此无法确定销售时的通常利润和一般费用，不能使用倒扣价格法。

正是由于其品牌价值和设计的高附加值，导致难以使用计算价格法确定其进口价格。

在排除上述估价方法后，参照利润分割法原理，依据功能和风险分析，评估交易各方对总利润的贡献程度，并依据对总利润的贡献大小重新划定利润分割比例，最终采用合理方法，对进口商品成交价格予以调整。

案例评论

《WTO 估价协定》附件 1 解释性说明

- 《WTO 估价协定》附件 1 解释性说明
  - 第一条第二款的注释
    - 如买方和卖方有特殊关系，则应审查围绕销售的情况，只要此种关系未曾影响价格，即应将成交价格按完税价格接受。
      - 这并不意味着在买卖双方有特殊关系的所有情况下均对有关情况进行审查。
      - 只有在怀疑价格的可接受性时方要求进行此种审查。
        - 如海关不怀疑价格的可接受性，则应接受该价格而不再要求进口商提供进一步的信息。
    - 如果海关需要对价格进行审查，应给予进口商进一步提供海关审查围绕销售的情况所必需的详细信息的机会。
      - 海关应准备好审查交易的有关方面，包括买卖双方组织其商业关系的方式和制定所涉价格的方法，以便确定此种关系是否影响价格。
    - 如果定价方式与所涉产业的正常定价做法相一致或与卖方制定售予与其无特殊关系的买方的价格的方法相一致，则这一点可证明该价格未受此种关系的影响。
    - 如果证明价格足以收回全部成本加利润，该利润代表该公司在一代表期内（如按年度计）销售同级别或同种类货物所实现的总利润，则可表明该价格未受影响。

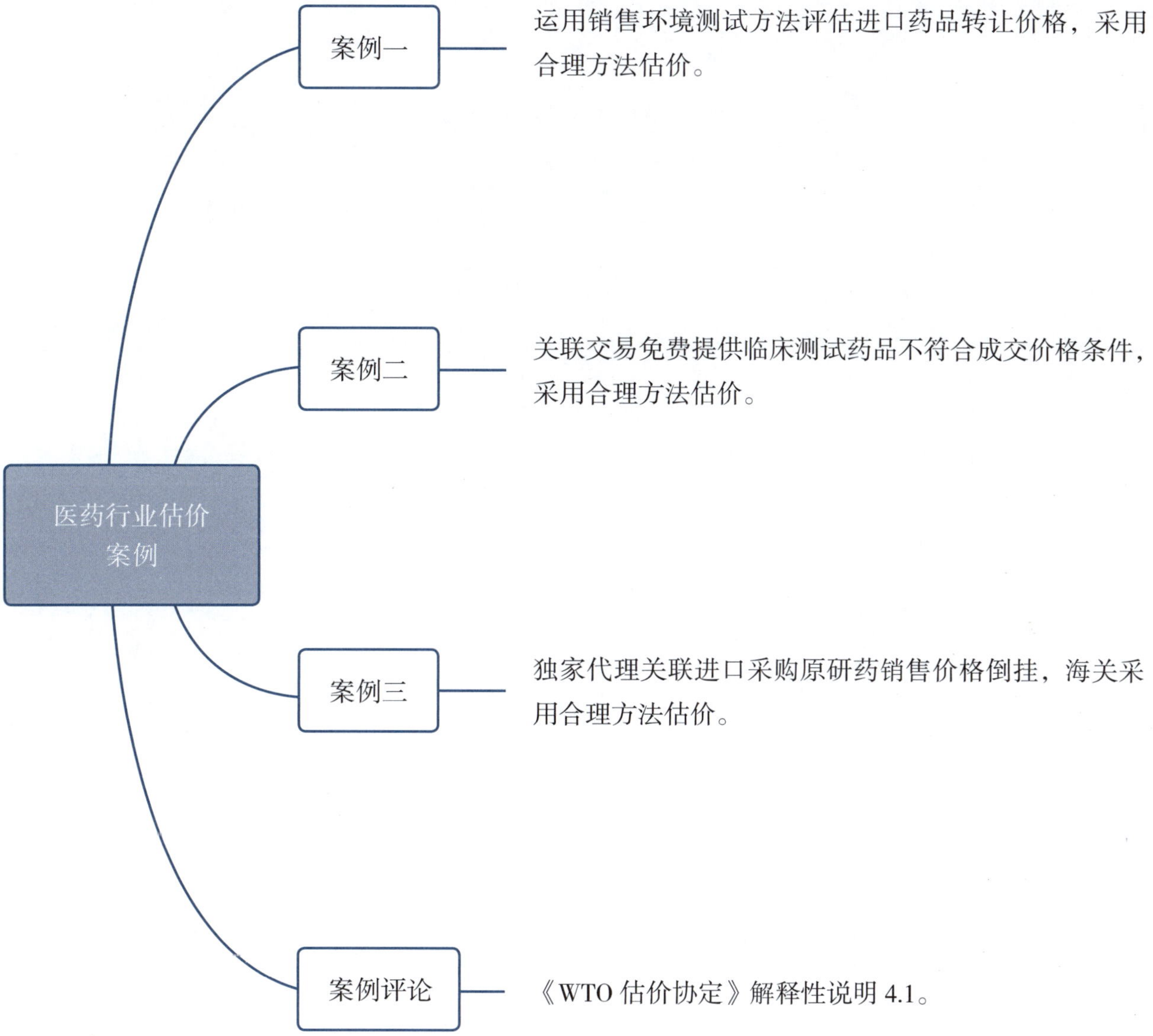
医药行业估价案例
案例一
运用销售环境测试方法评估进口药品转让价格，采用合理方法估价。
案例二
关联交易免费提供临床测试药品不符合成交价格条件，采用合理方法估价。
案例三
独家代理关联进口采购原研药销售价格倒挂，海关采用合理方法估价。
案例评论
《WTO 估价协定》解释性说明 4.1。

医药行业

案例一

运用销售环境测试方法评估进口药品转让价格，采用合理方法估价

运用销售环境测试方法评估进口药品转让价格，采用合理方法估价。

贸易流程

- Y 集团是一家全球领先的跨国制药集团。Z 公司是 Y 集团设立在境外的关联企业，履行集团供应中心和实验室的职能。
- X 公司是 Y 集团在中国设立的全资生产型子公司，主要从事药品的生产、分装和销售。
- X 公司从 Z 公司采购原料药、活性成分和特定辅料，按照 Z 公司交付的研发成果开展生产加工后再将成品药通过第三方分销商销售给医院和患者。

具体流程见图 10–9。

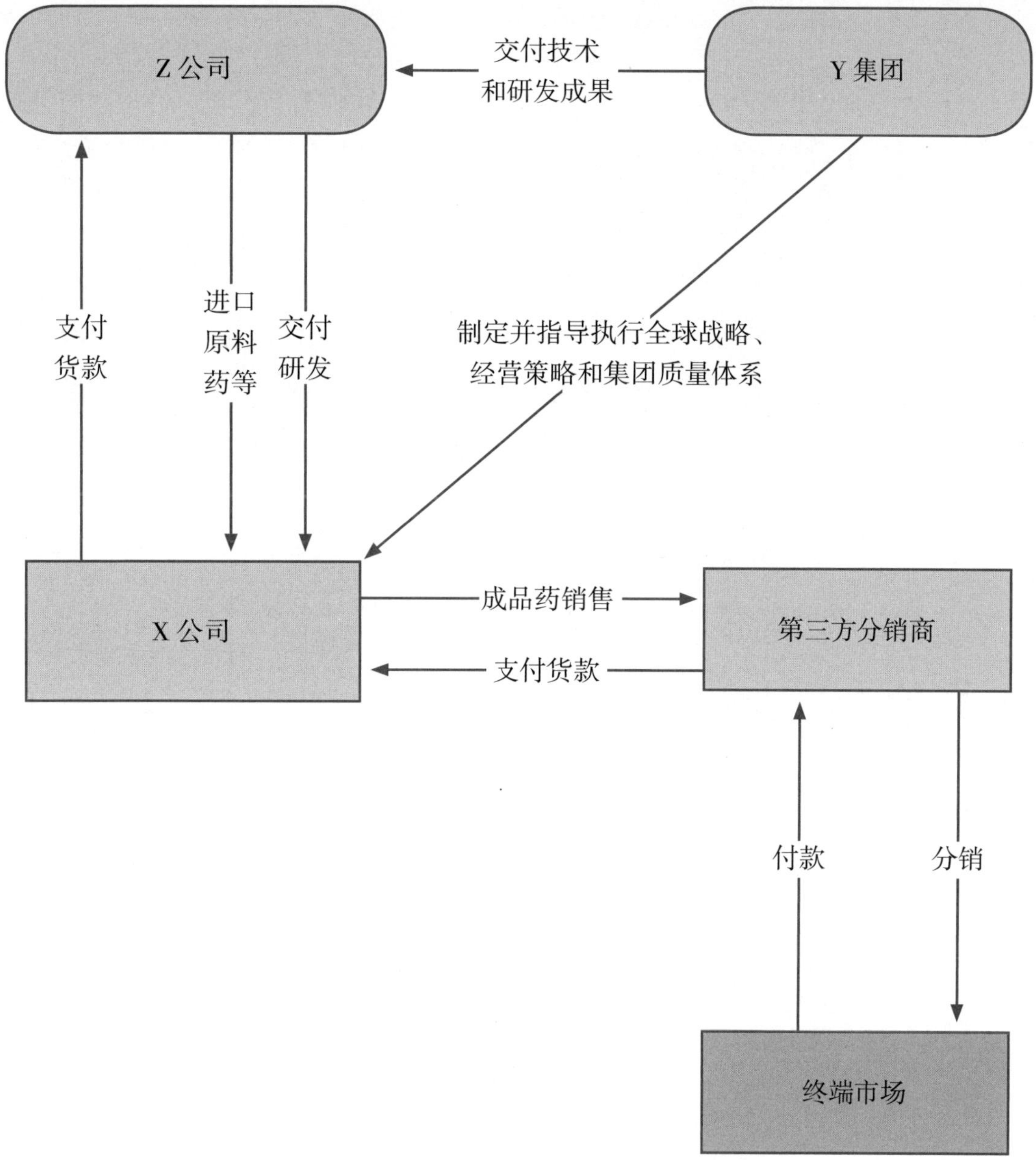

图 10–9　医药行业案例一贸易流程图

- 功能
  - 运营管理
    - Y 集团制定集团全球战略和经营策略，并指导 X 公司执行集团相关政策。
    - X 公司运营活动均在 Y 集团和 Z 公司的监管控制下。
  - 药物研发
    - X 公司所有药物研发均是由 Y 集团和 Z 公司执行的，X 公司不从事任何研发活动。X 公司根据 Y 集团建议来决定是否引进新研发药物。
  - 采购
    - X 公司按照 Y 集团和 Z 公司制定的质量标准体系开展关联采购活动，不需要执行复杂的供应商管理、验收标准制定等功能，仅执行下达订单、沟通协调等有限的采购功能。
  - 生产
    - X 公司基于销售预测和库存水平制订生产计划，按照标准流程开展日常生产活动。标准生产流程由 Z 公司开发，X 公司与 Z 公司签订生产许可协议，获得含有 Z 公司授权生产技术的标准流程。
  - 库存管理
    - X 公司根据生产计划和销售预测对库存水平进行管理和控制。
  - 销售与营销
    - X 公司成品药在国家医疗药品目录下，需要参加由政府组织的药品招投标。对此，X 公司需要提前做好投标准备，如了解药品需求种类、投标时间等。
    - X 公司负责国内分销渠道的维护和分销商的定期评估。
    - Y 集团制定全球营销及推广战略，X 公司遵照集团营销战略具体开展本地营销活动和维护大客户关系。
  - 定价
    - 经 Y 集团批准，X 公司制定成品药的国内分销价格。
  - 售后服务
    - X 公司负责收集国内分销商、医院和患者的反馈意见并处理药品质量的投诉问题。

运用销售环境测试方法评估进口药品转让价格，采用合理方法估价。

- 功能和风险
  - 风险
    - 研发风险
      - Y 集团与 Z 公司履行核心研发功能并为研发活动提供资金支持，承担所有与研发相关的风险。
      - X 公司不承担任何研发风险。
    - 市场风险
      - X 公司面临着原材料价格上涨或政府定价政策影响而造成的利润压缩风险，承担了一定的市场风险。
    - 产程风险
      - X 公司通常提前 6 个月制订生产和采购计划，如果实际需求量低于预期，X 公司将面临经营和财务状况的不良后果，承担相应的产程风险。
    - 存货风险
      - X 公司承担了存货减值或报废的成本及相应的存货风险，X 公司购买保险以补偿存货风险。
    - 产品责任风险
      - X 公司直接面对国内市场，承担责任索赔的相关风险，如果索赔是因为原材料的质量缺陷，则 Z 公司需要对 X 公司进行赔偿。
        - 鉴于 Y 集团药物经过严格的临床试验，并以高品质著称。因此，X 公司承担有限的产品责任风险。
    - 外汇风险
      - 由于 X 公司向 Z 公司采购的货款均以美元结算，X 公司承担了由于外币与人民币汇率波动而产生的外汇风险。
  - 资产
    - 有形资产
      - X 公司的有形资产主要包括厂房、生产设备、办公设备等。
    - 外汇风险
      - X 公司不拥有重要的无形资产，Y 集团和 Z 公司拥有与药物相关的专利、专有技术和配方等。

根据上述功能、风险和资产分析，X 公司被定位为常规制造商，Z 公司承担了研发、市场策略等更多核心职能，在关联交易中承担了更多企业家职能。

- 运用销售环境测试方法评估进口药品转让价格，采用合理方法估价。
  - 转让定价分析
    - 集团定价政策
      - 根据集团转让定价政策，进口采购采用交易净利润法定价。通过筛选相同行业具有相近功能风险和商业水平的可比公司数据进行测试，基于X公司财务科目安排来审视，X公司的营业利润水平基本合理。
    - 销售环境测试
      - 虽然X公司整体营业利润水平处于合理区间。但是，X公司的管理和销售费用占比过高（见图10–10），且X公司无法提供充分信息予以合理解释说明。通过对进口原料药等高利润进口商品进一步还原毛利率，发现X公司毛利率水平超出可比公司毛利率水平的合理区间（高于行业公平交易毛利率上四分位）（见图10–11）。
      - 与此同时，X公司进口商品申报价格长期不变，与市场价格趋势严重不符。（见图10–12）
      - 通过上述对关联交易销售环境的审核发现，显然，X公司与Z公司之间的关联交易违反了一般商业惯例和市场规律，不符合独立交易原则。

- 运用销售环境测试方法评估进口药品转让价格，采用合理方法估价。
  - 海关估价意见
    - 特殊关系是否影响进口药品价格
      - 由于进口原研药的实际毛利率超出合理水平，且进口原研药申报价格长期不变，与市场价格趋势不符。因此，特殊关系影响了进口原研药的成交价格，应重新估价。
    - 依次适用各种估价方法，最终采用合理方法确定完税价格
      - 因为药品行业相对特殊，尤其对于原研药而言，难以找到同时或大约同时进口的相同或类似货物，不能适用相同或类似货物价格法。
      - X公司虽然能够提供可比公司进口原研药的毛利率，但该毛利率不符合会计制度所描述的利润和一般费用定义，无法适用倒扣价格法和计算价格法。
      - 最终，采用合理方法对进口原研药进行估价。
        - 依据配比一致原则，通过合理配置进口原研药的管理和销售费用的合理方法，控制合理毛利率区间，以此确定进口原研药的完税价格。

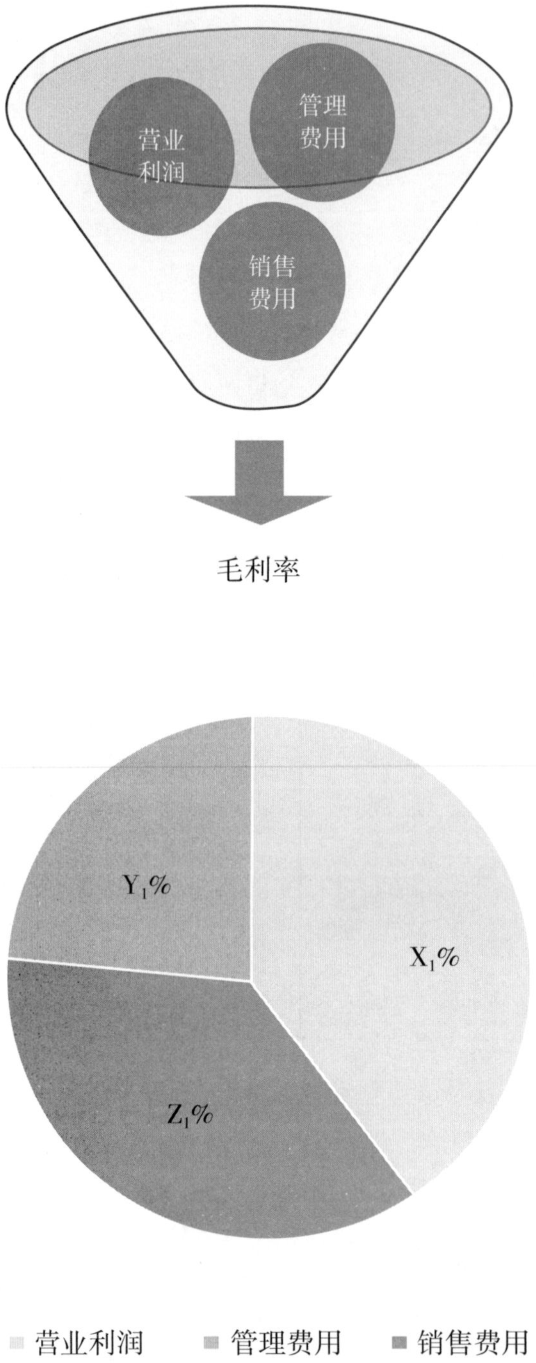

图 10-10　可比公司管销费用占毛利润比率

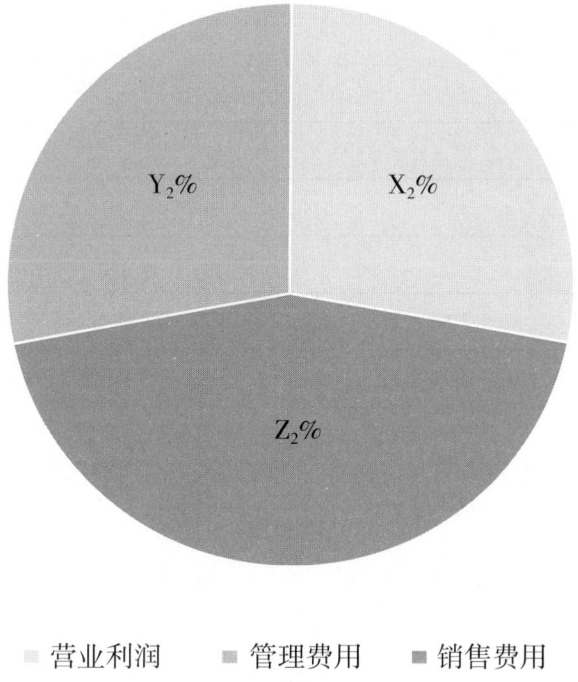

图 10-11　X 公司管销费用占毛利润比率

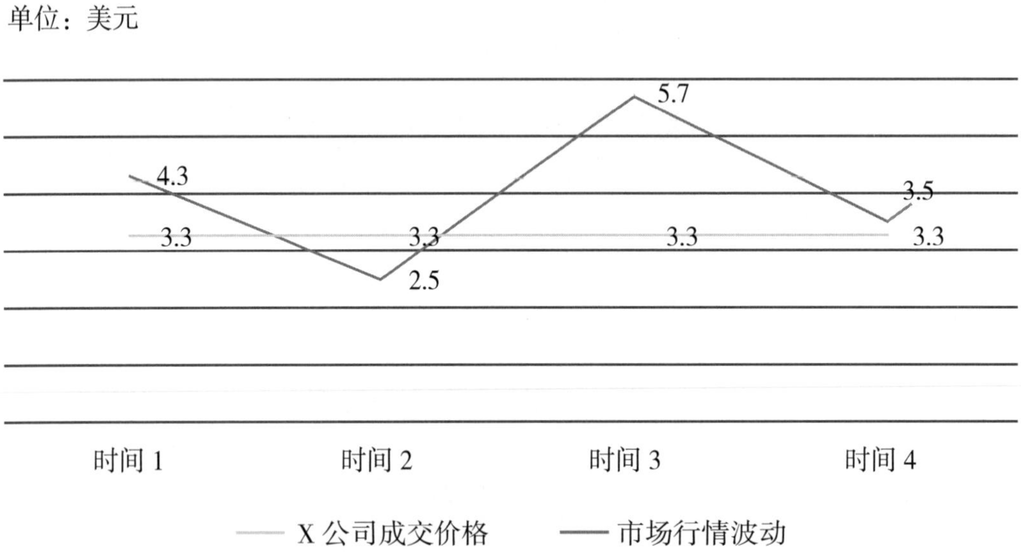

图 10-12　价格比较趋势图

医药行业

案例二

关联交易免费提供临床测试药品不符合成交价格条件，采用合理方法估价

关联交易免费提供临床测试药品不符合成交价格条件，采用合理方法估价。

贸易流程与进口商品

贸易流程

FM 集团是一家医药跨国企业，集团总部负责原研药物的开发和试验。进口商 MT 公司是 FM 集团的关联分销商。

- FM 集团在新药获批上市销售前，免费向 MT 公司赠送临床测试药品（已获批）。
- MT 公司再将上述临床测试药品交付给有临床药物试验资质的合作医院。临床测试药品须通过多期试验验证药品的安全性和有效性，在申请获得中国药监部门批准后在国内正式上市销售。
- 新药正式上市销售后，FM 集团参考市场价格向 MT 公司销售该新药。

对于上述由 FM 集团免费提供的临床测试药品，MT 公司无须支付任何货款，其以货样广告品方式向海关申报进口，申报价格远低于上市销售的相同品名、不同规格的药品。

- 临床测试药品与上市销售药品本身无任何差异，仅包装有所不同。
- 临床测试：在人体进行药物的系统性研究，以证实或揭示试验药物的作用、不良反应等，目的是确定试验药物的疗效与安全性。为确定测试效果，临床测试通常需要与安慰剂或对照药进行比较。

具体流程见图 10-13。

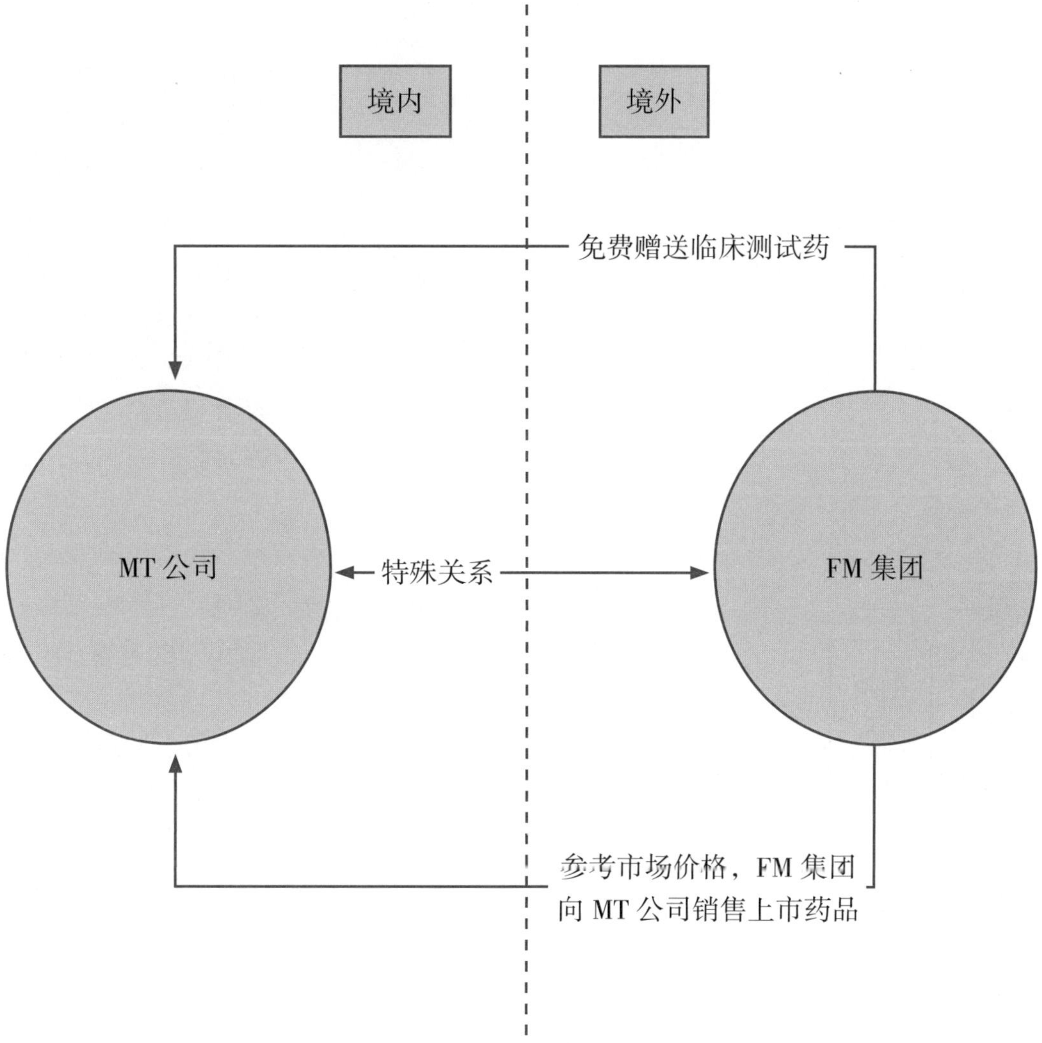

图 10-13　医药行业案例二贸易流程图

- 关联交易免费提供临床测试药品不符合成交价格条件，采用合理方法估价。
  - 贸易流程与进口商品
    - 进口商品情况
      - 进口临床测试药品用于双盲测试，因此，进口商品实际由临床测试药及一定比例的安慰剂、对照药组成。
        - 双盲试验——指在试验过程中，测验者与被测验者都不知道被测者所属的组别（实验组或对照组），分析者在分析资料时，通常也不知道正在分析的资料属于哪一组。因此，在进口环节国内企业无法区分每批临床测试药品与安慰剂及对照药的数量。
        - 安慰剂——指不含任何药理成分的制剂或剂型，外形与真药相像，如蒸馏水、淀粉片或胶囊等。
        - 对照药——是指用于鉴别、检查、含量测定的标准对照药品。通常为已上市的成熟药品，与临床测试药品进行对照使用。
      - 其中，临床测试药、对照药以货样广告品申报，安慰剂仅申报了包装成本。

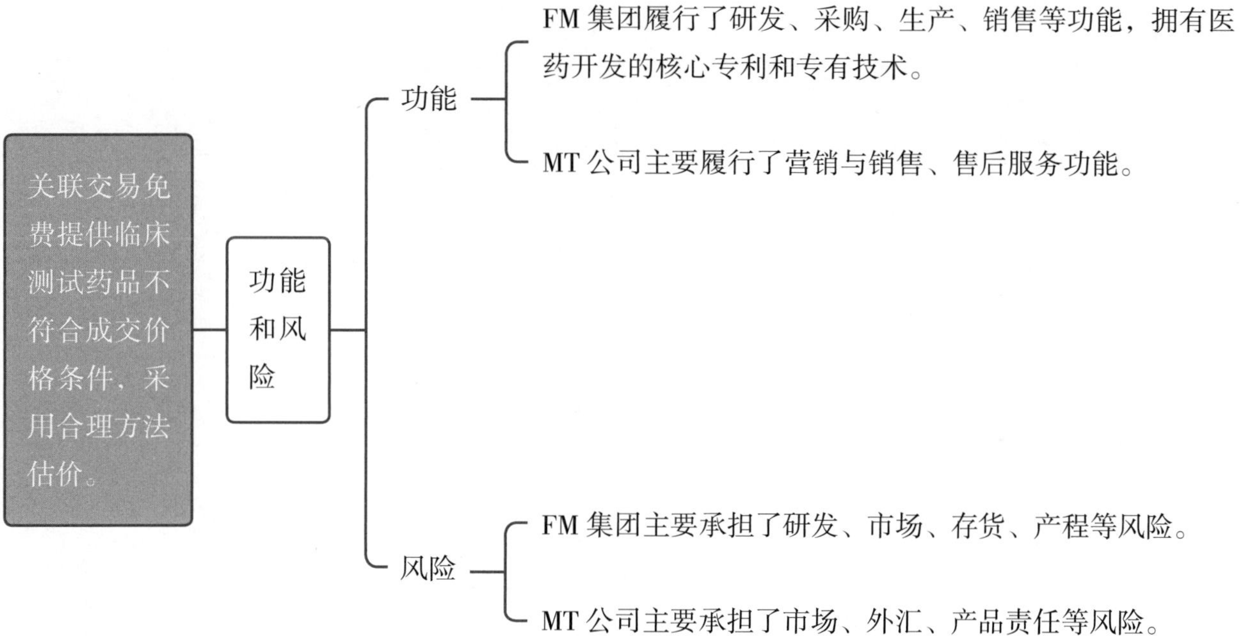
关联交易免费提供临床测试药品不符合成交价格条件，采用合理方法估价。
功能和风险
功能
FM 集团履行了研发、采购、生产、销售等功能，拥有医药开发的核心专利和专有技术。
MT 公司主要履行了营销与销售、售后服务功能。
风险
FM 集团主要承担了研发、市场、存货、产程等风险。
MT 公司主要承担了市场、外汇、产品责任等风险。

关联交易免费提供临床测试药品不符合成交价格条件，采用合理方法估价。

海关估价意见

免费交付货物的估价要点

- 免费交付货物是指不需要支付相关费用，可以无偿获得的货物。在跨境贸易中，出现免费交付的情形常见于广告推广或关联交易。
  - 比如，卖方免费赠予买方部分样品、礼品、广告推广品的行为，或者进口商是境外卖方的子公司，境外母公司将一部分机器设备免费交给境内子公司使用等。
- 免费交付货物的所有权虽然发生转移，但是却不符合成交价格的另一个条件，即买方没有购买进口货物必须对外支付的货币对价。
  - 因此，免费赠送的进口货物不符合成交价格条件。换而言之，免费赠送的进口货物没有成交价格。
- 进口商在向海关进行进口申报时往往具有一定的随意性，有时明显偏离相关货物的正常价格。
  - 对此，海关将依次使用相同或类似货物成交价格方法、倒扣价格方法、计算价格方法和合理方法进行估价。

根据《审价办法》第三十三条，易货贸易、寄售、捐赠、赠送等不存在成交价格的进口货物，按照本办法第六条列明的方法审查确定完税价格。依次使用相同或类似货物成交价格法、倒扣价格估价方法、计算价格估价方法、合理方法进行估价，最终选择适用的估价方法重新估价。

- 关联交易免费提供临床测试药品不符合成交价格条件，采用合理方法估价。
  - 海关估价意见
    - 进口临床测试药的价格审核
      - 申报进口临床测试药品时，通常申报主要成分的名称。申报进口上市销售药品时，通常申报商品名称。
        - 由于二者品名的差别，临床测试药品难以取得正确的价格资料，这增加了审价风险。
      - 部分进口商将临床测试药品与安慰剂、对照药一并申报，造成临床测试药品价格含糊不明。
        - 国际临床测试多采取双盲试验，但大部分进口商仍可根据临床测试报告书得知该临床测试药品、安慰剂或对照药的总比例。
        - 对此，应按照该比例将临床测试药品与安慰剂或对照药分别申报，以便于价格审核。
      - 多数临床测试药品为外方免费赠送，不能在市场上流通，无商业价值。有时药品申报时发票显示的价格为外方对该药品成本的估算，往往不含药品研发费用及利润，申报价格存在一定的随意性，应有针对性地加强价格审核。
      - 任何药品进口时均需提供国家药品监督管理局核发的进口药品通关单，该审批书可提供药品名称、商品名称、审核价格等重要信息，这些信息能够帮助海关进行药品认定及价格审核。

- 关联交易免费提供临床测试药品不符合成交价格条件，采用合理方法估价。
  - 海关估价意见
    - 特殊关系影响成交价格
      - 进口商 MT 公司以货样广告品方式向海关申报进口商品，进口商品包括临床测试药、安慰剂和对照药。
        - 进口临床测试药
          - 进口临床测试药的申报价格远低于上市销售的相同品名、不同规格的药品，临床测试药与上市销售药品本身无任何差异，仅包装有所不同。
          - 进口商 MT 公司向海关提供了包装成本差异书面说明，因二者差异很小且核算难度较大，MT 公司视同二者包装成本相等。
          - 造成临床测试药与上市销售药品价格差异的原因是：临床测试药不包含药品研发费用及合理利润。
        - 进口安慰剂
          - 进口安慰剂仅申报了包装成本，根据安慰剂实际成本构成，申报价格明显低于其实际成本。
        - 进口对照药
          - 进口对照药为已上市销售的成熟药物。对于进口对照药，进口商 MT 公司按照临床测试药向海关申报，价格远低于其实际市场销售价格。
        - 综上，进口临床测试药、安慰剂和对照药的成交价格受到 FM 集团与 MT 公司间的特殊关系影响，应重新估价。
      - 特殊关系影响成交价格表现形式如表 10-3 所示。

表 10–3　特殊关系影响成交价格表现形式

进口商品名称	特殊关系是否影响成交价格	成交价格受到影响的表现形式
临床测试药	是	申报价格远低于上市销售的相同品名、不同规格的药品价格，申报价格不包含药品研发费用及合理利润。
安慰剂	是	申报价格仅包含包装成本，低于实际成本。
对照药	是	与临床测试药申报价格相同，而对照药为已上市销售的成熟药品，申报价格远低于实际市场销售价格。

- 关联交易免费提供临床测试药品不符合成交价格条件，采用合理方法估价。
  - 海关估价意见
    - 估价结论
      - 临床测试药
        - 以一般贸易方式进口上市销售药品与临床测试药的异同点
          - 差异 — 包装不同，一种是零售包装，另一种是大包装，不适宜零售。
          - 相同点 — 成分、含量均相同。
          - 包装差异影响销售，不能适用相同或者类似货物价格法。
        - 因临床测试药无实际销售，缺乏相关商业数据，无法适用倒扣价格法和计算价格法。
        - 最终，海关采用合理方法估价，参考相同品名、不同规格的上市销售药品价格构成，将药品研发费用及合理利润计入进口临床测试药的完税价格。
          - 对用于不同阶段临床测试的药品，应按照实际情况认定其完税价格。
            - 临床测试药品在进口时尚未在全球上市，可根据其生产成本、运费及服务费用等，运用计算价格法进行估价。
            - 临床测试药品在进口时已在境外上市，尚未在境内上市，则可根据企业提供的相关信息，在不直接使用出口其他国家或地区销售价格的基础上，以进口商认可的可比销售价格为参考，适当考虑其地域销售价格差异，审查确定完税价格。
            - 临床测试药品在进口时已在国内上市，可以以上市销售相同药品的进口价格为基础，审查确定其完税价格。

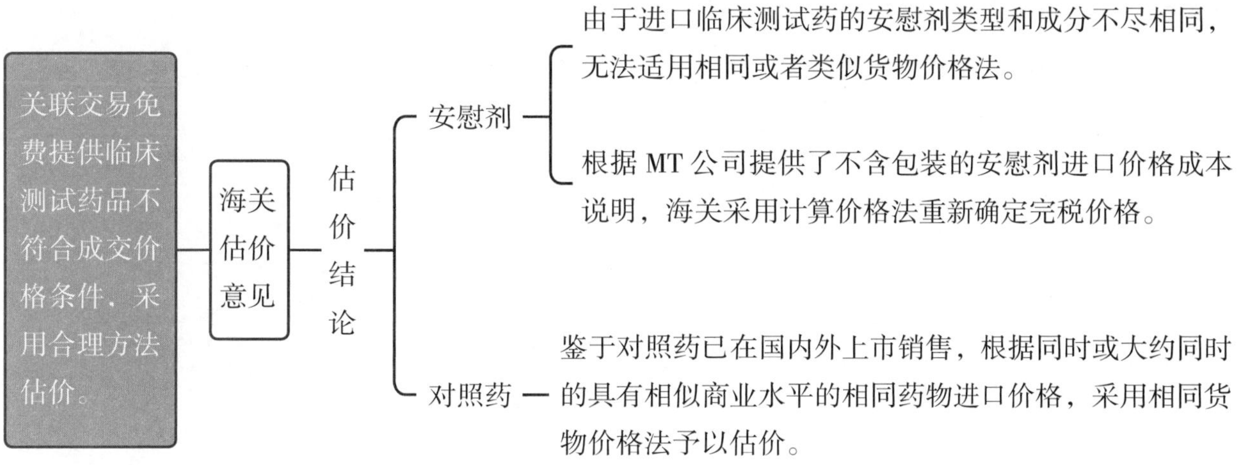
关联交易免费提供临床测试药品不符合成交价格条件，采用合理方法估价。
海关估价意见
估价结论
安慰剂
由于进口临床测试药的安慰剂类型和成分不尽相同，无法适用相同或者类似货物价格法。
根据MT公司提供了不含包装的安慰剂进口价格成本说明，海关采用计算价格法重新确定完税价格。
对照药
鉴于对照药已在国内外上市销售，根据同时或大约同时的具有相似商业水平的相同药物进口价格，采用相同货物价格法予以估价。

医药行业

案例三

独家代理关联进口采购原研药销售价格倒挂，海关采用合理方法估价

- 独家代理关联进口采购原研药销售价格倒挂，海关采用合理方法估价。
  - 案例基本情况
    - 背景介绍
      - “4+7”带量采购
        - 中国在试点推广的药品采购改革政策，试点范围包括
          - 4个直辖市（北京、天津、上海、重庆）
          - 7个城市（沈阳、大连、厦门、广州、深圳、成都、西安）
          - 简称为“4+7”。
        - 对于通过了一致性评价的仿制药和原研药，国家组织开展药品集中采购试点。上述11个城市实施“带量采购、量价挂钩、招采合一”的采购方式，以量换低价。
          - 一致性评价是指对已经批准上市的仿制药，按与原研药品质量和疗效一致的原则，进行一致性评价，使仿制药和原研药“管理一致性、中间过程一致性、质量标准一致性等全过程一致”，以确保在疗效上达到与原研药相似的水平。
          - 原研药，即指原创性的新药，经过对成千上万种化合物层层筛选和严格的临床试验才得以获准上市，通常需要花费15年左右的研发时间和数亿美元的研发经费。
            - 目前只有大型跨国制药企业才有能力研制。
            - 在中国，“原研药”主要是指过了专利保护期的进口药。
        - “4+7”带量采购药物品种是根据已批准通过国家药品监督管理局仿制药质量和疗效一致性评价目录和按《国家食品药品监督管理总局关于发布化学药品注册分类改革工作方案的公告》（2016年第51号）化学药品新注册分类批准的仿制药品目录，经联采办会议通过以及咨询专家，从而确定的，不包括中草药、中成药、生物制剂等。
        - 截至2022年，中国药品集中带量采购已经开展6批，共采购234种药品，平均降价53%，采购金额在公立医疗机构年药品采购总额中占比30%。

- 独家代理关联进口采购原研药销售价格倒挂，海关采用合理方法估价。
  - 案例基本情况
    - 贸易流程
      - 交易的各方
        - TK 集团是具有专利技术优势的医药跨国集团。
        - 进口代理商 SC 公司为 TK 集团原研药在中国境内的独家代理方。
        - SC 公司从 TK 集团境外关联方 TP 公司采购原研药，药物进口后再由 SC 公司统一销售给国内分销商。
      - 进口原研药属于“4+7”带量采购目录药物，但是进口申报价格与“4+7”带量采购价格相差悬殊。
      - 根据双方签署的独家代理协议
        - 进口代理商 SC 公司只能经营 TK 集团的产品系列。
        - SC 公司没有产品定价权，进口采购及国内销售的价格均由 TK 集团和 TP 公司制定。
        - TK 集团和 TP 公司将指定进口代理商 SC 公司可能采用的销售形式和经营方法。
    - 具体贸易流程如图 10-14 所示。

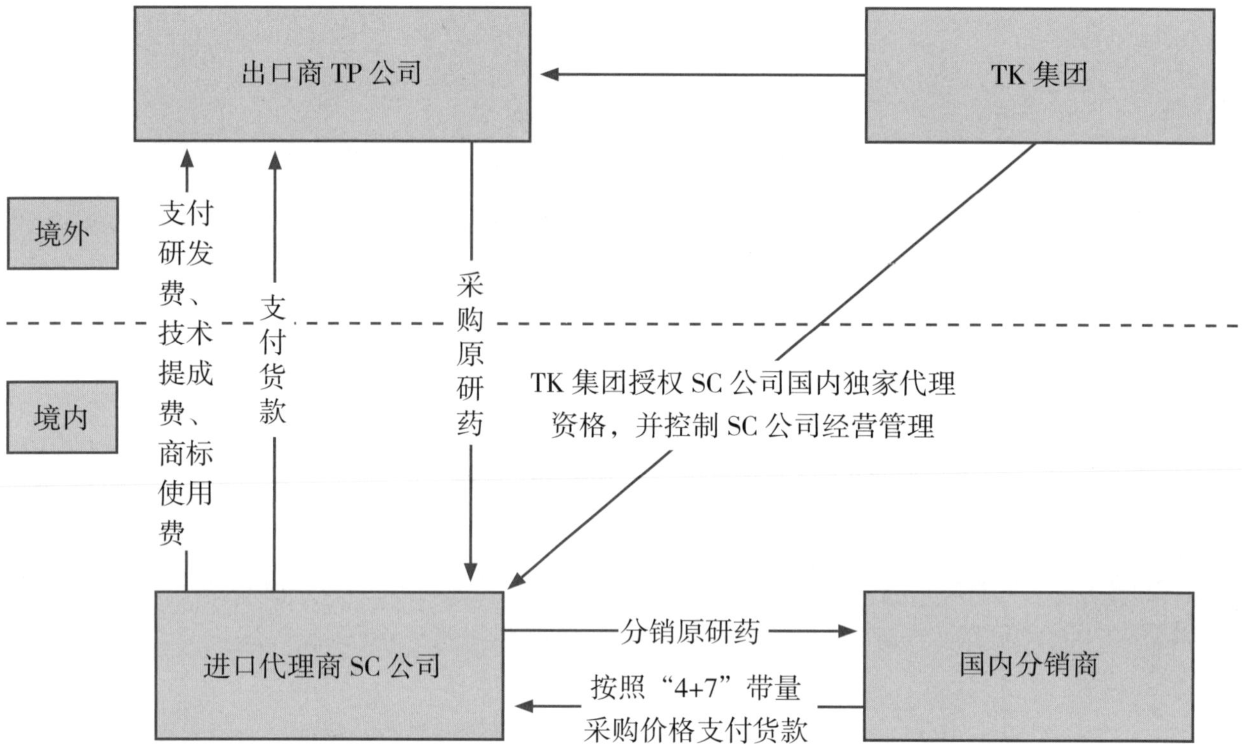

图 10-14　医药行业案例三贸易流程图

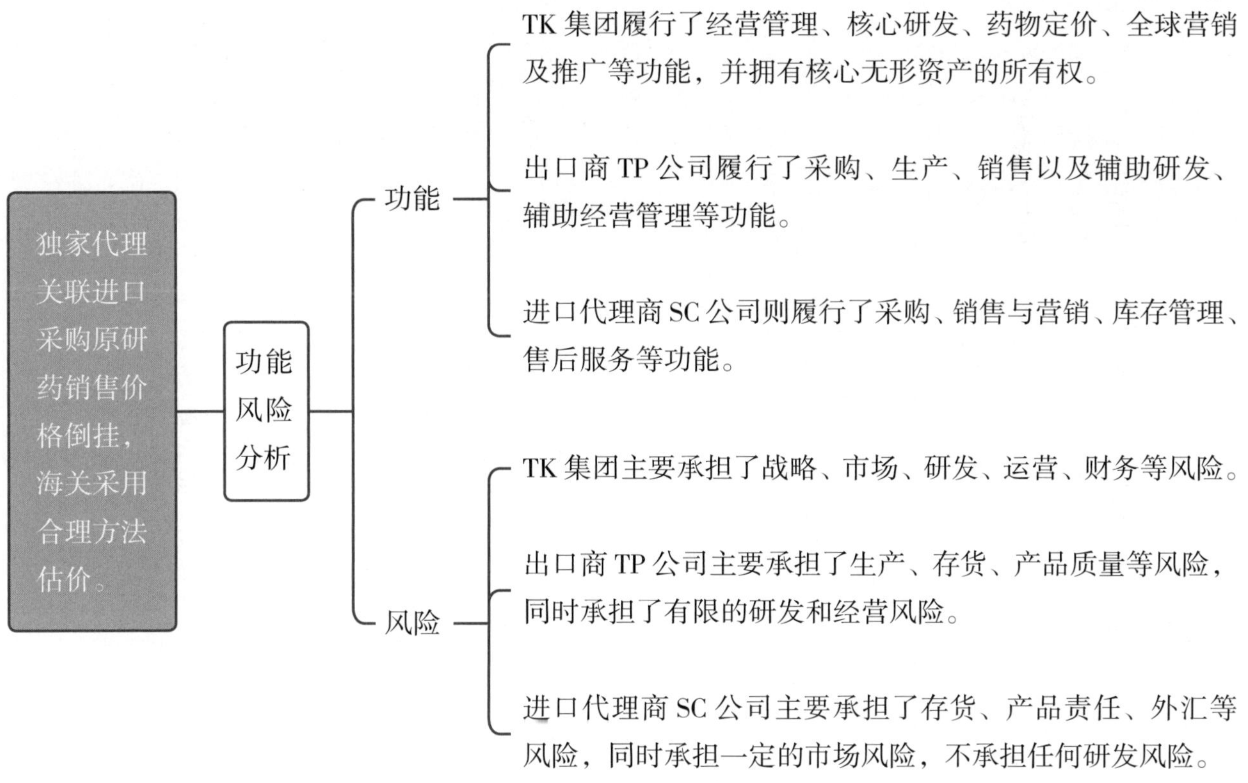
独家代理关联进口采购原研药销售价格倒挂，海关采用合理方法估价。
功能风险分析
功能
TK 集团履行了经营管理、核心研发、药物定价、全球营销及推广等功能，并拥有核心无形资产的所有权。
出口商 TP 公司履行了采购、生产、销售以及辅助研发、辅助经营管理等功能。
进口代理商 SC 公司则履行了采购、销售与营销、库存管理、售后服务等功能。
风险
TK 集团主要承担了战略、市场、研发、运营、财务等风险。
出口商 TP 公司主要承担了生产、存货、产品质量等风险，同时承担了有限的研发和经营风险。
进口代理商 SC 公司主要承担了存货、产品责任、外汇等风险，同时承担一定的市场风险，不承担任何研发风险。

独家代理关联进口采购原研药销售价格倒挂，海关采用合理方法估价。

海关估价意见

“4+7”带量采购定价

- 进口代理商SC公司申报进口的原研药属于“4+7”带量采购药品目录，可以参考“4+7”带量采购定价来确定进口申报价格。—— 根据“4+7”带量采购药品规定，目录内药品的零售价格由经营单位的购进成本、流通费用、利润和税金构成，最高不超过进口口岸价格与流通差价之和。
- 掌握“4+7”带量采购价格就可以推算出进口口岸价格。
  - 各地招标价、批发或零售价格的确立以及差价都有明确规定，且是以出厂价（或进口口岸价格）为基础核算的。
  - 计算公式 —— 测试完税价格 = “4+7”带量采购价格 - 进口环节税 / 费 - 进口代理商利润 —— 测试完税价格与SC公司进口申报价格应一致。
- 如按SC公司进口申报价计算，其零售价不符合“4+7”带量采购药品清单价格。
- 按照“4+7”带量采购药品清单价格计算，SC公司进口代理商品的完税价格应高于其申报价格。

从上述公式可以推算出，SC公司进口的上述原研药的“4+7”带量采购药品清单价格与进口申报价格之间出现大幅差价（见图10–15）。

具体原因为：申报商品属于原研药，原研药物发生的研发费用、技术提成费、商标使用费较高，上述费用未全部纳入进口商品申报价格。

图 10–15　SC 公司申报价格与清单价格的对比

独家代理关联进口采购原研药销售价格倒挂，海关采用合理方法估价。

海关估价意见

特殊关系影响成交价格

- SC公司为TK集团原研药在中国境内的独家代理方。
- TK集团及其关联方TP公司在经营上处于限制和指导进口商的地位。
- TK集团和TP公司对SC公司存在控制行为。

根据《审价办法》第十六条之规定，买卖双方之间存在特殊关系。

- 由于买卖双方之间存在独家代理及控制的特殊关系，导致SC公司进口原研药的申报价格明显低于由“4+7”带量采购药品清单价格推导出的测试完税价格。
- 申报价格与测试完税价格之间的差额，对应的是由SC公司通过非贸付汇方式另行支付给出口商TP公司的关于进口原研药的研发费、技术提成费、商标使用费等费用，造成申报价格偏低。

买卖双方之间的特殊关系对进口原研药的成交价格造成影响，需重新估价。

独家代理关联进口采购原研药销售价格倒挂，海关采用合理方法估价。

海关估价意见

估价结论

- 由于未能掌握进口原研药的相同或类似货物价格资料，因此无法采用相同或类似货物方法估价。
- 由于流通环节复杂、地域性保护明显、经销单位负责招标、药品价格各不相同、运营成本存在差异，并且各个省区不可能采取不同的完税价格，因此无法采用倒扣价格法。
- 由于无法提供境外生产商生产销售成本、利润以及一般费用情况，因此也无法使用计算价格法。

最终，采用合理方法估价。进口原研药完税价格应包括生产成本、研发费用、技术提成费、商标使用费、综合费用和利润、运输保险费等，海关依据会计原则将研发费、技术提成费、商标使用费等相关费用分摊到当期进口药品完税价格计征税款。

案例评论

《WTO 估价协定》解释性说明 4.1

- 《WTO 估价协定》解释性说明 4.1
  - 第十五条第五款里的特殊关系的认定—结合第十五条第四款进行分析
    - 彼此在业务上有联系的人，如一方为另一方的独家代理人、独家批发人或独家承让人（以下简称独家代理人），双方无论如何称呼，只要符合《WTO 估价协定》第十五条第四款的标准，他们就被视为有特殊关系。
      - 不应认为独家代理人天生就与他们的供应商存在特殊关系。
      - 也应认识到存在独家代理关系的双方，如的确符合《WTO 估价协定》第十五条第四款所列的任一项标准，应被视为存在特殊关系。
    - 一方因为将成为另一方的独家代理人，因此在业务上有所联系。他们会通过各种方式比如商业公告、商业新闻或其他贸易活动相互接触。在大多数情况下，书面合同会具体列明独家代理协议的条款和条件。

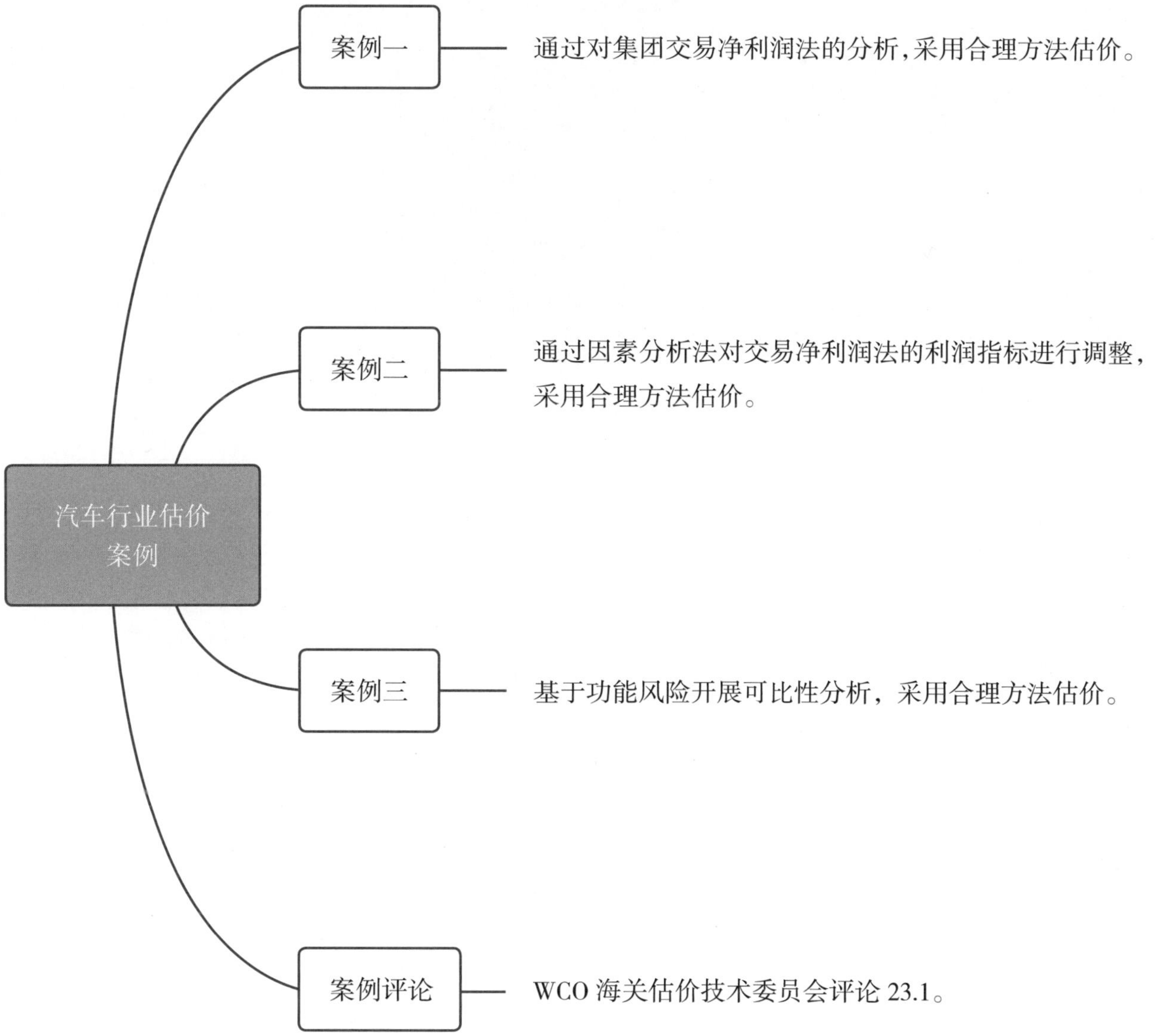
汽车行业估价案例
案例一
通过对集团交易净利润法的分析,采用合理方法估价。
案例二
通过因素分析法对交易净利润法的利润指标进行调整,采用合理方法估价。
案例三
基于功能风险开展可比性分析，采用合理方法估价。
案例评论
WCO 海关估价技术委员会评论 23.1。

汽车行业

案例一

通过对集团交易净利润法的分析，采用合理方法估价

- 通过对集团交易净利润法的分析，采用合理方法估价。
  - 商业模式与贸易流程
    - 商业模式
      - L 集团是一家多品牌多产品的跨国集团，集团采取多元化经营战略。
        - 为了实现品牌价值的最大化，L 集团将下属的众多品牌依据类型不同归入不同的事业部，每个事业部高度自治，分别拥有一个以首席执行官为首的管理团队实现独立运作和品牌经营。
        - 为了配合各个事业部的业务开展，L 集团总部对集团成员的各项核心功能进行集中管理，核心功能包括新产品研发、采购、全球推广、制造、物流、销售定价、信息技术和管理服务等。
      - M 公司是 L 集团在中国境内设立的全资子公司，主要从事 L 集团品牌产品的进口、批发和零售等，M 公司的经营范围涵盖 L 集团全部事业部产品。
      - （以上）该商业模式使得核心运作集中于 L 集团总部，并使分销网络可以专注于分销、销售、本地市场管理、推广以及对销售渠道的严格管理。
    - 贸易流程（见图 10–16）
      - M 公司作为进口商直接从 L 集团总部采购商品，再向位于境内的第三方分销商进行批发销售，第三方分销商通过其在中国境内的零售商向最终客户销售进口商品。
      - M 公司的分销价格、第三方分销商的零售价格均由 L 集团统一制定，第三方分销商可根据自己的判断向客户提供折扣。
      - L集团总部为集团成员提供了核心功能集中管理的服务，却没有单独向其全球子公司（包括 M 公司在内）收取任何额外的费用。

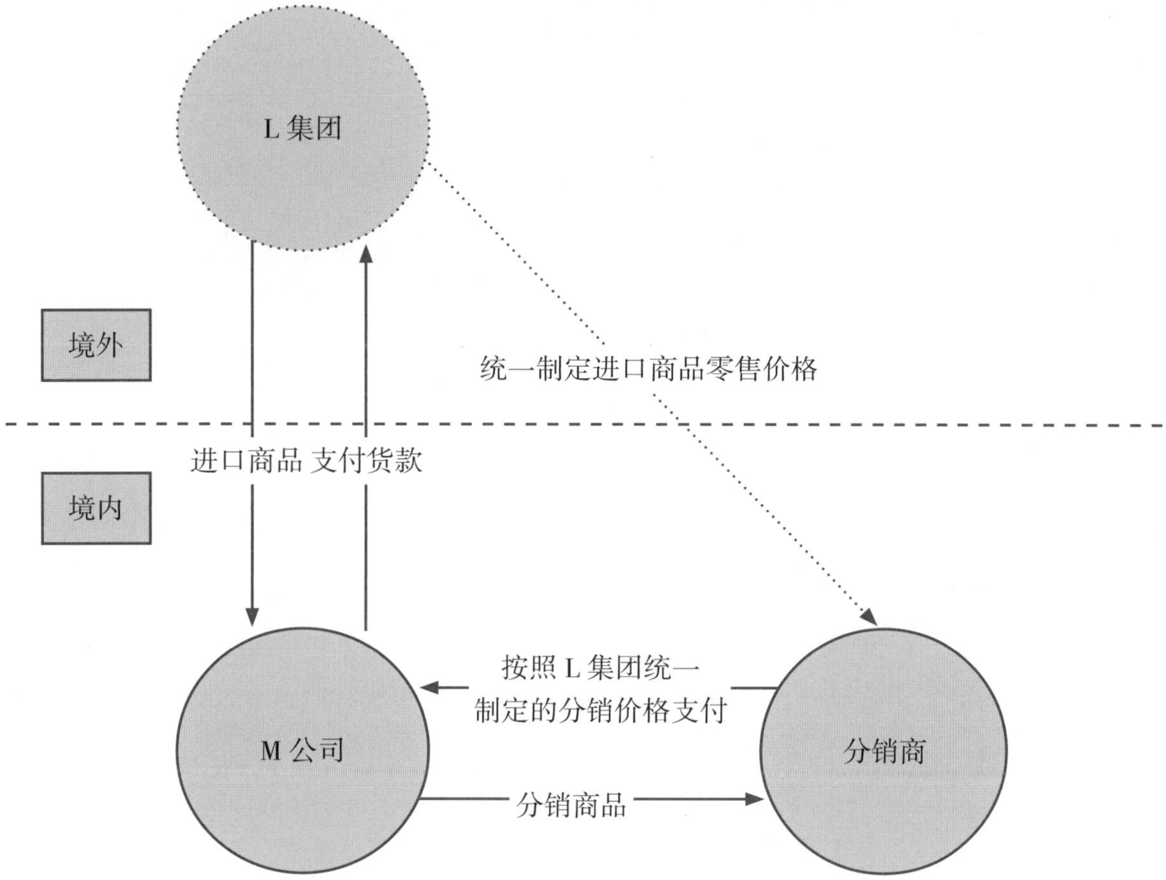

图 10–16 汽车行业案例一贸易流程图

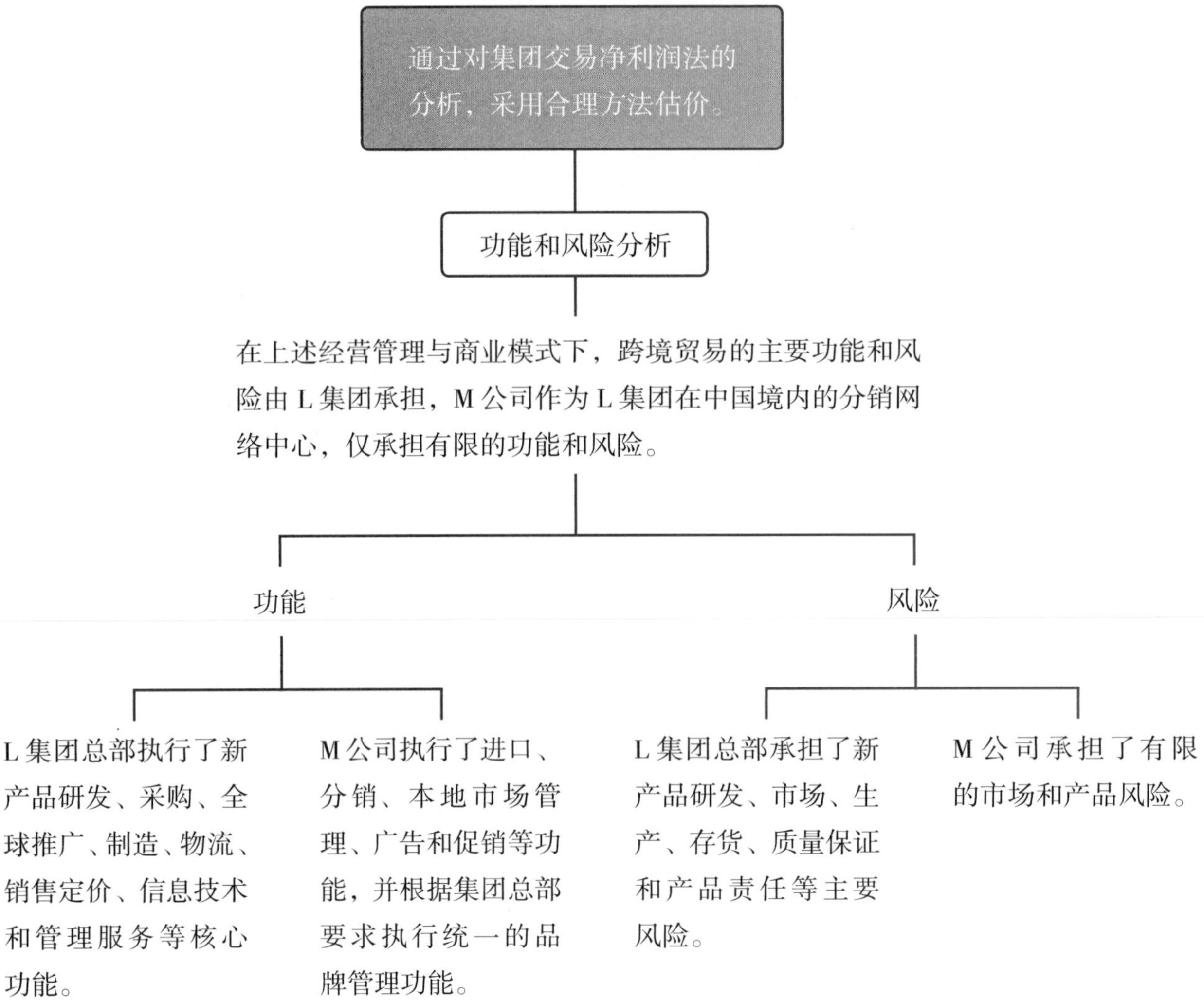
通过对集团交易净利润法的分析，采用合理方法估价。
功能和风险分析
在上述经营管理与商业模式下，跨境贸易的主要功能和风险由L集团承担，M公司作为L集团在中国境内的分销网络中心，仅承担有限的功能和风险。
功能
风险
L集团总部执行了新产品研发、采购、全球推广、制造、物流、销售定价、信息技术和管理服务等核心功能。
M公司执行了进口、分销、本地市场管理、广告和促销等功能，并根据集团总部要求执行统一的品牌管理功能。
L集团总部承担了新产品研发、市场、生产、存货、质量保证和产品责任等主要风险。
M公司承担了有限的市场和产品风险。

通过对集团交易净利润法的分析，采用合理方法估价。

转让定价分析

集团转让定价政策

根据集团转让定价政策文件规定，L集团采用的转移定价方法为交易净利润法，通过该方法确定和测试公允合理的转让价格。

根据OECD《转让定价指南》关于转让定价方法的描述，交易净利润法是采用可比非受控纳税人的营业利润，即净利指标对受控交易的价格进行评价和调整。

交易净利润法在确定可比公司时只需要保证在一个较为广泛的范围内实现与M公司的可比性。且相对再销售价格法和成本加成法，净利润水平较少地受到功能或企业财务方法的影响。

交易净利润法的优点在于：（1）这一方法受交易类别、性质差异的影响小，因为生产经营不同种类的产品或服务可能产生相同的净利水平，而同样生产经营相同的产品或服务也可能产生不同的净利水平；（2）这一方法受功能差异的影响小，功能差异往往反映在营业费用的差异上，不同功能的直接影响是产生了不同的企业运营费用。而净利水平是企业毛利水平扣除营业费用以后的余额，同样的功能可能产生不同的净利，不同的功能可能导致相同的净利水平。

因此，在选择可比公司以及确定参照的利润水平时，使用交易净利润法的有效性更高。

- 通过对集团交易净利润法的分析，采用合理方法估价。
  - 转让定价分析
    - 应用四分位法
      - 根据 OECD 指导原则，交易净利润法要求被调整企业获得的净利率与执行相似职能且承担相似程度风险的可比公司获得的净利率相一致。
      - 在实际运用交易净利润法评估转让定价合理性时，由于可比企业的成本利润率均存在较大差异，应使用四分位法计算出一个公平交易利润区间（可比公司利润指标的上四分位与下四分位之间的区间）。
      - 如果进口商 M 公司的利润指标处在公平交易利润区间以内，则可以视为其整体利润指标是基本合理的。基于海关审价角度，仍需对每票进口货物是否执行了该利润指标予以审核。
    - 利润指标合理性审核
      - M公司进口商品的销售对象主要是非关联经销商和最终客户，选择净利率（销售利润率）作为交易净利润法的利润指标是符合企业经营模式的。
      - 通过对比 M 公司的实际净利率水平与可比企业的利润水平基准区间，数据显示 M 公司的实际净利率水平已经超出了基准数值区间的上四分位数值。（见表 10–4）
        - 对此，M 公司不能提供进一步的说明。
    - 费用合理性审核
      - 通过对 M 公司的费用进行合理性分析，未发现存在 L 集团总部或其他关联公司强制要求其承担的相关费用，也不存在符合海关应税条件的费用。
        - 因此，M 公司的费用水平处于合理范围之内。

表 10–4　净利润率的公允合理范围表

序号	企业名称	净利率水平
1	可比企业 1	X1
2	可比企业 2	X2
3	可比企业 3	X3
4	可比企业 4	X4
5	可比企业 5	X5
上四分位数		Y1
中位数		Y2
下四分位数		Y3

通过对集团交易净利润法的分析，采用合理方法估价。

海关估价意见

特殊关系影响成交价格

在功能风险分析的基础上，M 公司的整体净利率水平相对可比公司净利率指标公允范围偏高。经评估，净利率指标偏高的原因是由于买卖双方特殊关系造成的进口商品价格偏低。因此，L 集团与 M 公司之间的特殊关系对进口商品的成交价格产生了影响，需重新估价。

采用合理方法估价

由于 M 公司进口商品均采购自 L 集团总部，L 集团总部的销售交易也都发生在关联企业之间，在商业上缺乏可以采用的非受控可比交易，无法适用相同或类似货物价格法。

虽然 M 公司提供了其他可比公司的毛利率，但该毛利率不符合倒扣价格法中规定的通常的利润和一般费用，无法适用倒扣价格法。

由于 M 公司属于分销商，而不是生产商，无法准确获取生产成本数据，无法适用计算价格法。

最终，参照交易净利润法原理，采用合理方法重新估价。

由于集团的商业运作均是发生在关联企业内部，在使用交易净利润法时，应使用非关联独立企业在可比交易中获得的净利作为指导，即在 M 公司销售给非关联用户销售价格的基础上，扣除非关联独立企业在可比交易中获得的净利水平后，确定每票进口货物的成交价格。

汽车行业

案例二

通过因素分析法对交易净利润法的利润指标进行调整，采用合理方法估价

- 通过因素分析法对交易净利润法的利润指标进行调整，采用合理方法估价。
  - 贸易流程与定价机制
    - 贸易流程
      - P集团是一家从事汽车零部件设计、生产和销售的跨国集团，O公司是P集团在中国设立的全资子公司，主要从事汽车零部件的合约研发和许可生产。O公司作为进口商，从P集团总部采购汽车零部件， 再将生产组装的产品全部销售给国内关联企业。
    - 定价机制
      - P集团选取交易净利润法作为集团转让定价方法，并选择完全成本加成率作为利润指标，通过该方法确定符合独立交易原则的转让价格。
      - 经评估，O公司在执行集团转让定价政策过程中存在偏差，O公司利润指标远高于可比公司公平交易利润区间（可比公司利润指标的上四分位与下四分位之间的区间）。
  - 功能风险
    - 功能
      - P集团执行核心的研发活动并承担相关费用，拥有与核心研发活动相关的无形资产；在集团层面与供应商签订框架性的采购协议，对集团成员实施采购控制；统一制定集团生产流程的标准化体系，对集团成员执行情况开展检查；负责全球营销策略和活动。
      - O公司根据本地客户的要求和P集团指示进行产品应用研发和本地化研发，履行汽车零部件的许可生产功能。
    - 风险
      - P集团承担了与研发、市场、运营相关的主要风险。
      - O公司承担了有限的应用研发与本地研发风险，同时承担了与许可生产活动相关的风险。

- 通过因素分析法对交易净利润法的利润指标进行调整，采用合理方法估价。
  - 转让定价分析
    - O公司关于利润指标高的原因说明
      - 一是O公司日常管理系统的运行及维护费用、产品质量标准及成本控制管理工作的相关费用全部由P集团承担，O公司不分摊该项管理费用。
      - 二是O公司的产品百分之百销售给关联方，因此销售环节的费用明显低于市场同行业竞争企业。
      - 三是O公司将研发费用放入到其他业务支出进行核算，未计入费用科目，这与可比公司的统计口径不同。
    - 通过因素分析法评估利润指标和费用的合理性
      - 因素分析法是依据利润指标与其驱动因素的关系，从数量上确定各驱动因素对利润指标影响方向和影响程度的一种方法。
        - 完全成本加成率的驱动因素
          - 在客观公平的前提下，遵循公允的会计原则，利用因素分析法，对完全成本加成率的驱动因素进行量化分析。
          - 完全成本加成率 = 营业利润 /（主营业务成本 + 主营业务税金及附加 + 管销费用）=（毛利润 – 管销费用）/（主营业务收入 – 毛利润 + 管销费用）
            - 注：管销费用为管理费用与销售费用之和。
              - 右边公式分子分母都除以营业收入，得到完全成本加成率的变形公式：完全成本加成率 =（毛利率 – 管销费用 / 主营业务收入）/（1– 毛利率 + 管销费用 / 主营业务收入）
              - 从上述完全成本加成率的变形公式可见，完全成本加成率的驱动因素有两个，分别是毛利率和管销费用收入比（管销费用 / 主营业务收入）。
                - 其中，毛利率与完全成本加成率成正向变动，管销费用收入比与完全成本加成率成反向变动。

- 通过因素分析法对交易净利润法的利润指标进行调整，采用合理方法估价。
  - 转让定价分析
    - 通过因素分析法评估利润指标和费用的合理性
      - 因素分析法是依据利润指标与其驱动因素的关系，从数量上确定各驱动因素对利润指标影响方向和影响程度的一种方法。
        - 因素分析法步骤
          - ①确定需要分析的利润指标（完全成本加成率），比较其实际数额（本年度进口商的完全成本加成率）和标准数额（本年度同行业完全成本加成率的中位值），并计算两者的差额。
          - ②确定该利润指标的驱动因素（毛利率、管销费用收入比），即根据该财务指标的形成过程，建立财务指标和各驱动因素之间的函数关系模型（完全成本加成率的变形公式）。
          - ③确定各驱动因素的替代顺序。
          - ④按顺序计算各驱动因素脱离标准的差异对利润指标的影响。
        - 评估结果
          - 根据计算结果显示，全部因素的影响为 t1。
            - 在先替换毛利率的情况下，管销费用收入比变动对完全成本加成率的影响为 t2，占全部因素影响比率的 80%（t2 / t1）；毛利率变动对完全成本加成率的影响为 t3，占全部因素影响比率的 20%（t3 / t1）。
            - 在先替换管销费用收入比的情况下，管销费用收入比变动对完全成本加成率的影响为 t4，占全部因素影响比率的 70%（t4 / t1）；毛利率变动对完全成本加成率的影响是 t5，占全部因素影响比率的 30%（t5 / t1）。

通过因素分析法对交易净利润法的利润指标进行调整，采用合理方法估价。

海关估价意见

买卖双方之间的特殊关系影响成交价格

根据《审价办法》第十六条之规定，作为买卖双方的P集团总部与O公司之间存在特殊关系。

通过比较可比交易的利润指标数据，进口商O公司利润指标（完全成本加成率）远高于行业公平交易利润区间。在功能风险分析的基础上，通过因素分析法得出，由于买卖双方特殊关系造成的管销费用收入比偏低是造成进口商O公司完全成本加成率偏高的主要原因。由此可见，特殊关系对成交价格造成实质性影响，应重新估价。

使用合理方法实施估价

由于进口商O公司所有采购活动都发生在关联企业之间，无法提供同时或者大约同时的相同或类似货物成交价格，无法使用相同或类似货物成交价格法。

由于流通环节复杂，运营成本存在差异，因此无法采用倒扣价格法。

由于无法提供生产商的料件成本、加工费用、一般费用和利润情况，因此无法使用计算价格法。

综上，在依次排除前四种估价方法后，选择使用合理方法估价，以进口商O公司转让定价报告的完全成本加成率为基础，参照可比公司完全成本加成率公平交易区间，确定进口汽车零部件的完税价格。

汽车行业

案例三

基于功能风险开展可比性分析，采用合理方法估价

- 基于功能风险开展可比性分析，采用合理方法估价。
  - 贸易流程与定价机制
    - 贸易流程（见图10-17）
      - R集团是一家跨国汽车零配件生产商。
      - 进口商Q公司是R集团设立在中国境内的子公司，主要负责产品的生产加工及销售，S公司为R集团设立在境外的集中供应中心，所有R集团成员企业均从S公司采购所需物料。
      - Q公司收到客户订单后，向S公司发送采购订单，获得国内生产加工所需的原材料。Q公司组织生产活动，将产成品销售给关联企业和第三方客户。
      - 根据关区进口数据显示，Q公司进口申报价格明显低于行业内同类商品的申报价格。
    - 定价机制
      - 集团转让定价政策规定，集团各实体按照执行的功能及承担的风险获取相应报酬。
      - 根据独立交易原则，集团转让定价政策反映了集团各实体执行的功能及承担的风险。
      - 各实体按照执行的功能及承担的风险获取相应收益，常规服务提供方取得相应常规收益，非常规服务提供方获得剩余利润/承担相应亏损。
      - 在R集团价值链中，关联交易来自于不同功能间的相互作用。
        - 依据收益多少，功能可以划分为高附加值功能和低附加值功能，其中低附加值功能可以进一步分为常规功能和支持性功能。R集团价值链与功能情况如图10-18所示。

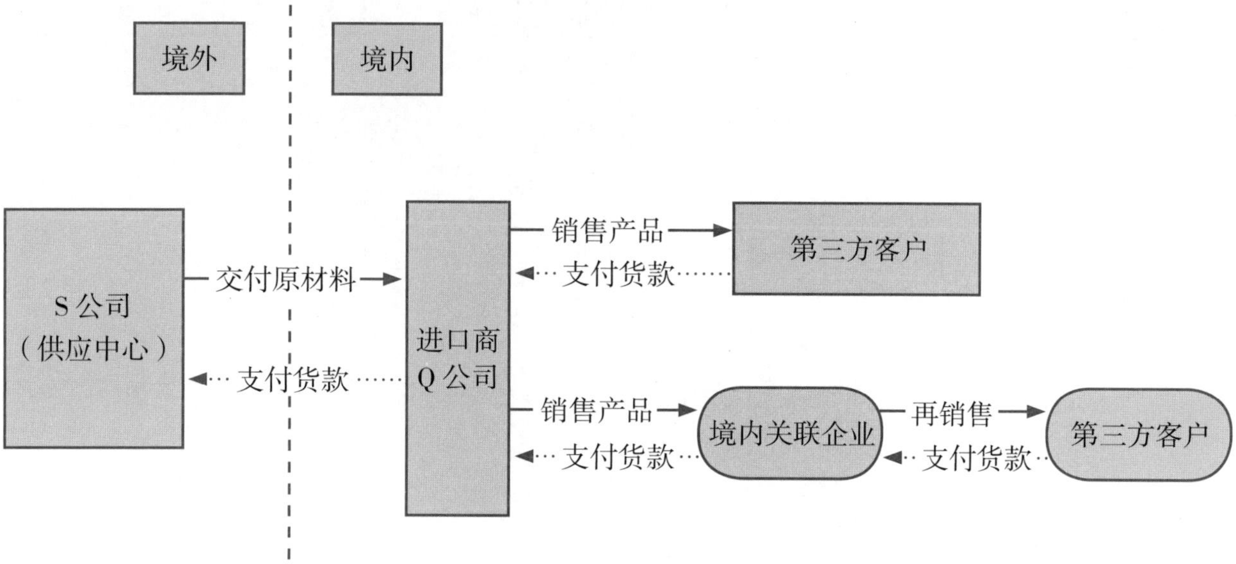

图 10–17 汽车行业案例三贸易流程图

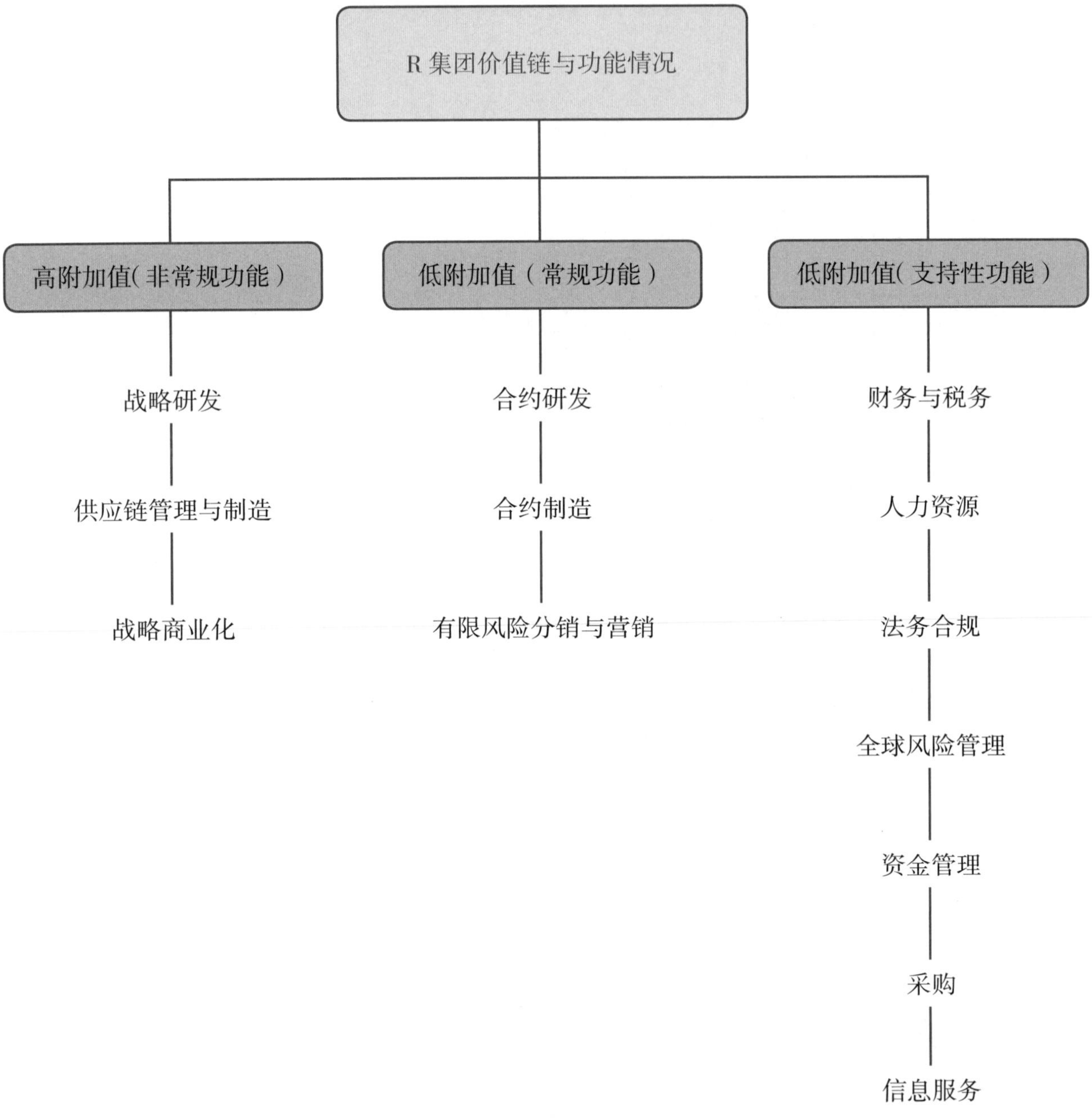

图 10-18　R 集团价值链与功能情况

- 基于功能风险开展可比性分析，采用合理方法估价。
  - 价值链分析
    - 进口商Q公司的主要运营成本为原材料成本和人力成本。
      - 原材料成本
        - Q公司用于生产的原材料均采购自其境外关联方S公司。
        - R集团制定出集团内部关联企业间材料/产品供应价格，进口商参照该价格确定从S公司采购原材料的价格。
        - 因此，原材料成本不受中国地域特殊因素影响。
      - 人力成本
        - 由于近年来中国劳动力成本急剧上涨，东南亚等地的劳动力成本更加低廉，与之相比中国不具有劳动力成本的竞争优势。
        - 此外，中国市场劳动力成本优势相对于主要发达国家也在缩小，与部分亚洲国家相比成本优势也不明显。
        - 因此，Q公司在中国运营不存在成本节约的情况。
      - 市场溢价
        - R集团在中国销售产品的具体销售价格根据行业标准及市场招标价格制定，并根据市场实际情况在与客户进行商议后确定相应的促销价格，该价格的制定是经过充分的市场竞争的。
        - 此外，由于中国市场的激烈竞争，R集团为了获得更多的市场份额而采取了降低价格进行销售的策略。
        - 因此，Q公司在中国市场的销售并未获得超额利润，不存在市场溢价的情况。

- 基于功能风险开展可比性分析，采用合理方法估价。
  - 功能风险分析
    - 执行功能情况
      - 研发功能：R集团负责开展新产品的研发活动，进口商Q公司使用R集团的核心技术和生产工艺进行生产，并不独立开展任何核心技术和生产工艺的研发工作。
      - 采购：进口商Q公司负责根据其存货水平和预期销售状况制订原材料采购计划，Q公司生产所需的主要原材料采购自境外关联方S公司，Q公司会根据自身需要自行采购生产设备。
      - 生产：进口商Q公司根据其对市场需求的预测、境内关联企业提供的市场销售情况和预测，以及自身生产能力等要素，独立制订生产计划并组织生产，负责将进口自S公司的原材料进行生产包装，并销往国内市场。
      - 营销与销售：
        - 进口商Q公司承担常规营销职能，根据中国市场情况制定营销策略、收集市场信息、开展外部宣传、组织商业展览和相关学术活动等。
        - 在关联销售中，销售合同由国内关联企业与第三方客户签署，并由国内关联企业执行渠道管理和数据分析等职能。
        - 在第三方销售中，由进口商Q公司直接与第三方客户签署销售合同。

- 基于功能风险开展可比性分析，采用合理方法估价。
  - 功能风险分析
    - 承担风险情况
      - 市场风险
        - 市场风险主要由市场竞争、需求波动和销售不畅等因素造成，出现这些情况时，企业的盈利水平会受到不同程度的影响。
        - 在关联交易中，作为承担营销和销售功能的合约制造商，进口商Q公司取得一定的利润水平。
        - 因此，进口商Q公司承担与其制造和销售活动相关的有限市场风险。
      - 存货风险
        - 存货风险指由于原材料、半成品或产成品的过时、无使用价值或损毁等因素所导致的损失。
          - 进口商Q公司的生产部门根据自身及国内关联企业与第三方客户的订单数量，制订生产计划并组织安排生产活动。
          - Q公司的采购部门根据生产计划及库存水平决定原材料的采购数量。
          - 如果市场状况发生变化或相应的销售预期没有准确反映市场需求，Q公司将承担因存货水平过高或过低而带来的损失。
          - 因此，Q公司负责自身存货的管理，承担一定的存货风险。

- 基于功能风险开展可比性分析，采用合理方法估价。
  - 功能风险分析
    - 承担风险情况
      - 产程风险
        - 产程风险指由于市场需求的不可预知性和波动性，而导致的生产日程的不稳定。对于产品市场需求变动频繁或客户对交货时间非常敏感的企业而言，产程风险尤其突出。
          - 在与最终客户 / 国内关联企业签订产品销售合同后，进口商 Q 公司向 S 公司采购原材料并组织安排产品生产活动。
          - 如果由于各种原因，Q 公司无法在约定的时间内向最终客户交货，则进口商需承担相应的违约责任。
          - 因此，Q 公司承担一定的产程风险。
      - 信用风险
        - 信用风险指在先交货（或先提供劳务）后付款的情况下，销售方（或劳务提供方）在未来有可能不能如期或全额收到货款的风险。
          - 当进口商 Q 公司将产成品销售给国内关联企业时，由于国内关联企业负责国内市场的再销售，此时 Q 公司承担有限的信用风险。
          - 当 Q 公司直接向境内第三方客户进行销售时，Q 公司承担一定的信用风险。
      - 外汇风险
        - 外汇风险指企业在使用非本位币进行国际交易结算时，由于汇率的变化可能遭受损失的风险。
        - 进口商 Q 公司的记账本币为人民币，绝大部分关联交易以人民币结算，少数与境外关联方的融资交易以外币结算。
        - 因此，Q 公司承担有限的汇率波动风险。

- 基于功能风险开展可比性分析，采用合理方法估价。
  - 功能风险分析
    - 资产
      - R 集团拥有产品专利、专有技术和商标的所有权。进口商 Q 公司不具有设计和研发能力，同时不拥有产品的无形资产（专利、专有技术或商标）。
    - 小结
      - 进口商 Q 公司不承担任何核心研究开发功能，不拥有任何研发活动相关的无形资产，不拥有任何相关的专利、专有技术和商标所有权。
      - Q 公司主要承担生产、国内市场常规的营销及销售功能，同时承担一定的生产风险和有限的市场风险。
      - Q 公司受到 R 集团指定的功能风险调配，被定位为一家承担常规销售功能和有限风险的合约制造商。

- 基于功能风险开展可比性分析，采用合理方法估价。
  - 可比性分析
    - 选择合适的转让定价方法
      - 排除可比非受控价格法
        - 从内外部数据来看，进口商Q公司没有从非关联方购入相同或类似的原材料，Q公司的关联方也并未在相同或类似的条件下向非关联方销售相同或类似的产品。
          - 因此，可比非受控价格法不是用来分析受测交易是否符合独立交易原则的合适方法。
      - 排除再销售价格法
        - 再销售价格法通常适用于再销售者未对商品进行改变外形、性能、结构的实质性增值加工，而只是进行简单加工或单纯购销业务。
        - Q公司对进口原材料进行了实质性生产加工。
          - 因此，再销售价格法不是对受测交易进行转让定价分析的合适方法。
      - 排除成本加成法
        - 成本加成法的应用基于对毛利率的分析，可比公司在会计处理上的任何潜在细微差异都将影响该方法应用的可比性。
          - 由于无法得到可用于对潜在会计处理方法和功能差异做出调整的具体公开数据，且也不存在可以适用成本加成法的内部可比交易，因此该方法不适用。
      - 排除利润分割法
        - 利润分割法通常适用于交易各方均对利润创造具有独特贡献、业务高度整合且难以单独评估各方交易结果的关联交易。
          - 由于进口商Q公司在关联交易中并不拥有或贡献有价值的独特无形资产，并且Q公司的经营业绩可以通过公开数据被可靠评估，因此该方法不适用。
      - 选择交易净利润法
        - 由于应用交易净利润法所需要的信息数据可以获得，因此选择该方法为评估受测关联交易是否符合独立交易原则的最合适方法。

- 基于功能风险开展可比性分析、采用合理方法估价。
  - 可比性分析
    - 选择受测对象
      - 受测对象通常为承担功能最简单，且不拥有能使其与其他潜在非受控可比公司产生显著不同的重大无形资产或独特资产的企业。
        - 进口商 Q 公司功能较简单、风险较低且不拥有重大无形资产，因此选择 Q 公司为受测对象。
    - 通过数据库筛选可比公司
      - 基于 Bureau van Dijk 提供的 OSIRIS 数据库，通过国家地域、行业代码、独立性指标、数据完整性、连续亏损、产品可比性、功能可比性、发生重大关联交易等条件开展定量和定性筛选，选出 n 家可比公司。
      - 对选出的可比公司数据，运用四分位法计算可比公司公平交易利润区间（可比公司利润指标的上四分位与下四分位之间的区间）。
        - 最终，通过对比受测交易利润指标与可比公司公平交易利润区间，评估受测关联交易是否符合独立交易原则。

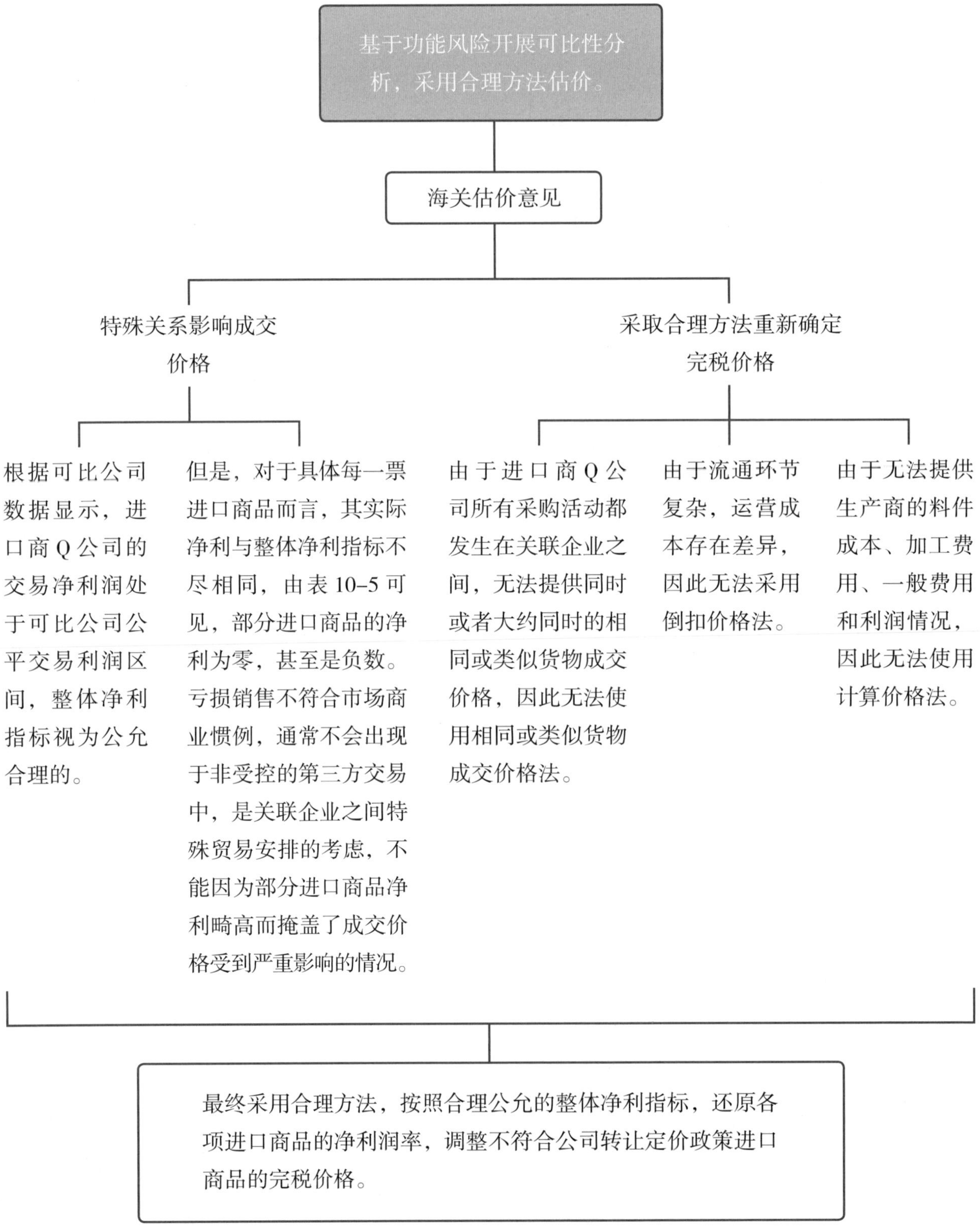
基于功能风险开展可比性分析，采用合理方法估价。
海关估价意见
特殊关系影响成交价格
采取合理方法重新确定完税价格
根据可比公司数据显示，进口商Q公司的交易净利润处于可比公司公平交易利润区间，整体净利指标视为公允合理的。
但是，对于具体每一票进口商品而言，其实际净利与整体净利指标不尽相同，由表10–5可见，部分进口商品的净利为零，甚至是负数。亏损销售不符合市场商业惯例，通常不会出现于非受控的第三方交易中，是关联企业之间特殊贸易安排的考虑，不能因为部分进口商品净利畸高而掩盖了成交价格受到严重影响的情况。
由于进口商Q公司所有采购活动都发生在关联企业之间，无法提供同时或者大约同时的相同或类似货物成交价格，因此无法使用相同或类似货物成交价格法。
由于流通环节复杂，运营成本存在差异，因此无法采用倒扣价格法。
由于无法提供生产商的料件成本、加工费用、一般费用和利润情况，因此无法使用计算价格法。
最终采用合理方法，按照合理公允的整体净利指标，还原各项进口商品的净利润率，调整不符合公司转让定价政策进口商品的完税价格。

表 10–5　进口商品的实际净利与利润差额

序号	进口商品名称	实际净利	利润差额（实际净利 – 整体利润）
1	商品 A	与整体利润持平	零
2	商品 B	高于整体利润	正数
3	商品 C	零	负数
4	商品 D	负数	负数
5	商品 E	负数	负数
……	……	实际净利有高有低	利润差额有正有负

案例评论

WCO 海关估价技术委员会评论 23.1

- WCO 海关估价技术委员会评论 23.1
  - 关于运用转移定价报告对《WTO 估价协定》第一条第二款（a）项下“销售环境”进行审查的研究意见，进口商根据 OECD《转让定价指南》所做的转让定价报告，通常会提供给海关作为审查《WTO 估价协定》第一条第二款（a）项下“销售环境”的基础。
    - 当买卖双方存在特殊关系时，《WTO 估价协定》第一条第二款提供了不同的方法确定成交价格是否可以接受。
      - 应当通过对销售环境的审查来确定特殊关系是否影响价格［《WTO 估价协定》第一条第二款（a）项］。
      - 进口商可以举证关联交易价格与三种测试价格之一非常接近［《WTO 估价协定》第一条第二款（b）项］。
    - 根据《WTO 估价协定》附件 1 解释性说明中关于第一条第二款的注释，当买卖双方存在特殊关系时，并不是所有情况都需要审核销售环境，只有在海关对申报价格的合理性存在怀疑时，才需要进行审查。如果海关对申报价格的合理性不存在怀疑，则不需要进口商提供更多信息即可接受该价格。
    - 当海关对价格的合理性产生怀疑时，海关将会根据进口商提供的信息对销售环境进行审查。
      - 如果进口商提供的转让定价报告包含销售环境的相关信息，则这份转让定价报告将为海关提供有用的信息。
      - 转让定价报告有可能与审查销售环境并不相关或者并不适用，因为 OECD《转让定价指南》和《WTO 估价协定》在确定进口货物价格的方法上存在实质性的重大差异。
    - 综上，是否可以使用转让定价报告作为审查销售环境的基础，应该根据个案具体问题具体分析。进口商提供的任何相关信息及文件资料都可以用于审查销售环境，而移让价报告可能只是其中一种。